복음주의 역사 시리즈 7

복음주의 회복

내일을 위한 어제의 신앙

로버트 E. 웨버 지음
이 승 진 옮김

기독교문서선교회

기독교문서선교회(Christian Literature Crusade: 약칭 CLC)는 1941년 영국 콜체스터에서 켄 아담스에 의해 시작되었으며 국제 본부는 영국의 쉐필드에 있습니다.

국제 CLC는 59개 나라에서 180개의 본부를 두고, 약 650여 명의 선교사들이 이동도서차량 40대를 이용하여 문서 보급에 힘쓰고 있으며 이메일 주문을 통해 130여 국으로 책을 공급하고 있습니다.

한국 CLC는 청교도적 복음주의 신학과 신앙서적을 출판하는 문서선교기관으로서, 한 영혼이라도 구원되길 소망하면서 주님이 오시는 그날까지 최선을 다할 것입니다.

ANCIENT-FUTURE FAITH
Rethinking Evangelicalism for a Postmodern World

by
Robert E. Webber

translated by
Seung Jin Lee

Copyright © 1999 by Baker Academic

Originally published in the U.S.A. under the title as
Ancient Future Faith: rethinking evangelicalism for a postmodern world
by Baker Academic

Translated and used by the permission of Baker Academic,
P. O. Box 6287, Grand Rapids, MI 49516-6287

All rights reserved.

Korean Edition
Copyright © 2012 by Christian Literature Crusade
Seoul, Korea

추천사

토마스 오덴 Thomas C. Oden
Drew University 신학과 윤리학 교수

이 책에서 로버트 웨버 박사는 내가 1979년에 시도했던 핵심적인 신학 의제들을 매우 깊이 있고 조리 있게 정리하여 완성했다.

클락 피녹크 Clark H. Pinnock
McMaster Divinity College 신학부 교수

이 책에서 우리는 고대 기독교의 전통으로부터 우리가 속한 포스트모던 세계를 향하여 복음을 선포할 능력을 발견할 수 있다. 이 책은 승리자 그리스도에 관한 주제로부터 기독교에 대한 안내를 포괄적으로 담고 있다. 또한 이 책은 하나님의 말씀에 대한 경청자로 성장한 로버트 웨버 박사 자신의 경험에 근거할 뿐만 아니라 방대한 분량의 각주와 도표들, 그리고 참고도서 목록들을 제시하고 있다.

게리 도리언 Gary Dorrien
『복음주의 신학의 재구성』(The Remaking of Evangelical Theology)의 저자

로버트 웨버 박사는 자신의 일관된 연구를 통해서 고대 기독교에 뿌리를 내린 동시에 미래 전망을 제시하는 복음주의를 설득력 있게 증명하고 있다. 『복음주의 회복』(Ancient Future Faith: Rethinking evangelicalism for a postmodern world)은 내러티브 지향적인 기독교의 기본 지침서로서 그리고 보편적인 복음주의를 약속하는 지도와 같은 책이다. 이 책에서 웨버 박사는 그리스도를 따르는 교회를 형성하는 이야기로서의 기독교적인 증언의 성격을 신중하게 다룬다는 것이 진정 무슨 의미인지를 잘 보여주고 있다.

추천사

김상구 박사
백석대학교 신학대학원 실천신학 교수

  로버트 E. 웨버는 20세기가 낳은 복음주의 실천신학자로서 수많은 저서와 논문을 통해 복음주의 실천신학을 연구하는 이들에게 포스트모던 시대에 있는 복음주의 기독교가 추구해야 하는 방향성을 분명히 제시해 주고 있다. 그는 본서에서 2천 년의 교회사를 주목할 것을 요청하는데, 특히 초대 교회와 교부들의 사상을 연구하여 기독교의 뼈대와 근간이 오늘의 현장에서 구원의 역사로 구현되도록 촉구한다.

  본서는 총 6부로 구성되어 있다. 1부에서 저자는 근대의 패러다임에서 포스트모던으로의 변화 속에서 요청되는 것이 고전 기독교로의 회귀라고 촉구한다. 이를 위해 고전과 포스트모던 하에서 이해되고 있는 중요한 실천신학의 영역들을 다루고 있다.

  먼저 2부에서는 기독교 공동체의 중심이 "그리스도"라는 사실을 언급한다. 그리스도의 사역은 "원죄의 상태"를 역전시킨 "최초의 축복"이라고 강조한다. 3부에서는 그리스도 중심의 기독교 공동체가 추구하는 영역으로 교회를 말한다. 교회는 하나님의 백성 공동체이며 구원의 표지로서 그리스도의 사역이 세상 속으로 확장되어야 한다. 4부에서는 교회의 최우선적인 축제 양식이 예배라는 사실을 보여준다. 예배는 그리스도를 세상에 선포하고 구현하는 것이다. 따라서 예배 신학의 중요성과 예전이 회복되어야 함을 강조하고 있다. 5부에서는 교회의 최우선적인 삶의 방식이 영성임을 언급한다. 영성은 예수 그리스도의 죽음과 부활에 대한 참여이며 악의 권세를 무너뜨린 그리스도의 승리에 대한 인격적인 참여이다. 6부에서는 선교가 세상 속에서 교회의 복음전도와 양육이며, 삶을 통해 악의 권세의 결박과 파멸을 증언하는 것이라고 기술한다.

부록에서는 기독교 공동체에서 중요한 교회의 권위를 언급한다. 교회의 권위는 신앙의 규범으로 요약되고 에큐메니칼 신앙고백 문서들을 통해 선포되며 보편성과 시원성 및 교회의 합의 속에서 해석된 성경에 대한 사도적인 권위에 근거한 것이다.

오늘날 기독교의 본질이 퇴색되고 있는 시점에서 본서『복음주의 회복』을 통해 복음주의 기독교의 방향을 제시하는 저자의 실천신학적 통찰과 혜안이 한국 교회 현장을 새롭게 갱신하는 데 귀한 밑거름이 되기를 기대하면서 적극적으로 일독하기를 권한다.

서문

지난 2백 년 동안 서구 기독교는 근대과학과 철학 그리고 소통이론의 관점에서 해석되어 왔다. 그런데 이러한 학문 영역 속에서 활발히 진행되고 있는 현재의 혁명적인 변화 때문에 현대성(modernity)이라 불리는 이러한 관점이 점차 무너지고 있다. 이런 변화 때문에 다음과 같은 질문이 제기되곤 한다. "복음주의 기독교는 앞으로 어떤 모습으로 변화할까?" 이 책 『복음주의 회복』의 과제는 미래로 나아가는 길이 과거로 통하고 있음을 밝히는 것이다.

탁월한 역사학자이자 신학자인 내 동료 줄리우스 스콧(J. Julius Scott)은 수업 시간에 학생들에게 이렇게 말했다.

> 여러분이 진정으로 기독교를 잘 이해하고 싶다면, 초대 교회 이후 9백 년의 역사 속에서 기독교를 살펴보시기 바랍니다. 초대 교회 이후 첫 3백 년의 교회사와 그 이후 6백 년의 교회사를 연구해보면 기독교 신앙의 기원과 본질을 제대로 깨달을 수 있을 것입니다.

칼 바르트(Karl Barth)도 수업 시간에 학생들에게 다음과 같이 가르쳤다고 한다.

고전 기독교 사상에 대하여 올바로 정통하기 전까지는 그 누구라도
현대 신학(contemporary theology)을 제대로 이해할 수 없다.

이 두 가지 언급 속에 이 책의 핵심적인 입장이 들어 있다. 과거 기독교의 고전적인 전통을 올바로 파악한 다음에야 비로소 여러분은 기독교 신앙의 미래를 제대로 가늠해볼 수 있다.

고전 기독교와 포스트모더니즘은 각각 방대한 학문 영역을 형성하고 있어서 이 두 영역을 서로 연결시키려는 시도, 즉 옛것과 새것 사이의 대화를 시도하는 것은 제3의 새로운 창조성과 상상력을 요구한다. 그래서 이 책은 현대성의 종말과 포스트모던 사상의 등장, 그리고 포스트모던의 세계에서 고전 기독교를 새롭게 재현하는 창조적인 소명에 대해서 집중적으로 다루고자 한다.

이 책의 핵심적인 관심사는 고전 기독교와 포스트모던 사상 사이의 접촉점을 찾아내는 것이다. 고전 기독교는 오늘날과 흡사한 이교적이고 상대주의적인 사회 속에서 형성되었다. 그래서 고전 기독교는 이교사상에 대한 순응이 아니라 이교사상과의 조우 속에서 대안적인 삶의 방식을 실천한 결과물이었다. 그래서 포스트모던 세계 속의 기독교는, 고유한 신앙을 희석시키는 것이 아니라 사람들을 대안문화적인 공동체(countercultural community)로 초청하여 이스라엘과 예수님의 이야기로 새로운 정체성을 형성함으로써 과거를 계속 계승할 수 있다.

나는 미래 기독교에 관한 여러 중요한 이슈들과 관점들을 개관해보고 싶은 교사들과 목회자들, 신학생들, 그리고 교회 지도자들을 위하여 이 책을 저술하였다. 그래서 이 책을 향한 내 관심은 분명하고도 간단하고 단순하다.

역자서문

    진리의 절대성을 부인하는 상대주의가 득세하는 오늘날 포스트모던 시대에 기독교 교회와 설교자들은 어떤 자세로 복음을 선포할 것인가? 이 책에서 로버트 웨버 박사는 예수 그리스도로부터 발원하여 사도들과 초대 교회 교부들을 통해서 오늘날까지 전승되어 온 기독교 복음의 핵심으로서의 승리자 그리스도를 그리스도의 몸된 교회가 각 시대의 문화적인 도전에 적극적으로 응전하는 과정에서 교회의 다양한 사역들, 즉 예배와 교육, 영성, 선교 사역들을 통해서 어떻게 승리자 그리스도를 각 시대의 세속 문화와 소통했는지를 추적하면서 오늘날 포스트모던 시대 기독교 교회가 어떻게 승리자 그리스도에 관한 핵심적인 복음의 메시지를 상대주의가 득세한 오늘날 포스트모던 세상과 소통할 수 있는지에 대한 대안을 제시한다.

    그 핵심적인 대안은 상대주의적인 시대사조에 어느덧 피로해진 포스트모던 세상을 향하여 복음의 절대성을 타협하거나 포기하지 않으면서도 그리스도의 몸된 교회의 입체적이고 통전적인 공동체적인 사역들, 즉 공동체 지향적인 예배와 교육, 영성과 선교 사역들을 통해서 사탄의 권세를 영원토록 정복하신 승리자 예수 그리스도의 영광과 권세를 가시적으로 구현하는 것이다.

  이러한 시대적이면서도 동시에 항구적인 사명을 감당하기 위해서 오늘날 복음주의자들은 상대주의가 득세한 포스트모던 시대에 대한 예리한 분석과 아울러 예수 그리스도께서 사도들에게 물려준 기독교 신앙의 핵심과 이후 2천 년의 교회 역사 속에서 다양한 시대적 문화적인 상황 속에서 만개한 다양한 기독교 신경들과 신앙고백서들을 통전적으로 이해할 필요가 있다. 그러다보면 오늘날 전 세계 기독교 교회 안에 있는 다양성과 그 다양성을 관통하는 교회의 일치를 확인할 수 있다.

  개혁주의의 관점에서 이 책을 읽다보면 로버트 웨버 박사가 초대 교회의 원형을 이어받은 보편 교회(catholic church)와 중세기에 교황권을 강조하며 성경보다 전통과 이성의 권위를 앞세우며 변질된 로마 가톨릭교회를 예리하게 구분하고 있음을 알 수 있다. 그가 지적하는 바와 같이, "교부들의 사상은 기독교 교회의 모든 계파에게 공통으로 해당되는 신앙의 전승을 정립하고 계승하였지만 로마 가톨릭은 공통의 전승이 계승되는 과정에서 발생한 변질의 결과물"이다.

  오늘날 상대주의가 득세하는 포스트모던 세계 속에서 기독교 교회와 설교자들의 중요한 사명은 영원토록 변함이 없는 복음의 정수를 올곧게 붙잡고 나아가는 것이다. 이를 위해서는 예수 그리스도의 복음의 핵심이 2천 년 역사 속에서 어떻게 오늘날과 같이 다양한 모습으로 만개하게 되었는지를 종합적으로 이해할 필요가 있다. 이런 점에서 본서는 항구적인 복음을 설교하기를 원하는 설교자들과, 2천 년 교회 역사 속에서 기독교 교회가 집중해 온 목회 사역이 무엇이었는지를 이해하기를 원하는 목회자들, 그리고 영원토록 변함이 없는 복음의 핵심을 이해하기를 원하는 신자들이 읽어볼만한 가치가 있다.

이승진 識

감사의 글

　이 책을 출판하게 된 계기는 먼저 베이커 출판사의 영업부에 근무하던 팀 건넷(Tim Gunnett)이 예전에 존더반 출판사를 통해서 출간되었던 나의 책 『복음주의란 무엇인가?』(*Common Roots*)에 대한 서평을 우연히 발견하게 된 데 있다. 서평을 읽어본 팀은 베이커 출판사의 편집부에 근무하는 로버트 호섹에게 존더반으로부터 판권을 사들여서 이 책을 재출판할 것을 제안하였다. 책을 살펴본 밥은 내가 이전 책에서 다루었던 여러 주제들이 오늘날의 교회가 처한 문화적인 상황과 상당히 밀접한 관련을 맺고 있음을 인정하였다. 그래서 계약서를 작성하고 이 책을 재출간하기로 하였다. 하지만 현대 사회가 포스트모던 세계로 점점 더 깊숙이 이동하고 있음을 생각하면 할수록 점점 더 나는 이전 책에 대한 개정판 이상의 작업이 필요하다는 점을 깨닫게 되었다. 그래서 이 책은 비록 처음에는 *Common Roots*의 개정판으로 출간하려고 했었지만, 전면적인 수정작업을 거쳤기 때문에, 새로운 책으로 빛을 보게 되었다. 그토록 광범위한 수정 작업을 진행할 수 있도록 격려해 준 밥 호섹(Bob Hosack)에게 감사의 말씀을 드린다.

　그 외에도 이 책의 1부에 대한 참고도서 목록을 작성하는 데 도움을 주었던 휘튼대학의 스테판 강(Stephen Kang) 박사와, 불분명한 각주의 문제를 해결하도록 도움을 주었던 케네스 릭(Kenneth Rick) 목사, 그리고 이 책을 저술하던 초기 단계에서 원고를 세심하게 검토하고 소중한 의견을 제시해 주었던 로드니 클랩(Rodney Clapp)과, 편집 과정에서 세심하고도 유용한 도움을 아낌없이 베풀어 준 마리아 덴보어(Maria E. denBoer)에게 감사를 드린다. 그리고 오랜 시간 컴퓨터 앞에 앉아서 이 책의 초안을 여러 번 다시 작성하느라 수고를 아끼지 않았던 카멘 마르티네즈(Carmen Martinez)에게도 고맙다는 인사를 전한다.

목차

추천사 / 5
서문 / 9
역자서문 / 11
감사의 글 / 13

1부. 무대 마련하기 / 17
  1장. 패러다임적 사고 / 21
  2장. 근대의 패러다임에서 포스트모던 패러다임으로의 변화 / 31
  3장. 고전 기독교로의 회귀 / 47

2부. 고전/포스트모던 그리스도 / 73
  4장. 역사 속의 다양한 그리스도 패러다임들 / 77
  5장. 사도전승에 나타난 승리자 그리스도 / 89
  6장. 총괄갱신의 신학 / 103
  7장. 중심되신 그리스도 / 113

3부. 고전/포스트모던 교회 / 125
  8장. 역사 속의 다양한 교회 패러다임들 / 131
  9장. 교회의 신학 회복하기 / 139
  10장. 역사적인 연결고리를 회복하기 / 153

4부. 고전/포스트모던 예배 / 169

11장. 역사 속의 다양한 예배 패러다임들 / 173

12장. 예배의 신학과 예전 회복하기 / 183

13장. 상징적인 소통 회복하기 / 191

5부. 고전/포스트모던 영성 / 207

14장. 역사 속의 다양한 영성 패러다임들 / 211

15장. 고전적인 영성 / 221

16장. 포스트모던 세계 속의 기독교 영성 / 231

6부. 고전/포스트모던 선교 / 247

17장. 과정으로서의 복음주의 / 251

18장. 지혜로서의 교육 / 273

19장. 세상 속의 교회 / 293

부록: 고전/포스트모던 권위 / 313

맺는말 / 367

참고 문헌 / 371

색인 / 387

1부

무대 마련하기

우리는 어제 방금 태어난 무리임에도 불구하고 이미 로마제국의 모든 분야를 가득 채우고 있다. 도시와 섬, 요새, 마을, 시장, 야영장, 부족, 사교계, 궁정, 법정, 그리고 원로원의 모든 곳을 기독교인들이 점유하고 있다.

-터툴리안(주후 200)

내가 자라온 과거 역사는 복음주의에 깊이 뿌리내리고 있다. 나는 근본주의의 환경 속에서 자라났으며, 근본주의적인 대학교에서 고등교육을 받았고, 감독교회와 장로교, 그리고 루터교의 세 가지 보수적인 신학교를 졸업하였다. 그리고 1968년 이후로 나는 복음주의 계열로 널리 알려진 신학교인 휘튼대학에서 신학을 가르쳐왔다.[1]

이뿐 아니라 내 가족들노 20세기 복음주의의 흐름과 밀접한 관련을 맺

---

1) Yvonna S. Lincoln and Egon G. Guba, *Naturalistic Inquiry* (Newbury Park, Calif.: Sage, 1985), 특히 처음 4장까지와 다음의 책을 참고하라. Norman K. Denzin and Yvonna S. Lincoln, eds., *The Landscape of Qualitative Research Theories and Issues* (Thousand Oaks, Calif.,: Sage, 1995).

어왔다. 1900년에 태어나서 무디신학교(Moody Theological Seminary)와 북침례신학대학원(Northern Baptist Seminary)에서 신학을 공부했던 내 부친은 근본주의와 현대주의자들 간의 신학논쟁과 관련된 쟁점들에 깊이 관여하였다. 또 내 장인어른은 풀러신학대학원(Fuller Theological Seminary)의 설립 멤버 중의 한 사람이며, 「크리스채너티 투데이」(Christianity Today)의 편집인이자, 『성경에 관한 논쟁』(Battle for the Bible)의 저자이기도 하다. 그리고 1970년 초기 이래로 나는 복음주의를 지향하는 감독교회와 연결되어 목회 사역을 감당해 왔다.

포스트모던 시대의 사고방식은 "완전히 초연한 객관적인 관찰자와 같은 것은 존재하지 않는다"고 주장한다. 우리는 언제나 우리 자신이 지나온 과거 역사의 창으로 현실을 해석한다.[2] 따라서 신앙에 대해서 생각할 때도, 우리는 과거의 자라온 양육 방식이나 교육, 가족들과의 인간관계, 직장, 그리고 내가 속한 교단 배경에서 비롯된 편견을 가지고 자기 나름의 신앙관을 형성하기 마련이다. 그래서 나는 이 책을 읽는 독자들이 자신이 속한 신앙의 역사적인 배경을 잘 이해함으로써 책 속에서 단순한 지식을 얻는 것이 아니라 나와의 인격적인 만남을 경험할 수 있기를 기대한다.[3] 이를 위해서 먼저 나는 독자들이 내가 속한 중요한 배경과 편견을 먼저 숙지할 수 있기를 바란다. 오늘날 복음주의자들이 직면한 가장 심각한 도전은 근대주의 세계관이 포스트모던 세계관으로 바뀌었다는 사실이다.

이런 상황에서 우리는 고전적인 기독교를 포스트모던의 문화 속에 새로운 방식으로 제시해야 한다는 내 주장은 단순히 과거 역사로의 회귀주

---

2) Hans-Georg Gadamer, *Truth and Method* (London: Sheed & Ward, 1995).
3) Martin Buber, *I and Thou* (New York: Charles Scribner's Sons, 1970); Paulo Freire, *Pedagogy of Hope* (New York: Continuum, 1990).

의(restitutionism)가 아니라 고전적인 기독교 사상을 포스트모던의 세계관에 세심하게 적용하자는 것이다. 따라서 이 책의 첫 번째 장에서는 우리 복음주의자들이 심사숙고하여 응답해야 하는 일련의 새로운 질문들을 던지고 있는 포스트모더니즘에 대하여 살펴보고자 한다.

Ancient-Future Faith
Rethinking Evangelicalism for a Postmodern World

제1장

패러다임적 사고

이번 장의 첫 번째 관심사는 역사를 해석하는 방식을 재검토하는 것이다. 예를 들어, 내가 신학교를 다닐 당시에는 서구 세계 바깥의 문명을 열등한 것으로 간주하는 것이 일반적이었다. 하지만 그 이후 이러한 태도는 심각한 변화를 겪었다.[1] 새로운 해석학은 서구 문명을 지속적인 진보의 관점에서 이해하는 계몽주의적인 관점을 거부하며, 각 시대를 그 자체의 시대적인 맥락 속에서 이해하며 그 당시 지리적인 위치와 문화, 그리고 철학적인 전제를 고려하여 평가하려고 한다.[2]

오늘날에는 서구 교회의 복잡한 2천 년의 역사를 여섯 개의 중요한 시대의 패러다임으로 구분하여 파악하는 것이 일반적이다. 물론 역사라는 것은 갑자기 한 시대에서 다른 시대로 바뀌는 것이 아니기 때문에 이러한

---

1) Paul Hiebert, *Anthropological Reflection on Missiological Issues* (Grand Rapids: Baker, 1994); and Lesslie Newbigin, *Proper Confidence: Faith, Doubt and Certainty in Christian Discipleship* (Grand Rapids: Eerdmans, 1995).
2) 패러다임적 사고는 토마스 쿤의 다음의 책을 통해서 소개되었다. Thomas S. Kuhn, *The Structure of Scientific Revolutions,* 2nd ed. (Chicago: University of Chicago Press, 1970).

시대적인 구분은 다소 인위적이다. 그럼에도 불구하고 우리는 서구의 기독교 사상을 초기 기독교(1세기)로부터 시작하여, 고전 기독교의 등장과 함께 시작된 공동 연대(the common era, 100-600), 독특한 로마 기독교의 형성이 주류를 이루는 중세 시대(600-1500), 종교개혁의 확산과 개신교의 발전기(1500-1750), 다양한 교단의 발전을 가져온 근대기(1750-1980), 새롭게 등장한 포스트모던 시대(1980-)로 구분할 수 있다(도표 A 참고).

역사 속에서 기독교 교회는 매번 새롭게 등장하는 특정한 문화 속에 기독교 신앙을 올바로 육화시키고(incarnate) 구현시키기 위하여 노력해왔다. 한 시대를 풍미하며 영향력을 행사했던 한 가지 기독교 양식은 또 다른 시대가 시작되면서 매번 바뀐다.[3] 이렇게 급변하는 상황에서 이전의 신앙 양식에 여전히 헌신적인 사람들은 그 신앙 양식이 생겨난 특정한 문화 속에서 자신들의 신앙 양식을 조금도 바꾸지 않고 그대로 동결시켰다.[4] 이러한 과정은 오늘날 우리 주변에서 다양한 신앙을 접할 수 있는 이유가 되며, 정교회와 가톨릭교회, 그리고 개신교 간의 차이는 각자가 나름의 상황에서 자신의 신앙을 표현하는 데 익숙해진 문화적인 양식 때문임을 알려준다.

지금 우리는 계몽주의의 근대적인 세계관이 점차 무너지고 새로운 세계관이 점점 형성되기 시작한 문화적 변동기에 살고 있다.[5] 이런 상황에

---

3) Robert Schrieter, *Constructing Local Theologies* (Maryknoll, N. Y.: Orbis, 1985); and Andrew F. Walls, *The Missionary Movement in Christian History: Study in the Transmission of Faith* (Maryknoll, N. Y.: Orbis, 1996).
4) Talal Asad, *Genealogies of Religion* (Baltimore: Johns Hopkins University Press, 1993), 특히 "문화인류학적인 범주로서의 종교의 구성"(The Construct of Religion as an Anthropological Category)을 보라. Meredeth B. McGuire, *Religion: The Social Context*, 3rd ed. (Belmont, Calif.: Wadsworth, 1992), 특히 "종교적인 집단성의 역동성"(The Dynamics of Religious Collectivity)을 보라.
5) Steven Best and Douglas Kellner, *Postmodern Theory: Critical Interrogations* (New York: Guilford, 1991), 특히 "포스트모더니즘 탐구"(In Search of Postmodernism)를 보라.

서 어떤 지도자들은 기독교 신앙을 근대적인 형태로 보존하자고 주장하기도 한다.[6] 또 다른 지도자들은 기독교를 포스트모던의 형태에 맞게 재빠르게 수정하려고 한다.[7] 그리고 제3의 입장은 역사적으로 전승된 기독교 신앙을 서서히 떠오르는 새 시대에 효과적이면서도 조심스럽게 접속하려고 할 것이다.[8] 내가 선택하고 싶은 입장이 바로 맨 마지막 입장이다.[9] 이 책에서 나는 두 세계의 접속에 담긴 복잡한 쟁점들을 충분히 인정하면서도 최대한 폭넓은 관점에서 기독교 신앙을 새 시대와 연결시킬 방안을 모색하고자 한다.

이를 위해서 우리는 먼저 지난 2천 년의 역사 속에서 다양한 문화권에서 등장하였다 사라진 여섯 가지의 기독교 패러다임을 개괄적으로 살펴볼 것이다. 이러한 개괄적인 고찰을 통해서 우리는 기독교 교회가 지난 역사 속에서 다양한 변동의 과정을 거쳐 왔음을 이해할 수 있으며, 근대적인 세계관에서 포스트모던의 세계관으로 바뀌어가는 현재의 변동에 대해서도 충분한 공감대를 형성할 수 있을 것이다.

---

6) David Wells, *No Place for Truth or Whatever Happened to Evangelical Theology* (Grand Rapids: Eerdmans, 1993).
7) C. David Grant, *Thinking through Our Faith: Theology for the Twenty-First Century Christian* (Nashville: Abingdon, 1988).
8) Henry H. Knight III, *A Future for Truth: Evangelical Theology in a Postmodern World* (Nashville: Abingdon, 1997).
9) Paul Lakeland는 『포스트모더니티: 포스트모던 시대의 기독교 정체성』(*Postmodernity: Christian Identity in a Postmodern Age*) (Minneapolis: Fortress, 1997)이라는 책에서 전통적인 신앙과 심각한 전투를 치르는 프리드리히 니체(Friedrich Nietzsche)와 자크 데리다(Jacques Derrida)를 따르는 마크 테일러(Mark C. Taylor)처럼 급진적인 포스트모던주의자들과, 한스 프라이(Hans Frei)와 조지 린드벡(George Lindbeck), 그리고 존 밀뱅크(John Milbank)처럼 전통적인 신앙에 대하여 어느 한 가지 노선을 계속 고수할 것을 주장하며 향수병에 젖은 두 번째 그룹과, 제임스 구스탑슨(James Gustafson)처럼 하나님에 대한 나름의 입장을 고수하려고 하여 레익랜드(Lakeland)가 "실용적인 신학자들"(pragmatic theologians)이라고 부르는 사람들로 구성된 중간 계층 세 부류로 구분한다. 이 세 부류 중에서 복음주의자들은 중간의 향수병 그룹에 대하여 좀 더 가까운 동질감을 느낄 것이다.

1. 기독교 패러다임에 대한 개요

성경 시대의 패러다임을 한두 마디로 요약하기란 참으로 쉽지 않다. 그 이유는 성경 시대는 그 속에서 모세의 출애굽 사역과 다윗 왕정의 건립, 그리고 선지자들의 시대와 같이 다양한 문화적인 배경과 수많은 세대를 모두 포함하기 때문이다. 그래서 철학적으로 표현하자면 성경의 시대는 천지창조 이래로 모든 만물을 포괄하는 시대라고 말할 수 있다. 이스라엘 사람들과 특히 신앙 공동체 안에서는 하나님께서 역사 속에서 일하신다는 확신에 근거하여 현실세계를 해석하고 이해하였다. 그 신앙은 구전을 통해서 한 세대로부터 그 다음 세대로 신앙적인 교훈들을 전승하는 역사적인 신앙 공동체를 통해서 보존되었다. 이스라엘 백성들과 마찬가지로 초기 기독교인들도 역사적인 신앙 공동체 속에서 자신들의 신앙을 보존하였고, 자신들의 신앙을 공표하고 전승하는 예배 의식과 예전을 통해서 주변 세계에 대한 의미와 설명을 발견하였다.

고대 기독교 문명기 동안(100-600), 기독교는 플라톤 철학의 지배를 받는 시대 속에서 자신들의 신앙을 설득력 있게 소통해야 하는 과제와 씨름하였다. 그 시대 대표적인 철학자로 존경받았던 플라톤에 의하면 만물의 본질은 이 세상과 전혀 "다른 세상"에서 발견되는 것이다. 눈앞에 보이는 이 세상은 저 너머에 존재하는 참되고 이상적인 세상의 그림자에 불과하다.[10] 이러한 초월적인 세계관을 고려하여 당시 교회는 현실 너머의 신비에 관한 성경적인 견해와 궁극적인 실체를 희미하게 바라본다는 사도 바울의 입장을 강조하였다. 하나님은 두렵고 떨리는 신비(*mysterium*

---

10) W. D. Ross, *Plato's Theory of Ideas* (Oxford: Oxford University Press, 1951); *Plato and the Republic*, trans. Allan Bloom (New York: Basic Books, 1968); and *Timaeus*, trans. Fracis Cornford (Indianapolis: Bobbs-Merrill, 1959).

tremendum)라는 것이다. 또 당시에 가장 빈번하게 사용되던 하나님의 이미지는 빛의 이미지였다. 하나님은 사람이 감히 접근할 수 없는 빛 가운데 거하시는데 이 빛은 인간의 시력으로는 똑바로 바라볼 수 없음을 강조하였다. 또 당시 교회와 신학자들은 전적으로 완전히 타자이신 하나님께서 어떻게 하나님의 아들이신 예수 그리스도의 성육신과 죽음, 그리고 부활을 통해서 이 타락한 세상의 비참한 곤경 속으로 들어오실 수 있는지의 신비를 밝혀내려고 씨름하였다. 하나님의 구속 사역은 분명 참으로 위대한 신비이지만, 당시 교회와 신학자들은 인류의 역사를 통해서 간간이 표현되며 교회 속에 구현되고 또 그 교회의 예배와 실천을 통해서 실행되며 신조로 증언되는 그 신비의 그림자를 올바로 이해하려고 노력했다. 이 시기의 그런 노력 속에서 고전 기독교가 형성되었다.

중세기(600-1500)의 철학적인 무게중심은 아리스토텔레스의 관점으로 이동하였다.[11] 아리스토텔레스는 플라톤과 달리 우주 만물의 실체는 창조된 이 세상 속에 존재한다고 주장하였다. 이렇게 궁극적인 진리를 피조계의 질서와 구조 속에서 확보하려는 입장 때문에 당시 교회는 지상에 존재하는 하나님의 제도(制度, institution)로서의 교회를 강조하였다. 덕분에 당시 교회는 영적인 수장(首長)이자 정치적인 수장으로서 온 세상을 다스렸고, 진리를 해석하며 교회의 성례를 집행함으로써 구원을 분배하며 지상에 세워진 하늘의 왕궁 같은 행세를 하였다. 이 시기에 기독교는 중세와 로마 기독교의 형태를 취했다.

그 이후에 다시 유명론(唯名論, nominalism)이라는 새로운 철학이 등장하면서 종교개혁의 시대(1500-1750)가 열렸다. 유명론은 절대 진리는 외부의 객관적인 제도 속에서 발견될 수 없고 오직 개인의 마음속에 존재한다

---

11) Thomas Bokenkotter, *A Concise History of the Catholic Church* (New York: Image Books, 1990).

고 주장하였다. 이러한 철학적인 사조는 중세의 로마 가톨릭의 교권주의를 약화시키고 그 대신 개인과 각 개인의 마음을 중시하는 결과를 낳았다. 또한 성경도 제도적인 교회의 일방적인 주장과 갈등을 겪던 각 개인이 자신의 지성과 마음으로 해석하고 연구하여 충분히 이해할 수 있는 객관적인 연구 대상이 되었다.[12] 이러한 성경 주도적인 신앙관은 개신교 신앙이 등장하는 원동력이 되었으며, 그 이후 다양한 교파주의가 등장하게 된 원인이다. 다양한 교파의 차이점은 특정한 성경 본문에 대한 다양한 해석과 입장의 차이로 귀결되었다.

그 이후 데카르트 철학의 영향을 받은 근대기(the modern era, 1750-1980)는 인간의 이성을 강조한다.[13] 논리와 실증적인 방법론의 등장으로 진리는 객관적인 관찰과 실증적인 방법을 거쳐야만 인정받을 수 있게 되었다.[14] 그 결과 이성을 앞세우는 자유주의자들은 초자연적인 기독교를 거부하거나 기독교의 가르침을 하나의 신화로 치부하기에 이르렀다. 반대로 보수주의자들의 입장에서는 논리적인 이성을 중시하는 시대적인 분위기 때문에 설득력 있는 증거를 확보한 기독교나 옳고 그름의 평가를 요구하는 근거에 기초한 기독교를 강조하게 되었다.

현재 서구사회는 근대의 세계에서 포스트모던의 세계로 변화하는 중이다. 과학과 철학, 그리고 커뮤니케이션과 같이 삶의 모든 영역에서 벌어지고 있는 새로운 혁명이 우리를 이전과 전혀 다른 가치를 수용하는 세상 속으로 밀어 넣고 있다(도표 C 참조). 과학자들에 의하면 오늘날 우리는 확장하는 우주 속에 살고 있다고 한다. 또 철학자들에 의하면 우리는 주변

---

12) Louis Bouyer, *The Spirit and Forms of Protestantism* (London: Harvill, 1956).
13) Charles Taylor, *Sources of the Self* (Cambridge, Mass.: Harvard University Press, 1989), 특히 8장, "데카르트의 분리된 이성"(Descartes' Disengaged Reason)을 참고하라.
14) Nancey Murphy, *Beyond Liberalism and Fundamentalism* (Valley Forge, Pa.: Trinity Press International, 1996), 특히 1장, "경험인가 성경인가: 하나님을 아는 방법"(Experience or Scripture: How Do We Know God?")을 참고하라.

의 모든 만물과 상호관계 속에 놓여 있다고 한다. 또한 우리는 점점 시각적이고 상징적인 수단들을 활용하여 이전과 전혀 달리 전방위적인 차원으로 주변과 소통하는 시대를 살고 있다. 이러한 변화 때문에 전혀 새로운 문화가 등장하고 있으며, 그 결과 성경적인 기독교를 이해하고 소통하는 방식에 관한 새로운 질문들이 도처에서 제기되고 있다(도표 A 참조).

2. 패러다임적 사고의 가치

기독교의 중요한 역사적인 패러다임에 대한 간략한 개괄을 통해서 우리는 포스트모던 사상의 핵심 요소 중의 하나가 패러다임적 사고(paradigm thinking)임을 알 수 있다.

첫째, 패러다임적 사고는 과거 역사를 그 자체의 고유한 상황과 결부지어 이해할 것을 요구한다. 지난 2천 년의 기독교 역사를 형성하는 각각의 시대는 20세기 서구사회의 기준이 아니라 그 시대가 속한 고유의 문화와 결부지어 연구해야 한다. 기독교 신앙은 초기 기독교가 탄생할 때부터 지금까지 항상 다양한 문화의 창문을 통과하면서 형성, 발전되어 왔으며, 기독교의 핵심 진리가 허공 속에서 액면 그대로 전달되는 것이 아니라, 그 문화권에 영향력을 행사하던 하나 또는 그 이상의 지배적인 원리들이나 사상들을 통해서 소통되어 왔다. 그래서 기독교의 이야기는 지난 2천 년의 역사 속에서 초기에는 주로 신비에 초점을 두다가 중세 시대에는 제도석인 교회로 이동하였고 다시 종교개혁기 이후에는 개인주의를 그리고 근대기에는 이성을 중시하다가 오늘날과 같은 포스트모던 시대에는 다시 신비로 그 무게중심이 이동하였다.

둘째, 패러다임적 사고는 지난 과거 역사를 깊은 안목으로 이해할 수 있도록 돕는다. 우리 개신교 신자들은 과거 16세기 이후 종교개혁자들의 사상과 경건주의, 부흥운동, 그리고 근대주의자들에 대항한 근본주의자들의 논쟁의 틀 속에서 기독교 신앙을 이해하는 데 익숙하다.[15] 또 우리와 같은 개신교 신자들은 과거 기독교 역사의 특정한 시대를 그대로 동결시켜서 자기 시대 속으로 끌고 들어와서 그 시대의 기독교적인 가치관을 신앙의 표준으로 간주하며 그 기준으로 다른 모든 시대의 신앙이나 기독교적인 운동을 평가하려 든다. 하지만 패러다임적 사고는 그러한 획일성의 한계를 극복하도록 도우며 모든 시대의 교회를 그 이전의 독특한 시대적인 표현 속에서 이해할 수 있도록 안내한다. 따라서 이전의 역사를 연구할 때 우리는 자신의 기준으로 다른 시대를 판단하거나 심판하려 들지 말고 다른 시대의 교회와 만나서 대화를 나누려는 자세로 임해야 한다. 이를 통해서 우리는 이전과 다른 문화를 살아가고 있는 우리 시대의 기독교를 잘 이해하고 그 진로를 더욱 지혜롭게 모색할 수 있다.

셋째, 패러다임적 사고를 통해서 우리는 과거의 중요한 모델들이 오늘날에도 여전히 영향력을 행사하고 있음을 잘 이해할 수 있다. 예를 들어, 고대 그리스 문화권에서 발전했던 기독교는 동방정교회의 형태로 오늘날까지 우리 곁에 남아 있다. 그리고 중세 시대에 형성되었던 기독교는 로마 가톨릭교회 안에서 오늘날까지 남아 있다(물론 제2차 바티칸 공의회를 통해서 로마 가톨릭 신학을 20세기와 새롭게 연결시키려고 노력했다는 점은 주목할 만하다). 또 다양한 종교개혁기의 모델들이 오늘날의 루터교와 성공회, 개혁교회, 그리고 침례교회 속에 깊이 스며들어 있다. 이 모든 교회들은 당연히 현대적인 문화, 특히 현대적인 자유주의(modern liberalism)의 영향 속

---

15) Timothy R. Phillips and Dennis Okholm, *Welcome to the Family* (Wheaton, Ill.: Victor/BridgePoint, 1996), 특히 16장, "우리는 한가족: 미국 복음주의와 그 뿌리"(We Are Family: American Evangelicalism and Its Roots"를 참고하라.

에서 기독교 신앙을 각자의 방식대로 표현하려고 노력했다. 이러한 패러다임적 사고의 해석전략을 통해서 우리는 특정한 문화와 지리적인 위치 속에서 기독교 신앙을 좀 더 새롭고도 적극적인 방식으로 표현하려는 시도 가운데 이와 같이 다양한 기독교 모델들이 등장했음을 잘 이해할 수 있다.

넷째, 패러다임적 사고는 기독교 신앙의 다양성과 다원성을 인정함과 동시에 그러한 다양성을 모두 관통하는 공통의 기독교 신앙의 중추신경을 찾아내는 효과적인 지름길을 제공한다. 그리고 이러한 공통의 유산을 탐구함으로써 기독교 신앙의 일치(unity)와 다양성(diversity)에 대한 새로운 이해를 확보할 수 있다. 기독교의 일치는 우주적인 보편 교회가 위치한 구체적인 교회-사회적인 문화를 통해서 후대로 전승되어 왔다. 하지만 기독교의 다양성은 기독교 신앙이 구체적인 상황 속에서 독특한 방식으로 표현된 특정한 문화적인 상황의 다양성을 반영한다(예를 들어, 중세 로마 가톨릭교회와 16세기 종교개혁). 그래서 모두 다 기독교인이지만, 그 중에 일부는 동방정교회 신자이거나 또 일부는 로마 가톨릭에 속한 신자이거나 개혁주의 신자, 20세기 복음주의 신자이거나 또 일부는 다른 형태의 근대 또는 후현대적인 신자들이다.

다섯째, 패러다임적 사고는 변화의 시기에 대응할 수 있는 지혜로운 방법을 우리에게 제시한다. 실증적인 방법론을 통해서 세상을 이해하는 기계론적인 철학적 전제로 무장한 근대의 문화 속에 육화되고 뿌리내린 기독교 신앙이 점차 퇴조하고 있다. 그리고 우리 눈앞에 펼쳐지고 있는 문화적인 변화의 물결은 우리를 계속 새 시대 속으로 밀어 넣고 있는 실정이다. 이러한 변화의 물결 앞에서 많은 사람들이 선조로부터 물려받은 역사적인 신앙을 새롭게 나타나는 문화 속에 신실하게 육화시키고 꽃피우고자 노력하고 있다.[16] 이러한 목표는 단지 과거를 폐기함으로써 쉽게 달성될 수 있는 것이 아니라, 과거 2천 년의 교회 역사 속에서 다양한 사회 문화적인 독특성을 뛰어넘어 일관되게 존중받아 왔던 초문화적인 신앙의 뼈대(예를 들어, 신앙의 규범)를 추구함으로써 달성될 수 있다.

그래서 기독교 신앙을 새로운 문화 속에 육화시키고 통합시킬 접촉점은 단순히 특정한 문화의 형태를 취하고 있는 기독교를 회복하는 차원이 아니라 먼저 사도들로부터 기원하여 교부들이 발전시켰고 그 이후에 예전과 신학의 전통을 따라 전승되어서 보편적으로 받아들여진 신앙의 뼈대(framework of faith)를 회복하는 것이다. 이러한 해석학적인 전략을 통해서 우리는 변화하는 문화적인 상황에 편협한 자세가 아니라 좀 더 통전적인 자세로 대응할 수 있다. 우리의 소명은 기독교 신앙을 재창조하는 것이 아니라 교회 역사의 출발점에서부터 보편적으로 확정했던 것을 계속 붙잡고 후대에게 그대로 물려주는 것이다. 그래서 내 친구가 말했던 것처럼 우리는 달라지기 위해서가 아니라 이전처럼 그대로 남아 있기 위해서 변화한다. 지금 우리는 근대기로부터 포스트모던 시대로 바뀌는 변화의 소용돌이 속에 붙잡혀 있다. 그래서 우리는 이전과 똑같이 남아 있기 위하여 변화하려면 어떻게 해야 하는지의 전략을 발견하기 위하여 이 변화의 소용돌이를 좀 더 자세히 관찰해야 한다.

---

16) Robert Webber and Donald Bloesch, *The Orthodox Evangelicals* (Nashville: Nelson, 1979).

제2장

근대의 패러다임에서 포스트모던 패러다임으로의 변화

1. 근대의 패러다임

 오늘날 교회에서 일어나고 있는 갈등을 올바로 이해하려면 먼저 근대의 사고 패러다임에서 포스트모던 패러다임으로의 변화를 제대로 이해해야 한다고 나는 확신한다. 이러한 연구를 통해서 우리는 오늘날 포스트모던 시대의 문화적인 변동 가운데 대두되는 특정한 쟁점들을 정확하게 파악할 수 있다. 그래서 우리는 근대의 사고 패러다임의 핵심을 차지하는 세 가지 중요한 특징들로서 개인주의와 합리주의, 그리고 사실주의를 먼저 살펴보고자 한다. ① 개인주의는 각 개인의 궁극적인 자율성을 존중하며, ② 합리주의는 현실 세계를 연구하고 이해하는 최고의 수단으로서의 인간 지성의 능력에 대한 강력한 확신으로 지탱되며, ③ 사실주의는 각 개인은 이성을 통해서 객관적인 진리에 도달할 수 있다고 주장한다.[1]

---

1) Stephen Toulman, *Cosmopolis: The Hidden Agenda of Modernity* (New York: The Fred

이러한 근대적인 사상은 18세기와 19세기에 몇 단계 과정들을 거쳐서 결국 철저히 합리적인 기독교로 발전하였다.[2] 이 과정에서 첫째로 우주론의 혁명은 물리 세계에 대한 이해를 중세 시대의 도덕적인 우주론에서 뉴턴의 기계론적인 우주론으로 바꾸어 놓았다. 객관적인 진리에 도달하는 방법으로서 인간의 이성과 과학에 대한 절대적인 확신을 선호하다보니 자연히 신비나 초월은 점차 논외로 밀려나게 되었다. 인간의 이성에 대한 확신은 기독교 신앙도 이성적으로 설명할 수 있고 옹호할 수 있다는 믿음을 가져왔다.[3]

그리고 인간 이성에 근거한 기독교를 구축하는 것이 계몽주의 시대의 기독교인들에게 매우 중요한 과제로 대두되었다. 그러다보니 둘째로 과학과 성경 사이에, 인간의 이성과 성경 사이에, 그리고 역사와 성경 사이에 심각한 모순이 존재한다는 사상이 널리 퍼지기 시작하였다. 이러한 모순에 대한 자유주의자들의 반응은 성육신과 속죄, 그리고 부활을 강조하는 기독교의 핵심적인 구조를 재해석하는 것이었다. 자유주의자들에 의하면, 기독교 신앙의 핵심을 새롭게 발견하려면 이런 교리들은 비신화화하여 제거해야 하는 일종의 신화(myths)라는 것이다.[4]

그들의 입장에서 볼 때 문제의 핵심은 예수와 바울의 구별 속에서 발견된다는 것이다. 말하자면 예수는 사랑에 관한 단순한 복음을 선포하였지만, 바울은 예수를 하늘의 신적인 존재로 소개하면서 사랑에 관한 순수한 기독교를 형이상학적인 종교 시스템으로 바꾸었다는 것이다. 그래서

Press, 1990; Chicago: University of Chicago Press, 1992).
2) Norman Hampson, *The Enlightenment* (Baltimore: Penguin, 1968; New York: Penguin, 1982; London: Penguin, 1968, 1990).
3) 계몽주의 신학과 계몽주의가 기독교 사상에 끼친 영향에 관한 논의를 위해서는 다음을 참고하라. Stanley J. Grenz and Roger E. Olson, *Twentieth Century Theology: God and the World in a Transitional Age* (Downers Grove, Ill.: InterVarsity, 1992).
4) Friedrich Schleiermacher, *The Christian Faith*, ed. H. R. Mackintosh and J. S. Stewart, 2nd ed. (Philadelphia: Fortress, 1928)

자유주의자들은 바울의 신학 체계에 대하여 비판적인 입장을 취하며, 기독교 교리를 조지 린드백(George Lindbeck)이 지칭한 "경험 표현주의 관점"(experiential-expressive perspective)이라고 이해한다. 말하자면 자유주의자들은 기독교 교리를 "인간 내면의 감정과 태도, 또는 실존적인 지향성에 관하여 아무런 정보도 제시하지 않는 비추론적인 상징들"로 여긴다.[5]

한편 보수주의자들은 신학에 대한 자유주의자들의 입장에 대하여 "실증적 변증"(evidential apologetics, 초자연적인 계시보다는 인간의 이성에 납득 가능한 증거로 변증하는 것)의 관점에서 대응하였다. 이러한 보수주의자들은 개인주의와 이성, 그리고 객관적인 진리를 강조하는 계몽주의의 영향을 받아서 성경에 대한 논리적인 내적 일관성과 성경무오류에 관한 교리, 기독교 변증을 위한 고고학적인 지식의 활용, 성경 본문에 대한 비평적인 방어, 그리고 그 밖의 다양한 이성적인 증거를 동원하여 기독교 신앙의 확실성의 체계를 구축하려고 노력하였다. 이러한 노력은 개인주의와 이성, 그리고 객관적인 진리를 중시하는 근대적인 사고방식과 불가분리의 관계를 맺게 되었고 근대주의의 시대사조로부터 자유로울 수 없었다. 조지 린드백은 이러한 집단을 가리켜서 "명제주의자들"(propositionalists)이라고 부르는데, 그 이유는 이들은 "종교적인 진술에 대한 인지적이고 정보적인 의미에 높은 가치를 부여하는 분석 철학"을 선호하기 때문이다.[6]

르네 데카르트는 이성을 중시하는 근대 철학의 시발점을 제공한다. 그는 "나는 생각한다 고로 나는 존재한다"는 유명한 경구를 남겼다. 과학적인 관찰과 합리적인 추론에 관한 그의 실증적인 방법론은 근대 시대에 일반 학문뿐만 아니라 성경연구와 신학을 포함하여 모든 학문 분야를 지배

---

5) George A. Lindbeck, *The Nature of Doctrine: Religion and Theology in a Post Liberal Age* (Philadelphia: Westminster, 1984), 16.
6) Ibid.

하였다. 이 시기에 과학과 이성을 통하여 객관적인 진리에 도달하는 지성의 능력을 더욱 확증해주는 다양한 비평적인 방법론들이 발전하였다. 그리고 합리적인 추론과 해석을 동원하는 방법론은 그대로 기독교 연구에도 적용되었다.

계몽주의 패러다임은 기독교인과 비기독교인이 공유하는 토대주의와 구조주의, 그리고 거대담론의 중요성에 대한 확신을 양산하였다.

첫째, 토대주의(또는 정초주의나 기초주의, foundationalism)는 "일체의 의혹이 없이 그 자체로 확증적인 믿음이나 경험이 존재하며, 이러한 근원적인 믿음이나 경험에 근거하여 여타의 다른 믿음과 이해의 체계가 수립될 수 있다"는 철학적, 신학적인 확신을 가리킨다.[7]

둘째, 구조주의(structuralism)는 인류 사회는 삶으로부터 의미를 생산하기 위하여 다양한 텍스트를 생산하며 그 텍스트 속에 존재하는 의미는 텍스트 해석자들이 이성을 사용하여 공동으로 합의된 결론에 도달할 수 있다는 신념을 말한다.[8]

셋째, 거대담론은 전체 사회에 광범위한 영향력을 행사하는 텍스트의 이야기들로 이루어졌다. 이러한 거대담론의 이야기들은 이 세상의 시작부터 종말까지를 아우르는 우주 세계에 대한 폭넓은 해석과 의미를 제공함으로써 삶을 이해할 수 있도록 한다.[9]

예를 들어, 이상의 세 가지 전제 위에 세워진 근대의 패러다임 속에서 다양한 세계관들이 양산되었다. 근대의 패러다임으로부터 상당한 영향을 받은 지배적인 세속적 세계관은 진화론과 과정론(the idea of progress)을

---

7) John E. Thiel, *Nonfoundationalism* (Minneapolis: Fortress, 1994). 인용의 출처는 다음과 같다. Lakeland, ibid., 125.
8) Claude Levi-Strauss, *Structural Anthropology* (New York: Basic Books, 1958).
9) J. Richard Middletone and Brain J. Walsh, *Truth is Stranger Than It Used to Be* (Downers Grove, Ill.: InterVarsity, 1995).

통해서 인류는 결국 하나님이 존재하지 않는다는 결론에 도달할 수 있다고 주장한다. 세속주의자들은 우연에 의하여 시작된 이 세상의 기원이 결국은 모종의 황금기(golden age)에서 최고 절정에 도달할 것이라는 거대담론을 주장한다. 또 이들의 주장에 의하면, 인류가 이러한 황금기에 도달하는 방법은 이 세상의 의미와 미래를 올바로 결정하는 데 과학이라는 텍스트를 올바로 해석하는 이성의 도구를 사용할 줄 아는 자율적인 개인주의라는 것이다.[10]

자유주의적인 기독교는 세속적인 관점과 매우 흡사한 세계관을 구축하였다. 이들에 의하면 기독교 사상의 근간은 성경적인 거대담론이 실린 텍스트를 올바로 해석할 줄 아는 비평적 이성을 효과적으로 사용하는 데 달렸다. 개인 지성의 권위를 강력하게 지지하는 이러한 자유주의적 세계관은 성경이 신화적인 내용으로 가득 찼다고 주장하며 기독교의 교훈을 단순히 사랑에 관한 메시지의 차원으로 축소시킨다. 또한 이들이 이해하는 하나님도 불확실한 기원으로부터 출발하여 시작처럼이나 불확실한 미래를 향하여 달려가는 역사를 추동하는 설명 불가능한 동력의 하나에 불과하다.[11]

그런데 자유주의적인 기독교와 마찬가지로 복음주의적인 기독교도 근대의 패러다임에 근거한 나름의 세계관을 발전시켰다. 복음주의적인 기독교에서 인간의 이성은 계시의 권위보다 아래에 위치하지만 복음주의자들은 초월적인 계시는 인간의 이성을 사용하여 올바로 해석될 수 있으며 그 계시의 내용은 근본적인 진리로 귀결될 수 있다고 주장한다. 복음주의자들은 구조주의와 보조를 맞추면서 "의미는 성경 본문 안에서 발견

---

[10] Robert Wright, *The Moral Animal: Why We Are the Way We Are: The New Science of Evolution Psychology* (New York: Pantheon, 1994).
[11] Shailer Matthews, *The Faith of Modernism* (New York: Macmillan, 1924).

될 수 있다"고 주장한다. 또 이들은 개별 본문에 대한 단 하나의 권위 있는 의미는 문법적이고 역사적이며 신학적인 해석 방법에 의하여 발견할 수 있다고 주장한다. 그리고 이런 해석 방법을 통해서 얻어낸 것이 바로 명제적인 진리(propositional truth)이다. 예를 들어, 몇 해 전에 나는 복음주의적인 신학교에서 강의를 진행 중이었다. 오전 강의를 끝내고 복도를 지나다가 수업 중인 교실로부터 강력하고도 권위적인 음성이 흘러나오는 것을 듣느라 잠깐 멈춰섰다. 그 교수는 이렇게 주장했다. "성경의 모든 본문에는 단 한 가지 확실한 의미가 들어 있습니다. 그래서 우리는 그 의미를 찾아내서 본문에 담긴 저자의 의도를 이해하기 위하여 해석의 도구를 사용합니다." 이러한 주장은 데카르트의 개인주의를 복음주의적인 관점에서 적용한 대표적인 사례를 잘 보여준다. 즉 이성에 대한 강력한 확신에 근거하여 객관적인 진리에 도달하겠다는 것이다. 이들은 성경은 진리의 기초이며 그 진리를 발견하기 위한 결정적인 도구로 인간의 이성을 강조하며 진리는 그 전체가 아니더라도 상당 부분 명제적인 진술로 표현할 수 있음을 강조한다.

2. 후기 계몽주의 패러다임

20세기 후반에는 합리적인 확실성에 관한 근대의 패러다임이 현대 사조 전 영역에서 일어나고 있는 혁명적인 변화 때문에 도전받고 있다(도표 B 참고). 이러한 혁명 때문에 복음주의자들은 과거의 근대적인 패러다임으로 기독교 신앙을 표현하려 했던 관례를 재검토해야 하며, 역사적인 기독교의 근간을 고수하면서도 이 시대의 새로운 문화와 적실한 기독교 신학을 새롭게 구축해야 한다. 그래서 필자는 먼저 과학과 철학, 그리고 커뮤니케이션 분야에서 일어난 급진적인 변화를 세심하게 살펴보고자 한다. 그 이유는 이러한 영역의 변화는 근대의 패러다임이 포스트모던 패러다임으로 바뀌고 있음을 이해하기 쉽게 보여줄 뿐만 아니라 이 시대의 교회들이 역사적인 기독교에 굳건히 뿌리내릴 수 있는 적절한 방안도 제공하기 때문이다. 사실 포스트모더니즘으로의 변화는 생각 이상으로 광범위하다. 그래서 독자들은 도표 C에서 소개된 변화의 복잡성을 깊이 생각해 보기를 바란다. 이제 우리가 포스트모던의 시대로 변화하고 있는 시대적인 변화의 양상을 잘 이해하기 위하여 세 가지 영역의 혁명에 대해서 자세히 살펴보자.

3. 과학혁명

인간의 이성과 실증적인 방법의 중요성을 강조했던 근대주의에 대한 가장 강력하면서도 아마도 가장 근본적인 도전은 20세기의 과학혁명 때문일 것이다. 계몽주의의 기계론적인 우주관과 그 우주만물이 작동하는 방식을 이해할 수 있는 인간 이성에 대한 최고의 숭배는 원자보다 더 작은 미립자 세계의 발견으로 점차 무너지기 시작했다. 근대에는 "세상은 관찰되는 그대로 존재한다"고 생각했지만, 불확실한 미립자의 세계가 나타나면서 이제는 눈앞에 그대로 존재하는 것은 아무것도 없으며 모든 만물은 끊임없이 운동 중이라는 사실이 밝혀졌다.[12]

이러한 새로운 과학적인 발견으로 말미암은 첫 번째 파장은 근대 이전처럼 신비의 세계를 용납하기 시작한 것이다. 이제 세상은 이성적인 관찰

---

12) David Fay Griffin, *The Reenchantment with Science* (Albany, N. Y.: State University of New York Press, 1988), 특히 서론("The Reenchantment of Science")을 참고하라.

의 한계를 뛰어 넘어 매우 복잡하고 신비롭게 다가왔다. 일부 과학자들은 모든 현실 세계를 파악할 수 있는 인간 이성의 능력에 대하여 예전처럼 여전히 낙관적이기도 하지만, 광활하고도 무한히 복잡한 우주 앞에서 인간성에 대한 이전과 다른 새로운 과학적인 입장이 부상하게 되었다. 포스트모던 시대에 과학자들은 이전처럼 계속해서 연구하고 탐구하고 이 우주만물과 생명세계에 대한 설득력 있는 해석을 제시하려고 노력하지만, 제시된 해석에 대해서는 이전에 비해서 권위적이지 못하고 매우 잠정적인 입장을 취할 뿐이다.[13]

상대성 이론과 양자 역학으로 말미암은 새로운 과학의 등장으로 말미암은 두 번째 결과는 이원론(dualism)에서 전체론(holism)으로의 변화이다.[14] 한때 이 세상은 외부적으로는 서로 연결되어 있는 것처럼 보이지만 본질적으로는 서로 독립적인 개별적 요소들의 거대한 집합체로 비춰졌지만, 물리학계의 새로운 혁명은 모든 만물이 역동적이면서도 상호 긴밀하게 연결되어 있다고 주장한다. 또 새로운 양자이론(quantum theory)은 종전의 뉴턴 물리학의 기본적인 입장이었던 질량 중심의 미립자에 대한 개념이 특정한 시간과 공간을 점유하는 미립자의 운동 역학에 대한 개념으로 대체되었다.

세 번째 결과는 눈앞에서 객관적으로 관찰되는 그대로 존재하는 세상에서 계속 이동하는 세상에 관한 세계관의 변화로 말미암아 사실에 대한 새로운 접근 방식이 대두되었다. 즉 물질은 기본적으로 영원토록 움직이기 때문에 우리는 합리적이고 영원불변한 과학적인 사실에 결코 도달할 수 없다고 포스트모던의 시대사조는 주장한다. 그리고 흔히들 말하는 사

---

13) Nancey Murphy, *Reconciling Theology and Science: A Radical Reformation Principle* (Kitcher, Ontario: Pandora, 1997).
14) Michael Polanyi, *Personal Knowledge: Towards a Post Critical Philosophy* (Chicago: University of Chicago Press, 1958).

실은 그저 해석된 사실(interpreted facts)일 뿐이라는 것이다. 그래서 심지어 과학의 영역에서도 단순히 객관적인 사실만을 탐구할 수는 없고 신앙에 기초한 사상체계를 탐구하려는 사실과 결부시켜야 한다는 점을 인정한다. 하나님이 존재하지 않는다는 가정도 하나님이 존재한다는 가정만큼이나 나름의 믿음에 기초한 헌신(a faith-commitment)이라는 것이다.

그런데 이렇게 신비와 전체론, 그리고 해석된 사실로의 변화 때문에 기독교 교회가 여기에 대응하기 위한 새로운 신학을 만들어낼 필요는 없다. 왜냐하면 이전에 교회가 줄곧 지켜왔던 역사적이고 전통적인 신앙이 이 시대에도 적실성을 갖기 때문이다. 고대 교회의 신학 역시 신비로 가득 차 있으며, 모든 형태의 이원론적인 사고 구조를 거부하는 전체론의 특징을 지니고 있고, 그리스도에 관한 사실(the Christ-fact)에 대한 교회의 해석을 존중한다. 또한 하나님에 대한 이해와 창조와 성육신, 재창조를 통한 하나님의 세상과의 관계에 대한 이해가 인류 역사에 참여하시며 그 피조된 세계 속에서 전체 우주의 구원을 이뤄가시는 하나님에 대한 신앙적 헌신의 틀 속에 체계적으로 정리되어 있다. 이렇게 기독교 신앙의 핵심적인 신비로서의 하나님과 피조계에 대한 통전적인 이해는, 고전적인 기독교를 포스트모던의 세계에서 새롭고도 설득력 있게 재발견할 수 있게 하는 탁월한 잠재력을 갖고 있다.[15]

---

15) Thomas C. Oden의 저서와 그 중에 특히 다음의 저서를 참고하라. *After Modernity…What?* (Grand Rapids: Zondervan, 1990). 그리고 Stanley Hauerwas의 다음 저서를 참고하라. *After Christendom* (Nashville: Abingdon, 1991).

4. 철학 혁명

새로운 철학적 사조가 진공 속에서 형성되었다는 생각은 오해이다. 포스트모더니즘 시대의 철학은 과학혁명에 대한 한 가지 반응으로 나타났다. 뉴턴 물리학의 영향을 받았던 기계론적인 우주관으로부터 무한히 변화하는 역동적인 우주관으로의 변화를 계기로 철학의 영역에서도 수많은 새 질문들이 쏟아졌다. 하지만 우리가 간과하지 말아야 할 사실은 대부분의 포스트모던 철학의 저변에 깔린 의도는 근대성을 해체하는 것뿐만 아니라 그와 동시에 기독교도 해체하려는 것이다. 브루스 벤슨(Bruce Benson)이 언급한 바와 같이, "포스트모더니즘은 사실상 전통적인 표준을 전복하는 모든 것들에 광범위하게 적용된다." 널리 알려진 포스트모던 철학자들 중에는 "자크 데리다(Jacques Derrida)와 미셸 푸코(Michel Foucault), 장 프랑수아 리오타르(Jean-Francois Lyotard), 그리고 미국의 철학자 리처드 로티(Richard Rorty)가 있다."[16] 여러 견해 차이에도 불구하고 이들 철학자들을 공통으로 묶는 것은 근대의 철학적인 패러다임과 아울러 근대성과 깊은 관련을 맺고 있는 기독교에 대한 이들의 부정적인 비판이다.

우리 복음주의자들은 현재 눈앞에서 진행 중인 문화적인 변동에 대한 철학적인 평가와 해석에 대해서 귀를 기울일 필요가 있다. 이러한 철학자들은 그동안 서구 문명을 지배해왔던 삶과 우주에 대한 변증법적이고 상관적인 관점에 대하여 비판적인 평가를 제시하면서 인류 미래의 궤적을 새롭게 모색하려고 노력한다. 그런데 우리가 기독교 신앙을 소통하고 삶

---

16) 일차 자료를 위해서는 다음을 참고하라. Charles Jencks, ed., *The Postmodern Reader* (New York: St. Martin's, 1992). 계몽주의 철학을 대체한 철학 혁명에 관한 훌륭한 개요를 위해서는 다음을 참고하라. Stanley J. Grenz, *A Primer on Postmodernism* (Grand Rapids: Eerdmans, 1996). 이 부분에 대한 연구를 위해서 필자는 내 동료 Bruce Benson의 미출간된 자료인, "Postmodernism"을 참고하였다.

으로 구현해내야 하는 자리가 바로 이 시대의 문화이다. 그래서 현재의 철학적인 분석을 통해서 새롭게 대두되는 몇 가지 쟁점들에 대해서 좀 더 자세히 살펴보자.

첫째, 포스트모던 시대에는 주체와 객체 사이의 분리를 더 이상 용납하려 들지 않는다. 그 대신 삶은 주변의 모든 만물들과의 변증법적인 상호작용의 관점에서 파악된다.[17] 계몽주의는 인간 주체가 검증된 객체로부터 별도로 분리될 수 있다고 생각했다. 예를 들어, 예전에는 이성을 갖춘 사람이라면 누구나 역사적인 텍스트(예를 들어, 성경 본문)를 하나의 객체로 연구하여 그 본문에 대한 객관적인 지식에 도달할 수 있다고 보았다. 그러나 마틴 하이데거(Martin Heidegger)는 『존재와 시간』(Being and Time)에서 자아는 타자와 그가 처한 주변의 문화적인 환경과 별도로 독립된 존재로는 올바로 이해될 수 없다고 주장함으로써 주체/객체의 이분법적인 도식에 도전장을 내밀었다. 그 결과 여러 영역에서 개인주의의 한계를 인정하면서 공동체의 중요성을 강조하게 되었다. 오늘날 우리는 홀로 떨어져 자율적인 존재로 살아가는 것이 아니라 "사회적인 네트워크로 긴밀히 연결된 세상에 속해 있다." 이러한 포스트모던 시대사조를 가리켜서 "공생"(symbiosis)이라 부르며 모든 만물의 상호관계를 강조한다.[18]

둘째, 포스트모던 시대에 모든 만물은 주변의 다른 만물들과 공생 관계를 맺고 있기 때문에 이 시대의 철학자들은 절대의 개념을 거부한다. 이들에 의하면 모든 만물은 주변의 다른 만물들과 상호관계를 맺지 않고 독립적으로 존재할 수 없다는 것이다. 따라서 우리는 예전처럼 더는 만물을

---

17) Mikhail M. Bakhtin, *The Dialogic Imagination*, ed., Michael Holquist, trans. Carly Emerson and Michael Holquist (Austin: University of Texas Press, 1981).
18) Jerome Bruner, *Actual Minds, Possible Worlds* (Cambridge, Mass.: Harvard University Press, 1986); and Kenneth Gergen, *The Saturated Self: Dilemmas of Identity in Contemporary Life* (San Francisco: Bantam Books, 1991).

A, B, C의 범주로 서로 분리할 수 없다. 모든 만물은 주변의 다른 만물과 서로 관계를 맺고 있기 때문이다.

셋째, 포스트모던 시대의 철학은 우주 만물을 통일하는 단 하나의 통일된 요소는 존재하지 않는다는 과학적인 결론을 받아들인다. 세상은 "상호관계의 망"으로 이루어졌으며 그 어디에도 우주만물의 근원적인 문을 열 수 있는 열쇠는 존재하지 않는다는 것이다. 이러한 관점 때문에 세상에는 단 하나가 아니라 수많은 길이 존재한다는 다원주의(pluralism)가 득세하게 되었다.

넷째, 포스트모던 시대의 철학은 언어의 권위에 대하여 비판적이다. 자크 데리다는 『언어와 현상』(Speech and Phenomena)과 『서기법에 관하여』(Of Grammatology)에서 텍스트의 해체를 주장했다.[19] 텍스트의 해체란 언어는 더는 진리의 온전성을 담아낼 수 없고 다만 그 진리에 접근하는 자취(trace)에 불과하다는 점을 강조한다. 언어는 더 이상 진리를 담지 못하고 진리도 언어 속에 들어 있지 않고, 다만 그 언어가 사용되는 맥락이나 역사적인 상황 속에 들어 있다. 언어는 그 자체로는 보편적인 진리를 전달할 수 없으며, 그 언어가 본래 발화된 특정한 상황과의 연관성 속에서 이해될 수 있을 뿐이다. 그리고 보편적인 진리도 알 수 없기 때문에 결국 소위 말하는 진리라는 것도 주관적일 뿐이다.[20] 예를 들어, 리처드 로티는 『철학과 자연의 거울』(Philosophy and the Mirror of Nature)에서 근본주의를 "공허한 희망"이라고 혹평하며 자신을 가리켜서 "잠시 유용할 뿐이라는 실용적인 의미 이상의 가치가 없는 줄 잘 알면서도 여전히 어떤 신념을

---

19) Jacques Derrida, *Of Grammatology*, trans. Gayatn Chakvavovty Spivak (Baltimore: Johns Hopkins University Press, 1997, 1998; Delhi: Motilal Banarsidass, 1994).
20) John McGowan, *Postmodernism and Its Critics* (Ithaca, N. Y.: Cornell University Press, 1991), 특히 3장, "근대 후기 이론에서 자유의 문제"(The Problem of Freedom in Post Modern Theory)를 참고하라.

붙잡고 있는 사람"이라고 했다.[21] 근대의 구조주의도 데리다의 언어철학에 의하여 붕괴되고 말았다. 언어는 보편적인 진리를 담아낼 수 없고 그저 특정한 사회적 및 역사적인 상황에 적실한 사회 구조를 반영하기 때문에 텍스트에 대한 연구만으로는 결코 보편적인 진리에 도달할 수 없다는 것이다. 따라서 로티나 다른 포스트모던 철학자들에 의하면, 특정한 공동체가 지지하는 거대담론은 다만 그 공동체에게 어울리는 말을 할 뿐이고 보편적인 절대 진리의 가치는 없다는 것이다.[22]

주체/객체의 이분법의 붕괴와 만물에 대한 공생적인 관점의 등장, 삶에 대한 일관성 있는 보편적인 요소에 대한 무관심, 그리고 언어의 해체는 이 시대의 수많은 복음주의자들에게 불편함과 두려움을 가져다주었고 이들이 무너뜨리려는 근대성(modernity)을 방어하기 위한 새로운 시도들이 나타났다.[23]

하지만 우리 복음주의자들은 가다마의 사상으로부터 우군을 발견할 수 있다. 『진리와 방법』(Truth and Method)에서 한스 게오르그 가다머(Hans-Georg Gadamer)는 "전통과 권위, 그리고 편견에 관한 개념을 재정립할 필요성"을 지적하면서 불확실성에 대한 새로운 돌파구를 마련하였다.[24] 차후에 나는 모든 삶의 영역에서 발견되는 이러한 사상적인 조류가 어떻게 포스트모던 시대의 철학적인 사상과 대화를 나눌 비옥한 토양을 제공할 수 있는지에 대해서 살펴볼 것이다.

---

21) Richard Rorty, *Philosophy and the Mirror of Nature* (Princeton, N. J.: Princeton University Press, 1980).
22) Richard Rorty, *Objectivity, Relativism and Truth* (Cambridge: Cambridge University Press, 1991), 특히 "연대와 객관성?"(Solidarity and Objectivity?)을 보라.
23) Millard J. Erickson, *The Evangelical Left: Encountering Postconservative Evangelical Theology* (Grand Rapids; Baker, 1997).
24) Hans-Georg Gadamer, *Truth and Method*, 2nd rev. ed., trans. Joel C. Weinsheimer and Donald G. Marshall (New York: Continuum, 1998).

5. 커뮤니케이션 혁명

1950년 이후에 비약적으로 등장한 커뮤니케이션 혁명도 과학혁명이나 철학 혁명과 동일한 궤적을 밟아왔다. 근대의 세계에서 소통은 주로 개념적인 지식의 전달과 수용을 중심으로 이뤄졌다. 학습의 과정을 지배하는 언어 활용 방식도 주로 "독서"나 "작문"이었고 그 과정에서도 지성과 분석, 명료함, 설명, 논리, 단선형 사고가 강조되었다. 그러나 포스트모던 시대의 소통은 좀 더 상징적인 형태로 변모하였다. 또 지식도 단순히 일방적인 전달이 아니라 공동체 안에서의 인격적인 참여를 통하여 습득된다. 그래서 이 시대의 소통을 설명하는 새로운 구절들은 "경험의 우위성"이나 "몰입하는 참여를 통하여 습득된 지식", "분위기나 환경, 공간과 같은 시각적인 이미지의 파급효과", "상상력의 재발견", "직관", "영적인 현실에 대한 민감성" 등등이다[25](그림 2 참고).

근대의 시기에 복음적인 기독교인들은 보편적인 진리에 도달하기 위하여 언어적이고 분석적인 형태의 소통 방식을 동원했다. 기독교 신앙도 내적인 일관성과 논리를 갖춘 일련의 사상체계로 설명되었다. 성경도 다양한 해석 방법론으로 분석되었고 신학은 조직적인 체계로 구축되었고 영성마저도 논리의 틀 안에서 설명하려고 하였다.

그러나 포스트모던 시대의 소통이 근대 이전처럼 상징적인 소통의 위력을 인정함에 따라 교회도 예전처럼 전인격적인 몰입을 동반하는 참여 속에서 삶을 변화시키는 예전을 통해 다차원적으로 표현되는 하나님에 대한 경험을 중요시하게 되었다.

---

25) Pierre Babin and Mercedes Iannone, trans. David Smith, *The New Era of Religious Communication* (Minneapolis: Fortress, 1991).

* * *

  과학과 철학, 그리고 커뮤니케이션 이론의 영역에서 일어나고 있는 변화에 대한 개략적인 고찰을 통해서 우리는 우리 앞에 놓여 있는 새로운 도전을 더 잘 직시하게 되었다. 그렇다면 이제 우리는 어디로 가서 포스트모던 시대를 향하여 의미 있는 말을 하는 기독교를 발견할 수 있을까?
  이 질문 앞에서 예로부터 전승되어 온 고전적인 전통은 가장 생산적인 대안처럼 보인다. 고전적인 기독교는 신비와 전체론(holism), 해석된 사실(interpreted fact), 공동체, 그리고 언어와 상징적인 소통 방식의 결합의 특징을 갖고 있다. 그래서 오늘날 우리의 과제는 전혀 새로운 기독교를 다시 창조하는 것이 아니라 고전적인 기독교를 포스트모던의 문화 상황 속에 복원하고 적응시키는 것이다.

Ancient-Future Faith
Rethinking Evangelicalism for a Postmodern World

제3장

고전 기독교로의 회귀

　시대가 변하더라도 복음주의자들은 늘 초기 기독교 사상을 붙잡아야 한다는 생각은 그리 새로운 것은 아니다. 이런 생각은 이미 종교개혁자들에게서 시작되었다.

　청교도 사상의 근간을 제공한 윌리엄 퍼킨스(William Perkins)에 관하여 박사학위 논문을 작성하는 과정에서 나는 초대 교회와 종교개혁 간의 긴밀한 상관관계를 처음 이해하게 되었다. 퍼킨스는 『개혁파 가톨릭교회』(The Reformed Catholic)라는 제목의 책을 저술하였는데, 17세기 초반 영국 사회에서 이 책은 출판되자마자 큰 파문을 초래하였고 이후 이 책에 대한 일련의 격렬한 논쟁들이 뒤따랐다. 이 책에서 퍼킨스가 말하려는 요지는 16세기 종교개혁은 그 자체로 전혀 새로운 사상이 아니라 초대 교회로의 회복이있다는 것이다. 퍼킨스는 이러한 논지를 제시하면서 루터와 칼빈, 재침례교도들, 그리고 영국의 종교개혁자들의 사상을 분석하였다. 종교개혁자들의 사상을 연구해보면 이 점은 분명히 드러날 것이다. 하지만 불행히도 종교개혁 이후 이어진 일련의 변화들은 개신교 교회와 지도자들을 종교개혁의 정신과 본질로부터 점점 멀어지게 만들었고 결국은 초대 교회의 본질에서도 이탈하고 말았다. 이런 상황에서 오늘날 초대 교회로 되돌아가려는 운동은 이 시대의 복음주의자들만이 아니라 신학과 실천의 현장에서 초대 교회의 정신을 복원하려 했던 종교개혁자들에게 있어서도 동일한 관심사였다.[1] 초기 6세기까지의 "복음주의의 기원"(the evangelical roots)으로의 복귀에 대한 열망은 거의 대부분의 교파 교회들에게서 동일하게 발견된다. 예를 들어, 케이트 포니어(Keith Fournier)는 『복음주의 가톨릭교회』(Evangelical Catholic)라는 제목의 책에서 이렇게 적고 있다.

> 복음주의라는 표현은 내 자신을 표현하는 용어일 뿐만 아니라, 당연히 그래야 하듯이, 개신교의 교인이건 정교회 교인이건, 또는 가톨릭교회의 교인이건 모든 기독교인들을 아우르는 가장 적절한 용어이기도 하다.[2]

그래서 가톨릭교회가 아마도 복음주의(evangelical)라는 단어의 가치를 재발견하려는 것처럼, 개신교도 "가톨릭"(catholic)이란 단어에 좀 더 편안한 느낌을 갖기 시작하고 있다. 그것은 오늘날의 개신교인들이 로마 가톨릭 교인이 되어가고 있어서가 아니라 초대 교회가 "보편적인"(catholic)이란 단어를 사용할 때 염두에 두었던 것처럼 보편적이고 우주적인 기독교인(universal Christian)이 되어가고 있기 때문이다.

---

[1] 커뮤니케이션 혁명과 기독교 신앙에 미친 영향에 대한 훌륭한 안내서로는 다음의 책이 있다. Pierre Babin and Mercedes Iannoe, trans. David Smith, *The New Era in Religious Communication* (Minneapolis: Fortess, 1991.

[2] Glanmor Williams, *Reformation Views of Church History* (Richmond: John Knox, 1970); and Philip Schaff, *The Principle of Protestantism*, vol. 1. Lancaster Series on the Mercersburg Theology, ed. Bard Thompson and George H. Bricker, (Boston: United Church Press, 1964).

초대 교회로의 환원을 주장하는 대표적인 개신교 신학자인 토마스 오덴(Thomas Oden)은 16세기 영국국교회의 종교개혁자였던 랜슬럿 앤드류스(Lancelot Andrews)의 다음과 같은 진술을 인용하면서 "보편적인"(catholic)이란 단어를 적극적으로 사용하고 싶은 자신의 의지를 설명하는 가운데 자신이 어떻게 자유주의에서 초대 교회의 정통교리로 되돌아왔는지에 대해서 소개한다.

> 하나의 정경, 두 권의 성경, 세 개의 신경(사도신경, 니케아신경, 아타나시우스 신경), 네 개의(에큐메니칼) 공의회, 그리고 교부시대 이후 5세기까지의 교회 역사.[3]

고전 기독교로의 회귀 운동은 복음주의 세계에도 적지 않은 경종을 울렸다. 1977년 40여 명의 젊은 복음주의 지도자들은 시카고 근교에 모여서 "시카고 선언"(The Chicago Call)을 발표하였다.[4] 이 선언문은 복음주의 교회들이 기존의 무역사적인 기독교(ahistorical Christianity)를 버리고 초대 교회로부터 오늘을 위한 새롭고도 풍부한 통찰들을 다시 회복해야 할 것을 촉구하였다. 복음주의 교회와 로마 가톨릭교회 간의 현재와 같은 우호적인 분위기는 1994년에 『복음주의와 가톨릭의 연대』(Evangelicals and Catholics Together)라는 책이 발간되면서 더욱 고조되었다.[5] 이 저서가 집중적으로 다루고 있는 두 진영의 갈등을 들여다보면 종교개혁 배후에는 두 진영 공히 초기 기독교를 향한 헌신적인 자세가 자리하고 있음을 엿볼 수 있다. 찰스 콜슨(Charles Colson)이 언급한 바와 같이, "우리는 하나님의 말씀의 진리와 복음의 능력으로 이 시대 문화를 변화시켜야 한다. 그렇게

---

3) Keith Fournier, *Evangelical Catholics*, (Nashville: Nelson, 1990), 19.
4) 다음에서 인용함. *Christianity Today*, 24 September 1990, 29.
5) Robert Webber and Donald Bloesch, *The Chicago Call* (Nashville: Nelson, 1979).

하려면 우리는 역사적인 기독교의 핵심 교리 위에 우리 자신을 정초시켜야 한다."[6]

고대 교회에 대한 관심은 존 웨슬리(John Wesley)의 가르침과 목회 사역에 기초한 성결교 전통 속에서도 쉽게 찾아볼 수 있다. 최근에 일단의 저명한 신학자들은 캔사스 시에 위치한 나사렛신학대학원(the Nazarene Seminary)에서 함께 모여서 동방정교회 전통의 영향과 특별히 존 웨슬리의 사상을 깊이 조명하였다. 여기에서 발표된 논문들은 「에즈베리신학저널」(Asbury Theological Journal)을 통해서 출간되었고 성결교 전통에 속한 사람들로부터 폭넓은 관심을 받았다.[7]

인터바서티 출판사(InterVarsity Press)는 『위대한 전통을 회복하기: 복음주의자와 가톨릭교회, 그리고 동방정교회 간의 대화』(Reclaiming the Great Tradition: Evangelicals, Catholics and Orthodox in Dialogue)라는 도서를 발간함으로써 에큐메니칼 진영에 대한 복음주의적인 리더십을 확고히 보여주었다. 이 책을 출간한 목적은, 이 책의 편집자였던 제임스 컷싱어(James Cutsinger)가 지적한 바와 같이, "성경과 에큐메니칼 공의회를 통해서 분명히 표현된 고전적인 기독교 신앙에 굳건히 기초한 에큐메니칼 정교회(an ecumenical Orthodoxy)가 과연 오늘날 이 시대를 향한 일치되고 변혁적인 증언 사역의 기초가 될 수 있는지의 여부를 점검"하려는 것이다.[8]

오늘날 성령 하나님은 이 시대 교회에게, 그리고 특별히 구세대의 기독교와 상당히 다른 젊은 복음주의 기독교 세대들 가운데 새로운 확신을 불어 넣어 주고 계시는 것 같다. 구세대의 기독교 신자들은 세부적인 신학

---

6) Charles Colson and Richard John Neuhaus, *Evangelicals and Catholics Together: Toward a Common Mission* (Dallas: Word, 1995).
7) *Asbury Theological Journal* 45, no 2 (1990).
8) *Reclaiming the Great Tradition: Evangelicals, Catholics and Orthodox in Dialogue* (Downers Grove, Ill.: InterVarsity, 1997), 8.

적인 체계에 관심을 기울였고 이것이냐 아니면 저것이냐 하는 배타적인 관점으로 사고하는 데 익숙했었고, 신학적인 쟁점들에 관한 토론을 즐겼으며 사회적인 이슈에 대해서는 다소 소극적이며 현재의 상태를 그대로 유지하기를 원했다. 또 이들은 근대적인 세계관의 영향을 받은 과학과 철학, 그리고 소통이론의 영향을 받았다. 그래서 이들은 급격한 변화보다는 안전과 안정감을 선택했다.

하지만 이들 이후에 태어난 신세대는 포스트모던 시대의 새로운 과학과 철학, 그리고 소통 이론의 영향을 받고 자라났다. 그래서 신세대는 변화와 역동적인 발전에 잘 적응되어 있다. 물론 앞에서 언급한 세대 간의 차이가 모두에게 적용되는 것은 아닐지라도 이러한 특징은 어느 정도 각 세대의 일반적인 특징을 보여주기에는 충분하다. 새로운 세대의 기독교인들을 쉽게 끌어들이고 또 포스트모던 시대에 좀 더 설득력 있는 메시지를 전달할 수 있는 유형의 기독교는 핵심 진리와 신실한 구현(authentic embodiment)을 함께 강조하는 기독교이다. 새로운 세대는 복잡한 것보다는 좀 더 간단한 사상에 더 많은 관심을 쏟는 편이며 둘 중 하나만을 선택하는 배타적인 자세보다는 좀 더 포괄적인 관점에 더 많이 끌리는 입장이고, 다양성보다는 일치를, 정적이고 딱딱하게 고정된 체계보다는 역동적이고 점점 성장하는 신앙을, 그리고 구어적인 소통보다는 좀 더 폭넓은 관용과 모호함을 인정하는 시각적인 소통을 더 선호한다.

그래서 고대 기독교 전통과 새 세대 간의 접촉점을 확보하려면 바로 이러한 특성들을 충분히 고려해야 한다. 초대 기독교 전통은 복잡한 신학 논쟁보다는 기본적이고 핵심적인 쟁점들에 집중하였고 분열보다는 일치를, 그리고 개방적이고 역동적이며 신비와 상호호혜적인 관계, 그리고 시각적이며 직접 접촉 가능한 소통에 관심을 쏟았다.

1. 왜 초대 교회가 다른 시기의 교회들에게도 중요한가?

폴 레익랜드(Paul Lakeland)는 『포스트모더니티: 분열된 시대의 기독교 정체성』(Postmodernity: Christian Identity in a Fragmented Age)에서 "미래를 위해서는 어떤 종류의 기독교가 필요한가?"라고 질문한다. 이어서 그는 이렇게 적고 있다.

> 오직 인류에게만 해당되고…온 우주만물에게는 그다지 필수적이지 않은 그런 종류의 구속의 신학은…부적절하다. 단지 개인에게만 집중하는 신학들은 분명 해로울 따름이다. 그리스도를 우주보다 못한 존재로 상상하는 기독론도 편협할 따름이다. 정치와 파벌에 집착하는 교회론은 질병을 앓고 있는 이 지구의 봉사 현장에서 필요한 기독교적인 실천을 충분히 개념화하지 못하기 때문에 결국은 실패할 수밖에 없다. 영적인 것을 물질과 분리시키는 종말론도 순진할 따름이다.[9]

레익랜드의 지적은 정확하다. 그래서 나는 다음에 고전 기독교가 어떻게 삶에 관한 통전적이면서도 일관성 있는 관점을 제시하는지를 설명할 것이다.

초대 교회의 교부들은 그 시대의 신비 종교와 다신교, 영지주의, 그리고 마니교와 같은 비교(秘敎), 플라톤 철학, 아리스토텔레스의 철학, 금욕주의, 그리고 신플라톤 사상이 지배하던 상황에서 자신들의 신학을 발전시켰다. 초대 교회의 신학은 역사적으로나 지리적으로, 언어적으로, 그리고 개념적으로 신약성경의 시대와 가장 가까울 뿐만 아니라 기독교 이전

---

9) Paul Lakeland, *Post Modernity: Christian Identity in a Fragmented Age* (Minneapolis: Fortress, 1997), 46.

의 구약적인 배경을 제공하는 유대교와도 가장 가까우며, 사도적인 전통의 뿌리를 최대한 지켜내려는 특징을 갖고 있다. 이 점을 설득력 있게 보여주는 다음 여섯 가지 논증을 살펴보자.

첫째, 초대 교회는 신앙의 규범(또는 신앙의 표준, rule of faith)이나 고대 로마신조(Old Roman Symbol), 그리고 사도신경과 같은 신앙고백서의 형태로 신앙에 관한 일반적인 교리들을 정리하고 집약시키는 중책을 감당했다. 오늘날까지도 전 세계의 교회들은 예배 시간에 사도신경이나 니케아신경을 암송함으로써 하나님을 향한 자신들의 신앙을 고백하곤 한다.

둘째, 초대 교회의 중요한 역할은 성경의 정경 형성 과정에서도 찾아볼 수 있다. 정경 형성 과정은 사도 시대 이후부터 시작되었으며 이후로 수 세기가 걸렸다. 그런데 정경이 확정된 이후로도 무려 천오백 년 동안 성경의 여러 책들은 정경에 포함될 수 있는지의 여부에 관한 지속적인 논쟁이 이어졌다.

셋째, 초대 교회의 에큐메니칼 신경들은 삼위일체 하나님에 대한 명확한 정의(니케아신경)를 제시하였고 그리스도의 인성과 신성에 대한 분명한 이해를 확정지었다(칼케돈 회의). 이러한 신경들은 헬라 사상과 관련이 있으며 그리스 언어로 기록되었지만, 그와 동시에 당시 교회가 확고하게 방어하려고 했던 성경적인 핵심 진리를 담고 있을 뿐만 아니라 그 깊이를 더욱 심화시켰다. 오늘날 초대 교회의 신경들에 관하여 여러 질문들이 계속 제기되고는 있지만, 초대 교회가 남긴 신경들은 오늘날에도 여전히 신학사상과 신학방법론 연구의 모델로 남아 있다.

넷째, 초대 교회는 교회론과 목회 사역, 그리고 성례전에 관하여 기초적인 사상을 제공한다. 모든 그리스도인들이 사도신경이나, 니케아신경, 또는 칼케돈 정의(the Chalcedonial definition)를 제외한 다른 신경들까지도 모두 준수해야 할 의무가 있는 것은 아니지만, 이러한 신경들은 교회론이나 성례전과 같은 여러 신학적인 주제들을 더 깊이 탐구하기 위한 출발점을 제공한다.

다섯째, 처음 3세기 동안 전쟁이나 낙태, 유아살해, 결혼과 같은 윤리적인 주제나 또는 사회와 국가에 대한 교회의 관계에 대한 신학적인 성찰의 결과물들을 살펴보면, 초대 교회의 사상이 사회, 정치, 경제, 그리고 심리학을 포함한 모든 인간 실존의 영역에 얼마나 깊숙이 스며들어 있는지를 알 수 있다.

여섯째, 이 시기에 기독교 교회는 예배의 문제와 씨름하고 있었다. 이 시기에 기독교의 핵심적인 신경과 정경, 그리고 기독교 윤리가 점차 발전하는 동시에 세례와 성만찬 기도, 교회력, 기독교적인 건축물, 성서일과에 대한 기독교의 입장을 포함하여 기독교 예배 형식도 함께 발전하였다.[10]

이 시기에 초대 교회는 개척자적인 자세로 복잡한 신학적인 쟁점들을 명확하게 규명하였고 교회가 그러한 신학적인 성찰을 구체화시키는 규칙들이나 예배 형식들을 확립하였다. 그래서 정경을 확정짓고 사도신경을 암송하며 삼위일체 교리를 옹호하거나 예수 그리스도의 온전한 신성과 온전한 인성을 주장하는 사람은 누구나 고전 기독교의 핵심적인 측면을 확고히 붙잡고 있는 것이나 다름없다. 복음주의자들은 역사적인 기독교의 교리에 대하여 확고한 헌신의 자세를 고집하지만 이제 그 기독교가 실제 삶 속에서 무엇을 의미하는지를 더 깊이 성찰할 필요가 있다. 초대 교회 교부들의 작품들은 기독교의 근간을 형성하는 사상들을 담고 있지만, 교회 역사 속에서 이들의 자료들은 항상 새로운 해석과 재해석, 그리고 논쟁의 대상으로 그 자리를 지켜왔다. 초대 교회 교부들의 중요성은

---

10) 초대 기독교의 일차 자료들에 관한 탁월한 안내서로는 다음을 보라. Eberhard Arnold, *The Early Christians in Their Own Worlds* (Farmington, Pa.: Plough, 1997); 초대 교회 교부들의 해석에 관한 고전적인 이차 자료로는 다음을 보라. J. N. D. Kelly, *Early Christian Doctrine*, 2nd ed. (New York: Harper & Row, 1960).

초대 교회뿐만 아니라 이후 기독교 2천 년의 매 시기에도 동일하게 해당된다. 따라서 기독교인이라면 고전 기독교 사상을 연구하기 전까지는 그 누구라도 감히 포스트모던 사상과 씨름할 수 없다. 초기 기독교 시대에 대한 특별한 관심은 정교회나 복음주의자, 그리고 에큐메니칼 기독교인들에게 모두 해당된다. 때로는 기독교 신앙에 대한 고귀하고도 찬란한 생각들이 떠오르다 사라지겠지만, 고전 기독교의 전통은 계속 그 생명력을 잃지 않을 것이다.

고전 기독교 전통으로 되돌아가야 하는 일차적인 이유는, 바로 이곳으로부터 포스트모던 세계를 향한 기독교 메시지의 강력한 원동력을 발견할 수 있기 때문이다. 초기 기독교의 교훈은 복잡하지 않고 단순하며, 문화화된 기독교의 복잡한 사상체계를 간단하게 정돈하여 기독교에게 무엇이 중요하고 우선되어야 하는지를 확정지어준다.

포스트모던 시대에 고전 기독교 전통이 중요한 또 다른 이유는 오늘날 고전 기독교 전통과는 아무런 연결고리를 형성치 못한 복음주의 신앙의 현대적인 변질에 질려버린 사람들이 너무나도 많기 때문이다. 현대의 합리주의와 새로운 신학 사조들은 아직도 여전히 의미를 제시하며 미래를 위한 올바른 방향을 제시해 줄 옛날의 보물인 고전 기독교로 대체되어야 한다.

고전 기독교 전통을 다시 복원하는 것은 오늘날 다양한 기독교 신앙을 함께 아우르는 공통분모를 복원하는 것이다. 고전 기독교 전통은 부차적인 신학적 쟁점들로 인한 다양한 교회들 간의 불일치를 그대로 용납하려 들지 않는다. 오늘날의 불일치 속에서 정작 중요한 것은 우주적인 교회들이 공동으로 붙잡고 있는 기독교의 핵심 진리들이다. 가톨릭교회와 동방 정교회, 그리고 개신교회 간에 공통으로 존재하는 핵심 진리와 일치를 연구하는 가운데, 나는 다시금 기독교의 기원을 형성했던 초대 교회로 되돌아가서 그 초대 교회가 동방정교회와 로마 가톨릭교회, 또는 개신교회로 나뉘기 이전에 고집했던 확신들을 발견할 수 있었다.[11] 이러한 시원적인 기독교 전통이야말로 과거를 미래와 연결시켜준다. 그래서 온고이지신(溫故而知新)이라는 속담은 여전히 유효하다. 만일 과거와 일관성을 지닌 미래 교회를 개척하려 한다면 우리는 먼저 지금까지 이어져 내려온 교회의 과거 전통을 알아야 하고 또 왜 그 전통이 이렇게 오랫동안 살아남아 있는지의 비결을 깨달아야 한다.

2. 고전 기독교 사상을 포스트모던 세계에 소통하기

초대 교회의 기독교 사상을 포스트모던 세계에 적용하는 것이 실제로 가능한지의 여부에 대해서 다뤄볼 필요가 있다.

첫째, 저명한 철학자 한스 게오르그 가다머는 "두 지평의 융합"을 통한 어떤 하나의 역사 패러다임에서 다른 패러다임으로의 소통의 가능성에 대해서 언급한 적이 있다. 이러한 사상은 고대 기독교 사상을 그와 전혀 다른 역사적인 상황에서도 제시하여 비록 문화적인 상황이나 새로운 패러다임의 언어 형태가 이전과 다르더라도 제시된 내용은 원래의 정신을 여전히 담아낼 수 있다는 우리의 입장을 지지해준다.[12]

둘째, 우리의 입장을 지지해줄 또 하나의 유용한 통찰은 조지 린드벡(George Lindbeck)에게서 발견된다. 그는 포스트모던 세계를 위한 고전 기독교 신학의 중요성을 개념화시킨 "문화-언어적"인 모델을 제시하였다.

---

11) Bradey Nassif, *New Perspectives on Historical Theology: Essays in Memory of John Meyendorff* (Grand Rapids: Eerdmans, 1996).
12) 특히 다음을 보라. Hans-Georg Gadamer, *Truth and Method* (London: Sheed & Ward, 1995, 1998).

그에 따르면 문화-언어적 신학 모델은 명제적인 진리를 중요시했던 근대의 보수적인 주장과 교리를 표현주의적인 상징으로 이해하는 자유주의적인 관점에 대한 효과적인 대안을 제시한다. 린드벡은 기독교 진리에 대한 보수주의자들과 자유주의자들의 모델을 가리켜서 본문외향적인 (extratextual) 패러다임으로 평가한다. 그 이유는 이러한 모델은 종교의 궁극적인 의미를 확보하려고 할 때 "본문이 지시하는 기호학적인 체계 속에서나 또는 본문이 상징하는 종교적인 체험 속에서든 모두 본문 바깥에서 궁극적인 의미를 찾으려고" 하기 때문이다.[13]

명제주의자들(the propositionalists)은 기독교 교리의 언어는 정확하고도 객관적인 진리와 그대로 상응한다고 주장한다. 또한 표현주의자들 (expressionists)은 객관적인 진리에 상응하는 종교적인 실체를 신자 바깥에서 찾으려 하지 않고 다만 신자의 주관적인 체험 속에서 기독교 교리의 가치나 진리를 찾으려고 한다. 하지만 린드벡은 앞의 두 가지 입장을 배척하면서 교리에 대한 문화-언어적인 관점을 본문내향적인(intratextual) 입장으로 설명한다. 그 이유는 "종교의 궁극적인 의미는 특정한 언어로부터 분리될 수 있는 것이 아니라 오히려 특정한 언어의 활용을 통해서 구성되기" 때문이다.[14] 달리 말하자면 교리의 진정한 가치는 교리가 외부적인 요소들을 지시하기 때문이 아니라 그 교리가 소통 체계나 목적을 추구하는 행동과 얼마나 어울리느냐에 따라 결정된다는 것이다.[15]

예를 들어, 니케아신경의 진정한 가치는 이 신경의 단어들과 언어들이 표현하려는 정확한 실체와 그대로 상응하고 문자적으로 정확하게 일치하는 데서 발견되는 것이 아니라, (니케아신경의 경우는 헬라) 사상체계 속

---

13) George A. Lindbeck, *The Nature of Doctrine: Religion and Theology in a Postliberal Age* (Philadelphia: Westminster, 1984).
14) Ibid.
15) Ibid.

에서 삼위일체에 관한 종교적인 실체를 가장 진정성 있게 나타내는 언어들의 총화 속에서 발견된다. 다시 말하자면 헬라의 독특한 문화권에서 삼위일체에 관한 기독교적인 메시지를 표현하고 전달하는 것은 문자적인 교리나 종교적인 체험보다는 이 신경의 언어와 사상의 체계에 담긴 진리라는 것이다.

지평의 융합과 문화-언어적 해석학은 고전 기독교 사상을 포스트모던의 상황에서 의미심장하게 전달할 수 있는 새로운 가능성을 열어준다. 이러한 사상의 틀 속에서 우리는 초대 교회 본래의 입장과 일관성을 유지하면서도 포스트모던 세계 속에서 기독교 진리의 가치를 설득력 있게 전할 수 있다. 뿐만 아니라 고전 기독교 사상은 이런 방식을 통해서 지금 우리가 살고 있는 포스트모던 문화에서도 그 본래의 가치를 잃지 않고 늘 새로운 방식으로 제시되어 왔다고 말할 수 있다. 앞에서 언급한 두 가지 해석학적인 가정은 고전 기독교 사상과 포스트모던 세계에 적합한 새로운 기독교 사이를 연결해 줄 적절한 연결고리를 제공해 줄 것이다.

3. 내일을 위한 어제의 신앙의 구조

나는 초대 교회의 기독교 신앙에 근거하여 내일을 위한 어제의 신앙을 새롭게 구조화해왔다. 이 책에서 나는 흔히 복음주의자들이 일반적으로 출발하는 성경으로부터 이 작업을 시작하지 않는다. 그보다 나는 인류의 구원을 위하여 성육신하고 생존하셨으며 죽고 부활하셨으며, 이제 다시 오실 그리스도의 시원적인 구원 사건으로부터 시작하고자 한다(4장). 이어서 나는 기독교 신앙이 초대 교회를 거치면서 처음 몇 세기 동안 현상학적으로 전개된 순서대로, 즉 그리스도로부터 출발하여 교회와 예배, 영성, 그리고 온 세상을 향한 선교의 순서대로 기독교 신앙을 분석할 것이다. 마지막 부록에서는 교회가 세상 속에서 말하고 행동하는 영적인 권위의 근거에 대해서 소개할 것이다. 앞으로 살펴보겠지만 이러한 방법은 기독교를 합리주의로부터 그리스도 사건에 근거하여 해석된 신앙의 관점에서 접근하는 방법론적인 변화를 반영한다.

과거와 미래의 기독교를 서로 연결시키려는 작업을 성경으로부터 시작하지 않는다고 해서 복음주의자들이 강하게 붙잡고 있는 성경의 권위를 포기하겠다는 의미는 아니다. 초대 교회 전통에서도 그리스도 중심의 신학 방법론은 하나님 말씀으로서의 성경의 권위를 인정한다. 초대 교회 이후 수 세기 동안 성경은 교회의 실천이나 고전 기독교 사상의 발전과 전혀 분리되지 않았고 오히려 기독교의 발흥과 성장의 전체 과정과 불가분의 긴밀한 관계를 맺어왔다. 하지만 근대기로 접어들어서 성경을 실제 교회 현장에서의 성령의 역사라는 현상학적인 맥락으로부터 분리시키자 성경은 그저 합리석이고 이성적인 비평의 대상으로 전락되고 말았다. 그래서 포스트모던 시대의 기독교에서는 성경의 권위를 다시 회복해야겠지만, 그것은 단순히 이전과 같은 이성적인 논증보다는 교회사의 처음 6세기 동안 기독교 사상의 전체 스펙트럼이 온전히 발전하는 과정에서 성경이 영향력을 행사했던 본래의 자리로 성경을 되돌림으로써, 그리고 예전처럼 성경을 비평의 대상이 아니라 하나의 온전한 정경으로 읽는 방법을 배움으로써 가능하다.

따라서 다음 2부에서는 기독교 신앙의 시원적인 사건에 해당하는 예수 그리스도의 사역을 살펴봄으로써 내일을 위한 어제의 신앙의 구조화를 시작할 것이다. 여기에서 나는 참 하나님이신 그리스도께서 악의 권세를 무너뜨리고 승리를 쟁취함으로써 하나님의 창조세계를 회복하려는 특별한 목적을 가지고 이 역사 속으로 들어오셔서 성육신하셨음에 대해서 살펴볼 것이다. 계속 살펴보겠지만 고대 기독교에서 그리스도의 사역을 설명할 때 동원되었던 승리자 그리스도(Christus Victor)의 주제는 고전 기독교 사상의 핵심을 차지한다. 이 주제는 단독으로 언급되기보다는 마치 양탄자 전체를 관통하는 중앙의 실처럼 당시 기독교 신앙의 모든 측면들을 관통하는 핵심 사상 중의 하나였다. 그 다음 장에서 나는 승리자그리스도와 교회나 예배, 영성, 복음전도, 교육, 사회봉사활동, 성경, 신조, 그리고 신학과 같은 기독교 신앙의 핵심적인 관심사들과의 상호관계에 대해서 다룰 것이다.

이어서 3부에서는 그리스도와 교회의 상호관계에 대해서 살펴볼 것이다. 초대 교회 신자들은 그리스도 안에서 새롭게 창조된 질서에 속한 사람들로 구성된 새로운 공동체로서의 교회를 세웠다. 그래서 당시 기독교 교회는 새롭게 창조된 사회였으며, 하나님의 미래를 현재로 앞당겨 살아가는 하나님의 사람들이었고, 승리자 그리스도 왕국의 백성들이요, 이 땅에 사시고 죽으시고 부활하시며 다시 오실 그리스도에 의하여 규정된 사람들이었다. 그리스도로부터 흘러나온 모든 기독교 신앙은 다시 교회로 수렴된다. 그래서 예배와 성경, 신학, 영성, 기독교교육, 복음전도, 사회봉사활동, 그리고 모든 기독교 신경들은 교회에게 속해 있으며 동시에 그리스도의 사역에 의하여 그 의미와 가치가 규명된다. 그래서 기독교 교회는 새로 갱신된 세상에 대한 비전을 미리 기대할 뿐만 아니라 실제로 경험할 수 있는 공동체이다.

4부에서는 그리스도와 기독교 예배의 상관관계에 대해서 다룰 것이다. 초대 교회는 승리자 그리스도에 대한 공동체적인 경축으로서 하나님께 예배드렸다. 예배는 예수 그리스도에 관한 기독교적인 거대담론(the Christian metanarrative)을 선포하고 실행한다. 매일의 기도와 주일 예배, 그리고 매년 반복되는 교회력을 통해서 교회는 이 땅에 사시고 죽으시고 부활하사 승천하시고 다시 오실 예수 그리스도를 담대히 선포하며 극적으로 재현한다. 그래서 선포된 말씀과 축제로 경축하는 성만찬의 저변에는 온 세상의 구원을 위한 그리스도의 대속 사건의 진리가 깃들어 있다. 그래서 예배갱신은 침체하는 교회를 위한 단순한 부흥 수단이 아니라 하나님의 공동체가 이 현실 세계를 향한 하나님의 거룩한 비전을 올바로 회복하는 것이다.

5부에서는 그리스도와 영성의 관계를 다룰 것이다. 초대 교회는 진정한 영성은 승리자 그리스도의 권능에서 흘러나오는 생명에 달렸다고 가르쳤다. 이러한 종류의 영성은 우리가 그리스도의 죽음과 부활 속으로 완전한 세례를 받아서 성령의 능력으로 우리 옛 사람은 죽고 새사람이 태어날 때 비로소 가능하다. 기독교 영성은 죄를 죽이신 그리스도의 승리에 참여하는 것이며 악한 권세에 대항하는 기독교 증인으로서의 헌신을 낳는다. 그리스도와 교회, 그리고 예배는 영성의 원천이라면, 복음전도와 교육, 그리고 사회적인 참여와 봉사는 영성의 열매에 해당된다. 따라서 우리 모두가 지향하는 영적인 삶의 궁극적인 희망은 모든 만물이 그리스도를 통하여 회복되는 것이다.

6부는 그리스도와 선교의 상관관계에 대해서 다룰 것이다. 전통적인 기독교 사상에서 볼 때 교회의 선교는 복음전도와 기독교교육, 그리고 사회봉사의 삼차원으로 이뤄졌다. 초대 교회도 이러한 삼차원의 선교사역이 어떻게 죄와 사망의 권세에 대한 그리스도의 승리에 근거한 것인지에 대해서 가르쳤다. 복음전도는 사탄의 권리주장을 무너뜨리며 악의 권세를 분쇄하고 이 악한 세상에 새로운 창조 질서를 가져온다. 그리스도는 복음전도를 통해서 교회 안에서, 그리고 그 교회의 사역 현장에서 그리고 선교 현장에서 계속 살아 역사하신다. 기독교교육도 회심자들을 하나님의 말씀으로 양육함으로써 창조세계에 대한 기독교적인 비전을 실현시킨다. 이러한 변화는 신앙 공동체의 예배를 통한 축제와 성경 말씀의 교육을 통한 인도와 훈육을 통해서 일어나며, 이러한 교육을 통해서 신자들은 세상을 향한 교회의 선교 사역에 계속 참여한다. 승리자 그리스도의 사역에 근거한 사회봉사활동은, 이 세상 자연과 사회, 그리고 사회의 여러 제도들과 기관들 속에 스며든 사탄의 권세에 대한 그리스도의 승리를 그대로 적용하는 것이다. 그래서 사회봉사는 그리스도의 구속으로 말미암아 회복될 세상에 대한 희망을 미리 예견하고 맛보는 예수의 정치학(the politics of Jesus)이다.

7부에서는 권위의 문제에 대해서 살펴볼 것이다. 모든 만물을 다스릴 최종의 권위는 예수 그리스도에게 달렸다. 그분은 십자가 상의 죽음과 부활로 이 세상 악의 권세를 무너뜨리고 최종 승리를 거두심으로써 그 권위를 확보하셨다. 그 이후 사도들은 예수 그리스도 사건에 대한 올바른 해석을 제시하는 권위의 원천에 해당한다. 따라서 사도적인 기독교의 가르침을 압축한 신앙의 규범(the rule of faith)은 그 이후의 교회가 기독교 신앙의 권위적인 원천에 해당하는 성경을 해석할 때 반드시 참고해야 할 권위적인 역할을 감당한다. 사도들의 신경과 신학은 창조로부터 재창조로 흘러가는 하나님의 거대한 구원의 이야기에 대한 권위적인 증언을 담고 있다. 그래서 지금까지도 기독교 신학의 참된 기능은 그리스도를 증언하는 것이고 그 증언을 통해서 우리 모두를 하나님을 향한 예배와 섬김의 자리로 인도하는 것이다.

4. 결론

이번 장의 앞부분에서 나는 포스트모던 시대와 거리가 멀어 보이는 고전 기독교 사상의 역할과 가치를 새롭게 연구해야 하는 이유와 그 배경에 대해서 언급하였다. 독자들은 자기 나름의 신학적인 배경이나 역사를 가지고 이 책을 읽을 것이다. 그래서 독자들이 이 책을 통해서 최대한 유익을 얻을 수 있는 몇 가지 독서 방식을 제안하면서 이번 장을 마치려고 한다.

첫째, 이 책 『복음주의 회복』(Ancient-Future Faith)은 기독교 신앙의 입문서로 간주하고 읽어보기 바란다. 나는 이 책에서 전통적인 기독교 신학의 가장 본질적인 진리를 분명한 방식으로 제시하려고 노력했으며 그런 핵심적인 진리가 오늘날과 같은 포스트모던 세계에서 제 역할을 감당할 수 있는 몇 가지 방법들을 제시하였다. 그런데 불행히도 우리는 기독교 신앙의 특정한 요소들을 전체적인 전망이 아니라 편협한 사고 속에서 접근하려고 한다. 양탄자 전체를 보지 못하고 작은 실조각이나 지엽적인 색깔에 매달리는 것이다. 그러다보면 우리는 본질적인 요소들이 어떻게 서로 결합하여 온전한 하나의 아름다운 양탄자를 구성하는지를 제대로 이해하지 못한다. 입문서(a primer)에 해당되는 이 책은 기독교 신자인 우리가 매일의 기독교적인 삶의 경험 속에서 늘 접하면서 살아가는 핵심 요소들을 다루고 있다. 이러한 요소들은 기독교 신앙을 구성하는 기본적인 줄기이며 이를 통해서 모든 기독교인들을 하나로 결합한다. 따라서 이 책은 단 하나의 기본적이고 핵심적인 줄기로 이루어진 기독교 신앙의 본질을 이해하고자 할 때 좋은 지침서가 되어 줄 것이다.

둘째, 어떤 독자들은 이 책을 통해서 오늘날 교회에 무슨 일이 벌어지고 있는지에 대한 설명을 들을 수도 있다. 오늘날 교회 안에는 자신들이 경험한 개인적인 또는 공동의 경험들에 대해서 충분한 설명을 들어보지 못한 사람들이 많이 있다. 이것은 그다지 이상한 일이 아니다. 우리가 만일 변화의 중심에 속해 있다면 우리는 주변에서 무언가가 변화하고 있는 것은 어느 정도 눈치챌 수 있지만, 그 변화가 우리를 어디로 데려가는지에 대해서는 잘 알 수 없다. 하지만 희망하기는 이 책을 통해서 급변하는 포스트모던 세계와 관계하는 교회에 속한 신자들은 자신이 속한 지역 교회뿐만 아니라 전 세계의 교회 가운데 무슨 일이 벌어지고 있는지를 충분히 이해할 수 있기를 바란다.

셋째, 이 책을 읽어본 독자들은 이 책이 오늘날 기독교 신자들의 실상을 반영하는 일종의 자화상임을 깨닫기를 바란다. 나도 내 젊은 친구가 이 책의 원고를 읽어보기 전까지는 내 연구에 그런 가치가 있을 줄은 깨닫지 못했다. 하지만 그가 이 원고를 다 읽어본 다음에 이렇게 말했다. "이 책은 정말 내 자화상 같구만. 이 책 여기저기에서 내 자신의 모습과 내가 겪은 경험들을 그대로 발견할 수 있어!" 이 친구는 이 책을 읽어보면서 자기가 전에 경험했지만 뭐라고 분명하게 설명하지 못했던 것을 적나라하게 파헤치고 있다고 느꼈다.

2천 년의 교회사에서 초대 기독교 사상에 대한 새로운 관심은 늘 당대 교회의 주목할만한 갱신과 변화를 가져왔다. 예를 들어, 루터와 칼빈과 같은 종교개혁자들도 초대 교회 교부들에 근거하여 자신들의 신학 사상을 전개하였다. 이후 17세기에 들어서면서 종교개혁의 불길이 점차 약해지자 독일 경건주의 운동의 지도자였던 필립 야콥 슈페너(Philipp Jacop Spener)는 초기 기독교인들이 가르쳤고 실천했던 기독교를 다시 회복할 것을 주장했다. 당시 슈페너는 터툴리안(Tertullian)과 이그나티우스(Ignatius), 유세비우스(Eusebius), 저스틴(Justin)과 같은 초대 교회 교부들의 글을 인용하면서 다음과 같이 주장했다.

> 초대 교회는 오늘날 우리가 추구하는 것이 전혀 불가능한 것이 아님을 증명합니다…예전 초대 교회 기독교인들 가운데 역사하셨던

동일한 성령께서 오늘날 우리 위에 역사하고 계십니다. 그분은 우리 안에서 성화의 역사(the work of sanctification)를 달성함에 있어서 예전보다 능력이 모자라신 것도 아니고 덜 역사하시는 분도 아닙니다.[16]

만일 루터와 칼빈, 그리고 슈페너가 오늘날 우리에게 입을 열어 말할 수 있다면, 그들은 분명 초대 교회 신앙의 전통은 단순하고도 강력하다는 사실을 충분히 확신시켜 줄 것이다. 또 그들은 초대 교회의 전통을 회복하여 기독교의 뼈대와 근간이 오늘의 현장에서 담대한 구원의 역사로 구현되도록 하라고 촉구할 것이다.

넷째, 나는 독자들이 고전 기독교가 자신들에게 모종의 유익을 가져다 주리라는 기대감을 갖고 이 책을 읽어보기를 기대한다. 어떤 독자들은 자신이 영적인 순례의 과정에 있음을 깨달은 경우도 있을 것이고, 또 어떤 이는 자신이 있는 곳에 더 이상 그대로 머물러 있을 수 없다거나 또는 자기 내면에서 무슨 일이 벌어지고 있음을 깨달은 사람도 있을 것이다. 그것이 정확히 무엇인지를 꼬집어낼 수는 없을지라도, 자기 주변의 영적인 세계에서 무언가 심각한 변화가 일어나고 있음을 간파한 사람도 있을 것이다. 그렇다면 고전 기독교 사상은 여러분이 자신과 주변 상황을 더 잘 이해할 수 있도록 안내해 줄 것이고, 좀 더 성숙한 기독교적인 세계로 나아가는 방향을 올바로 지시해 줄 수 있을 것이다.

이를 위해서는 고전 기독교를 통해서 자신과 자신의 주변 세계를 해석할 수 있어야 하며, 고전 기독교가 과거 2천 년의 교회의 삶 속에서 영향력을 발휘했던 공통의 권위를 그대로 인정할 수 있어야 한다. 그렇게 고전 기독교의 창을 통해서 자신과 주변 세계를 해석할 때, 비로소 우리는 인간

---

16) Philipp Jacob Spener, *Pia Desideria* (Philadelphia: Fortess, 1964, 81-85.

을 자율적인 존재로 간주하며 인간 개인의 마음과 지성을 진리의 최종 결정권자로 인정하는 현대의 막다른 죽음의 길을 피할 수 있을 것이다.

[도표 A] 교회 역사의 패러다임

고대	중세	종교개혁	근대	포스트모던
신비 공동체 상징	제도	말씀	이성 체계와 분석 언어 개인주의	신비 공동체 상징

교회사 속에 나타났던 각각의 패러다임은 기독교 신앙을 해석하는 독특한 핵심적인 사상 속에서 그 특징을 찾아볼 수 있다. 어느 하나의 패러다임에서 또 다른 패러다임으로의 전환은 매우 복잡하며 그 과정에서 먼저 이전의 패러다임이 붕괴하면서 여기저기에서 새로운 사상들이 등장하고 이러한 새로운 사상들과 조류들이 모여서 결국 하나의 새로운 패러다임이 형성된다. 현재 서구의 역사는 근대로부터 불확실한 포스트모던 시대로 변화하는 중이다. 포스트모던 시대의 세계관을 종합적으로 이해할 수 있는 실마리는 신비와, 복잡성과 모호함에 대한 강조, 공동체, 모든 만물간의 상호관계의 중요성, 상징적인 형태의 의사소통, 비주얼에 대한 강조 속에서 찾아볼 수 있다.

[도표 B] 포스트모더니티 발전 과정의 일곱 단계

· 1870 – 등장 이전

아놀드 토인비(Arnold Toynbee)는 1875년에 서구 역사가 무산계급 프롤레타리아 문명(proletariat civilization)의 마지막 단계에 와 있다고 판단했다.

- 1950 – 근대기의 쇠퇴

    과학과 철학의 영역에서 근대적인 전제들에 대한 의문 제기

- 1960 – 해체주의

    반문화적인 변동이 시작됨
    전통적인 규범으로부터의 일탈에 대한 욕망 증가

- 1975 – 절충주의의 등장

    소수계층과 다양성, 그리고 다양한 라이프스타일에 대한 새로운 존중의 자세
    다원주의

- 1979 – 역사적인 기억에 대한 새로운 관심 고조

    예술과 건축계에 포스트모던 고전양식 등장

- 1980 – 현대 문화에 대한 비평적인 반응

    소비자 문화와 정보화시대가 공격받기 시작함

- 1990 – 포스트모던 패러다임의 등장

    근대의 전제들과 전통적인 개념들에 대한 전면적인 수정을 통한 수정주의 포스트모더니즘(revisionary postmodernism)이 새로운 세계관으로 자리잡기 시작함.

(찰스 젠크스〈Charles Jencks〉의 『포스트-모던 시대의 의제들』〈*A Post-Modern Agenda*〉〈New York: St. Martin's, 1992〉, 10-39, 참고.)

[도표 C] 포스트모더니즘으로 흡수된 혼성 모더니즘

혼합 모더니즘	포스트모더니즘
[정치계]	
· 국가와 연방	· 지역/초국가적인 체계
· 전체주의	· 민주주의
· 합의	· 경쟁적인 합의
· 계층간 갈등	· 환경과 같은 새로운 의제들
[경제계]	
· 포드주의 대량생산	· 후기 포드주의(네트워킹)
· 독과점 자본	· 통제된 사회적인 자본
· 중앙집중	· 분권화된 세계 경제
[(서구의) 사회]	
· 고성장	· 저성장, 정적인 상태
· 산업사회	· 후기산업사회
· 계층 구조화	· 여러 클러스터의 결합
· 무산계급(proletariat)	· 지식노동자(cognitariat)
[문화계]	
· 순수주의(purism)	· 이중코드(double-coding)
· 엘리트주의	· 엘리트/집단 간의 대화
· 객관주의	· 현실적인 가치
[심미학]	
· 단순한 조화	· 부조화스런 조화
· 뉴턴 물리학	· 빅뱅이론
· 획일적인 톱다운 방식	· 갈등 속의 기호학
· 무시간적인	· 시간의 구속을 받음

[철학계]	
·일원주의	·다원주의
·유물론	·기호학적인 관점
·유토피아	·헤테로토피아(heterotopia)

[미디어]	
·인쇄매체의 세계	·전자매체의 세계/복제
·신속한 변화	·즉각적인/전세계적인 차원의 변화

[과학계]	
·메카닉	·자기조직화
·선형	·비선형
·결정론	·개방성과 창조성
·뉴턴 물리학	·양자/카오스

[종교계]	
·무신론	·범재신론
·하나님은 죽었다	·창조계-중심성의 영성
·가부장적인	·후기가부장적인(postpatriarchical)
·각성(disenchantment)	·재미몽(reenchantment)

[세계관]	
·기계론	·생태학
·환원주의	·전체론/통전성/상호관계
·분리된	·상보관계의 반자치성(semiauthonomous)
·위계적인	·혼계적인(混階, heterarchical)
·우연론의 우주	·앤트로피의 원리
·인간중심주의	·우주론적인 지향성
·인간의 불합리성	·비극적인 낙관론

(찰스 젠크스〈Charles Jencks〉의 『포스트-모던 시대의 의제들』〈A Post-Modern Agenda〉 〈New York: St. Martin's, 1992〉, 34-35, 참고.)

[도표 D] 근대의 세계관과 포스트모던 세계관,
고전 기독교와 복음주의 기독교의 비교

근대의 세계관	포스트모던 세계관	고전/복음주의 기독교의 대응
[과학혁명]		
· 기계론적인 세계	· 신비로운 세계	· 그리스도의 신비와 그리스도 중심의 세계관 회복
· 지식은 획득 가능함	· 지식은 획득 불가능	· 신앙 공동체 안의 지식
· 객관적인 사실	· 오직 해석된 사실	· 사도적인 해석
· 과학적인 방법에 근거한 우주적인 진리	· 우주적인 세계관 부재 -모든 것은 상대적임	· 올바로 이해되고 구현된 기독교는 모든 만물을 위한 우주적인 신앙임
[철학혁명]		
· 주체/객체 간의 구분	· 상보관계-모든 것은 상호관계를 맺고 있음	· 그리스도중심의 세계관-모든 만물이 그리스도와 관계를 맺고 있음
· 진화론	· 역사에 대한 신해석학은 각 시대를 고유한 문화의 맥락 속에서 이해함	· 다양한 신앙의 패러다임과 초대 교회의 영향을 함께 이해함
· 인류에 대한 낙관론	· 선과 악의 갈등-이원론의 수용	· 영적 전쟁
· 개인주의	· 공동체의 중요성	· 교회의 우선성
· 이성을 통해서 인류는 우주 세계에 관한 진리를 담은 포괄적인 거대담론을 발견할 수 있음	· 세상은 서로 경쟁하는 내러티브로 가득 찼으며 그 어느 것도 우주적인 진리를 주장할 수 없음	· 예배에서의 기독교 거대담론의 회복

[커뮤니케이션 혁명]		
· 개념적인 지식 · 명제적인 지식(사실)	· 상징적인 지식 · 신화와 이미지, 은유, 이야기, 유비로의 회귀(공동체 안의 앎)	· 분석이전의 선험적인 앎 · 공동체적인 지식과 권위
· 정보로서의 지식	· 우주와 무관하게 지혜로서의 지식	· 성품형성으로서의 교육과 양육
· 진리에 상응하는 언어	· 언어는 사회적인 의미나 권위의 수단임	· 보편성과 시원성, 그리고 합의는 기독교 공동체 내에 신앙의 규범을 형성함

[도표 E] 그리스도의 사역과 기독교 사상의 상호관계

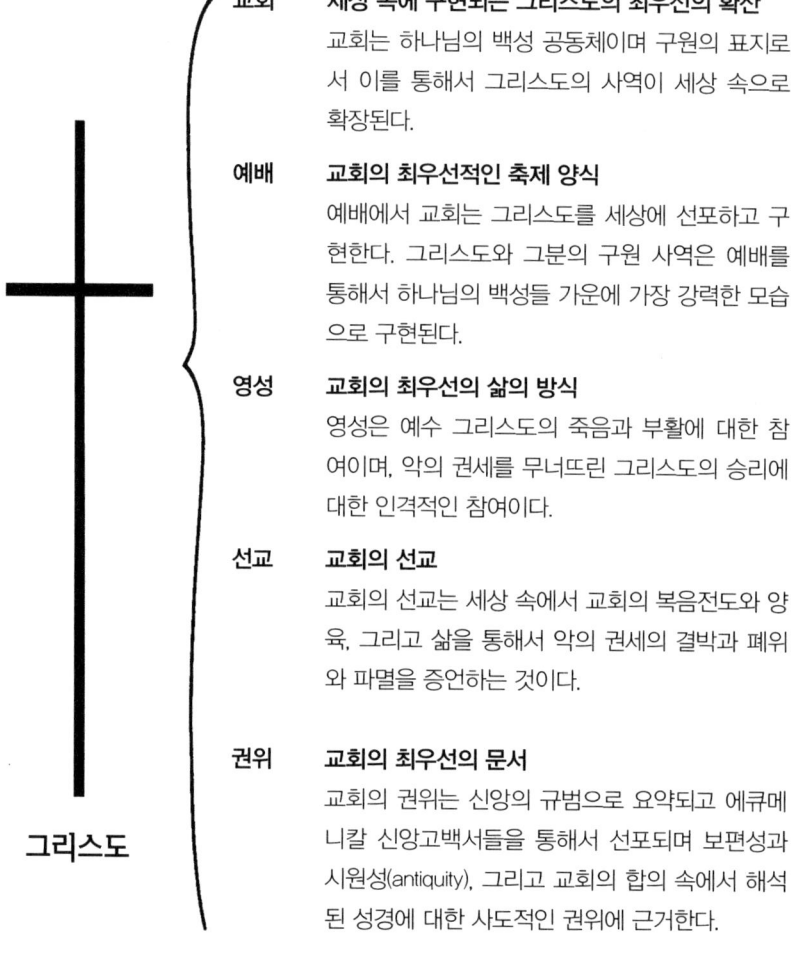

교회 — **세상 속에 구현되는 그리스도의 최우선의 확산**
교회는 하나님의 백성 공동체이며 구원의 표지로서 이를 통해서 그리스도의 사역이 세상 속으로 확장된다.

예배 — **교회의 최우선적인 축제 양식**
예배에서 교회는 그리스도를 세상에 선포하고 구현한다. 그리스도와 그분의 구원 사역은 예배를 통해서 하나님의 백성들 가운에 가장 강력한 모습으로 구현된다.

영성 — **교회의 최우선의 삶의 방식**
영성은 예수 그리스도의 죽음과 부활에 대한 참여이며, 악의 권세를 무너뜨린 그리스도의 승리에 대한 인격적인 참여이다.

선교 — **교회의 선교**
교회의 선교는 세상 속에서 교회의 복음전도와 양육, 그리고 삶을 통해서 악의 권세의 결박과 폐위와 파멸을 증언하는 것이다.

권위 — **교회의 최우선의 문서**
교회의 권위는 신앙의 규범으로 요약되고 에큐메니칼 신앙고백서들을 통해서 선포되며 보편성과 시원성(antiquity), 그리고 교회의 합의 속에서 해석된 성경에 대한 사도적인 권위에 근거한다.

2부

고전/포스트모던 그리스도

> 주님께서는 이제 그분의 소유물 속으로 들어오셔서 그 자신이 감당하신 피조 질서에 의하여 탄생하셨습니다. 그리고 이전에 한 나무와 관련하여 불순종 때문에 일어난 것을 다시 나무 위에서 순종하심으로 모두 갱신하셨습니다.
>
> —이레니우스(주후 180)

   어렸을 때 나는 퍼즐 맞추는 놀이를 좋아했다. 감기나 몸살로 알아 누울 때면 어머니는 이렇게 묻곤 하셨다. "몸이 회복되어 학교 가기 전까지 어떻게 즐겁게 지내고 싶니?" 그럴 때면 나는 늘 이렇게 대답하곤 했다. "이번에는 좀 더 큰 퍼즐을 사다 주세요."

   어머니는 내 침대 옆에 넓다란 탁자를 가져다가 그 위에 퍼즐 조각을 펼쳐 놓았다. 그러면 나는 그 퍼즐 조각을 맞추기 전에 먼저 퍼즐 전체를 아주 열심히 분석하곤 했다. 맨 처음의 관심사는 다른 모든 조각들을 서로 연결시키는 중심 이미지를 담고 있는 핵심 조각을 먼저 찾아내는 것이다. 일단 그 핵심 조각을 먼저 찾아내면 나머지 조각은 쉽게 제 자리를 찾을 수 있다.

방대한 기독교 신앙의 세계에서도 퍼즐을 푸는 열쇠는 바로 예수 그리스도의 사역이다. 그분의 구속 사역의 의미를 분명히 이해하면 신앙 세계의 나머지들도 제 자리를 쉽게 찾을 수 있다.

내 기억을 최대한 거슬러 올라가보더라도 늘 들었던 메시지는 예수 그리스도가 기독교 신앙의 중심이라는 것이다. 그런데 그 교훈을 다시 성찰해보다가 나는 그리스도의 중요성은 항상 내 개인 구원의 관점에서 늘 해석되고 설명된다는 사실도 깨달았다.

그러다가 과거로 거슬러 올라가서 초대 기독교 전통을 연구한 끝에 나는 예수 그리스도에 대한 내 견해가 매우 제한적이라는 것이라는 점을 깨닫게 되었다. 그렇다고 과거에 내 신앙이 올바른 것도 아니었다. 다만 나는 예수 그리스도의 복음이 얼마나 광대하고도 포괄적인지를 잘 몰랐던 것이다. 하지만 초대 교회 연구를 통해서 그리스도의 광활하고도 우주적인 속성을 발견한 다음에 나는 온 세상을 기독교적인 관점으로 조망할 수 있는 열쇠를 얻을 수 있었다. 그 열쇠는 영적인 보화가 가득 들어 있는 창고의 문을 여는 열쇠였다.

예수 그리스도에 대한 고전 기독교의 이해는 오늘날 포스트모던 시대의 사람들이 직면한 두 가지 문제에 대한 해답의 실마리를 제공한다.

첫째, 오늘날 모든 것을 통합하는 원리에 대한 탐구가 고조되고 있다. 비록 포스트모더니즘은 이 세상을 관통하는 통일성 있는 원리를 부인하지만, 그렇다고 과학자들이 나름대로 가능성 있는 일관성의 원리를 전혀 모색하지 않는 것은 아니다. 데이비드 레이 그리핀(David Ray Griffin)이 지적한 바와 같이, "오늘날 수많은 요소들이 과학과 세상을 다시 매혹시키는 포스트모던 시대의 유기체를 향하여 나아가고 있다. 이러한 포스트모던 시대의 생체론(organicism)은, 근대의 계몽주의로 인하여 생겨난 여러 근대화의 문제점을 극복할 기반을 제공할 뿐만 아니라, 과학자들에게는 이전보다 이 세상을 더 잘 이해할 수 있는 기반도 제공하고 있다."[1] 그래서 기독교인들도 과학적인 탐구의 정당성을 부인할 필요도 없이 모든 만물을 하나로 통합하는 그리스도의 일치를 당당하게 주장할 수 있다(골 1:16-20).

둘째, 인간의 선(善)을 인정하는 근대적인 입장과 달리 포스트모던주의자들은 악의 존재와 그에 대한 인류 해답의 부적절성을 인정한다. 예를 들어, 찰스 젠크스(Charles Jencks)는 포스트모던 시대 인간성에 대하여 설명하기를 "우리는 폭력과 예측 불가능성으로 가득 찬 우주에 거주하고 있다"고 하였다.[2] 하지만 이러한 포스트모던 사고방식은 우리 기독교인들로 하여금 이 세상을 "원죄"뿐만 아니라 "최초의 축복"(original blessing)의 관점에서 성찰할 것을 요청한다. "고난과 실제적인 악, 그리고 지속되는 전쟁을 결코 무시할 수 없는 상황에서 이런 질문이 제기된다. 과연 이 우주는 근본적으로 살기 좋은 곳인가? 우리는 과연 미래를 낙관할 수 있는가? 이 질문에 우리는 긍정도 부정도 할 수 없다. 다만 그 해답은 우리가 이 지구에 사는 수많은 다른 종들 뿐만 아니라 우리 자신과 이 지구를 어떻게 관리하느냐에 달렸다."[3] 기독교인들도 이 세상에 악의 존재를 인정하지만 그 악의 문제에 대한 해답을 생태계의 보존에 민감하게 대응하는 인류의 손에 내맡기지 않고 자신의 죽음과 부활로 악을 멸망시킨 예수 그리스도에게서 찾는다.

제2부에서 나는 이 우주의 중심에 좌정하시며 모든 만물에게 궁극적인

---

1) David Ray Griffin, "The Reenchantment of Science," in Charles Jencks, ed., *The Postmodern Reader* (New York: St. Martin's, 1992), 367.
2) Jencks, Postmodern Reader, 35.
3) Ibid., 36.

의미를 제공하시는 우주적인 그리스도에 관한 고전 기독교의 이해를 탐구하였다.[4] 그리고 그리스도의 사역과 관련하여 악의 문제에 대해서도 탐구하였다. 고전 기독교는 모든 피조물에 대한 그리스도의 중심성을 확언했을 뿐만 아니라 이 세상 악의 문제를 다루는 독특한 방안도 제공했다. 초대 기독교인들은 원죄로 말미암아 이 사회와 모든 구조들 속에 스며든 악의 존재와 파멸적인 영향력을 직시하였다. 그러면서도 그들은 앞으로 수천 수만 년의 진화를 통해서 이 세상과 인류는 완전한 상태로 도달할 것이라는 포스트모더니즘의 "최초의 축복"의 관점을 부정하였다. 고전 기독교의 관점에서 볼 때 최초의 축복은 원죄의 파괴적인 영향력을 역전시키기 위하여 인류 역사 속으로 들어오셔서 대속 사역을 완성하신 둘째 아담에게 해당된다. 오직 그분만이 모든 악의 권세를 결박하여 폐위시키고 최종적으로 파멸에 몰아 넣으셨고 장차 다시 오심으로 그분의 피조세계를 온전히 회복하실 것이다. 이 메시지야말로 우리를 생태학적으로 행동하도록 자유하게 만드는 복음이다. 그래서 이제 우리는 예수 그리스도에 대한 고전 기독교의 관점이 어떻게 포스트모던 문화에 대하여 효과적이면서도 창조적으로 응답할 수 있는지에 대해서 자세히 살펴볼 것이다.

---

4) 과학에 대한 더 깊은 연구를 위해서는 다음을 보라. Philip D. Clayton, *God and Contemporary Science* (Grand Rapdis: Eerdmans, 1998).

제4장

역사 속의 다양한 그리스도 패러다임들

성경과 역사 속에 나타난 예수 그리스도의 사역에는 세 가지 중요한 의미가 있다. 첫째 그의 사역은 ① 인류의 대속을 위한 희생제사이며, ② 이를 통해서 악의 권세에 대한 승리를 쟁취하셨고, ③ 우리에게 따라가야 할 본을 보여주셨다. 이러한 세 가지 의미는 서로 분리된 것이 아니라 하나로 결합된 것이다. 그러나 교회 역사 속에 등장하였던 각각의 패러다임은 그리스도 사역의 어느 한 측면을 강조하기는 하지만 이 세 가지 관점을 통전적으로 결합시키는 경우가 드물다(도표 F 참고).

교회사의 처음 천년기 동안 그리스도의 사역에 대한 가장 지배적인 해석은 그분의 죽음과 부활로 그리스도께서는 이 세상 악의 권세에 대한 승리를 쟁취하셨다는 것이다.[1] 이러한 입장은 신약성경이나 초대 교회의 가르침과 예전 속에서 찾아볼 수 있으며, 이 세상의 정사와 권세자들을 분명하게 의식하고 있었음을 반증한다. 초대 교회의 여러 신경들도 그리

---

1) Gustav Aulen, *Christus Victor : A Historical Study of the Three Main Types of the Idea of Atonement* (New York: Macmillan, 1969).

스도로 말미암아 악한 권세가 멸망받았음을 분명히 언급하고 있으며 이 세상에 성육신하사 둘째 아담이신 그리스도 안에서 인류와 연합하시고 "우리와 우리의 구원을 위하여" 그 악한 권세를 무너뜨리신 분은 바로 하나님이심을 분명히 교훈하고 있다(이러한 언급은 거의 모든 고대 신경들 속에서 발견된다).[2]

중세 시대에는 그리스도의 사역에 대한 해석에서 희생제사 개념이 강조되면서 악에 대한 승리자 그리스도(Christus Victor)의 해석이 희석되었다. 중세 시대에는 이전처럼 이 세상 악의 권세에 대하여 그다지 예민한 의식이 없었다. 그리스도의 사역도 그나마 당시 사회의 봉건제도 체계를 통해서 이해될 뿐이었다. 예를 들어, 당시 사회는 사회의 기본 단위를 구성하던 여러 장원의 영주들을 중심으로 이뤄졌다. 당시 영주는 사회의 질서유지와 공의를 포함하여 장원의 모든 영역을 다스리는 책임을 감당했다. 그래서 장원에 속한 어떤 사람이 정해진 규정을 어기면(예를 들어, 도둑질) 결국 장원의 영주의 명예가 실추되는 것이나 다름없었다. 장원 영주의 명예에 대한 위법 행위가 사면되거나 그 장원의 일원으로 별 탈 없이 계속 살아가려면 위법 행위에 대한 보상(satisfaction)이 필요했다. 이러한 보상의 범위는 가벼운 처벌이나 매질로부터 심지어 사형까지 포함됐다. 일단 죄의 보상이 치뤄지면 영주의 명예도 다시 회복됐다.

이러한 장원 제도와 문화적인 배경 속에서 안셀름(Anselm)은 그의 유명한 『왜 하나님은 인간이 되시었는가』(*Cur Deus homo*)라는 역작을 저술하였다.[3] 이 저서에서 주장하는 그의 논지는 인류의 죄악이 하나님의 명예를 더럽혔기 때문에 그에 대한 보상이 필요하다는 것이었다. 예수 그리스

---

2) 예를 들어, 니케아신경을 참고하라.
3) Anselm of Canterbury, *Why God Became Man: The Virgin Conception and Original Sin* (Albany, N. Y.: Magi Books, 1969).

도는 그의 희생적인 죽음을 통해서 이 보상을 만족시켰다는 것이다. 그래서 사망의 권세를 이기신 승리자로서의 예수의 죽음에 대한 해석이 중세시대에 이르러 보상설(또는 만족설, the satisfaction theory)로 대체되었다.

종교개혁자들도 예수 그리스도의 죽음에서 희생제사의 차원을 계속 강조하면서도, 그 희생에는 하나님의 더럽혀진 거룩(holiness)을 보상하기 위하여 하나님께 바쳐진 보상(혹은 만족, satisfaction)으로 이해하였다. 예수 그리스도의 대속사역은 그분을 믿는 모든 자들을 대신하기 때문에 결국 희생을 통한 보상은 공의에 대한 하나님의 요구를 완전히 만족시켰다. 그리고 신앙을 통하여 우리에게 전가된 그분의 공의 덕분에 죄인이었던 우리는 하나님께 다시 용납될 수 있고 죄의 용서를 받고 구원을 받을 수 있는 것이다.[4] 종교개혁자들 중에서 루터를 제외하고는 일반적으로 승리자 그리스도(Christus Victor)에 대한 관점이 대체적으로 소홀한 취급을 받았다.

중세 시대 아벨라르(Abelard)에게서 발견되는 그리스도의 죽음에 대한 세 번째 해석은 근대에 집어들어서 자유주의자들을 대표하는 표어로 정착되었다.[5] 이 해석의 요점은 예수께서 순종과 자유의지로 기꺼이 십자가를 짊어지심으로 연약한 인류가 나아가야 할 하나의 모범을 보이셨다는 것이다. 근대의 자유주의자들은 이러한 모범설(the example theory)을 승리자 그리스도와 보상설(또는 만족설)로부터 분리시켜서 인류의 모범으로서의 그리스도만을 강조하였다. 또 이들은 예수의 죽음에서 초자연적인 차원은 완전히 제거하고 순전히 이성적이고 모범적인 차원만 부각시켰다. 이들에 의하면 예수는 일종의 예언자에 불과했는데 후대 사람들이 그의 사역의 본질을 오해했다는 것이다. 그는 억울하게 정죄를 받았고 결

---

4) 다음의 책에서 역사신학에 관한 자료에서 아벨라르를 어떻게 평가하고 있는지를 참고하라. Alan Johnson and Robert Webber, *What Christians Believe* (Grand Rapids: Zondervan, 1993), 266-70.
5) Ibid., 265ff.

국 십자가 처형을 받았다는 것이다. 그래서 그의 죽음은 악의 권세에 대한 승리도 아니고 성부 하나님의 공의에 대한 보상(이나 만족)도 아니라는 것이다. 그보다 하나의 모범으로서의 그의 죽음은 악에 물든 이 사회에 긍정적인 모범과 영향력을 행사하며 타인을 위한 섬김의 삶 속에서 이기심으로부터 돌아설 것을 촉구한다는 것이다.

이러한 모범설은 근대기의 지배적인 사상으로 부각된 미래를 향한 사회적인 진보의 관점에 비추어 볼 때 그리스도의 사역을 쉽게 받아들일 수 있도록 해 주었다. 말하자면 사회복음의 신학이 등장한 것이다. 근대의 자유주의자들은 이 세상이 유토피아를 향하여 계속 발전 중이라고 확신하였고, 그 유토피아에 도달하면 모든 사람들은 그리스도의 이타적인 사랑에 근거하여 교회가 가르치는 윤리를 실천할 수 있을 것으로 낙관하였다. 이때가 되면 결국 하나님의 통치가 온 세상에 확립될 것으로 내다보았다.

그러나 오늘날 포스트모던주의자들은 사회적인 진보의 관점을 거부한다. 근대의 산업혁명과 과학혁명, 그리고 기술혁신은 현대 문명을 새로운 단계로 도약시키지 못했다. 오늘날 우리는 인류 역사가 궁극적인 유토피아에 도달할 것이라는 진화론적인 역사관 대신 이성적인 기술문명으로 스스로를 파멸시키는 자기 파멸의 끝자락에 도달한 것 같다. 오늘날의 극도로 불안한 이 세상은 오직 교회 밖에서는 결정적인 해답을 찾기 어려운 상황에 직면해 있다. 이런 상황에서 교회가 제시할 수 있는 유일한 해답은 예수 그리스도는 자신의 희생적인 죽음을 통해서 악의 권세를 이기고 영원한 승리를 쟁취하셨다는 것이다.

1. 계몽주의로부터 파생된 그리스도 해석의 문제들

계몽주의로부터 우리 복음주의자들이 물려받은 일차적인 문제점은 성경의 근본적인 속성에 관한 관점의 차이이다. 기독교 교회는 출발점에서부터 지금까지 계속 예수 그리스도가 신앙의 기초라고 고백해왔다.

> 이 닦아 둔 것 외에 능히 다른 터를 닦아 둘 자가 없으니 이 터는 곧 예수 그리스도라(고전 3:11).

기독교의 기초는 우리가 자신을 위하여 스스로는 할 수 없는 것을 베풀기 위하여 친히 우리 인류 역사 속으로 들어오신 하나님의 성육신이다. 이 성육신 사건을 통해서 하나님은 악의 권세를 무너뜨리고 이 창조세계를 본래의 새 하늘과 새 땅으로 회복시키셨다.[6]

그런데 근대의 계몽주의 이후 기독교 신앙의 기초가 예수 그리스도의 성품과 사역에서 성경의 중심성으로 바뀌었다. 달리 말하자면 기독교 신학의 근본이 행동하시는 하나님으로부터 말씀하시는 하나님으로 바뀐 것이다. 가장 최악의 시나리오는 기독교 신앙의 대상이 그리스도에 대한 신앙에서 그 책(성경)에 대한 신뢰로 변화한 것이다. 이런 상황에서 포스트모던 시대에 우리 복음주의자들이 다뤄야 할 중요한 질문 하나는, 우리는 책을 믿는가 아니면 인격체를 믿는가? 하는 것이다.[7]

---

6) Alois Grillmeier, *Christ in Christian Tradition, vol. I, From the Apostolic Age to Chalcedon* (451), trans. John Bowden (Atlanta: John Knox, 1975).

7) Diogenes Allen, *Philosophy for Understanding Theology* (Atlanta: John Knox, 1985), 7장과 8장을 참고하라; James C. Livingston, *Modern Christian Thought : From the Enlightenment to Vatican II* (New York: Macmillan, 1971).

2. 출발점 : 책인가, 아니면 인격인가?

계몽주의 시대에 상당한 영향력을 행사했던 책 중심의 기독교 신앙 속에는 다음 몇 가지 전제를 깔고 있다. ① 성경은 텍스트로 기록된 하나님의 마음(혹은, 생각이나 뜻, mind)을 담고 있다. ② 인간의 마음은 하나님의 형상으로 창조된 인간의 피조성 중에서 가장 최고의 자질이다. ③ 진리는 인간의 마음이 성경 연구를 통해서 깨달은 하나님의 마음과 만날 때 얻어진다. 관찰하고 연구할 수 있는 자료들이 담긴 성경은 합리적인 해답으로 인도하는 가장 정확한 과학이며, 그 속에서 얻은 해답은 객관적이며 명제적인 진리들이다.[8]

계몽주의 시대 이후 보수주의자들과 자유주의자들은 모두 성경 속에서 진리를 찾기 위하여 실증적인 연구 방법론을 동원하였다. 먼저 자유주의자들은 이성을 동원하여 성경 속에서 신화적인 요소를 제거하고 기독교 신앙의 본질을 사랑의 차원으로 평가절하하였다. 다른 한편으로 복음주의자들은 성경의 무오류설에 근거하여 성경에 담긴 모든 내용들의 문자적인 정확성을 주장하였다. 그리하여 자유주의자들은 성서비평학을 동원하여 성경을 갈기갈기 조각냈으며, 보수주의자들은 합리적인 논증에 근거하여 모든 조각들을 다시 꿰맞추려고 노력함으로써 자유주의자들이 걸었던 합리적인 기독교를 뒤따랐다.[9] 그러는 동안 기독교의 본질적인 메시지가 점점 사라졌다. 예를 들어, 나는 예전에 신학교에서 공부할 때 모세오경 과목의 수강을 신청하였다. 당시 나는 이 과목을 통해서 이스라엘의 공동체 생활에 대한 세심한 분석뿐만 아니라 출애굽 사건이나 이스

---

8) Avery Dulles, *Models of Revelation* (New York: Image Books, 1985), 3장.
9) Charles J. Scalise, *From Scripture to Theology: A Canonical Journey into the Hermeneutics* (Downers Grove, Ill.: InterVarsity, 1996).

라엘 백성들에 관한 더 심오한 통찰들을 얻을 수 있을 것으로 간절히 기대했다. 하지만 막상 수업 시간에는 모세오경의 메시지는 전혀 다루지 않았다. 한 학기 내내 나는 오경의 저자로서의 모세를 옹호하는 내용이나 자유주의자들의 문서설(JEDP)에 대한 비판적인 견해들을 들어야만 했다.

하지만 오늘날과 같은 포스트모던 시대에 이렇게 성경에 대한 근대적인 논쟁점들은 더 이상 중요한 관심사가 아니다. 근대 과학과 이성에 근거한 실증적인 방법론들이 오늘날에는 비판의 대상이 되고 있다. 포스트모던 철학은 이성적이고 명제적인 진리를 추구하던 근대적인 방법론의 배후에 자리하고 있던 주체/객체의 이분법에서 떠나 있다. 포스트모던 시대의 쟁점은 성경의 진실성을 증명하는 것이 아니라 성경의 메시지를 실제 삶 속에 회복하는 것이다. 그 메시지는 성령의 능력으로 선포될 때 그 메시지를 올바로 들을 줄 아는 사람들 속에 내주한다.

이 메시지는 이 세상을 사건 지향적인 관점에서 이해한다.[10] 그리고 이 메시지의 기본적인 뼈대는 다음과 같다. 하나님께서 이 세상을 창조하셨지만, 이 세상은 첫째 아담의 불순종으로 인하여 하나님으로부터 멀어지고 말았다. 하지만 하나님은 둘째 아담이신 예수 그리스도를 통하여 이 세상을 구원하셨고, 이 역사의 마지막 날에 새 하늘과 새 땅을 회복하심으로 온 우주만물의 구원을 최종적으로 완성하실 것이다. 이 메시지의 중심에는 예수 그리스도의 인격과 사역이 자리하고 있다. 성경은 이 구원 사건에 대한 권위 있는 해석이다. 그래서 성경은 어느 본문이든 항상 우리가 믿는 예수 그리스도의 인품과 사역으로 인도한다. 이러한 고전적이

---

10) 사건 지향적인 방법론과 책 지향적인 방법론 사이의 차이에 관한 논의를 위해서는 다음을 보라. John H. Sailhamer, *Introduction to Old Testament Theology: A Canonical Approach* (Grand Rapids: Zondervan, 1995), 특히 3장을 참고하라. 내 입장은 사건은 계시적이며 그 계시적인 사건에 대한 해석이 바로 기록된 성경이라는 것이다. 하지만 이 논의의 출발점은 먼저 사건에서부터 시작된다.

면서도 포스트모던 시대에 적합한 관점에서 우리는 신앙으로 귀결되는 성경관에서 성경에 대한 올바른 이해로 귀결되는 신앙으로 이동하였다. 기독교는 나와 그것과의 관계가 아니라 나와 그분, 즉 우주의 중심이신 그분과의 관계에 관한 종교이다. 이 관계는 하나님께서 성육신 사건으로 인류와 연합하시고 그리스도의 죽음과 부활 사건으로 사망 권세를 박멸하심으로 하나님께서 주도적으로 확립하신 관계이다. 그리고 기독교 신앙의 출발점은 성경이 합리적으로 올바르다는 것을 논증하려는 합리적인 논증이 아니라 성경을 통하여 선포되는 그리스도의 인격과 사역의 신비에서 찾아볼 수 있다.

3. 악과의 갈등

계몽주의에 내포된 두 번째 문제점은 악의 우주적인 권세에 대하여 충분한 주의를 기울이지 않았다는 것이다. 반면에 신약성경은 이 세상 악의 권세를 아주 예민하게 의식하고 있으며, 그 악이 인간의 삶과 정치 경제, 사회제도, 그리고 가족 구조에 미치는 파괴적인 영향에 대한 초점을 잃지 않고 있다. 그래서 악의 권세에 관한 이야기를 만나지 않고서 복음서나 신약성경을 계속 읽어내기란 불가능하다.[11] 예수의 전체 공생애 사역도 악한 권세를 결박하여 이 세상에서 쫓아내는 일에 집중하고 있으며, 그의 제자들과 따르는 자들에게도 악한 권세가 뿌리채 뽑혔고 역사의 마지막 날에는 완전히 파멸에 이를 것을 계속 확신시켜 주었다.[12]

---

11) Walter Wink, *Unmasking the Powers: The Invisible Forces That Determine Human Existence*, vol.2 (Philadelphia: Fortress, 1986).
12) Hendrikus Berkhof, *Christ and the Powers*, trans. John Howard Yoder, (Scottdale, Pa.: Herald, 1977).

요한복음에서 예수와 사탄의 권세 사이의 갈등과 대립에 관한 본문도 70구절 이상에 이른다. 요한복음 곳곳에서 사도 요한은 악의 최후 파멸에서 정점에 달하는 이러한 갈등을 계속 다루고 있다. 또 그는 독자들에게 그리스도께서 세상을 비추는 빛으로 오셨으며(요 1:9), 이 세상의 악한 권세는 예수를 이길 수 없으며(14:30), "이 세상 임금이 심판을 받았고"(16:11), "이제 이 세상의 심판이 이르렀으니 이 세상 임금이 쫓겨날 것"(12:31)이며, 결국 "담대하라 내가 세상을 이기었노라"(16:33)고 가르친다. 신약의 서신서에도 악한 권세에 관한 교훈들이 가득 차 있다. 사도 바울은 다음과 같은 말씀으로 이 문제를 요약한다.

> 우리의 씨름은 혈과 육에 대한 것이 아니요 정사와 권세와 이 어두움의 세상 주관자들과 하늘에 있는 악의 영들에게 대함이라(엡 6:12).

이 세상 악의 권세에 대한 이러한 영적인 예민함은 이후 초대 교회 교부들의 사상 속에도 그대로 스며들어 있으며, 악을 끊어버리고 그리스도께 자신을 내맡기기로 결단하는 세례에 관한 교훈 속에서 특히 강조되고 있다.[13]

그렇다면 악의 권세와 이를 정복하신 그리스도의 능력에 관한 교훈들은 이후 교회 역사 속에서 어떻게 되었는가? 4세기에 콘스탄틴 대제의 개종 이후에 교회는 악을 통제하고 길들일(수 있다고 생각하는) 기독교적인 사회를 건설하였다. 그리고 일부 종교개혁자들도 악과 기독교적인 사회

---

13) Thurian and Geoffery Wainwright, eds., *Baptism and Eucharist: Ecumenical Convergence in Celebration* (Grand Rapids: Eerdmans, 1983), 특히 1-3장을 참고하라. "초대 교회의 성만찬"(The Baptism of the Early Church), "히폴리투스 1세"(I Hippolytus), "동방정교회와 서구 가톨릭교회"(The Eastern Orthodox Church and the Western Catholic Church).

에 관한 중세의 사상들을 그대로 이어받았다. 계몽주의 동안에는 역사의 진보에 관한 사상은 인류 역사에 관한 낙관론을 낳았다. 또 교회 지도자들도 인류 미래에 대한 강력한 낙관론을 주장하였다. 그래서 20세기는 기독교의 세기라고 해도 과언이 아니었다. 교회는 계속 사랑에 관한 메시지로 온 세상을 곧 압도할 것 같았다. 그리고 인류 사회도 하나님의 통치 아래 한 가족이 될 것 같았고 온 나라들도 서로에 대한 대립과 전쟁을 곧 멈추고 더 이상 질병과 기근이 없는 세상이 곧 열릴 것 같았다.

하지만 결국 밝혀진 것은 20세기는 유토피아와 너무나도 거리가 멀다는 것이다. 그 시대는 진보의 시대도 아니고 오히려 퇴보의 시대였다. 양차대전은 인류 역사에 대한 낙관론을 무참히 짓밟았다. 두 대전 동안 수백, 수천만의 사람들이 학살당했다. 6백만의 사람들은 히틀러의 압제로, 그리고 정확한 숫자로 밝혀지지는 않았지만 러시아에서는 스탈린 때문에 수백만의 사람들이 학살로 내몰렸고 수백만의 아르메니아인들과 중국인들도 비참하게 도륙당했다. 이후 오늘날 전 세계는 다시 핵무기의 가공할만한 공포에 직면하였고 새롭게 알려졌지만 전혀 통제할 수 없는 온갖 질병과 전염병에 의한 전 세계적인 죽음의 그림자가 지구촌을 무겁게 짓누르고 있으며, 기독교적인 가치관은 폐기되었고 미래에 대한 그 어떤 희망조차도 찾아보기 어려운 지경이다.

이러한 암담한 시대적인 배경 때문에 포스트모더니즘은 주장하기를 우리는 인류 사회에 대한 낙관론을 폐기해야 하며 이 세상은 선과 악 사이의 끊임없는 갈등과 투쟁이 계속되고 있어서 삶에 대한 선과 악의 이분법을 계속 인정해야 한다는 것이다. 하지만 현재 인류가 직면한 개인적이고 집단적인 악의 현실 앞에서 포스트모던 철학은 그 어떤 해답이나 해결책을 제시하지 못하고 있으며, 그저 우리는 현재 "비관적인 낙관론"을 다루고 있다고 밖에는 달리 대안이 없는 실정이다(도표 C의 38번 참고).

그런데 기독교적인 이야기는 이렇게 암담한 포스트모던 세계의 현실에 대하여 분명한 입장과 해답을 갖고 있다.

> 우리도 당신(포스트모던 시대의 사람들)의 입장에 동의합니다. 모든 인간 개개인의 삶과 사회 제도들 속에는 선과 악 사이의 근본적인 대립과 갈등이 존재합니다. 하지만 기독교인으로서 우리는 인류 역사의 중심에서 이 세상 악의 권세를 무너뜨리고 최종 승리를 거두신 예수 그리스도 안에서 그 문제를 충분히 해결할 수 있습니다.

다음 장에서는 먼저 신약성경과 이어서 초대 교회 교부들의 전통에 나타난 "승리자 그리스도"에 대하여 더 깊이 살펴볼 것이다. 포스트모던 시대를 향한 복음주의자들의 당당한 증거를 위한 새로운 출발점이 바로 여기에, 즉 인류 역사 속에서의 그리스도의 중심성과 악한 권세에 대한 그분의 승리에 놓여 있다.

Ancient-Future Faith
Rethinking Evangelicalism for a Postmodern World

제5장

사도전승에 나타난 승리자 그리스도

악의 권세를 파멸시킨 그리스도의 승리에 관한 구절들은 신약성경 속에서 다양한 방식으로 발견된다. 하지만 우리는 이 구절들을 몇 가지 범주로 구분하여 "예수는 주님이시다"(행 2:36)라는 승리의 선언에 담긴 가장 최초의 기독교 신경을 좀 더 분명하게 이해할 수 있다. 그러한 신경들 중에는 그리스도께서 사탄을 결박하셨고 악의 권세를 폐위시키셨으며 마지막 날에 악의 권세를 최종적으로 종식시키실 것이라는 진리가 포함된다. 그리스도의 대속 사역으로 말미암은 결과는 그 악한 권세가 결박당했으며 우리는 이제 온전히 회복될 피조계에 대한 소망과 기대 속에서 새로운 삶을 살도록 초대받았다는 것이다. 이러한 주제들은 현실 세계에 대한 기독교적인 이해의 중심부를 차지하고 있으며,[1] 현재 삶에 대한 일관성 있는 의미와 악의 문제에 대한 해답을 추구하는 포스트모던 시대의 간절한 열망과 밀접한 관련이 있다.

---

1) Robert Webber, *The Church in the World* (Grand Rapids: Zondervan, 1994).

1. 그리스도께서 사탄과 모든 악한 권세를 결박하셨다

예수께서는 바리새인들과의 논쟁에서 자신이 사탄을 결박할 권세가 있다고 주장하셨다(마 12:22-29). 그렇게 주장하기 전에 먼저 예수는 귀신들려 눈 멀고 벙어리 된 자를 고쳐주셨다(22절). 그런데 바리새인들이 보기에 이런 이적은 "귀신의 왕 바알세불을 힘입지 않고는 귀신을 쫓아내지 못한다"는 것이었다(24절). 그들은 예수가 사탄을 결박할 권세를 가진 분으로 이해하기보다는 그저 귀신의 왕에 복종하거나 심지어 그 부하에 불과하다고 판단했다. 하지만 예수는 바리새인들의 판단의 모순을 지적하시면서 "사탄이 만일 사탄을 쫓아내면 스스로 분쟁하는 것이니 그리하고야 저의 나라가 어떻게 서겠느냐?"라고 논박하셨다(26절). 여기에서 더 중요한 점은, 예수는 "사람이 먼저 강한 자를 결박하지 않고야 어떻게 그 강한 자의 집에 들어가 그 세간을 늑탈하겠느냐 결박한 후에야 그 집을 늑탈하리라"고 말씀하시면서 사탄의 권세를 이기는 자신의 권세를 분명히 선언하셨다(29절).

이 구절에서 예수께서 강조하시는 요점은, 그분은 이 세상 악의 권세 속으로 들어와서 그 권세의 근본을 찾아내셨고 결국 그 악한 권세를 이길 능력도 자신에게 있다는 것이다. 공생애에서 이러한 결박이 가장 극적으로 일어난 때가 바로 광야에서 마귀로부터 유혹받을 때였다(마 4:1-11). 일반적으로 주석가들은 예수께서 사탄에게 시험받은 것은 그의 도덕적인 자질이 아니라 메시아의 소명이었다는 점에 대체적으로 동의한다. 이러한 관점에서 이해할 때, 사탄은 만일 예수가 자신에게 절하고 경배하면 세상 왕국을 물려주겠다고 제안하면서 예수가 성부 하나님으로부터 부여받은 인류의 대속 사역을 포기하도록 유혹한 것이다. 하지만 이에 대한 예수의 최후 답변은, "사단아 물러가라 기록되었으되 주 너의 하나님께 경배하고 다만 그를 섬기라 하였느니라"였다(10절). 이렇게 예수께서 사탄에게 경배하기를 단호히 거부한 것은 사탄의 권세를 정복하는 예수의 사역에서 매우 중요한 순간을 암시한다. 예수께서 사탄의 권세를 격퇴하고 오직 하나님만을 경배하기로 다시 굳게 확인하는 것은, 아담이 에덴동산에서 하나님 대신 사탄을 선택함으로써 비롯된 거대한 배교의 물줄기를 역전시킨 것이다. 아담이 사탄의 말로 유혹을 받아 이후에 태어난 모든 인류를 그의 권세 밑에 굴복시켰지만, 반대로 예수는 그 사탄의 권세를 무너뜨리고 그를 믿는 모든 이들을 사탄의 권세가 궁극적이면서도 최종적으로 멸망하게 될 마지막 종말로 이끄는 거대한 구원의 역사를 시작하셨다. 그래서 사도 바울은 로마서에서 다음과 같이 기록하고 있다.

> 한 사람의 순종치 아니함으로 많은 사람이 죄인 된 것같이 한 사람의 순종하심으로 많은 사람이 의인이 되리라(롬 5:19).

복음서의 저자들도 독자들에게 사탄을 이기신 예수의 권세를 분명히 강조한다. 마태에 의하면 악을 이긴 예수의 권세는 구약 선지자들의 예언의 성취이며(마 8:16-17), 하나님의 성령의 능력으로 이뤄진 일이다(12:28). 마가와 누가도 예수가 악을 이기고 무찌르는 능력과 권세가 있음을 계속 확증한다(막 1:21-28; 눅 9:37-43). 사탄을 결박하고 그의 권세를 무너뜨리는 예수의 권세는 사탄에 의하여 타락하고 왜곡되며 부패하고 변질된 하나님의 모든 피조계를 원래 창조된 아름다운 상태로 회복하는 능력이다. 공생애 동안 예수께서 귀신을 쫓아내고 눈먼 자들을 고치며 절름발이를 걷게 하고 병든 자들을 고치며 죽은 자들까지 다시 살린 것은, 이 땅에 찾아오신 그분의 본래 목적은 하나님이 창조하신 이 세상만물을 본래의 상태로 회복할 뿐만 아니라 새롭게 창조하기 위함임을 증명하려는 것이었다.

그리스도께서 피조계를 다시 창조하기 위해서는 먼저 피조계를 타락시키고 왜곡시킨 그 악한 권세를 무너뜨려야만 한다. 악의 권세가 하나님의 거룩한 뜻으로 창조되어 고유한 질서와 의미를 제공하는 우주 만물의 본래 목적을 왜곡시켰기 때문에, 이 피조물을 "썩어짐의 종노릇 한 데서 해방되어 하나님의 자녀들의 영광의 자유에 이르도록" 하려면(롬 8:21), 먼저 그 악한 권세를 폐위시켜야 한다.

2. 예수 그리스도의 죽음과 부활로 사탄의 권세가 폐위되었다

사도 바울은 골로새서에서 사탄에 대한 하나님의 승리에 관한 사상을 좀 더 자세히 확장한다. 그는 기록하기를 그리스도의 죽음과 부활로 말미암아 이 세상의 악한 정사와 권세를 무장 해제시키고 만천하에 그들의 파멸을 "분명히 드러내시고 십자가로 승리하셨다"고 한다(골 2:15).

바울에 의하면, 그리스도의 죽음과 부활로 정사와 권세의 막강한 무장이 해제되었다. "무장해제"(disarm)라는 단어는 마치 병사에게서 총을 빼앗듯이 사탄을 아무런 힘을 발휘하지 못하게 무능력한 상태로 만드는 것을 의미한다. 그래서 그리스도의 죽음으로 말미암아 사탄이 이 세상 사람들과 사회 조직 속에서 은밀하게 영향력을 행사했던 속임과 기만이 만천하에 폭로되고 말았다. 그리스도는 사망권세뿐만 아니라 우리 인류의 모든 삶을 왜곡시키려 했던 모든 악한 권세와 영향력에 대해서도 승리를 거두셨다. 또한 그의 죽음으로 말미암아 살든 죽든 인간이 고안해 낸 무의미한 종교적인 규범이나 사회 제도적인 관례를 따르는 것이 중요하다는 오래된 착각이 실상은 거짓이라는 것이 만천하에 폭로되었다. 그리고 사람들이 그동안 궁극적인 권위를 부여해왔던 이 세상의 모든 질서들의 거짓된 권세가 모두 벗겨지고 말았다. 이제 사람들은 그리스도 안에서 그런 거짓된 착각과 환영에서 자유를 얻었다. 그리고 타락으로 말미암아 변질된 만물의 질서와 거짓된 착각의 영향력에 더 이상 얽매일 필요도 없어졌다. 모든 만물을 통치하시는 예수 그리스도를 향한 믿음이, 정치, 경제, 사회, 그리고 도덕적인 구조들을 억누르고 있는 세속적인 사슬의 결박을 풀어줄 수 있게 되었다. 세속적인 구원을 약속했던 그런 타락한 구조들이 그리스도의 죽음과 부활로 무장해제되었기 때문에 이제는 우리의 삶을 향하여 최종적인 권세를 더 이상 행사할 수 없다. 이 모든 권세들이 십자가의 능력으로 완전히 폐위됐다.

3. 종말에 사탄의 권세는 최종적으로 멸망할 것이다

이 세상의 정사와 권세들을 통하여 영향력을 행사해 온 사탄의 권세가 비록 그리스도의 죽음과 부활로 정복되었지만, 그리스도의 마지막 재림의 날까지는 사탄의 최후 파멸이 아직 남아 있다. 예수께서도 "마귀와 그 사자들을 위하여 영영한 불이 예비되었다"고 말씀하셨지만(마 25:41), 초대 교회에서는 사탄의 최후 파멸에 관한 좀 더 깊이 있는 사상들이 발전하였다. 예를 들어, 사망 권세를 이기신 그리스도의 부활의 능력에 관한 사도 바울의 고전적인 진술에서, 바울은 독자들에게 그 마지막 날에 그리스도께서 "모든 정사와 모든 권세와 능력을 멸하시고 나라를 아버지 하나님께 바칠 때라 저가 모든 원수를 그 발아래 둘 때까지 불가불 왕노릇 하시리라"고 교훈한다(고전 15:24-25). 사도 요한도 마지막 종말의 때에 관한 묵시적인 전망 속에서 다음과 같이 선언한다.

또 저희를 미혹하는 마귀가 불과 유황 못에 던지우니 거기는 그 짐승과 거짓 선지자도 있어 세세토록 밤낮 괴로움을 받으리라(계 20:10).

이러한 말씀들은 사탄의 권세의 최후 파멸을 분명히 선언할 뿐만 아니라 사탄의 (유혹으로 인한) 결박과 그리스도의 십자가(사탄에 대한 승리)와 밀접하게 연관된 그리스도의 구속 사역이 (사탄의 마지막 파멸이 완성될) 최후 승리로 귀결될 것을 확증시켜준다.

4. 부활 이후 종말의 날까지 사탄의 권세는 제약을 받는다

사탄이 이 세상에서 더 이상 권세를 발휘하지 못할 것으로 결론내리는 것은 순진한 생각이다. 그는 오늘날에도 여전히 사람들의 눈을 가려서 진리를 보지 못하도록 미혹한다. 또 그는 여전히 사람들 마음 속에 거짓 신들에 대한 헛된 신앙을 부추기며 사람들을 파멸로 이끌 헛된 메시아적인 환상을 조장한다. 하지만 예수께서 그의 권세를 결박하여 무찔러 승리를 쟁취하셨기 때문에 그의 악한 권세는 심각한 제약을 받고 있다. 그래서 예수는 이렇게 말씀한다.

세상에서는 너희가 환난을 당하나 담대하라 내가 세상을 이기었노라(요 16:33).

사도 요한은 그의 첫 번째 서신에서 예수의 이 말씀을 해석하여 사탄의 권세를 물리치고 승리하신 분으로 다음과 같이 묘사한다.

> 대저 하나님께로서 난 자마다 세상을 이기느니라 세상을 이긴 이김은 이것이니 우리의 믿음이니라 예수께서 하나님의 아들이심을 믿는 자가 아니면 세상을 이기는 자가 누구뇨?(요일 5:4-5).

하지만 그리스도의 재림으로 인한 사탄에 대한 최종 승리가 아직 남아 있다. 이는 사도 바울이 "없어지다"와 "예상"을 의미하는 두 단어를 사용하는 구절에서 분명히 드러난다.

그 첫 번째 단어(없어지다)는 고린도전서의 다음 구절에서 사용된다. "우리가 온전한 자들 중에서 지혜를 말하노니 이는 이 세상의 지혜가 아니요 또 이 세상의 '없어질' 관원의 지혜도 아니요"(고전 2:6). 여기에서 '없어지다'로 번역된 단어의 의미는 "더 이상 작동하지 않다"라는 것이다. 군사적인 의미로 이해할 때 이 단어의 의미는 전쟁이 종료됐고 승리가 확정됐지만, 마지막 문제들에 대한 정돈이 남았다는 것이다. 전쟁이 끝났지만 산속에 작은 단위의 게릴라 부대 일부가 아직 남아 있고 도처에서 아직도 국지전이 지속되고 있다. 그러나 대세는 결정됐고 압제자도 완전히 폐위되어 뿌리 뽑혔고 나머지 최후 승리까지는 다만 시간싸움일 뿐이다.

"예상"이라는 둘째 단어는 전쟁의 참화로부터 풀려난 사람들의 상태를 설명한다. 사도 바울은 로마서에서 이 단어를 다음과 같이 사용한다. "피조물이 고대하는 바는 하나님의 아들들이 나타나는 것이니"(롬 8:19). 이 구절은 사탄의 우주적인 속박에 대한 그리스도의 우주적인 승리를 암시한다. 인류의 타락으로 말미암아 사탄은 피조계 전부를 자신의 통치와 영향력 아래로 사로잡아갔다. 그러나 그리스도의 죽음과 부활로 그 광범위한 권세가 철저히 붕괴되어서 모든 피조계와 그 속의 모든 존재들과 구조들이 이제 온전한 회복과 자유를 간절히 소망하고 있다.

이런 구절들은 사탄을 계속해서 그의 최종 파멸로 몰아가는 중요한 수단으로서의 설교의 중요성과도 연결된다. 왜냐하면 이 세상에서 종말의 날까지 사탄의 권세와 영향은 (피조계를 타락시키고 왜곡시키려는 사탄과 그의 무리들을 패배시키고 승리를 쟁취하신) 그리스도에 대한 믿음 때문에 더욱 제약을 받고 삶의 여러 영역에서 축소될 수 있기 때문이다. 그 마지막 날이 오기까지 사탄은 일부를, 아마도 적지 않은 사람들을 계속해서 기만할 것이다. 하지만 모두를 속일 수는 없다. 그리스도에 대한 설교는 사탄의 권세의 허상을 만천하에 폭로하는 결정적인 수단이다. 그리스도에 대한 믿음은 사람들의 눈을 열어 사탄의 속임수의 실상을 직시할 수 있도록 한다. 그래서 누구든지 그리스도를 믿는 자마다 사탄의 권세가 제약을 받을 수밖에 없으며 그 허상이 분명히 드러날 수밖에 없다.

5. 피조계는 최종적으로 하나님과 화해할 것이다

그리스도와 사탄 간의 전쟁은 그 시작이 있었던 것처럼 최후 종결의 날도 남아 있다. 게다가 사도 바울의 언급처럼, 그리스도와 사탄 간의 우주적인 전쟁 과정은 "하나님의 신비" 속에 감취였다가 "그의 기쁘신 뜻을 따라 그리스도 안에서 때가 찬 경륜을 위하여 예정하신 것이니 하늘에 있는 것이나 땅에 있는 것이 다 그리스도 안에서 통일되게 하려 하심이라"(엡 1:9-10). 사도 바울은 동일한 주제를 고린도전서에서도 해설하면서, 하나님께서 "만물을 저에게 복종하게 하신 때에는 아들 자신도 그 때에 만물을 자기에게 복종케 하신 이에게 복종케 되리니 이는 하나님이 만유의 주로서 만유 안에 계시려 하심이라"고 교훈한다(고전 15:28). 사도 바울에 의하면 이는 온 우주 만물이 그리스도 안에서 성부 하나님을 향하여 재창조됨을 의미한다. 이러한 우주적인 회복은 골로새서에서 좀 더 분명하게 선언된다. 여기에서 사도 바울은 독자들에게 교훈하기를 그리스도 안에서 계획하신 성부 하나님의 목적은 "그의 십자가의 피로 화평을 이루사 만물 곧 땅에 있는 것들이나 하늘에 있는 것들을 그로 말미암아 자기와 화목케 되기를 기뻐하심이라"고 한다(골 1:20).

이런 구절에서 사도 바울은 이 세상의 악한 권세들을 대표하는 사탄이 하나님과 화해한다는 뜻이 아니다. 이들은 다만 마지막 날에 최종적으로 패망하여 불 못에 던져질 것이다(계 20:10). 다시 구속받고 회복되며 재창조되는 것은 하나님의 구속의 대상인 피조계이다. 이런 의미에서 볼 때, 새 하늘과 새 땅은 회복된 낙원이며 인류의 타락 이전의 세상, 그리고 그보다 훨씬 영광스러운 세상이다.[2]

6. 하나님의 나라는 너희 중에 있느니라

그리스도의 우주적인 대속 사역의 결과는 하나님께서 만물을 통치하시는 하나님 나라를 통해서 구현된다.

공생애 동안 예수께서 말씀을 선포하기 시작하셨을 때, 그 메시지의 핵심은 하나님 나라였다. 비록 세례 요한이 예수 앞서 사역을 시작했고 그도 하나님 나라의 도래에 대해서 설교했지만, 예수의 메시지는 이전과 확연히 달랐다. 세례 요한은 장차 오실 자에 대해서 미리 선포하는 선지자로서 말씀을 전했다. 하지만 예수는 세례 요한이 미리 선포했던 그분 자체였고 그로 말미암아 세례 요한이 미리 전했던 하나님 나라가 실재로 도래하였다. 그래서 그리스도의 사역의 의미를 올바로 이해하려면 우리는

---

2) 이러한 사상의 체계적인 발전 과정에 대해서는 다음을 참고하라. Thomas N. Finger, *Christian Theology: An Eschatological Approach* (Scottdale, Pa.: Herald, 1987), 317-24, 331-38.

먼저 하나님 나라의 의미를 제대로 이해해야 한다.

나라(나 왕국)를 의미하는 헬라어 단어 "바실레이아"(basileia)는 기본적으로 두 가지 의미를 담고 있다. 이 단어는 왕이 통치하는 왕국(또는 영역, realm)과 왕의 통치(rule)를 의미한다. 이 두 가지 의미는 다음 세 가지 방식으로 적용될 수 있다. 바실레이아라는 단어가 등장하는 일부 구절은 하나님이 다스리는 영역으로서의 왕국(kingdom)을 지시하기도 하고, 또 일부 구절은 그의 왕권이 미치는 범위로서의 하나님의 왕국을 가리키기도 하며, 또 일부 구절은 예수 그리스도의 재림으로 말미암아 모든 만물이 그분의 통치 아래 복종할 미래 왕국을 지시하기도 한다. 하나님 나라에 내포된 다양한 의미 때문에 성경을 연구하는 학생들은 본문이 구체적으로 하나님 나라의 어느 측면을 말씀하는지 올바로 이해하기 위하여 해당 본문을 원래의 맥락 속에 비추어 세심하게 고찰해야 한다.

"나라"라는 단어가 성경 속에서 다양한 용례로 사용되고 있지만 모든 용례 속에는 다음 세 가지 주제가 스며들어 있다.[3]

첫째, 공통된 주제는 그리스도 안에서 모든 만물을 다스리시는 하나님의 통치에 관한 것이다. 이것은 예수께서 공생애 동안 선포하셨던 바로 그 주제이다. 그 말씀 속에서 예수는 사실상 다음과 같이 말씀하신 것이다. "우주 만물의 통치자가 드디어 당신의 삶을 통치하기 위하여 이 땅에 찾아오셨다. 그러므로 당신의 삶을 지배하는 모든 다른 소유권을 내던져 버리라. 그리고 당신의 삶을 올바로 인도함으로써 세상의 모든 만물을 올바로 통치할 수 있도록 하라." 이렇게 예수는 사람들이 세상의 헛된 신을

---

[3] 하나님 나라 신학에 관한 좀 더 자세한 역사적인 논의를 위해서는 다음을 참고하라. Gosta Lunstrom, *The Kingdom of God in the Teaching of Jesus* (London: Oliver and Boyd, 1963). 좀 더 최근의 자료를 위해서는 다음을 보라. Wendell Willis, ed., *The Kingdom of God in Twentieth Century Interpretation* (Peabody, Mass.: Hendrickson, 1987), 특히 4장을 참고하라. Everett Ferguson, "초기 교부들의 저서에 나타난 하나님 나라"(The Kingdom of God in Early Patristic Literature), 191-208.

따르는 것을 멈추고 자신의 인격과 사역을 통해서 드러난 참 하나님을 따를 것을 명령하셨다.

그리스도의 통치(the rule of Christ)의 의미를 올바로 이해하려면 우리는 먼저 그리스도의 왕국(the kingdom of Christ)과 사탄의 왕국을 서로 대조하는 신약성경의 입장을 먼저 이해해야 한다. 즉 그리스도의 왕국을 사탄의 반-왕국(the anti-kingdom of Satan)과의 관계 속에서 이해할 때 우리는 통치로서의 그리스도의 왕국의 의미를 좀 더 분명히 이해할 수 있다. 두 왕국 간의 대조는 이 세상 질서 속에서의 두 가지 대조적인 통치 간의 대조임을 이해하는 것이 매우 중요하다.

세상에 대한 사탄의 통치는 피조물에 대한 소유권이 아니다. (이러한 견해는 오늘날 많은 사람들 속에 스며들어 있는 영지주의적인 사고이다. 세상은 사탄에게 속해서 세상 만물이 악하다는 것이다.) 사실을 말하자면, 세상의 소유권은 본래의 창조주인 하나님께 속한 것이다. 이 세상은 본래 하나님의 것이고 선한 것이다. 하지만 타락으로 말미암아 이 세상 속에 새로운 악한 권세와 영향력이 널리 퍼졌고, 그 악한 권세가 사람들의 마음과 세상 질서를 지배하고 있다. 그래서 예수와 사탄 간의 갈등과 대결은 결국 통치와 밀접한 관련이 있다. 과연 이 세상은 누구의 통치를 받아야 하는가? 악한 왕인가 아니면 그 악을 이기신 하나님 예수 그리스도의 통치인가?

둘째, 왕국(the kingdom)이라는 단어의 용례에 내포된 다른 주제는 은사(a gift)이다. 예수께서는 사람이 하나님 나라에서 거듭나야 한다는 점을 힘주어 말씀하셨다. 그 나라는 인간의 도움이나 행위와 무관하게 믿는 자들에게 찾아온다(요 3:5-6,8; 막 9:1; 눅 17:20-21). 비록 하나님 나라 안으로 가입하는 것은 하나님께서 자기 백성들에게 일방적으로 베푸시는 일종의 은사로 이해할 수 있지만, 이 은사는 인간 편에서 하나님 나라 안으로 들어가는 측면으로도 이해할 수 있다. 어떤 사람이 하나님의 통치를 받아들이는 것은 마치 어린아이와 같다(막 10:15). 자기 의를 내세우는 바리새인들은 회개하기를 거부하였기 때문에 하나님 나라로 들어갈 수 없다(마 21:31-32).

셋째, 왕국의 또 다른 주제는 예수 그리스도는 자신의 인격과 사역을 통해서 그 나라를 직접 구현했다는 것이다(마19:29;21:9;막 10:29;11:9-10;눅 18:29-30). "말씀이 육신이 되어 우리 가운데 거하신 분은" 바로 왕이신 하나님이시다(요 1:14). 이 왕께서 친히 말씀이 되셨고 십자가 위에서 죽으시고 무덤에 묻히셨다가 다시 죽음에서 부활하사 교회 안에 내주하시며 자신이 통치하시는 이들을 위하여 마지막 날에 다시 오실 것이다. 이분이 바로 하나님의 말씀을 통해서 선포된 분이며 그 선포 속에 내주하는 분이시다.

그래서 예수 그리스도를 설교하는 것은 하나님 나라를 설교하는 것과 다름없다. 예수 그리스도 안에서는 복음의 선포와 구현이 분리될 수 없다. 그분은 복음을 선포하셨을 뿐만 아니라 그렇게 선포된 복음 자체이고 그 복음을 그대로 실행하신다. 그가 바로 복음의 내용이다.

그러므로 우리는 사도들이 설교했던 것이 바로 이 주제(예수와 하나님 나라)라는 사실을 명심해야 한다. 공생애 동안 예수는 "도래하는 하나님 나라를 모든 이들에게 전하도록" 제자들을 파송하였다(눅 9:2). 오순절 성령강림 이후 사도들의 복음전도 사역이 시작되었고, 교회에 대한 탄압과 박해의 결과로, "그 흩어진 사람들이 두루 다니며 복음의 말씀을 전하며 그리스도를 백성에게 전파하였다"(행 8:4). 사도들은 단순한 사실들을 설교한 것이 아니라 자신들이 목격한 사건과 그 사건에 대한 해석을 선포하였다. 그 메시지의 핵심은 예수께서 우리의 죄를 인하여 이 땅에 사시고 죽으셨다가 다시 부활하셨다는 것이다. 구원은 하늘 왕에 관한 몇 가지 사실에 지성적인 차원에서 동의하는 것이 아니라 그분 앞에서 자신의 죄악을 회개하고 그분의 용서를 믿고 그의 말씀에 순종하는 실제 삶이다. 이것이 바로 사람을 구원하는 복음이다(고전 15:2).

그리스도로 말미암은 새 시대의 특징은 하나님께서 직접 인류 역사 속으로 들어오셨다는 것이다(요 1:15). 이 새 시대에 영광의 왕이 육신의 몸을 입고 친히 태어나셨으며 사람들의 눈앞에서 그 왕권의 통치를 직접 실행하셨다. 예수 그리스도가 바로 그 왕이시기 때문에, 그분은 사람들더러 자신을 따르고 자신의 통치를 받아들이며 자신을 삶의 주인으로 모셔 들일 것을 요구하신다. 그분의 나라는 바로 사람들 속에 임재하며(눅 17:20-21), 역사의 마지막 날 온 세상으로 확장될 것이다(계 11:15).

하나님 나라가 이 세상뿐만 아니라 장차 도래할 저 세상 속에서 온전히 성취된다는 하나님 나라의 포괄적이고 우주적인 개념은, 하나님의 통치로부터 벗어날 영역은 하나도 없음을 의미한다. 그분의 통치권은 온 우주 만물 모두를 아우른다. 그래서 우리가 생각하고 말하고 행동하는 모든 것은 그의 통치 아래에서 실행되어야 한다. 우리의 먹는 것이나 자는 것, 마시는 것, 생각과 판단과 사랑 모두는 하나님의 통치 아래에서 이뤄져야 한다. 그분이 바로 모든 삶의 주인이시기 때문이다. 그래서 새 시대의 시작은 단순히 어떤 것이 이 세상 속으로 침투해 들어왔다거나 또는 이 세상 세속의 삶과 병행하여 진행되는 영적인 차원이 아니다. 그리스도로 말미암은 새 시대는 이 땅의 모든 삶이 궁극적인 의미를 획득하는 만유의 중심이다. 초대 교회 교부들은 이러한 중심성을 가리켜서 총괄갱신의 신학(the theology of recapitulation)이라고 불렀으며 오늘날 포스트모던 시대에 꼭 필요한 것도 바로 이 신학이다.

Ancient-Future Faith
Rethinking Evangelicalism for a Postmodern World

제6장

총괄갱신의 신학

앞장에서 나는 초대 교회는 예수 그리스도를 인류의 구원을 위하여 역사 속으로 들어오셔서 사탄의 권세를 박멸하고 모든 만물을 성부 하나님의 영광으로 회복하신 분으로 이해했음을 살펴보았다. 포스트모던 시대의 용어로 표현하자면 그리스도의 사역은 "원죄의 상태"를 역전시킨 "최초의 축복"(original blessing)이다. 예수의 사역에 대한 이런 관점의 해석을 증명하기 위하여 초대 교회로 돌아가서 그들의 예배와 교부들의 글을 살펴보자.

1. 초대 교회 예배 속의 승리자 그리스도

초기 기독교 공동체는 사탄의 권세를 박멸한 승리자로서의 그리스도에 대한 경험을 먼저 예배로 표현하였다. 초대 교회가 악을 정복하신 승리자 그리스도를 기독교 예배를 통하여 선포한 증거는 찬송가와 세례, 설교,

기도, 성만찬, 그리고 교회력의 실행 속에서 찾아볼 수 있다. 이러한 주제들은 나중에 좀 더 자세히 다룰 것이기 때문에 이번 장에서는 먼저 세 가지 예전적인 사례를 살펴보는 것만으로도 충분하다.

승리자 그리스도에 관한 첫 번째 예전적인 사례는, 주후 215년 경에 히폴리투스(Hippolytus)에 의하여 기록된 『사도전승』(The Apostolic Tradition) 속의 빵과 포도주의 성만찬을 위한 가장 오래된 감사기도문 속에서 찾아볼 수 있다. 다음의 기도문의 절정에서 알 수 있듯이 그리스도의 대속사역과 그로 인한 사탄의 권세에 대한 승리가 하나의 사건으로 결합되고 있다.

> 그분은 당신의 뜻을 이루시고 당신께 백성들을 구별하여 드리고자 당신을 믿는 고통받는 이들을 구원하기 위하여 수난을 받으셔야 할 때 그 손을 펼치셨나이다. 그리고 자원하여 자신을 수난에 넘기셔서 죽음을 소멸하시고 악마의 사슬을 깨뜨리시고 지옥을 짓밟으셨나이다.[1]

이러한 기도문은 주일마다 하나님께 드려졌으며, 이러한 기도문을 통해서 악의 권세를 정복하신 그리스도의 핵심 이미지들 주변으로 기독교 공동체의 감사 예배가 하나님께 드려졌다.

승리자 그리스도는 초대 교회 당시의 설교에서도 빈번하게 등장하는 주제였다. 당시의 모습을 암시하는 최초의 장문의 설교문 중의 하나가 사르디스의 멜리토(Melito of Sardis, 주후 195)의 펜을 통해서 오늘날까지 전승되고 있다. 다음은 부활절 설교의 마지막 부분이다.

---

1) R. C. D. Jasper and G. J. Cummings, eds., *Prayers of the Eucharist: Early and Reformed*, 2nd ed. (New York: Oxford University Press, 1980; 3rd ed., Collegeville, Minn.: Liturgical, 1990), 22-23.

그러나 그리스도는 죽음에서 부활하셨고
하늘의 지극히 높은 곳으로 승천하셨습니다.
주께서 육신의 몸으로 이 땅에 오사,
고난당하는 자들을 위하여 친히 고난받으시고
포로된 자들을 위하여 친히 묶이시며,
저주받은 자들을 위하여 친히 재판을 받으시고,
무덤에 묻힌 자들을 위하여 땅에 묻히신 다음 죽음에서 부활하사
큰 소리로 외치셨습니다.
나와 다투는 자는 누구인가? 나와 겨루어보자.
나는 저주받은 자를 자유케 하며, 죽은 자에게는 생명을 주고,
무덤에 묻힌 자들을 다시 일으켜 세웠도다. 누가 나의 대적자인가?
주께서 말씀하시기를 나는 그리스도라고 하십니다.
나는 죽음의 권세를 무너뜨린 자이며
원수를 물리치고 승리를 거두었으며 지옥의 권세를 발아래
짓밟아버렸고 강한 자를 포박하였고 사람들을 천국의 지극히 높은
곳으로 인도하였도다.
주께서 말씀하시기를 나는 그리스도라고 하십니다.[2]

"승리자 그리스도"(Christus Victor)라는 주제는 이 외에도 초대 교회의 여러 기도문들 속에서 빈번하게 등장한다. 정교회에서 읽혀졌던 다음의 기도문의 작성 연대는 정확히 알 수 없지만, 이 기도문 역시 초기 기독교 예배를 관통하는 승리자 그리스도에 관한 주제를 반영하고 있다.

우리는 끊임없이 당신의 생명을 주시는 십자가와 우리 하나님 그리스도를 찬양하나이다. 그리고 셋째 날 부활하신 영존하신 하나님을 경배하나이다. 주께서는 부패해진 사람의 본성을 새롭게

---

2) G. F. Hawthorne, ed., *Current Issues in Biblical and Patristic Interpretation* (Grand Rapids: Eerdmans, 1975), 173.

갱신하시고 우리를 위하여 하늘에 이르는 길을 회복해 주셨나이다.
이는 오직 주님만이 선하시고 사람을 가장 사랑하신 까닭입니다.
주께서는 저 불순종의 나무의 형벌을 완전히 제거하셨나이다.
오! 구세주이시여 주님은 스스로 선한 의지를 따라 십자가의 나무에 못박히시고 주께서 친히 지옥에 강림하실 때, 오 전능하신 분이시여! 주께서 죄의 사슬과 결박을 풀어버리셨나이다. 이로 인하여 우리가 주님을 예배하나이다.
주께서 죽음에서 다시 부활하셨으니 전능하신 주님께 소리 높여 영광을 돌리나이다.
주께서는 지옥의 문을 박멸하시고, 오, 주님! 주께서 친히 죽으심으로 말미암아 사망의 왕국을 파멸로 몰아넣으시고 인류를 타락으로부터 자유하게 하시며, 이 세상에 생명과 결코 썩지 않을 것과 놀라운 은총을 베풀어 주셨나이다.
성부와 성자, 그리고 성령 하나님께 이제로부터 영원토록 영광돌리나이다. 아멘![3]

이렇게 초대 교회의 예배 신학의 중심 주제는 분명히 승리자 그리스도를 추구하였다. 아담의 타락으로 모든 인류는 저주와 사망의 권세 아래 놓였고 불순종의 대가를 치러야만 했다. 하지만 하나님은 그리스도의 성육신과 십자가상의 죽음, 그리고 부활을 통하여 사망 권세를 짓밟고 지옥의 문을 무너뜨리고 악의 권세를 정복하셨다. 그리스도 안에서 인류의 본성은 새롭게 갱신되었으며 사람이 하늘의 하나님께 나아갈 길도 활짝 열렸다. 이렇게 초대 교회 예전 속에서 발견되는 승리자 그리스도에 대한 풍부한 이미지들은 초대 교회 교부들의 글과 이들이 발전시킨 총괄갱신의 신학 속에서도 그대로 나타난다.

---

3) *Service Book of the Holy Orthodox – Catholic Apostolic Church* (Englewood Cliffs, N.J.: Antiochian Orthodox Christian Archdiocese, 1983), 583.

2. 교부들의 글 속에 나타난 승리자 그리스도

승리자 그리스도에 관한 주제는 초대 교회 교부들의 글에 널리 스며들어 있으며, 특히 2세기 후반에 반영지주의 운동을 이끌었던 터툴리안과 이레니우스의 글 속에서 뚜렷이 나타난다.[4] 당시 영지주의자들은 물질 세계가 악하다고 가르쳤다. 하지만 교부들은 물질 세계 속에 실제로 들어오셔서 사람과 같이 생활하신 하나님의 성육신에 관한 신약성경의 전통을 고집하였다. 그래서 이들은 피조계 속의 악한 권세에 대한 그리스도의 승리를 옹호하고 온 우주 만물의 구속을 주장하는 글을 기록으로 남겼다. 예를 들어, 이레니우스는 이 땅에 오신 그리스도의 목적을 이렇게 설명하였다. "그분은 죄악을 무너뜨리고 죽음을 정복하고 사람들에게 생명을 주려고 오셨다."[5] 기독교 신앙을 이렇게 유비적인 방법으로 제시하는 것을 가리켜서 총괄갱신의 신학(the theology of recapitulation)이라고 부른다.

에베소서를 기록할 때 사도 바울은 모든 만물이 그리스도 안에서 총괄적으로 갱신된다는 점을 언급하였다. 총괄갱신(recapitulation)이란 단어는 에베소서 1장의 중간에 긴 문장 속에서 등장한다.

> 그 뜻의 비밀을 우리에게 알리신 것이요 그의 기뻐하심을 따라 그리스도 안에서 때가 찬 경륜을 위하여 예정하신 것이니 하늘에 있는 것이나 땅에 있는 것이 다 그리스도 안에서 통일되게 하려 하심이라 모든 일을 그의 뜻의 결정대로 일하시는 이의 계획을

---

4) 이레니우스에 대해서는 『이단논박』(*Against Heresies*)을 참고하고 터툴리안(Tertullian)에 대해서는 다음을 참고하라. *The Prescription against Heretics, The Five books against Marcion, Against Hermogenes, Against the Valentinians, On the Flesh of Christ, and Against Praxeas*, 이러한 자료들은 다음 책에서 얻을 수 있다. *The Pre-Nicene Fathers*, vols. 1, 3, 4 (Grand Rapids : Eerdmans, 1973).

5) 나는 Cyril Richardson의 『이단논박』(*Against Heresies*)의 축약본을 인용한다. Cyril Richardson, *The Early Church Fathers* (Philadelphia: Westminster, 1943).

따라 우리가 예정을 입어 그 안에서 기업이 되었으니 이는 우리가 그리스도 안에서 전부터 바라던 그의 영광의 찬송이 되게 하려 하심이라(엡 1:9-12).

이레니우스에 의하면 모든 만물의 총괄갱신은 그리스도의 죽음에 의한 근본적인 결과로 이해할 수 있다는 것이다. 그리스도의 죽음은 이 세상 모든 만물을 관통하여 하나로 모으는 중심 줄기이다. 왜냐하면 이 줄기는 우주적인 양탄자의 모든 조각 속을 관통하며 현실 세계에 대한 모든 기독교적인 비전을 하나로 모으는 초점이기 때문이다. 이레니우스는 총괄갱신에 관한 사도 바울의 교훈을 다음과 같이 요약한다.

주님께서는 이제 그분의 소유물 속으로 들어오셔서 그 자신이 감당하신 피조 질서에 의하여 탄생하셨습니다. 그리고 이전에 한 나무와 관련하여 불순종 때문에 일어난 것을 다시 나무 위에서 순종하심으로 뒤바꾸어 놓으셨습니다…그래서 그분은 모든 만물을 완전히 새롭게 갱신하셨습니다.[6]

이레니우스는 그리스도의 대속 사역이 전체 피조계의 구원의 관점에서 어떻게 이해될 수 있는지를 잘 보여준다. 하나님은 그리스도의 사역으로 사람만을 구원하신 것이 아니라 온 우주 만물을 완전히 회복하시고 갱신하시며 새로 창조하셨다. 인류 역사에 관한 이러한 전포괄적인 관점은 이사야 선지자(65:17-25)와 사도 바울(롬 8:20-24)의 전망 속에서도 발견된다.[7]

---

6) Ibid.
7) 이레니우스와 승리자 그리스도에 관한 자세한 논의를 위해서는 다음을 보라. Gustav Aulen, *Christus Victor* (New York: Macmillan, 1969). *The Scandal of the Incarnation: Irenaeus against the Heresies* (San Francisco: Ignatius, 1981); and Christopher Schönborn, *The*

이레니우스는 다음 세 가지 주제를 통해서 총괄갱신의 신학을 더 깊이 발전시켰으며, 온 우주와 천지창조부터 마지막 새 하늘과 새 땅까지를 아우르는 모든 인류의 역사가 그리스도 안에서 하나로 연합된다는 사실을 가르쳤다. 그래서 우리는 승리자 그리스도의 주제의 중심에 자리하고 있는 총괄갱신의 신학을 좀 더 자세히 이해하기 위하여 다음 세 가지 주제들을 차례로 살펴볼 것이다.

첫째, 이레니우스와 초대 교회 교부들에 의하면, 구속(redemption)은 성육신에서부터 시작된다. 성육신을 통해서 하나님은 "그 자신이 감당하신 피조 질서아래 탄생하셨다." 이 구절에서 이레니우스는 타락한 피조물에 관한 성경적인 교훈과 성육신을 서로 연결시킨다. 하나님은 성육신 사건을 통해서 인간의 실존 속으로 들어오셨다. 그렇게 성육신 하신 하나님은 죄와 그로 인한 죽음의 형벌에 놓인 인간의 상황을 친히 짊어지시고 사망의 현실을 친히 담당하셨다. 이러한 성육신 사상은 이야기의 형태로 더 쉽게 설명될 수 있다.

천지를 창조하셨을 때 하나님은 창조된 우주만물과 질서를 바라보시고 매우 좋다고 선언하셨다. 하나님은 무에서 자신의 말씀으로 이 세상이 지음받아 존재하게 된 것을 인하여 매우 기뻐하셨다. 왜냐하면 그것은 하나님이 친히 창조하신 작품이기 때문이다. 하나님은 시간과 공간, 소리와 색깔, 형체, 생명, 동물, 그리고 사람을 포함하여 모든 만물을 무에서 창조하셨다. 그리고 창조된 그것들을 바라보시면서 하나님은 매우 기뻐하셨다. 하지만 악한 권세의 결과로 하나님이 창조하신 작품의 조화와 아름다움이 그만 망가지고 말았다. 증오와 탐욕, 혼란, 그리고 부조화가 온 세상을 짓밟고 말았다. 그래서 피조계 그 자체는 아직도 선한 상태로 남아 있기는 하지만 사람들 속에서 그리고 정부나 경제 질서와 같이 사람들이

Mystery of the Incarnation (San Francisco: Ignatius, 1992).

만들어 낸 제도와 조직을 통해서 이 세상에 비인간화의 고통과 비극이 초래되었다. 이런 상황에서 하나님은 죄로 얼룩진 이 세상을 완전히 파괴해서 없애버리고 모든 것을 다시 시작하실 수도 있었다. 하지만 하나님은 친히 피조물이 되어서 그 속으로 들어가는 편을 선택하셨다. 그래서 하나님은 사망이라고 부르는 죄의 결과를 무너뜨리기 위하여 사망의 저주 아래 놓인 사람의 몸을 친히 입으시고 성육신하여 인간과 연합하셨다. 이것이 바로 "그 자신이 감당하신 피조 질서아래 탄생하셨다"는 구절의 의미이다.

둘째, 승리자 그리스도의 다른 주제는 다음 구절에서 찾아볼 수 있다. "이전에 한 나무와 관련하여 불순종 때문에 일어난 것을 다시 나무 위에서 순종하심으로 뒤바꾸어 놓으셨다." 말하자면 예수 그리스도께서는 십자가 위에서 죽으심으로 이 세상의 모든 죄와 사망의 권세를 정복하셨다.

이레니우스와 교부들은 아담과 하와가 타락할 때 사탄의 파괴적인 권세가 피조물 속으로 풀려났다고 가르쳤다. 사도 바울은 이 악한 권세에 대하여 다음과 같이 교훈한다. "그 때에 너희는 그 가운데서 행하여 이 세상 풍조를 따르고 공중의 권세 잡은 자를 따랐으니 곧 지금 불순종의 아들들 가운데서 역사하는 영이라"(엡 2:2). 해변가의 모래성을 허물어뜨리는 파도처럼 악한 권세들은 선하게 창조된 하나님의 피조계를 타락시키고 왜곡시켰다. 또 이 권세들은 사회적인 제도들도 악하게 변질시켰고 사람들을 공포 속으로 몰아넣었으며 자연 환경을 강탈하고 낙태를 조장하며 핵무기의 위협을 고조시킨다. 그리하여 이 땅에서 모든 기쁨과 아름다움을 몰아내고 인류 역사를 광기와 비극으로 변질시키려고 위협해왔다. 하지만 둘째 아담이신 그리스도는 성부 하나님을 향한 완전한 순종으로 죄의 결박을 풀어버렸고 그의 죽음을 통해서 타락으로 말미암은 비극적인 결과를 역전시켰다. 그리스도의 죽음 때문에 죄와 사망의 권세는 무너졌고 피조물은 그 속박으로부터 풀려나게 되었다. 그래서 초대 교회 교부들이 발전시킨 신학적인 개념은, 사도 바울의 서신에서 천명되고 있듯이, "피조물도 썩어짐의 종노릇 한 데서 해방되어 하나님의 자녀들의 영광의 자유에 이르는 것"이다(롬 8:21).

이렇게 창조와 타락에 관한 기독교적인 가르침은 그리스도의 사역과 밀접하게 결부되어 있다. 창조와 타락은 결코 지성적인 연구로 깨우칠 주제가 아니다. 이 주제는 오히려 인간 실존에 관한 실제 이야기의 일부분이며 "승리자 그리스도"(Christus Victor)의 관점에서 올바로 이해될 수 있는 거대한 하나님의 구원 이야기의 일부분이다. 오직 예수 그리스도를 통하여 악의 권세가 결코 철회될 수 없는 패배를 당하고 말았다.

셋째, 부활하신 승리자 그리스도는 인류 역사의 미래에 관한 다음과 같은 중요한 교훈을 제시한다. "그분은 모든 만물을 완전히 새롭게 갱신하셨습니다." 승리자 그리스도는 사람들의 관심의 초점을 마지막 날과 관련된 사건들로부터 온 세상의 구원을 위하여 장차 다시 오실 그리스도의 재림에 관한 의미로 이동시킨다. 그 결과 우리는 모든 만물이 완전히 갱신될 종말론적인 희망 속에서 현재를 살아간다. 그리고 지상의 교회는 그리스도께서 새로 갱신되고 창조된 온 우주를 통치하실 것을 담대히 선포한다. 이 메시지는 단순히 교리적인 진술만이 아니라 우리가 예배와 모든 삶으로 축하하고 체험해야 할 살아 있는 희망이다.

모든 만물이 그리스도 안에서 새롭게 갱신되리라는 이 소망과 예상은 지상의 모든 교회가 끝까지 견지해야 할 종말론적인 비전이기도 하다. 지금 악의 권세가 얼마나 강력하게 날뛰든 관계없이 이들은 최종적으로 멸망당할 것이다. 악은 결코 영원할 수 없다. 인간의 실존과 역사 속에서 악은 결코 마지막 결론일 수 없다. 마지막 결론은 오직 예수 그리스도뿐이다. 교회가 붙잡는 새 하늘과 새 땅에 관한 전망(vision)은 결코 환상이 아니다. 그것은 실제이며 영원한 진리이다. 그래서 우리가 그리스도인으로서 실행하는 모든 일들의 저변에는 바로 이 소망이 자리하고 있다.

결국 승리자 그리스도의 메시지는 기독교인들에게 현실 세계를 해석하고 이해할 수 있는 근간을 제공한다. 또 이 메시지는 모든 만물의 기원을 말해주며, 악의 문제를 다룰 뿐만 아니라, 피조계와 관계를 맺고 일하시는 하나님을 확증해주며, 의미를 찾는 인류의 질문에 해답을 제공하며 미래를 위한 소망을 제시한다. 이 메시지는 "그리스도 안에 계시사 세상을 자기와 화목하게 하시며 그들의 죄를 그들에게 돌리지 아니하신" 하나님의 신비이다(고후 5:19). 이 신비야말로 포스트모던 사회를 위한 하나님의 복된 소식이다. 하나님께서 그리스도 안에서 피조물과 관계를 맺으셨고, 장차 이 피조계를 하나님의 방식으로 다시 새롭게 창조하실 것이다.

제7장

중심되신 그리스도

앞서 살펴본 바와 같이 포스트모던 시대 과학의 중요한 결론 중의 하나는 이 우주에는 자연계 전체를 하나로 연결하는 하나의 연결고리나 중심이 없다는 것이다. 이러한 과학 이론의 영향을 받은 현대 철학자들도 모든 자연 만물은 우열이 없이 상호 간에 영향을 주고 받을 뿐이라고 결론 내리고 있다. 이러한 사상적인 조류는 신학계에도 영향을 미쳐 어떤 종교적인 입장이라도 다른 입장과 더 나을 것도 없다는 다원주의(pluralism)가 신학계에서 맹위를 떨치고 있다. 하지만 복음주의자로서 우리는 살아계신 하나님의 말씀을 이 세상의 중심에 위치하는 사도적인 전승을 확고히 붙잡아야 한다. 이 메시지가 바로 신앙의 뼈대(the framework of faith)로서 이를 통하여 우리는 세상을 해석하고 이해한다. 초대 교회 교부들은 교회사의 중요한 고비마다 이러한 사상적인 뼈대에 근거하여 당대의 쟁점들과 싸우면서 위대한 신앙고백서들을 만들어냈다. 그래서 그들이 그리스도의 중심성을 파악하고 고수했던 방식은 오늘날과 같이 우주의 중심을 탐구하며 피조계와 관계를 맺은 하나님을 탐구하는 포스트모던 시대에 매우 효과적으로 적용될 수 있다.

1. 그리스도의 중심성

피조된 전체 우주의 중심에 좌정하신 그리스도의 중심성은 이성적으로 논쟁할 주제가 아니라 기독교 교회의 예배를 통해서 표현되는 신앙의 문제이다. 요한복음의 여러 찬송 구절들은 이 만물이 그분 하나님으로 말미암아 지음받았다고 선언한다(요 1:10). 이런 찬송의 외침은 이후에 사도 바울이 골로새서에서도 그대로 외치고 있다.

> 만물이 그에게 창조되되 하늘과 땅에서 보이는 것들과 보이지 않는 것들과 혹은 보좌들이나 주관들이나 정사들이나 권세들이나 만물이 다 그로 말미암고 그를 위하여 창조되었도다(골 1:16).

이 찬송에 이어서 또 다른 놀랍고도 신비한 찬송이 계속 이어진다.

> 만물이 그 안에 함께 섰느니라.(1:17) 그리고 그의 십자가의 피로 화평을 이루사 만물 곧 땅에 있는 것들이나 하늘에 있는 것들을 그로 말미암아 자기와 화목케 되기를 기뻐하심이라(1:20).

이와 동일한 주제가 요한복음 속에서도 계속 메아리쳐 울리면서 우주의 중심에 좌정하신 분이 우리의 구원을 위하여 우리 가운데 찾아오셨음을 강조한다.

말씀이 육신이 되어 우리 가운데 거하시매 우리가 그 영광을 보니
아버지의 독생자의 영광이요 은혜와 진리가 충만하더라(요 1:14).

예수 그리스도 안에서 우리에게 내려오신 하나님에 관한 주제는 이후에 빌립보서의 아름답고도 장엄한 찬양의 주제이기도 하다. 그는 근본 하나님의 본체이시나 사람과 같이 되셨고 죽기까지 복종하셔서 "하나님이 그를 지극히 높여 모든 이름 위에 뛰어난 이름을 주사 하늘에 있는 자들과 땅에 있는 자들과 땅 아래 있는 자들로 모든 무릎을 예수의 이름에 꿇게 하시고 모든 입으로 예수 그리스도를 주라 시인하여 하나님 아버지께 영광을 돌리게 하셨다"(빌 2:6-11). 이것이 바로 교회가 붙잡아 온 신앙의 중추이고 모든 만물을 바라보는 중심 이야기이자, 모든 만물을 해석하고 이해하는 기본 틀거리이다. 이 신앙의 기본 뼈대는, 때로는 수 세기 동안 종종 이성적인 논쟁의 주제가 되기도 했지만 인간의 이성으로 수납하거나 확신할 수 있는 내용이 아니라, 오직 신앙으로, 즉 참 이해로 인도하는 신앙을 통해서 수납할 수 있다.[1]

2. 창조 – 성육신 – 재창조

퍼즐을 쉽게 맞추려면 먼저 전체 그림의 중심을 연결하는 부분부터 시작하는 것이 효과적이다.[2] 앞서 살펴본 바와 같이 초대 교회 교부들도 온

---

1) 이와 관련된 흥미로운 논의는 다음에서 찾아볼 수 있다. Dermot A. Lane, *Christ at the Centre: Selected Issues in Christology* (New York: Paulist, 1990).
2) 정교회 신학자들은 주로 동방교회 교부들의 사상에 근거하여 그리스도와 피조계 간의 상호관계를 설명한다. 이 주제에 관한 최고의 참고서로는 다음을 보라. Georgii Florvoskii, *Creation and Redemption* (Belmont, Mass.: Nordland, 1976). 여기에서 플로로브스키는 이레니우스의 사상을 아주 자세히 다룬다.

세상을 향한 하나님의 구원을 올바로 이해하는 기본 뼈대로 창조와 성육신, 그리고 재창조의 연결고리를 붙잡았다. 천지를 창조하신 하나님께서 타락한 이 세상을 재창조하시려고 성육신하셨다. 이러한 기독교 신앙의 기본 이야기 속에는 몇 가지 중요한 쟁점들이 들어 있다.

첫째, 쟁점은 과연 누가 성육신하셨는가 하는 것이다. 그분은 과연 하나님이신가, 아니면 하나님께서 무에서 창조하시고 세상을 구원하라고 지명한 아들이었는가?

교회 역사의 처음 3세기 동안에, 예수 그리스도를 통한 하나님의 성육신의 주제는 교회의 예전과 사도들의 글, 그리고 교부들을 통해서 확고하게 자리 잡았다. 하지만 이 주제에 대한 좀 더 깊은 사상적인 발전은 이어지지 못했다. 그러다가 4세기에 이르러 아리우스(Arius)가 나타나서 예수가 하나님이라는 전통적인 가르침에 도전장을 내밀고 그 아들은 하나님이 아니라 하나님의 아들에 불과하다고 주장했다. 아리우스에 의하면, 그 아들은 하나님과 동일한 본질이 아니라 다만 하나님으로부터 창조된 존재에 불과하다는 것이다. 또 그는 하나님의 아들은 천지를 창조하신 하나님으로부터 맨 처음에 지음 받은 존재이며 그래서 하나님과는 동일한 본질이 아니라고 가르쳤다. 또 계속해서 그는 "그 아들이 존재하지 않았던 때가 있었다"고 주장했다. 그래서 하나님의 아들 예수는 본질의 차원이 아니라 다만 하나님으로부터 지명을 받아서 신적인 존재가 되었다는 것이다.

아리우스가 기독교 교회와 성육신 교리에 던진 도전장의 요지는 다음과 같다. 인류의 구원자는 하나님이 아니라 하나님으로부터 지명 받은 자이다. 그리고 이 세상에 성육신하신 분은 하나님이 아니며, 본래 하나님이 아닌 하나님의 아들이 우리의 구원을 위하여 성육신했고 이 세상의 악을 이기고 승리를 쟁취했다는 것이다.

하지만 아리우스에 대한 중요한 상대자였던 아타나시우스(Athanasius)[3]는 만일 본래 하나님이 아니라 하나님의 아들에 불과한 자가 우리 인류를 구원하려든다면 우리와 동일하게 타락한 자는 결코 우리 인간을 구원할 수 없다고 반박했다. 주후 325년에 니케아신경은 바로 이러한 쟁점을 정리하기 위하여 작성되었다. 이 신경을 통해서 당시 교회가 공히 합의한 합의점은 우리를 구원하신 분은 오직 유일하시고 참되신 하나님뿐이라는 것이다. 니케아신경은 하나님의 말씀이신 독생자와 성부 하나님의 밀접한 상관관계를 동일본질이라는 용어로 반복하여 강조하면서 결국 예수가 하나님의 성육신임을 다음과 같이 교훈하고 있다.

> 우리는 한 분이신 주 예수 그리스도를 믿나이다
> 그는 하나님의 독생자이시며
> 영원으로부터 성부에게서 나시며
> 하나님에게서 나신 하나님이시고
> 빛으로부터 나신 빛이시며
> 참 하나님에게서 나신 참 하나님으로서
> 창조되지 않고, 아버지에게서 나시어
> 아버지와 한 본체로서
> 그로 말미암아 모든 만물이 지음 받았으며
> 우리와 우리의 구원을 위하여
> 하늘로부터 내려오시어 성령의 능력으로
> 동정녀 마리아를 통하여 육신을 취하시고
> 사람이 되셨음을 믿나이다.[4]

---

3) Athanasius, *On the Incarnation* (Crestwood, N. Y.: St. Vladimir Orthodox Theological Seminary Press, 1993).
4) 신경에 대한 자세한 논의를 위해서는 다음을 보라. Berard Marthaler, *The Creed: The Apostolic Faith in Contemporary Theology* (Mystic, Conn.: Twenty Third Publications, 1996).

이 신앙고백서의 배후에는 아주 중요한 철학적인 쟁점들이 들어 있다. 당시 헬라 철학은 보이지 않는 영적인 것과 가시적인 물질세계의 분리를 주장했다. 즉 영과 물질은 두 개의 구별된 영역으로 결코 서로 연결되거나 결합할 수 없다고 보았다. 그래서 영지주의(gnosticism)나 신플라톤주의(Neo-Platonism), 혹은 마니교(Manichaeism)와 같은 당대의 구원체계들은, 영원한 영계와 한시적인 현실세계를 서로 연결하는 어떤 물리적인 피조물을 가정해야만 했다.

아리우스는 당시의 이러한 철학적인 견해를 추종하면서 독생자는 영원 전부터 아버지에게서 나신 이가 아니라 창조의 초기에 하나님으로부터 지음 받은 존재라고 주장했다. 아리우스의 입장에서 볼 때, 하나님의 아들은 영과 물질을 중계하기 위하여 피조된 중재자에 불과했다. 그래서 아리우스의 생각 속에서는 세상을 구원한 이는 하나님 자신이 아니라 하나님이 창조하고 지명한 그의 아들일 뿐이었다. 하지만 아타나시우스와 그의 추종자들은 "오직 하나님만이 인류를 구원할 수 있다"고 주장했다. 아타나시우스에 의하면 비물질적임에도 불구하고 구원을 위하여 성육하여 물질을 취한 분은 바로 영원하신 하나님이셨다. 그래서 니케아신경은 비물질성(immateriality)은 물질(materiality)을 통하여 우리와 소통한다고 주장한다.

하나님과의 만남은 물질세계로부터 완전히 떨어져서 어떤 흐릿하고도 형체를 알 수 없는 신비한 영적인 세계에서 일어나는 것이 아니라 예수라고 이름하는 한 사람의 육체적이고 물질적인 현실 세계에서 실제로 일어났다. 육신의 몸을 입으신 하나님이신 그를 통하여 하나님은 사람과 만나시고 사람이 영원토록 감당해야 할 죄와 죽음의 멍에를 친히 떠맡아 감당하셔서 죄의 삯을 청산해 주시며 사망으로 사망의 권세를 멸하시고 그 사망으로부터 다시 부활하사 이 피조계을 새롭게 하시고 이 땅에 새 생명

을 가져다 주셔서 이제 교회로 하여금 그 영광을 직접 맛보고 경험하게 하신다.[5]

둘째, 예수 안에서 성육신하신 존재는 하나님으로부터 창조되거나 지명된 것이 아니라 하나님 그분 자신이라는 초대 교회의 합의는 성육신에 관한 다음과 같은 질문을 야기한다. 성육신 사건에서 어떻게 영과 물질이 서로 결합할 수 있는가?[6]

예수 안에서의 인간과 하나님의 상호관계는 수 세기 동안 논란을 야기시킨 질문거리였으며, 그 논란의 와중에 등장한 아폴리나리우스 (Apollinarius)의 이단설에 자극받은 당시 교회는 공동으로 연대하여 새로운 해답을 제시하였다. 4세기 중반에 아폴리나리우스는 예수라는 인간의 몸 속에는 인간의 영혼 대신 하나님의 로고스가 들어 있다고 주장했다. 달리 말하자면 예수는 인간의 속성을 가지고 있지 않다는 것이다. 외면으로 볼 때 그는 육신을 입고 있지만, 그 내면에는 인간의 속성이 아니라 하나님의 속성만 지녔다는 것이다. 이러한 이단사상으로 인하여 381년 콘스탄티노플 회의가 소집되었고 갑바도기아의 교부들의 탁월한 통찰을 통해서 "그리스도의 완전한 인성"을 주장함으로써 아폴리나리우스의 이단설이 정죄받았다.[7] 이를 통해서 당시 교회는 성육신은 육신 속에 감취인 하나님에 의해서가 아니라 하나님께서 친히 우리 중의 하나와 같이 친히 육신을 입으시고 그 육신 속에서 완전한 인간성을 취한 것임을 확인하였다.

---

5) William G. Rusch, ed., *The Trinitarian Controversy* (Philadelphia: Fortress, 1980); and Basil Studer, *Trinity and Incarnation: The Faith of the Early Church* (Collegeville, Minn.: Liturgical, 1993).
6) 이 주제는 기독론적인 논쟁의 저변에 깔린 근본적인 질문이다. Richard A. Norris, Jr., *The Christological Controversy* (Philadelphia: Fortress, 1980); and Paul R. Fries, *Christ in East and West* (Macon, Ga.: Mercer University Press, 1987).
7) See Studer, *Trinity and Incarnation*, 203-7.

이러한 과정을 통해서 그리스도의 성육신과 관련하여 두 가지 공리(axioms)가 확립되었다. 그 첫째는 오직 위로부터 오신 하나님만이 인류를 구원할 수 있다는 것과, 둘째로 오직 사람으로 나신 하나님을 통해서만이 구원받을 수 있다는 것이다. 이러한 공리는 "하나님께서 그리스도 안에 계시사 세상을 자기와 화목하게 하셨다"는 진리를 다시금 확증하였다(고후 5:19). 우주의 중심이신 예수 그리스도는 완전한 하나님이신 동시에 완전한 인간이시다. 하지만 문제는 어떻게 예수의 비물질적인 신성과 물질적인 인성이 예수 안에서 서로 하나로 연합할 수 있는가 하는 것이다.

이 난제를 풀기 위하여 다양한 해석들이 동원됐다. 플라톤의 관념론의 영향을 받은 알렉산드리아 학파는 예수 그리스도의 신성에 무게중심을 두었다. 그들의 관점에서는 예수의 인성은 신성 속으로 완전히 흡수되었다(단성론, monophysite). 하지만 이 입장은 "오직 사람으로 나신 하나님으로만 구원받을 수 있다"는 공리를 부인하기 때문에 성육신에 관한 올바른 교리로 용납될 수 없다. 즉 예수의 완전한 인성을 인정하지 않는 것이다. 그런데 이와 달리 안디옥 학파는 예수의 인성을 지나치게 강조하는 경향이 강했다. 이들은 마치 성령 하나님이 특별한 사역을 성취하기 위하여 다윗이나 기드온에게 역사하셨듯이 예수에게도 임재했다고 주장하였다(성령 기독론, Spirit Christology). 이렇게 예수의 인성을 지나치게 강조하면 결국 "오직 하나님만이 구원하실 수 있다"는 공리가 허물어지고 만다. 이 입장은 완전한 하나님이신 그리스도를 인정하지 않기 때문에 불완전한 성육신 사상으로 정죄되었다.

이러한 쟁점들은 451년의 칼케돈 공의회를 통해서 정리되었는데, 이 공의회를 통해서 예수 그리스도의 두 가지 대조적인 속성의 결합을 확증하였다. 즉 오직 하나님만이 구원하실 수 있기 때문에 예수 그리스도는 완전히 하나님이시고 그와 동시에 예수는 모든 인류를 대표하는 둘째아담이시기 때문에 동시에 완전한 인간임을 확인한 것이다. 하나님께서 친히 우리와 같이 낮아지시고 우리 인간성에 친히 참여하셔서 신인(the God-man)으로서 우리를 대신하여 죽음의 저주를 담당하심으로 사망 권세를 멸하시고 하늘의 하나님께로 나아갈 길을 열어주셨다.

이런 논의를 거친 끝에 칼케돈신경은 기독교 교회의 신앙을 표현하는 표준 문서로 받아들여졌다. 이 신경은 교회의 보편성과 사도성, 그리고 일치와 합의를 공유하는 당시 교회의 신앙을 통일성 있게 묘사하고 있으며, 예수 그리스도에 대한 기독교적인 해석과 이해의 규범적인 틀을 제공한다. 또 이 신경은 조지 린드벡이 설명한 바와 같이 기독교 교회가 "공통으로 권위를 인정하는 가르침"을 담고 있다.[8] 니케아신경과 칼케돈신경은 성경을 인용하자면 "진정 하나님만이 우리를 구원하신다"는 사실을 말해준다. 그리고 교회가 매 시대마다 그 시대의 문화에 적실하게 구현해야 하는 것도 바로 이러한 "신앙의 규범"이다.

오늘날 양자 역학의 지배를 받는 현대 과학의 입장이나 주체와 객체 간의 상호 공생관계를 중시하는 현대 철학 사조는, 예수 그리스도 안에서 세상의 비참한 현실과 자신을 동일시하심으로 이 세상을 구원하시려는 하나님에 대한 고대 기독교의 확신에 대하여 매우 개방적인 입장을 취한다. 하나님은 이 세상과 무관한 존재가 아니라 예수 그리스도 안에서 인류 역사에 참여하시고 그분 안에서 우리 인간의 타락 속으로 들어오셨다. 하나님이 그리스도의 성육신 안에서 직접 우리의 고통에 참여하시고 십자가 상의 수난으로 인간의 고통과 사망의 저주를 친히 담당하셨다. 그리고 무덤에서 다시 부활하시고 지상의 교회의 사역을 통해서 성령의 능력 안에서 지금도 악의 권세에 대한 박멸과 승리를 계속 주도해가고 계신다. 그 하나님의 특별한 사역은 교회 안에서 우리의 삶을 변화시키고 다시 교

---

8) Lindbeck, *The Nature of Doctrine*, 74.

회를 통하여 이 세상을 변화시키는 것이다.

3. 결론

이번 장의 서론에서 나는 어렸을 때 퍼즐 조각을 맞출 때면 항상 먼저 퍼즐 전체를 연결시키는 핵심적인 조각을 먼저 찾는다는 이야기를 했다. 이와 마찬가지로 기독교 신앙 속에도 전체를 관통하는 핵심 조각이 있다. 중심부에서 기독교 신앙의 모든 조각들을 서로 연결시키는 핵심부는 예수 그리스도이다.

앞에서 나는 사도들과 초기 교부들이 십자가의 죽음과 부활로 악을 정복하여 승리를 거두심으로 모든 만물을 총괄적으로 새롭게 갱신하였다는 성경적인 사상을 어떻게 지속 발전시키고 있는지를 살펴보았다. 악을 정복하신 그리스도의 승리는 초기 기독교 전통을 이해하는 열쇠일 뿐만 아니라 우리 각자의 신앙의 갱신과 교회 생명의 갱신을 위한 비결이기도 하다. 계속해서 나는 기독교적인 삶의 모든 국면들이 어떻게 악을 정복한 그리스도의 승리와 아울러 모든 만물의 최종적인 갱신과 어떻게 연결될 수 있는지를 계속 밝혀내고자 한다.

초대 교회는 기독교 신앙이 어떻게 그리스도 위에 정초할 수 있는지를 잘 보여주었다. 그들에게 있어서 신앙은 교회나 예배, 혹은 성경으로부터 시작되는 것도 아니고 신학이나 영성, 교육, 복음전도, 또는 사회봉사로부터 시작되는 것도 아니다. 이 모든 기독교적인 측면들은 나름대로 중요하기는 하지만 다음과 같은 기독교 신앙의 중심 주제에 비하면 부차적인 종에 불과하다. "예수 그리스도는 악의 권세를 멸망시키고 우리 인류와 이 세상을 하나님께로 회복시키기 위하여 죄인된 우리 중의 하나와 같이 되셨다."

인류 역사는 바로 이러한 중심 진리로부터 올바로 이해될 수 있다. 하나님은 자신의 거룩한 목적을 달성하기 위하여 인류 역사 속에서 일하고 계신다. 그리스도에 대한 성경적이며 역사적인 관점은 폴 레익랜드(Paul Lakeland)와 같은 포스트모던 사상가들의 진지한 기대와 열망에 해답의 실마리를 던져줄 수 있다. 그는 이렇게 적고 있다. "전체 우주는 도외시하고 그저 인간에게만 적용되는 구속 신학은 충분하지 않다."[9] 그리스도 안에 계신 하나님은 우주적인 구속자라는 고대 기독교 사상은 포스트모던 세계에서도 매우 강한 설득력을 발휘할 수 있다.

포스트모더니즘의 경박한 상대주의에 대항하여 기독교 신앙은 온 우주 만물을 하나로 연합하는 통일성 있는 구심성에 대한 간절한 열망에 대하여 분명한 해답을 제시할 수 있으며, 이 땅의 모든 악을 종식시키고 전 피조계에 하나님의 샬롬을 확립할 "최초의 축복"(original blessing)에 대한 열망에 대해서도 돌파구를 마련해 줄 수 있다. 이 세상의 미래는 생태학적인 대안을 모색하려는 인류의 손에 달린 것이 아니라 그리스도 안에서 세상을 구원하신 하나님에게 달렸다. 그 하나님이 계획하시고 이루시는 새로운 창조에 대한 예상과 소망 속에서 우리는 장차 다가올 하나님의 현실을 담대히 증언하는 것이다.

---

9) Paul Lakeland, *Postmodernity: Christian Identity in a Postmodern Age* (Minneapolis: Fortress, 1997), 46.

[도표 F] 역사의 패러다임 속의 그리스도

고대	중세	종교개혁	근대	포스트모던 시대
승리자 그리스도	안셀름의 속죄 이론	루터는 속죄와 승리자 그리스도 사상을 결합함	자유주의: 모범설	그리스도께서 대속사역으로 악의 권세를 정복하셨고 우리에게 따라야 할 본을 보이심
	아벨라르의 도덕 이론		보수주의: 명제주의	
신앙의 규범(180년) 니케아신경(325) 칼케돈신경(451)		칼빈의 속죄설	자유주의: 경험-표현주의 모델	신앙의 규범: 여러 신경들을 통해서 조절된 그리스도에 대한 관점

포스트모던 시대에 복음주의 신학의 첫째 목표는 그리스도의 죽음에 관한 대속적인 관점만으로는 불완전함을 인정하는 것이다. 그 다음 둘째 목표는 역사 속에서 하나님의 독특한 성육신으로서의 예수 그리스도를 성경적이고 역사적인 증언과 서로 일치시키는 것이다. 오직 그분만이 대속의 죽음과 영광스러운 부활로 악의 권세를 정복하고 세상을 하나님과 화해시켰으며 교회라는 하나님의 새로운 백성 공동체를 세우셨다. 좀 더 자세한 논의를 위해서는 다음을 참고하라. Gustav Aulen, *Christus Victor* (New York: Macmillan, 1986).

3부

고전/포스트모던 교회

> 교회를 어머니로 가지지 않는 이는 하나님을 아버지로 모실 수 없다.
> – 키프리안(주후 250)

몇 해 전 나는 미시간 시골 마을에 위치한 어느 교회에서 말씀을 전할 기회가 있었다. 나는 그 지역을 잠시 여행 중이어서 교회에서 누구를 만나게 될 것인지 궁금한 마음이 들었다.

종종 어떤 교회는 자신들의 견해나 판단과 일치하지 않는 이들에 대하여 매우 엄격하고도 차가운 자세를 취하곤 한다. 또 어떤 교회는 그 근동에서 오직 자기네만이 참다운 진리를 가지고 있는 교회라는 자부심이 대단한 경우도 있다. 일반적으로 이런 편협성은 전체 교회로 널리 퍼져서 기독교의 포용성과 즐거움을 억누르기도 한다. 그래서 나는 지역 교회를 방문할 때면 이번에는 어떤 태도와 만나게 될 것인지에 대해서 궁금한 생각이 들곤 한다.

다행히도 내가 방문했던 교회는 나를 자기네의 확대된 대가족의 일원으로 환영해 주었고 즉시로 그들의 친교 안으로 이끌어 주었다. 그 교회는 창립된 지 불과 7년 만에 35명의 작은 개척교회로부터 700명 규모로 성장하였다.

그래서 내가 그 교회 교인에게 물어보았다. "이 교회가 짧은 시간에 이처럼 크게 부흥한 비결은 무엇입니까? 이런 현상을 어떻게 설명할 수 있을까요?" 그러자 그 교인이 대답했다. "글쎄요. 제 생각에는 그 비결은 간단한 것 같습니다. 우리는 서로를 너무나도 아끼고 사랑하기에 우리가 이 공동체의 일원이 된 것은 얼마나 놀라운가 하는 이야기를 자주 합니다." 이 사람은 교회 성장의 원인을 더 자세히 설명해 주지는 못했다. 왜냐하면 그 교회는 모든 것을 새롭게 하시는 그리스도를 방금 새롭게 경험하는 중이었기 때문이다. 그 교회 대부분의 신자들은 방금 예수를 믿기 시작한 새신자였고, 다른 이들은 활기가 없이 냉랭하고 갈등이 있던 교회로부터 옮겨왔다. 하지만 이 교회 사람들 가운데는 분명한 기쁨과 활기가 넘쳐났다.

신학적인 관점으로 말하자면 이 공동체는 예수의 확산(an extension of Jesus)을 경험하고 있다고 말할 수 있다. 실제적인 의미에서 이들은 예수 그리스도 안에서 중생을 경험한 새로운 피조물이며, 하나님의 새로운 총괄갱신의 대상이자 지역 교회를 통하여 악을 정복하시는 그리스도의 승리의 확산을 경험하고 있었다. 초대 교회 교부들이 설명하려고 했던 것도 바로 이러한 경험이었다.[1]

예전에 신학교를 다닐 때 나는 당시 신학교에서는 "교회의 일원이 된다는 것은 도대체 무슨 의미인가?"라는 주제를 다룬다고 생각해 보지 못했다. 하지만 나중에 초기 기독교 전통과 사상을 자세히 연구하면서, 나

---

1) *The Seven Letters of Ignatius*, in Cyril Richardson, *The Early Church Fathers* (Philadelphia: Westminster, 1953), 87-120.

는 그리스도의 몸된 교회의 일원이 되는 것이 무슨 의미인지를 처음으로 깨닫게 되었고 내 눈을 가리고 있던 덮개가 제거되는 것 같은 느낌이 들었다.

나는 초대 교회 교부들로부터 교회는 그리스도와 악의 권세에 대한 그분의 승리와 밀접하게 연결되어 있다는 진리를 새롭게 배웠다. 말하자면 지상의 교회는 세상에 임재하신 그리스도의 임재가 계속 유지되고 지속되는 한 형태라고 말할 수 있다. 예수 그리스도는 성부 하나님 보좌 우편에 좌정하실 뿐만 아니라 지상의 교회를 통해서 가시적이며 만질 수 있는 형태로 이 세상 속에 임재하신다. 이러한 관점이 바로 교회에 대한 성육신적인 관점이다. 교회는 세상 속에 존재하는 매우 독특한 유일무이한 공동체이다. 그 이유는 교회는 단순히 사람들의 집단이 아니라 세상 속에서 그리고 세상을 향하여 일하시는 하나님의 임재를 구현하는 공동체이기 때문이다. 교회에 대한 이러한 관점은 포스트모던 시대의 세상 속에서 매우 중요한 함의를 지닌다.

포스트모던 시대의 사고는 우리의 관심을 원자처럼 서로 분리된 개별적인 요소로 이뤄진 현실세계로부터 모든 만물이 서로 연결된 상호관계적인 세계로 바꾸어 놓았다. 이러한 과학적이고 철학적인 상관관계의 사조는 다시금 공동체의 중요성을 새롭게 강조하고 있다. 다니엘 벨(Daniel Bell)이 지적한 바와 같이, "포스트모던 시대의 산업사회는 사회의 기본 단위로 개인이 아니라 공동체를 앞세우는 공동체적인 사회(a communal society)이다"[2]

앞에서 우리는 21세기 인류가 전 세계가 하나로 연결된 세계화된 지구촌 속의 공동체로 이동하였고 그 속에서 진행 중인 커뮤니케이션 혁명을

---

2) Daniel Bell, "The Coming of the Post-Industrial Society," in Charles Jencks, ed., *The Postmodern Reader* (New York: St. Martin's, 1992), 264.

통해서 전 세계의 어느 곳에서든 반대편 사람들과 빛의 속도로 소통을 나눌 수 있는 세상을 살아가고 있다. 게다가 정치학자들과 경제학자들에 의하면 이 시대 유행의 물결은 지리적인 시민혁명을 통해서 등장하였던 국가 간의 장벽이 새로운 문화를 중심으로 재편되는 시대로 나아가고 있다고 한다. 그래서 미래의 충돌이나 국지적인 갈등이나 심지어 전쟁은 이전의 시민혁명 같은 전쟁이 아니라 문화 전쟁(cultural war)으로 전개될 것으로 예상된다. 이런 현상은 이미 중동 지역에서나(유대인들과 아랍인들), 보스니아와 코소보 지역에서(기독교인과 이슬람교도들 간의 갈등) 이미 나타나고 있다. 북미를 포함하여 전 세계적으로 목격되는 이슬람의 발흥은 또 다른 문제이다. 이슬람교도들은 미국인이나 또는 다른 문명권의 일원이 되기 이전이든 이후든 항상 변함없이 이슬람교도로 살아간다.

이러한 현실이 기독교 교회에게 의미하는 것은 기독교인들은 기독교 공동체 소속의 중요성을 인정하고 기독교 공동체의 회복을 위해서 노력해야 한다는 것이다. 그리고 이런 상황에서 우리는 다음과 같은 시급한 질문을 진지하게 고민해야 한다. "지역교회와 우주교회의 일원이 된다는 것은 과연 무슨 의미인가?" 이 질문은 "내가 어느 나라(예를 들어, 미국이나 한국) 사회의 일원이 되는 것이 과연 무슨 의미인가?"하는 질문보다 더 우선되어야 한다. 모든 기독교인들은 그가 미국이이나 아프리카인, 아시아인, 또는 그 밖의 어느 나라 사람이기 이전에 먼저 기독교 교회의 일원이다. 왜냐하면 기독교 교회는 이 세상의 모든 문화를 초월하여 존재할 뿐만 아니라, 그 교회에 속한 모든 신자들에게는 이 세상 속에서 일하시는 예수 그리스도의 임재를 해당 문화 속에서 구현하는 책임을 부여하기 때문이다.

3부에서는 교회에 대한 성경적인 이미지들과 역사적인 표지들을 살펴보면서 세상 속에서 하나님의 임재로서의 교회에 대한 고전적인 관점들을 살펴볼 것이다. 이러한 표지들은 오늘날 우리가 포스트모던 세계를 안전하게 여행할 루트를 제시할 것이다. 이번 장의 논점은 교회는 세상 속에서 일하시는 하나님의 최우선의 임재 양식이라는 것이다. 세상 속에 세워진 교회의 존재에 대하여 신학적인 관심을 쏟다보면, 우리는 이 세상에서 동일한 비교의 대상을 찾아볼 수 없는 독특한 신앙 공동체를 발견할 수 있다. 하나님 나라를 직접 경험하는 새로운 공동체는 사람들을 그 속으로 인도하여 그들의 신앙을 양육하고 훈련한다. 이런 의미에서 교회와 세상 속에서 나타나는 교회의 삶과 사역은 대안을 찾는 이 세상 속에서 하나님의 존재를 증명할 수 있는 일종의 새로운 변증론(the new apologetic)이나 다름없다. 사람들이 교회에서 기독교 신앙을 얻고 그 신앙이 계속 자라는 이유는 그들이 교회에서 이성적이고 논리적인 논쟁점을 터득했기 때문이 아니라 따뜻하고 서로 사랑하는 공동체에서 모두를 환영하시는 하나님을 경험했기 때문이다.[3]

---

3) Robert Webber and Rodney Clapp, *People of the Truth* (San Francisco: Harper & Row, 1988; reprint, Harrisburg, Pa.: Morehouse, 1993).

Ancient-Future Faith
Rethinking Evangelicalism for a Postmodern World

제8장

역사 속의 다양한 교회 패러다임들[1]

예전에 나는 기존 교회의 부패와 타락에 대항하여 "가혹한 시련"(the trial of blood)도 기꺼이 감당하려던 신앙 공동체에서 함께 신앙생활을 한 적이 있었다. 그러다 교회 역사를 연구하기 시작하면서 "가혹한 시련"은 주로 초대 교회 당시 예수의 성육신을 부인하던 영지주의자들과 중세 시대 삼위일체를 부정하고 집단혼인을 실천했던 카타르파(Catharists)에게 적용되었던 용어라는 사실에 큰 관심이 쏠렸다.[2]

그러다가 분파주의적인 교회관(敎會觀)을 버리고 여러 승리와 패배의 굴곡을 거쳐온 전체 기독교 교회에 대한 포괄적인 관점을 받아들이자, 나는 이 거대한 하나님의 백성 공동체에 대한 소속감을 새롭게 느낄 수 있었다. 그리고 과거의 편협하고도 거만한 분파적인 태도를 이기는 역사적

---

[1] 역사 속의 다양한 교회 패러다임에 관한 유용한 안내서로는 다음을 보라. Eric G. Jay, *The Church* (Atlanta: John Knox, 1978).

[2] 이러한 관점은 주로 근본주의자들에게서 채택된다. 예를 들어, 다음을 보라. Jerry Falwell, *The Fundamentalist Phenomena: The Resurgence of Conservative Christianity* (Garden City, N.Y.: Doubleday, 1981).

인 연결고리를 경험할 수 있었고, 내가 속한 전 세계적인 하나님 백성 공동체로서의 교회에 의하여 내 자신을 규정하는 겸손함도 수용할 수 있게 되었다. 이는 내가 역사 속의 다양한 교회 패러다임을 통전적으로 파악할 수 있게 되었다는 의미이다. 과거에 오리겐이 말한 바와 같이, "나는 교회의 사람이 되고 싶지, 어떤 (조직이나 단체의) 설립자의 이름으로 불리고 싶지 않다."[3]

초기 기독교 당시 대부분의 사람들은 교회는 이 세상 속에서 예수의 임재를 가시적으로 지속시키는 기관으로 이해했다. 앙리 드 뤼박(Henri de Lubac)은 이렇게 적고 있다. "그리스도가 하나님의 성례전이라면, 교회는 우리를 위한 그리스도의 성례전이다."[4] 교회에 대한 이러한 성육신적인 관점은 예수가 함께 모인 사람들 속에, 그리고 감독과 장로와 집사의 사역 가운데, 말씀과 찬송 속에, 그리고 성만찬 속에 임재하는 것으로 이해하였다. 그리스도는 이런 방식으로 지상의 교회에서 자신의 사역을 계속 진행하면서 자기 백성들 가운데 내주하신다. 교회의 이러한 신적인 속성은 (감독과 장로, 집사의) 삼중의 직분을 중심으로 구성되었고, 이들의 책무는 정통 교리를 전수받고 양떼를 목양하며 다른 신실한 사람들을 말씀과 성만찬의 사역을 올바로 감당하도록 안수하는 것이다.

초대 교회 이후 교회가 계속 확장됨에 따라 교회를 다스리는 감독(또는 주교, bishop)의 책임도 점점 더 커져갔다. 6세기 말엽에는 교회의 일치는 감독의 일치(the unity of the bishop)에 근거했으며, 동등한 자격을 갖춘 감독들 중에서도 가장 최고의 감독으로서 로마의 감독(the bishop of Rome)의

---

3) Homily 16, Everett Ferguson, *The Encyclopedia of Early Christianity* (New York: Garland, 1990), s.v. "church," 208.
4) H. de Lubac, *Catholicism* (London: Burns, Oates and Washbourne, 1950), 29. See also Michael J. Hines, *Ongoing Incarnation* (New York: Crossroads, 1997).

권위가 점점 부각되었다.[5] 그리고 당시 공통으로 확인한 것은, 사도들의 권위에 근거하여 교회가 확보하고 있는 기독교 진리는 먼저 성경을 통해서 계시되었고 신경을 통해서 요약되었으며 교회에 의하여 보존되고 해석된다는 것이다.

우리가 잘 알듯이 로마 가톨릭(Roman Catholicism)은 13세기를 지나면서 점차 그 모습을 드러내기 시작했다. 기독교 교회의 중요한 특징이 이 세상에서의 하나님의 임재가 위계적인 권위 구조를 갖춘 교황제도(the papacy)를 통해서 제도화되기 시작한 것이다.[6] 그 결과 기독교 교회는 더 이상 동등한 권위를 가진 사람들의 공동체가 아니라 불공평한 사람들의 위계적인 조직체로 변질되었다. 사제들이 모든 권력의 원천을 틀어쥐었다. 이들의 결정은 위로부터 아래로 흘러내려 수동적으로 복종하는 평신도들을 지배하였다. 기독교 교회가 세상의 사법적인 모델을 채용한 것이다. 교회법(canon law)이 교회와 신자들의 모든 행위를 규정지었고 규정위반에 대한 세부적인 처벌조항도 이 법에 따라 결정되었다. 또 하나님의 은혜가 당시 교회의 성례전을 통해서 가시적으로 드러나듯이 신자의 구원도 교회를 통해서 시행됐다.[7] 그 결과 중세 시대 말기 2백 년 동안 제도화된 교회는 도덕적으로나 정치적으로 극심할 정도로 부패했고 전면적인 개혁이 불가피한 실정이었다.

종교개혁은 교회의 본질과 제도에 대한 새로운 이해로부터 파생되었다. 개신교도들(protestants)은 역사 속에서 그리고 권위적인 제도를 통한 하나님의 임재로서의 교회론을 거부하고 복음을 전파하도록 부름받

---

5) Cyprian, *On the Unity of the Church*, trans. Maurice Bevenot (Westminster, Md.: Newman, 1957).
6) 이런 관점의 씨앗은 다음을 참고하라. Augustine, *The City of God*, trans. Marcus Dods, (Edinburg: T. & T. Chark, 1872).
7) Avery Dulles, *Models of the Church* (Garden City, N.Y.: Doubleday, 1978), 1장 "제도로서의 교회"(The Church as Institution).

은 하나님의 소명 속에서 교회의 존재 목적을 찾았다.[8] 애버리 덜레스(Avery Dulles)는 이러한 교회를 가리켜서 "예언자 모델"(herald model)이라 부른다. 종교개혁자들은 교회의 존재를 "하나님의 말씀이 올바로 선포되고 성례전이 올바로 시행되는 곳"이면 어디든 하나님의 교회로 인정하였다.[9] 그래서 대부분의 개신교 교회에서는 교회의 직분에 대한 고전적인 삼중의 직임이 장로 정치 모델(presbyterial model, 지명된 집단에 의한 정치)이나 회중 모델(congregational model, 지역 교회에 의한 정치)로 대체되었다. 그리고 참된 교회는 지상의 어떤 사람들의 조직 속에서 발견되는 것이 아니라 오직 하나님의 마음 속에 존재하는 불가시적인 교회(the invisible church)에서 발견된다고 보았고, 루터는 이 교회를 가리켜서 "영적이며 내면적인 기독교 왕국"(a spiritual inner christendom)이라고 불렀다.[10]

이렇게 가시적인 교회로부터 불가시적인 교회로의 기독교 교회의 관심의 변화가 종교개혁 이후 근대 개신교 사상을 지배하였다. 그 결과 근대 교회는 다양한 교파와 교단을 양산했으며 독립교회 운동이나 선교단체를 중심으로 하는 파라처치 운동이 뒤를 이었다. 지상의 교회는 하나님의 임재가 아니라고 보는 이러한 불가시적인 교회 모델은 비록 하나님의 소명을 부정하지는 않지만 그 소명은 지배하라는 소명이 아니라 세상에 하나님의 말씀을 증언하고 세상의 필요를 섬기라는 소명을 강조한다. 그런데 교회에 대한 이러한 "봉사자 모델"(servant model)은 집단적인 교회에 의하여 수행되기보다는 교회 안에서 전임 사역자로 부름 받은 몇몇 개인에 의하여 수행되는 것으로 이해하였다.[11] 말하자면 교회의 역할에 대한 인

---

8) Ibid., 5장, "전령으로서의 교회"(The Church as Herald).
9) "On the Councils and the Churches," in *A Compend of Luther's Theology*, ed., Hugh T. Kerr (Philadelphia: Fortress, 1953), vol.5, 126-33.
10) Ibid., 125.
11) Dulles, *Models of the Church*, 6장, "종으로서의 교회", 89-102.

식 속에 근대기의 개인주의가 스며든 것이다.[12]

포스트모던 시대에 우리는 지역적인 차원으로나 우주적인 차원으로든 가시적인 교회의 등장에 대한 새로운 관심을 기대해 볼 수 있다.

오늘날 지역 교회는 지난 2천 년 동안 이어져 온 교회사와의 연속성을 유지하면서도 특정한 지역의 한계에 국한되지 않고 전 지구적인 교회와 연대를 유지하면서 추상적인 차원이 아니라 실제 경험하는 구체적인 차원에서 진행되는 신앙 공동체의 사역에 관심을 기울이고 있다. 이 세상 사회 속의 교회가 보이지 않는 하나님의 임재를 가시적인 형태로 육화시키려고 노력하는 중이다(도표 G 참고).[13]

1. 계몽주의로 인한 문제점들

복음주의자들이 포스트모던 세계에 효과적으로 대응하려면 계몽주의로 야기된 다음 두 가지 독특한 문제를 잘 다뤄야 한다. ① 첫째는 실용주의를 강조한 결과 교회를 비신학적인 관점(an a-theological understanding)에서 접근하게 되었다는 것과, ② 둘째는 개인주의를 중시한 결과 교회에 대한 무역사적인 관점(an a-historical view)이 확산되었다는 것이다.

1) 계몽주의로 인한 교회의 비신학적인 관점

교회에 대한 실용주의적인 관점은 교회를 그리스도의 몸으로 이해하지

---

12) John Howard Yoder, *The Royal Priesthood* (Grand Rapids: Eerdmans, 1994; Scottdale, Pa.: Herald, 1998). 교회의 타자성에 대한 그의 헌신도 참고하라.
13) Rodney Clapp, *A Peculiar People: The Church as Culture in a Post-Christian Society* (Downers Grove, Ill.: InterVarsity, 1996).

않고 효율적인 집단으로 접근할 뿐이다. 교회의 목회자는 일종의 회사 사장(CEO)이나 다름 없고 그 아래 모든 신자들은 목회자의 강력한 리더십 아래에서 맡은 역할을 감당하는 조직 구성원일 뿐이다.[14] 또 의미 있고 효과적인 목회 사역을 위해서는 교회에 대한 신학적인 의미를 탐구하고 그 신학적인 실체를 실제 목회 현장에서 그대로 회복하려고 노력하기보다는 주로 마케팅 기법을 활용하고 조직 구조를 개선하는 방법이 동원된다.

계몽주의로 인한 교회에 대한 또 다른 비신학적인 관점은 교회를 정치적인 권력 집단으로 이해하는 것이다. 예를 들어, 종교적인 법률제도와 국가 기관들은 교회가 어떤 도덕적인 사안들에 대하여 정치적인 영향력을 행사하도록 부추기는 경우가 있다. 그 결과 정치색의 영향을 받은 이런 교회 집단들은 강력한 정치적 영향력을 발휘하거나 어떤 법률적인 제도를 통해서 일반 시민들의 행동까지도 통제하려고 한다. 또 이들은 교회를 좀 더 강력한 하위문화 집단으로 동원하여 자신들의 정치적인 영향력을 극대화시키려고 노력한다. 이러한 교회 모델은 서로 경쟁하는 다양한 하위문화가 존재하는 근대의 패러다임에 어우러져 있고 그런 경쟁 관계 속에서 자신의 뜻을 다른 사람들에게 주장하는데 효과적일런지 모르지만, 세상 속에서의 기독교 교회의 신학적인 본질과 기능을 잘못 이해하고 있는 것이다.[15]

2) 계몽주의로 인한 교회의 무역사적인 관점

계몽주의로 인한 교회의 두 번째 문제점은 역사에 대한 교회의 무관심이 조장됐다는 것이다. 그렇다고 오늘날 모든 교파의 교회가 전부 역사에

---

14) Philip Kenneson and James Street, *Selling Out the Church* (Nashville: Abingdon, 1997).
15) 예를 들어, 미국에서 교회의 연합 활동들을 주목해 보라.

무관심한 단체로 변질된 것은 아니다. 하지만 상당수의 교회들이 역사의 가치를 도외시하고 있다. 그리고 종교개혁 이전의 역사에 대한 강한 편견도 팽배해 있다.

불행히도 다양한 독립교회 운동과 작은 교파들과 교단들, 그리고 선교단체를 중심으로 하는 파라처치 운동들도 여기에 가세하여 상황을 악화시키고 있다. 또 교회나 교단 내 문제가 발생하면 역사에 대한 부정적인 시각 때문에 교단을 탈퇴하여 "다시 새롭게 시작"하려는 시도들이 만연해 있다. 교회 역사와 전통에 대한 무관심 속에서 중요한 것은 그저 성경에 대한 지성적인 관점과 현대 문화에 대한 이해만을 강조할 뿐이다. 역사에 대한 이러한 태도 때문에, 교회는 점차 현대의 사회적이고 정치적이며 철학적인 영향에 점점 잠식당하고 있다. 민주주의와 자본주의로부터 주변의 수많은 자율적인 교회들 속에서 간섭받지 않으려는 독립에 대한 강한 열망으로 표출되는 극렬한 개인주의(the rugged individualism)가 양산된다. 또 교파주의는 현대 사회의 분열을 반영하며, 산업화 운동은 부에 대한 관심을 촉발시켰고, 그 와중에서 교회도 부동산 투자를 통해서 거대한 자본과 영향력을 행사하는 지주 회사 같은 기관이 되었고, 계몽주의적인 합리주의는 교회에게서 신비로운 자기 인식(its mystical self-concept)을 빼앗아 버렸다. 그 결과 오늘날 교회는 여러 개인들로 조직된 인간 단체에 불과한 것으로 여겨지고 있는 실정이다.

개인주의의 한계는 지역 교회 안에서 다른 기독교인들과의 연대의 중요성을 망각하는 데서 잘 드러난다. 달리 말하자면 그리스도인이 된다는 것은 혼자서는 불가능하다는 것을 인식하지 못하는 것이다. 개인주의는 교회의 공동체적인 상호 협동의 삶을 무가치하게 여긴다. 아무에게도 속하지 않은 "무소속 기독교"(freelance Christanity)를 위하여 온전한 그리스도의 몸으로서의 공동체적인 기독교를 무시하는 처사는 결국 그리스도께서 내주하시는 몸을 부정하는 것이나 마찬가지다. 로드니 클랩(Rodney Clapp)이 지적한 바와 같이, "이는 참된 인간성을 근본적으로 (사회보다는) 원자의 일종으로 곡해하는 것이며 교회의 본질도 공동체의 일원이 됨으로써 기독교인의 정체성과 목적을 발견하는 공동체적인 몸(a corporate body)보다는 개인이 모인 집단으로 오해하는 것이다."[16]

이런 유형의 개인주의는 최소한 어느 정도는 근대 이후 등장한 부흥운동의 잘못된 결과로부터 기인한 것이다. 잘못 호도된 부흥운동은 회심을 경험한 신자들이 그리스도의 공동체적인 몸으로 연합하는 것을 무시하고 그리스도에 대한 개인적이고 심리적인 체험만을 강조하였다. 당시 부흥운동은 교단의 벽을 넘어 거의 모든 교회에 파장을 가져왔고, 회심한 신자들에게는 교회의 일원이 된다는 것이 무슨 뜻인지에 대해서 충분한 신학적인 설명을 들려주지 않고 그저 자기 마음에 드는 교회를 임의로 선택하여 출석하라고 부추기는 경향이 강했다. 그 여파로 일부 복음전도 운동은 "내 바깥에 있는 교회"를 세우도록 격려하기보다는 "내 안에 계신 그리스도"를 경험하는 것을 더 중요시하는 경향이 있다.

그렇다면 어떻게 해서 복음주의는 하나님께서 지상에 세우시는 공동체로서의 교회에 대한 강력한 신학을 회복하는데 실패하고 말았을까? 그리고 우리 자신을 역사 속에서 흔들림 없이 계승되어 왔으며 전 세계에 퍼져 있는 하나님의 공동체로서의 교회와 가시적으로 서로 연결시키는데 실패한 원인은 어디에서 찾을 수 있을까? 다음 두 장에서는 이런 질문들에 대해서 더 깊이 살펴볼 것이다.

---

16) Rodney Clapp, 1999년 1월에 이 원고에 대한 그의 개인적인 리뷰로부터.

제9장

교회의 신학 회복하기

몇 해 전에 나는 휘튼신학대학원(Wheaton Graduate School of Theology)이 설치 운영하는 빌리그래함센터(Billy Graham Center)의 복도를 걸어 내려가고 있었다. 그 때 지나가던 동료가 인사를 건넸다. "어이! 웨버! 자네는 오늘 발표될 새로운 신앙고백서가 마음에 들겠구만." "왜 그렇게 생각해?" "왜냐하면 휘튼신학대학원의 역사에서 최초로 신앙고백문 속에 교회에 대한 입장이 포함됐기 때문이지." 그래서 나는 재빨리 그 내용을 살펴보았고 다음은 그 내용의 일부분이다.

> 우리는 하나의 거룩하고 보편적인 교회는 그리스도의 몸임을 믿으며, 그 교회는 그리스도의 사람들의 공동체로 이루어졌음을 믿는다. 이 세상에서 그리스도의 사람들의 임무는, 하나님의 구속받은 공동체가 되는 것이고, 신앙고백과 기도, 그리고 찬양으로 하나님을 경배함으로써, 이 세상 끝까지 말과 행동으로 우리 주님 예수 그리스도를 통하여 주어진 하나님의 구속적인 사랑의 복음을

선포함으로써, 그리고 하나님의 모든 피조물들을 돌보며 모든 이들, 특히 가난한 자들과 궁핍한 자들의 선을 적극적으로 추구함으로써, 그분의 사랑을 구현하는 것이다.[1]

나는 이 신앙고백서를 보고 매우 기뻤다. 왜냐하면 이 진술문은 교회에 대한 신학을 분명하게 언급할 뿐만 아니라 전체 교회와의 연합과 일치의 필요성을 지적하고 있기 때문이다. 초대 기독교는 그리스도께서 자신의 삶과 죽음, 그리고 부활로 악의 권세를 정복하였지만 이러한 구속 사역이 이 세상에서 중단 없이 지속될 수단을 남겨두지 않았다고는 전혀 생각조차도 할 수 없었다. 교회는 승리자 그리스도의 표지이며 악에 대한 그리스도의 승리가 이 세상 속에서 그리고 세상 끝까지 구현되도록 하는 사람들의 공동체로 여겨졌다. 이런 이유 때문에 사도 바울은 교회를 가리켜서 "하늘에서 정사와 권세들에게 하나님의 각종 지혜를 알게 하는" 공동체라고 설명했다(엡 3:10).[2]

교회를 한두 마디로 간결하게 정의하는 것은 거의 불가능하기 때문에 성경 저자들과 초기 교부들은 다양한 시각적인 이미지들을 동원하여 교회를 설명하려고 노력했다. 폴 미니어(Paul Minear)에 의하면, 신약성경에는 대략 80개 이상의 교회에 관한 이미지가 등장한다.[3] 대부분의 기독교인들은 그 중에서 소금이나 빛, 방주, 또는 나그네와 같은 이미지에 익숙하다. 하지만 리니어는 교회에 관한 성경의 여러 이미지들을 연구한 끝에 교회에 관한 가장 지배적인 네 가지 이미지로는 하나님의 백성과 새로운 피조물, 신앙의 교제, 그리고 그리스도의 몸이라는 결론에 도달하게

---

1) Statement of faith, Wheaton College, Wheaton, Ill, 1995.
2) James F. Cobble Jr., *The Church and the Powers: A Theology of Church Structure* (Peabody, Mass.: Hendrickson, 1988).
3) Paul Minear, *Images of the Church in the New Testament* (Philadelphia: Westminster, 1960.

되었다. 이런 이미지들은 세상 속에 임재하는 그리스도의 임재로서의 교회의 신학을 우리에게 말해준다. 교회는 "하나님의 임재의 공동체"라는 이러한 신학적인 통찰은 오늘날 포스트모던 세계에서 교회 안에 있는 사람들뿐만 아니라 교회 바깥의 불신자들 모두에게 상당한 의미를 던져줄 것이다.

1. 하나님의 백성

신약성경에서 교회(the ecclesia)에 대한 가장 기본적인 정의는 교회를 "그리스도 예수 안에 있는 모든 성도"로 묘사하는 이미지 속에서 찾아볼 수 있다(빌 1:1). 이 사람들은 하나님의 백성들로서 하나님께서 창조하시고 부르시며 보존하시며 구원하시는 교회이다.[4] 그래서 교회의 기원은 예수 그리스도를 통한 하나님의 대속 사역에서 비롯된다. 이스라엘의 기원이 출애굽 사건에서 비롯된 것처럼 교회는 기독교 신앙의 가장 근본적인 사건인 그리스도 사건에 기초한다. 이런 이유로 교회는 구약시대 이스라엘에 대한 묘사와 비슷한 용어로 설명된다. 교회는 "선택받은 종족"이며 "거룩한 나라"요 "참 할례자들"이며 "아브라함의 자손"이고 "다윗의 보좌의 계승자"이며, "거룩한 나라"이고, "남은 자"이며, "선택받은 자들"이다. 심지어 교회의 삶까지도 이스라엘 백성들의 삶과 종종 비교되기도 한다. 그리스도인들은 "약속된 땅"을 향하여 "출애굽"의 여정을 살고 있다. 또한 그들은 이 세상에서 나그네이며 그리스도는 이들을 위하여 하늘로

---

4) 하나님의 백성으로서의 교회의 이미지는 제2차 바티칸 공의회 문서에서 교회에 관한 중요한 이미지로 다뤄진다. "The Church," in *The Documents of Vatican II* (New York: America Press, 1966). 물론 이 이미지는 개신교의 저서에서도 가장 중요한 이미지로 다뤄지고 있다.

부터 내려온 빵이다.

또 교회는 이스라엘처럼 미래의 관점에서 조명되기도 한다. 종말을 향하여 나아가는 역사적인 공동체로서의 교회에 대한 사상은 성경 여기저기에서 발견된다(히 12:2; 빌 14:1). 교회는 아직은 안식 속으로 들어가지 못한 순례자들이며(히브리서), 이 세상에서는 쫓겨난 사람들이요(베드로서), 세상과 적대적인 관계에 있는 사람들이며(야고보서), 마귀의 권세와 싸우는 사람들이며(엡 6장), 그리스도의 신부이다(계 19:8). 교회가 여행하여 나아가는 미래는 새 하늘과 새 땅이다.

하나님의 백성으로서의 교회에 관한 이미지는 오늘날 포스트모던 세계에 매우 잘 어울린다. 왜냐하면 이런 이미지는 교회는 이 세상 속에서 계속 지속되는 그리스도의 임재이며 역사 속에 내주하시는 하나님의 임재의 상징임을 강조하기 때문이다. 또 이들은 오늘날 세상 속에서 하나님의 독특한 임재를 구현하도록 부름 받은 하나님의 백성들이다. 이렇게 역사에 책임을 지는 공동체는 "이 세상 끝에서부터 주님의 나라에 함께 모인 사람들"로 이루어진 공동체이다.[5] 그리고 이그나티우스가 설명한 바와 같이, 이들은 "이 시대를 위한 기준"(a standard)으로 부름 받았다.[6] 교회의 목적은 하나님의 표준이 되는 것이며, 이 세상 역사 속에서 하나님의 성육신적인 임재와 활동의 표지가 되는 것이다. 포스트모던 세계에서 서로 단절된 사람들의 세상을 향한 가장 효과적인 증언 수단은 대안 공동체를 세우며 새로운 사회의 실체를 구현하는 교회 뿐이다. 포스트모던 세계를 사는 사람들은 더 이상 이성이나 논리에 의하여 신앙의 설득을 당하는 것

---

5) Cyril Richardson, ed., "The Teaching of the Twelve Apostles, Commonly called the Didache," ch. 9; in *Early Christian Fathers* [Library of Christian Classics, 1] (Philadelphia: Westminster, 1953), 175.

6) *The Epistle of Ignatius to the Smyrneans*, 1:6. *The Ante-Nicene Fathers*, 1950 ed., by A. C. Coxe (Grand Rapids: Eerdmans, 1960), 86.

이 아니라 이 세상에 존재하는 하나님의 공동체에 참여함으로써 신앙의 감동을 받는다.

2. 새로운 피조물

교회에 대한 두 번째 중요한 이미지인 "새로운 피조물"은 하나님의 지상 공동체의 본질을 잘 보여준다. 새로운 피조물로서의 신앙 공동체 안에서는 그리스도로 인하여 새로운 생명이 시작되었다. 사도 바울은 고린도후서 5장 17절에서 이렇게 강조한다. "그런즉 누구든지 그리스도 안에 있으면 새로운 피조물이라 이전 것은 지나갔으니 보라 새것이 되었도다." 이 본문에서 말씀하는 새로운 피조물은 개인적인 의미뿐만 아니라 공동체적인 의미로, 즉 새로운 사람이자 새로운 사람들의 공동체의 이중적인 의미로 이해할 수 있다. 이렇게 교회의 구원론적인 의미는 키프리안(Cyprian)의 『교회의 일치에 관하여』(On the Unity of the Church, 주후 250)에서도 분명하게 진술된다. 그는 말하기를, "교회를 어머니로 가지지 않는 이는 하나님을 아버지로 모실 수 없다"고 한다.[7]

일부 복음주의자들이 얼핏 보기에 신자를 보살피고 양육하는 교회의 역할이 마치 로마 가톨릭의 입장을 지지하는 것처럼 보일 수도 있다. 하지만 이러한 입장은 개신교의 교회 역사 속에서도 분명하게 지지를 받아왔다. 예를 들어, 칼빈은 다음과 같이 말한다.

> 그러나 우리는 현재 가시적인 교회를 논할 생각이므로, 교회를

---

[7] From Cyprian, *The Unity of the Catholic Church*, trans. Maurice Bevenot (Westminster, Md.: Newman Press, 1956; London: Longmans, Green and Co. 1957).

올바로 아는 것이 우리에게는 얼마나 유용하고 필요한가를 "어머니"라는 칭호로부터 배울 수 있다. 만일 우리가 이 어머니로부터 잉태되고 태어나서 그의 젖을 먹고 자라나서 우리가 이 육신의 몸을 벗어버리고 천사같이 될 때까지 그녀의 보호와 지도를 계속 받지 않는다면, 우리가 생명으로 들어갈 다른 길이 없기 때문이다. 연약한 우리는 일평생 그녀의 학교에서 배우는 자로 지내는 동안 이 학교에서 떠나는 허락을 절대로 받을 수 없다. 그뿐 아니라 그녀의 품을 떠나서는 죄의 용서나 구원에 대한 그 어떤 희망도 없다.[8]

이 새로운 피조물은 지상에서의 신자의 신앙의 여정이 계속 이뤄지는 장소이며, 그 속에서 신앙 공동체의 친교가 우리의 순례에 필요한 양분을 공급한다.

3. 신앙 안에서의 친교

한 신앙 안에서의 친교(a fellowship in faith)로서의 교회가 새로운 차원의 인간관계 속에서 구체화되는 하나님의 임재를 강조하는 것도 이런 이유 때문이다. 이러한 친교를 통해서 세상에서 경험할 수 없는 영적인 차원의 공동체적인 삶을 함께 나눈다. 예를 들어서 누가는 초대 교회가 "한 마음과 한 뜻이 되었다"고 기록하고 있다(행 4:32). 그들은 아나니아와 삽비라의 타락에서도 알 수 있듯이 이러한 거룩한 공동체적인 삶을 지속적으로 관리하는 것이 결코 쉽지는 않았지만 자신들의 소유를 팔아서 서로의 필요를 함께 채워주고 모든 물건을 함께 공유하기까지 했다. 예나 지금이나

---

[8] John Calvin, *Institutes of the Christian Religion*, book 4, chapter 2, trans. John Allen (Philadelphia: Presbyterian Board of Christian Education, 1813), 273-74.

함께 생활한다는 것은 결코 쉽지 않기 때문에, 교회의 일원으로서의 연합에 관한 신학적인 원리를 배워서 공동체 구성원 각자는 그리스도의 법에 온전히 복종해야 한다. 하지만 결국 사람들을 나눈 장벽을 극복하고 인종적이며 경제적, 성적인 차이를 초월할 수 있는 비결은 오직 믿음뿐이다.

> 너희는 유대인이나 헬라인이나 종이나 자주자나 남자나 여자 없이 다 그리스도 예수 안에서 하나이니라(갈 3:28).

그래서 신앙 안에서의 친교는 세상의 다른 공동체에서는 전혀 찾아볼 수 없다. 그러한 차이는 신자 모두가 함께 예수 그리스도의 종으로 헌신한 것에서 비롯된다. 종의 이미지는, 그 중요성이 종종 간과되곤 하지만, 사도 바울이 자신을 다른 신자들과의 관계 속에서 설명할 때 사용하는 이미지이다. "우리가 우리를 전파하는 것이 아니라 오직 그리스도 예수의 주 되신 것과 또 예수를 위하여 우리가 너희의 종 된 것을 전파함이라"(고후 4:5). 하나님께 헌신된 종은 인간관계를 수평적인 차원에서 즉각 변화시킨다. 예수 안에서는 그 누구도 더 이상 다른 사람의 종이나 주인이 될 수 없다. 하나님의 백성들은 모두가 하나님 앞에서 그리고 서로에 대하여 동등하다. 이런 이유로 교회를 가리켜서 "하나님의 집"이라고 부른다(벧전 4:17). 우리 모두는 하나님의 집 안에서 하나님의 권위를 따라 서로를 섬긴다. 그래서 교회는 신앙 안에서 함께 참여하는 친교이며 하나님의 권위 아래 연합한 식구이며, 서로를 서로 섬기는 종이다.

신앙의 교제를 경험하고 구현하는 공동체로서의 교회는 오늘날의 극단적인 개인주의를 무너뜨릴 것이다. 근대의 개인주의는 그리스도 안에서 경험하는 하나님과의 인격적인 인간관계와 전혀 거리가 멀다. 이러한 개인주의로는 그리스도의 몸을 이루는 구성원 사이에 존재하는 친밀한 영적인 관계를 결코 이해할 수 없다. 오늘날 우리는 에베소 교회를 향하여 다음과 같은 권면을 적어 보낸 안디옥의 감독(주후 110) 이그나티우스(Ignatius)의 가르침을 깊이 성찰할 필요가 있다. "여러분의 일치와 조화로운 사랑은 예수 그리스도께 올려 드리는 찬송이다."[9] 신앙 안에서의 교제가 실현될 때 진정한 친교로서의 교회는 각 개인들에게 기독교의 진리를 실제로 구현시켜 보여주는 것이다. 이 점은 이그나티우스가 교회를 가리켜 다음과 같이 묘사한 데서도 알 수 있다. "교회는 한 마음과 한 목소리로 노래할 수 있는 성가대와 같다."[10] 개인주의의 장벽을 허물고 역동적이고 기독교적인 인간관계를 구축하라는 위임명령은 이러한 새로운 인간관계의 틀을 통해서 증명될 수 있다.

따라서 포스트모던 세계 속에 처한 교회가 해결해야 할 과제는 지역 교회 안에서 그리고 전체 교회 공동체 가운데 하나님의 새로운 친교를 경험하는 공동체를 회복하는 것이다. 이를 위해서 우리는 먼저 우리가 산 자와 죽은 자를 모두 포함하는 하나님의 전체 교회의 일원임을 깨달아야 한다. 우리의 소명은 오늘날 전 세계에 만연한 분파주의의 장벽을 허물고 하나님의 모든 가족과의 영적인 관계를 회복하려는 의지를 가지고 전체 교회와의 대화 속으로 들어가는 것이다. 그 속에서 우리가 "신앙 속에서의 친교"를 더 많이 경험할수록, 우리는 그리스도의 몸으로서의 교회를 더 많이 경험할 것이고 이 그리스도의 몸은 포스트모던 시대의 더 많은 구도자들을 올바로 이끌 수 있을 것이다.

---

9) Ignatius, Ephesians 4:1, see Cyril Richardson, *Early Christian Fathers* (Philadelphia: Westminster, 1963), 89.
10) Ibid., Ephesians 4:2.

4. 그리스도의 몸

그리스도의 몸의 이미지는 하나님의 백성들은 이 세상에서 실제로 그리스도의 임재를 구현하는 사람들로 이루어진 실제의 물질적인 조직체(physical body)라는 사실을 강조한다. 사도 바울은 "그리스도의 몸"을 "사망의 몸"과 반대되는 개념으로 이해했다. 이러한 대조법은 로마서 5장 12-21절에서 다루고 있는 총괄갱신에 관한 구절 속에서도 등장한다. 여기에서는 두 종류의 사람이 소개되는데 첫째 아담과 연합하여 사망의 몸에 속한 자와 둘째 아담이신 그리스도와 연합하여 생명의 몸에 속한 자이다.

그래서 교회를 그리스도의 몸으로 묘사하는 사도 바울의 설명은, 단순히 사회적이고 심리적인 가치만을 함축한 은유가 아니라 그리스도와 그의 몸 사이에 실제로 존재하는 인격적인 관계에 관한 진술이다. 말하자면 그리스도는 교회와 함께 하시는 분이며 지상에서 세워진 교회는 세상 속에서 자신의 생명을 계속 이어가는 예수의 생명의 구현체라는 것이다. 또 교회는 하나님의 창조물이며 신비롭고도 실제적인 방식으로 자신의 현존을 나타내는 독생자를 머리로 모시는 기관이다.

이러한 성육신적인 모티프는 교회에 대한 초기 기독교인들의 사상에 영향을 주었다. 그들에게 교회에 대한 몸의 이미지는 당시 사회에 대한 혁명과도 같았다. 교회는 기존 질서를 타파하는 새로운 질서이며 인류 사회와 역사에 폭발력을 발휘하는 힘을 가진 새로운 인류이다. 그 교회는 세상을 향하여 독특한 메시지를 소유하도록 부름 받은 것이 아니라 그 메시지를 그대로 구현하도록 부름 받았으며, 모든 사람들이 회개하여 옛 몸을 버리고 새 몸을 취하라는 메시지를 실천하도록 부름 받았다.

이상의 네 가지 이미지, 즉 하나님의 백성과 새로운 피조물, 신앙 안에서의 친교, 그리스도의 몸은 죄의 권세를 멸하신 영원한 승리자 그리스도와 교회 안에 직접 임재하시는 그리스도 사이의 긴밀한 상관관계를 잘 보여준다. 세상 속에서 하나님의 구원의 표지 역할을 감당하는 것이 바로 이 새로운 사회인 교회이다. 초대 교회는 교회를 깊은 신학적 통찰로 이해하고 있었다. 교회에 대한 이러한 초기의 전통을 이 시대에 다시 복원할 때 하나님의 백성으로서의 교회에 대한 새로운 헌신이 가능하다. 또 그리스도와 교회는 서로 분리될 수 없이 긴밀하게 연결되어 있다는 생각 때문에 그리스도에 대한 사랑만큼이나 교회에 대한 헌신적인 사랑도 기대할 수 있다. 여기에서의 강조점은 하나의 기관이나 교단의 기구로서의 교회가 아니라 하나님에 의하여 창조되어 세상 속에서 그리스도의 임재를 구현하는 공동체로서의 교회이다.

그래서 포스트모던 세계에서 가장 효과적인 교회는, 교회에 대한 상업주의적인 논리로부터 돌아서서 세상 속에 현존하는 하나님의 임재의 공동체로서의 교회에 대한 신학적인 이해와 실천을 추구하는 사람들이 주도하는 교회일 것이다. 이러한 유형의 교회야말로 그 수가 증가할 뿐만 아니라 자신에 대한 이해의 깊이와 서로에 대한 개방성의 차원도 계속 자라갈 것이다. 그래서 세상 속에서 가장 의미심장한 증언은 이 땅에 현존하는 하나님의 임재의 구현체로서의 교회로부터 흘러나오기 마련이다. 예를 들어, 내 제자 중의 한 사람인 배리 스펜서(Barry Spencer)는 다음의 이야기를 나에게 들려주었는데, 이 이야기는 내가 말하려는 요점을 잘 보여준다. 그래서 배리의 말로 그 이야기를 소개하겠다.

> 이 이야기는 내가 일전에 백화점에서 근무할 때 어떤 고객과 나눴던 대화에 관한 이야기입니다. 그 고객을 마크라고 부르겠습니다.

그가 오늘 평범한 대학생 옷차림을 하고서 카운터로 다가왔습니다. 신발은 닥터 마틴즈 신상 신발에 아주 넓다란 바짓가랑이가 달린 헐렁한 바지를 입고 몸에도 맞지 않은 특대형 셔츠를 걸치고 링이 큰 후프 이어링을 달고 나타났습니다. 처음에는 고객과의 평범한 대화가 시작되었습니다. 그는 Tommy Jean의 오버올 작업복을 찾았습니다. 가게에 있던 가장 큰 싸이즈를 입어본 다음에 그보다 더 큰 싸이즈가 있는지 묻더군요. 당장 비치해 둔 것은 없어서 그의 이름과 전화번호를 대기명단에 적어둔 다음에, 그는 잠시 카운터 옆에서 기다리는데 그렇게 급해 보이지는 않더군요. 그래서 나도 그렇게 시간이 급한 상황은 아니어서 그에게 몇 가지 질문을 던졌습니다. 어디에서 살고 있는지, 어느 학교에 다니는지, 그리고 이제 뭐 할 것인지. 계속 이야기가 진행되면서 좀 더 편안한 느낌이 들어서 나는 좀 더 진지하게 그의 인생과 미래, 그리고 기독교에 관한 그의 입장을 들어봐야겠다는 생각이 들었습니다.

그러자 그 때부터 이후 대략 45분 동안 그는 자신의 모든 형편에 대해서 그리고 그가 대학교 2학년 학생으로서 직면하고 있는 모든 문제들에 대해서 털어 놨습니다. 그는 자기 친구들이 현재 겪고 있는 문제로 인하여 정말 자기도 골치아프다고 했습니다. 한 친구는 열아홉 나이에 벌써 젖먹이 아이가 있다고 합니다. 여자 친구가 아이를 키우기로 결심한 상황이기 때문에 자기도 그 여자 친구와 당장 결혼식을 올려야 하는 압박감에 시달리고 있다고 합니다. 또 다른 친구는 에이즈에 걸렸답니다. 그리고 또 다른 친구는 여러 여자와 관계를 맺고 있답니다. 마크의 친구 대부분이 당장 감당하기에는 전혀 준비가 안 된 복잡한 문제들, 조기 출산과 육아 문제를 비롯해서 생명이 위독한 질병들, 그리고 조기 결혼의 문제들 때문에 힘들어 하고 있었습니다.

마크에게는 아이가 있는 것도 아니고 생명이 위독한 질병에 걸린 것도 아닙니다. 하지만 그 주변에는 복잡한 문제 때문에 고민하는 친구들이 많았습니다. 그리고 그도 친구들처럼 앞으로 어떻게 성취감을 맛볼 수 있는 인생을 살 수 있는지에 대해서 부모로부터 아무런 권면이나 교훈을 듣지 못했습니다. 그 부모들도 알콜 중독으로부터 성 중독, 그리고 일 중독을 포함하여 여러 가지 중독의 문제를 앓고 있습니다. 사랑스러운 부모로부터 진정한 사랑을 경험한다는 것은 이들에게는 완전히 비현실적인 이야기입니다. 그래서 공허감이 이들의 삶을 짓누르고 있으며, 지금 서 있는 곳에서 바라볼 때 그들의 미래는 너무나도 암담할 뿐입니다.

왜 마크나 그 친구들은 학교나 앞으로의 미래에 대하여 심각하게 고민하지도 않는 이들과 성관계를 맺을까요? 그 이유는 이들이 지금 서 있는 곳에서는 이 길 이외에는 달리 선택할 길이 없기 때문입니다. 이들은 지금 자신들이 당장 아무런 희망도 없고 성취할 것도 없는 막다른 골목길에 갇혀 있다고 절망하고 있습니다.

그런 이야기를 듣다가 우리는 추운 날씨에도 불구하고 그의 차가 주차된 주차장으로 이동했습니다. 따스한 햇볕이 하얀 눈 위에서 반짝이고 있는 상황에서 나는 그에게 전혀 다른 방식으로 살아갈 수 있는 비결에 대해서 이야기했습니다. 예수 그리스도에게서 얻을 수 있는 미래 희망과 삶의 의미에 대하여 말해 주었습니다. 그분을 삶의 주인으로 영접할 때 말로 다할 수 없는 충만한 인생을 살 수 있노라고 했습니다. 그리고 교회의 목적은 서로를 돕기를 원하는 사람들을 위해서 그리고 온전한 사랑과 충만한 희망, 그리고 삶의 성취를 경험하기를 원하는 사람들을 위하여 존재한다고 말해 주었습니다. 그래서 이런 사람들의 일원이 되기를 원하는지 그에게 물었더니 그는 그러겠다고 대답했습니다. 사실 내가 교회에 대해서 이야기 할 때 그의 얼굴이 밝아졌습니다. 하지만 그는 그런 사람은 이 세상에 존재하지 않는다고 결론 내리더군요. 그래서 내가 바로 그 증거이고 지금 당장 그런 사람들을 만나볼 수 있는 교회를

그에게 소개해 주겠다고 대답했습니다.[11]

오늘날 포스트모던 세계에서 우리의 과제는 이 땅에 그리스도의 초월적인 실체를 실제 눈에 보이도록 구현하는 것이고, 교회라는 그분의 육화된 현존에 참여함으로써 다른 사람들을 그리스도께로 인도하는 공동체를 세우는 것이다.

---

11) Barry Spencer, 1998년의 개인적인 서신에서.

Ancient-Future Faith
Rethinking Evangelicalism for a Postmodern World

제10장

역사적인 연결고리를 회복하기

오늘날 포스트모던 세상에서 복음주의자들에게 주어진 또 다른 과제는, 교회에 대한 무역사적인 관점을 버리고 전 세계의 가시적인 교회들과의 연대에 더 많은 관심을 쏟는 것이다. 니케아신경은 "우리는 하나의 거룩하고 보편적이며 사도적인 교회를 믿나이다"라고 고백한다. 이 고백은 교회에 관한 막연한 신앙을 말하는 것이 아니라 교회 안에 현존하시는 그리스도의 임재에 대한 실제 경험을 담고 있다. 그래서 우리는 불가시적이고 영적인 교회를 중요시했던 전통을 다시금 깊이 성찰해보면서 이 땅의 모든 교회들이 견지하는 일치 속에서 경험하는 그리스도의 임재가 구현되는 가시적인 교회를 향한 고대의 관심을 새롭게 복원할 필요가 있다.

1. 교회는 하나이다

"저희도 다 하나가 되어 우리 안에 있게 하사 세상으로 아버지께서 나를 보내신 것을 믿게 하옵소서"라는 예수의 말씀 속에서 우리는 교회의 일치와 하나됨에 관한 하나님의 강력한 열망을 발견할 수 있다(요 17:21). 초대 교회 당시에는 예수의 이 말씀을 가시적인 일치(visible unity)에 관한 말씀으로 이해하였다.[1] 교부들의 입장에서 볼 때, 교회와의 단절은 그리스도의 몸과의 단절로 심각하게 받아들여졌다.

예를 들어, 교회 안에서 연장자에게 반항하는 젊은 구성원들에 의하여 분란이 발생한 고린도교회에 보내는 서신서에서 로마의 감독이었던 클레멘트(Clement)는 교회의 일치의 중요성에 대한 자신의 견해를 다음과 같이 밝히고 있다. "왜 우리는 그리스도의 몸을 서로 나누고 찢으며 우리 자신의 몸에게 싸움을 걸어서 우리가 서로에게 속한 한 지체임을 망각할 정도로 그렇게 광분에 휩싸여야 하는가?"[2] 이와 마찬가지로 성만찬을 위한 기도문을 담고 있는 디다케 문서(Didache, c. 100)도 교회의 일치를 중요시하고 있음을 다음과 같이 언급한다. "떼어 나눈 빵조각이 언덕 위로 흩어졌다가 다시 모여 하나가 되듯이, 당신의 교회가 땅 끝에서부터 함께 모여 주님의 나라를 이루게 하소서."[3] 교회의 일치와 하나됨에 관한 사상은 카르타고의 감독이었던 키프리안(Cyprian)에 의하여 작성된 『교회의 일치에 관하여』(On the Unity of the Church)에서 좀 더 정교한 모습으로 묘사된다. "태양에서 흘러나오는 광선이 많이 있더라도 빛은 하나인 것처럼, 나무에도 여러 가지가 많이 있지만 단단한 뿌리에서 올라오는 생명의 원천도 하나이고, 그 근원에서는 하나의 일치를 갖는다."[4]

과거 역사 속에서 교회는 다양한 모습으로 드러났으며, 그 중에 어느

---
1) Francis A. Sullivan, *The Church We Believe In: One Holy, Catholic, and Apostolic* (Mahwah, N.J.: Paulist, 1988).
2) *Clement's First Letter*, chapter 47, Richardson, *Early Christian Fathers*.
3) *The Teaching of the Twelve Disciples*, ibid., 9.
4) *On the Unity of the Church*, 5.

하나의 표현양식만이 참된 가시적인 그리스도의 몸이라고 주장할 수 없다. 그래서 우리는 일치를 주장함과 동시에 다양한 패러다임을 취하는 교회의 다양성을 인정해야 한다. 물론 교회의 하나됨을 계속 인정하고 싶더라도 이를 끝까지 지켜내기란 그리 쉽지 않다. 예를 들어, 나는 예전에 복음주의에 대해서 강의하면서 특정한 복음주의 교파를 잠깐 부정적인 방식으로 언급한 적이 있었다. 그랬더니 강의가 끝난 다음에 이 교파에 속한 어느 평신도가 나를 찾아와서는 이렇게 말했다. "교수님! 저는 교수님이 말씀하신 모든 것은 마음에 들지만, 이런 저런 복음주의 유형에 관한 사례는 동의할 수 없습니다." 그는 계속해서 이런 말을 했다. "저는 하나님께서 이 땅의 모든 교회 가운데 각기 다른 방식으로 일하신다고 믿습니다. 그래서 그 중에 어느 기독교 집단이라도 폄하하는 것은 싫습니다."

포스트모던 시대를 살아가는 복음주의자들의 한 가지 목표는 교회의 다양성을 역사적인 현실로 받아들임과 동시에 그 속에서도 교회의 일치를 추구하는 것이다. 이런 관점을 통해서 우리는 가톨릭과 정교회, 그리고 개신교 교회 모두를 사도적인 가르침과 권위에 근거하여 하나의 참된 교회를 가시적으로 구현하는 다양한 형식으로 용납할 수 있으며, 초기 기독교를 통해서 표현된 신앙 속에서 공통의 뿌리를 발견할 수 있다. 교회의 일치를 경험할 수 있는 한 가지 방법은 교회를 "공동체들의 공동체"(community of communities)로 이해하는 것이다(도표 G, 그림 1 참고).[5] 이러한 관점에서 접근할 때 우리는 교회의 일치와 아울러 다양한 문화 속에서 다양한 방식으로 구현되는 교회의 다양성을 수용할 수 있다.

---

5) 공동체로서의 교회에 관한 좀 더 자세하고도 철저한 논의를 위해서는 다음을 보라. Miroslav Volf, *After Our Likeness: The Church as the Image of the Trinity* (Grand Rapids: Eerdmans, 1998).

2. 교회는 거룩하다

대다수 복음주의자들이 교회의 일치를 쉽사리 용납하지 못하는 장애물이 바로 교회의 성결(the church's holiness)에 관한 문제이다. 교회의 일치의 문제 앞에서 "교회는 순결하고 거룩해야 하지 않겠는가?" 하는 질문이 제기된다. 교회를 기독론적인 관점에서 접근할 때 우리는 "교회는 완전한 신성과 완전한 인성을 지녔다"고 결론내릴 수 있다.

교회의 성결은 다음과 같은 말씀 속에서도 잘 나타난다. "내가 거룩하니 너희도 거룩할찌어다"(벧전 1:16). 사도 베드로가 교회를 가리켜서 "택하신 족속이요 왕 같은 제사장들이요 거룩한 나라요 그의 소유된 백성"(벧전 2:9)으로 정의하는 것을 고려할 때, 거룩을 요구하는 이 말씀은 그리스도의 전체 몸에게 적용되는 말씀으로 이해하는 것이 마땅하다. 모든 그리스도인들은 교회는 거룩하다는 말씀에 동의하더라도, 그 거룩함의 구체적인 내용이나 의미에 대해서는 동의하지 못한다. 대다수 기독교인들은 이 말씀이 신자 개개인의 도덕적인 깨끗함을 의미하는 것은 아니라는 점을 인정한다. 성결은 예수 그리스도께 속한 것이며 그에게 세례를 받아 연합한 교회는 다만 그리스도의 성결 때문에 거룩할 뿐이다. 그럼에도 불구하고 그리스도께서는 성령을 통하여 교회에게 성결을 명령하신다(롬 1:7; 고전1:2).

초대 교회는 대체적으로 가시적인 교회는 정한 짐승과 부정한 짐승을 모두 태우고 있는 노아의 방주와 같다는 로마의 칼리스투스(Callistus of Rome)입장에 동의했다. 그는 성경의 가라지의 비유를 인용하면서 밭에 알곡과 가라지가 함께 자라듯이 교회 안에도 죄인과 성자가 함께 있다고 주장했다. 또 초대 교회는 완전한 인격적인 자질인 성결이 예수 그리스도께 속한 이유는 예수 자신의 본성 때문이며 교회에게도 속한 이유는 예수께서 교회를 위하여 베푼 은혜 때문이라고 가르쳤다. 그래서 그리스도의 교회의 성결은 교회 신자들이 스스로 이행하는 실현된 성결(a realized holiness)이 아니라 온전한 마지막 날을 기다리는 예견된 성결(an anticipated holiness)이다. 아무런 흠이나 더러운 결점이 없이 거룩한 교회는 독생자께서 마지막 날에 성부 하나님께로 인도할 것이다. 그 날이 오기까지 지상의 교회는 거룩하지만 거룩치 못한 존재로 남아 있기도 하다.

그래서 우리 복음주의자들은 "만일 지금 출석하는 교회에 동의할 수 없으면 네 스스로의 교파를 만들어라"는 식의 분리주의적인 모델을 폐기할 필요가 있다. 그리고 교회의 인간적 차원의 연약성에 대하여 좀 더 관용적인 자세를 취할 필요가 있다. 예를 들어, 예전에 나는 내가 속한 교파의 기독교만이 올바르고 내가 출석하는 교회만이 올바르다고 생각했다. 그러다보니 내 눈에는 잘못되어 보이는 다른 교회들이나 최소한 내가 보기에 잘못된 것들이 많이 있어 보이는 교회들과 연대하는 것을 매우 주저하고 싫어하였다. 그러다기 지상의 교회는 아직 완전히 거룩하지 않으며, (교리적으로나 윤리적으로 모두) 교회의 완전함은 본질적으로 종말론적인 기대라는 것을 깨닫고 나서부터는 이전의 폐쇄성에서 벗어날 수 있었다. 이제 나는 모든 교회를 수용할 수 있게 되었고, 이러한 내 신앙이야말로 교회의 보편성에 부합된다고 확신한다.

3. 교회는 보편적이다

"보편적인"(catholic)이란 단어는 이그나티우스에 의하여 맨 처음 사용되었는데, 그는 "예수 그리스도가 존재하는 곳이면 어디든지 그곳에는 보편적인 교회(the catholic church)가 존재한다"고 적고 있다.[6] 이러한 진술에서 그는 진리의 충만함, 즉 보편적인 교회가 예수 그리스도라는 온전한 진리를 소유하고 있음을 강조하였다.

초대 교회는 보편적이란 용어를 교회의 우주적인(universal) 차원을 의미하는데 사용하기도 했다. 예를 들어, 예루살렘의 성 시릴(St. Cyril of Jerusalem)은 『입교인을 위한 강좌』(Catechetical Lectures)에서 교회는 다음의 이유 때문에 보편적이라고 적고 있다.

> 교회는 이 세상 이 끝에서부터 저 끝까지 퍼져 있기 때문이다. 그리고 교회는 사람들이 가시적인 것과 불가시적인 것, 하늘에 속한 것과 땅에 속한 것에 관한 모든 지식으로 받아들여야 하는 모든 교리들을 우주적으로 그리고 완전하게 가르치기 때문이다.[7]

오늘날 복음주의자들과 가톨릭교회는 몇 년 전에는 전혀 찾아볼 수 없었던 영적인 동지애를 누리고 있다. 과거에 오랫동안 복음주의자들은 가톨릭교회는 온전한 기독교가 아니라고 가르쳤다. 내가 가르치는 휘튼대학도 다른 복음주의 신학교와 마찬가지로 가톨릭에 속한 학생들이 조금씩 늘어나고 있다. 내가 인도하는 기독교 사상 과목을 수강하는 학생들 중에는 매우 헌신적인 가톨릭 교인들도 몇몇 있다. 그 중에 휘튼에 있는 가톨릭교회에서 청년부를 지도하는 한 젊은 청년은 "하나님은 개신교인들도 사랑하신다"는 문구가 인쇄된 가방을 가지고 다닌다. 그는 항상 교실 앞쪽에 앉기 때문에 수업을 듣는 모든 학생들이 그의 모습을 볼 수 있다. 당연한 이야기이지만 좋은 수업태도 덕분에 성적도 좋다. 우리는 악의 권세를 정복하신 그리스도의 승리 때문에 지상의 교회는 오직 하나뿐

---

6) Epistle of Ignatius to the *Smyrnaeans*.
7) XVIII, 3 *The Ante-Nicene Fathers*.

이어서 우리도 서로에게 속해있음을 서로 인정한다.

"보편적인"이란 단어의 온전한 의미는 "우주적인"이나 "일치하는", "정통성 있는", "연속적인", 또는 "전체나 충만함"과 같은 단어로 설명될 수 있다. 기독교 교회가 우주적인 이유는, 교회가 범세계적으로 존재하기 때문만이 아니라 그리스도의 대속사역이 전 우주를 아우르기 때문에도 교회는 우주적이다. 또한 교회는 항상 역사 속에서 스스로에게 동일한 상태로 남아 있고 또 항상 예수 그리스도 안에서 정통성을 유지해오기 때문에 항상 동일하다(identical). 그래서 교회의 동질성을 주장한다는 의미는, 역사 속에서의 그리스도의 사역의 연속성을 믿고 교회의 온전한 신앙을 확신한다는 의미이다.[8]

교회가 전 세계에 걸쳐 존재한다는 이러한 확신은 분파적인 생각을 거부하고 교회의 일치에 대한 관점을 수용해야 하는 또 다른 이유이다. 그래서 우리 모두가 점점 과거 2천 년 교회사 속에서 공통의 시대에 형성되었던 신앙, 즉 사도직인 전통 속에서 계승된 공통의 굳건한 신앙을 견지할 수 있다면, 포스트모던 시대에 복음주의자들은 점차로 가톨릭과 정교회, 그리고 다른 개신교 교단들에 대하여 훨씬 편안한 느낌을 가질 수 있을 것이다.

4. 교회는 사도적이다

사도성(apostolicity)이란 개념은 현재의 교회가 과거와 밀접하게 연결되

---

8) 보편성(catholicity)에 관한 좀 더 자세한 논의를 위해서는 다음을 보라. John Meyendorff, *Catholicity and the Church* (Crestwood, N. Y.: St., Vladimir Orthodox Theological Seminary Press, 1983).

어 있으며 그 과거의 역사 위에 세워져 있음을 암시한다. 또한 이 개념은 교회가 "사도들과 선지자들의 터 위에 세워졌음"(엡 2:20)을 강조하며, 교회가 한 세대로부터 다음 세대로 이어지는 연속성을 강조한다. 이러한 연속성은 하나님께서 이스라엘의 역사 속에 계시되고 알려졌던 순간으로 거슬러 올라간다. 유대인들에게 있어서 이스라엘의 과거는 항상 현재 진행 중인 사건이다. 그들은 아브라함과 모세, 다윗, 그리고 선지자들은 물론이고 한 나라의 백성으로서의 이스라엘 사람들이 과거에 겪었던 모든 행복과 불행은, 히브리 사람들의 현재 삶을 인도하고 방향을 제시하며 교훈하는 현재적인 실제로 간주되었다. 이렇게 과거의 사건을 현재 실제로 받아들이는 관점이 이스라엘 사람들에게는 너무나도 뿌리 깊게 박혀 있어서 유월절에 참여하는 후대 이스라엘 사람들은 "내가 애굽에서 노예로 지낼 때"라는 구절을 함께 읊조리곤 했다. 그래서 과거를 늘 기억하는 이스라엘 사람들처럼 복음주의 교회들도 사도들의 증언과 권위의 인도를 존중하는 것이 매우 중요하다.

우리 복음주의자들이 주변의 가톨릭교회와 정교회 형제자매들에 대하여 갖는 문제점 중의 하나는 바로 사도적인 계승의 문제다. 대부분의 복음주의자들은 감독과 장로, 그리고 집사로 구성된 고대의 삼중 직분을 그대로 유지하지 않으며, 감독제도(또는 주교제도, episcopate)를 통해서 계승된 역사적인 계보를 그다지 중요하게 여기지도 않는다. 그러다보니 복음주의자들이 다른 역사적인 교회들과의 연대나 일치에 소극적이다.

그러나 다양성과 다원주의를 강조하는 포스트모던 세계는 복음주의자들이 이런 문제를 적극적으로 다룰 수 있는 창조적인 환경을 제공한다. 이런 상황에서 복음주의자들은 사도신경이나 니케아신경, 그리고 칼케돈신경과 같은 신앙의 규범에 잘 요약된 사도적인 전통을 받아들이고 확증함에 있어서 가톨릭교회나 정교회와 좀 더 적극적인 연대를 취할 수 있다. 그리고 교회의 사역은 이러한 사도적인 전통을 다음 세대에 잘 계승하는 것이라는 점도 적극 확증할 수 있다. 우리 복음주의자들은 진리의 계승이 감독제도와 같이 어느 특정한 사람들의 집단을 통해서가 아니라 한 세대로부터 다음 세대로 전체 교회를 통해서 계승된다고 믿는다. 예를 들어, 가톨릭의 신학자인 한스 큉(Hans Küng)은 주장하기를 "전체 교회와 각각의 지체들은 사도적인 전승을 공유한다"고 하였다.[9] 여기에서의 요점은 "전체로서의 교회는 사도들의 신앙의 계승자"라는 것이다. 교회는 신실한 기독교인들의 공동체로서 이들 모두가 가장 넓은 의미에서 볼 때 사도적인 신앙의 계승자들로 존재한다. 달리 말하자면 교회는 교회를 계승한다.

우리 복음주의자들은 또한 이러한 사도적인 계승 속에는 사도적인 목회 사역의 특별한 계승도 포함된다는 점에 동의한다. 그래서 사도적인 전승을 이어받은 교회는 그 속에서 원시 교회가 누렸던 모든 은사들을 받아 누려야 하며 그 은사들은 또한 몸 안에서 시행되고 활용되어야 한다. 이런 은사들 중에는 목사(presbyter)와 감독(episkopos), 그리고 집사(diakonos)와 같은 특정한 직분의 계승도 포함된다. 교회에는 감독자와 교사, 그리고 섬기는 사역자들을 갖추어야 한다는 인식 아래 초대 교회 안에서 이런 직분은 점차 그 중요성이 현저히 증대되었다. 오늘날 대부분의 복음주의 교회에는 이상의 세 가지 사도적인 기능이 계속 유지되고는 있지만, 성경적인 용어는 내버리고 ("실행위원"과 같은) 세속적인 용어를 채용하여 사용하고 있다. 그래서 우리는 교회의 사도성을 고려하여 감독과 목자, 그리고 집사와 같은 성경적인 의미를 다시 회복해야 할 뿐만 아니라 고대 교회에서 발견되는 공통의 기반에 좀 더 가까이 접근해야 한다. 이 시대 교

---

9) "사도적인 계승의 본질은 무엇인가?" in Apostolic Succession: *Rethinking a Barrier to Unity*, ed., Hans Küng (New York: Paulist, 1968).

회 안에서 사도적인 용어의 회복은 교회의 분열보다는 오히려 교회의 일치에 도움이 될 것이다. 그리고 우리는 그리스도의 전체 몸은 수 세기에 걸쳐서 교회의 삶을 통해서 계승된 사도적인 신앙 안에서 서로 공유한다고 확신할 수 있을 것이다. 예를 들어, 예전에 나는 교회는 1세기 말에 배교의 길을 걷기 시작했고 종교개혁 이전까지는 역사 속에서 온전한 모습으로 나타나지 않았다고 생각했다. 내 학생들에게도 농담 삼아 이렇게 말해보았다. "우리 개신교인들은 1517년 10월 31일에 마틴 루터가 비텐베르크 교회 문 앞에 95개 조항의 논제를 내걸었을 때 비로소 오순절로 인한 교회의 탄생이 발생한 것처럼 행동한다." 이러한 태도는 초대 교회 교부들이나 종교개혁 이전의 기독교인들의 헌신과 노력을 경시하는 결과를 초래할 수 있다. 하지만 하나님의 교회는 사도행전에 기록된 오순절 날부터 지상에 존재해 왔다. 오늘날 우리는 전체 교회의 일원으로 속해 있으며, 우리 자신의 영적인 건강을 위해서라도 전체 교회를 구성하는 모든 지교회를 하나님의 시각으로 용납할 필요가 있다.

 복음주의자들은 초대 교회 교부들에 대한 존중이 결국은 로마 가톨릭 교회의 수용으로 연결될 것을 두려워하기 때문에, 가톨릭(여기에서는 보편 교회, catholic)과 로마 가톨릭(Roman Catholic)을 구분할 필요가 있다. 초대 교회 교부들은 고전 기독교 전통을 전체 교회(the whole church)의 관점에서 규정했다는 의미에서 볼 때 그들의 기독교 사상은 보편적이다. 앞서 설명한 바와 같이 교부들의 사상은 기독교 교회의 모든 계파에게 공통으로 해당되는 신앙의 전승을 정립하고 계승하였다. 반면에 로마 가톨릭은 공통의 전승이 계승되는 과정에서 일부 변질이 발생했다. 하지만 그렇게 계승된 전승 속에서 나는 가톨릭의 형제자매들과 일부 공유하는 전승이 존재한다고 믿는다. 물론 그와 동시에 중세 시대에 교회가 왕국화하면서 덧붙여진 전승들의 일부를 나는 믿지 않는다. 중세 후기 로마 가톨릭교회는 선행으로 말미암은 구원을 내세우며 성경보다 전통을 더 중시하고 탐닉에 빠지고 말았다는 점은 비난받아 마땅하다. 로마 가톨릭교(Catholicism)를 중세 시대에 발달된 독특한 교회 패러다임의 한 유형으로 이해한다면, 초대 교회 이후 로마 가톨릭에 덧붙여진 전승도 기독교 사조와 중세 세상의 문화적인 융합으로 이해할 수 있다. 오늘날 복음주의적인 교회도 계몽주의로부터 물려받은 문화적인 변용의 가방을 등에 메고 있다. 그러나 우리가 다른 교파 교회들과 공유하는 것은 바로 사도적인 전승에 뿌리를 내린 기독교이다.

초대 교회 교부들은 오늘날 우리에게 전체 교회가 공유하는 공통의 유산이 무엇인지를 알려주며 오늘날 다양한 전통의 배후에 자리하고 있는 것이 무엇인지를 알려준다. 그래서 우리로 하여금 우리 자신의 전통을 부정하는 것이 아니라 모든 교회가 지지하는 공통의 교훈에 대한 우선순위를 분명히 정할 수 있도록 도와준다. 바로 여기에 교회의 일치가 자리하고 있다.

요약하자면 일치와 거룩, 보편, 그리고 사도성이란 단어들은 기독교 신앙의 한 가지 주제인 교회의 하나됨(the oneness of the church)을 강조한다. 기독교인들은 교회의 하나됨에 관한 어떤 것(something about)을 믿는 것이 아니라, 교회의 하나됨 그 자체를 믿는다. 그래서 복음주의자들은 교회의 일치에 관하여 단순히 말만 하는 차원을 뛰어넘어 전체 교회(the whole church)를 있는 그대로 용납하는 태도를 가지고 정교회와 로마 가톨릭, 그리고 다른 개신교 교파들과의 대화 속으로 들어가서 그 일치를 직접 경험해야 한다. 이러한 일은 이미 "복음주의와 가톨릭 연대" 협의회(the Evangelicals and Catholics Together consultation)에서나, 복음주의-정교회 회담, 또는 성서문학학회(the Society of Biblical Literature)와 같은 학회의 차원에서나, 복음주의자들이 관여하는 지역의 에큐메니칼 연합의 차원에서 실제로 진행되고 있다.

나는 최근에 어떤 무신론자와의 만남을 계기로, 세상 속에서 현존하시는 하나님의 임재의 공동체로서의 기독교 교회의 역사적이고 전 지구적인 연대를 회복하는 것이 참으로 중요하다는 것을 다시금 실감하게 되었다.

최근에 나는 시카고의 지역 방송 WGN을 통해서 방송되는 라디오 토론 쇼에서 위스콘신대학교(University of Wisconsin)에 재직하는 한 무신론자 철학교수와의 토론에 초대받았다. 나는 토론에 참가하는 그가 소위 하나님의 존재에 관한 합리적인 증거를 무너뜨리는 데 집중할 것이라는 것을 미리 알았기 때문에 토론에 적극 응하고 싶지 않았다. 또 이런 논쟁에 적극적으로 응수할 마음도 없었기 때문에 토론 현장에서 혹시 내가 한 마디 말도 못하지는 않을까 내심 걱정했다.

토론이 시작되고 나서 몇 분이 흐르면서 나는 하나님의 존재를 증명하기 위하여 합리적인 설득을 동원하는 것에 대하여 사과하면서, 합리적인 논쟁과 방어를 이어가려던 그 철학자의 의도를 난처하게 만들었다.

그러자 사회자가 깜짝 놀라서 중간에 끼어들더니, "박사님, 무슨 말씀을 하시려는 것인가요?" 그래서 내가 말했다. "그보다는 이스라엘 사태와 전 세계의 교회에 대해서 말씀을 나눠봅시다. 출애굽 사건과 이스라엘 사람들, 그리스도 사건, 그리고 교회에 다니는 사람들이 어떻게 우리를 이해하고 이 세상을 해석하는지 아십니까?" 그날 토론은 현존의 형이상학에 대해서, 그리고 이 세상에서 하나님의 현존을 대변하는 두 공동체(아마도 유대교와 기독교)의 존재의 관점에서 하나님과 우리 자신을 해석하는 것의 중요성에 관한 관심을 끄는 대화로 마무리되었다.

토론이 끝나자 그 철학 교수는 나를 옆으로 데리고 가더니 이렇게 말했다. "박사님! 저는 무신론자이지만 유대교의 관습을 지키는 실천적인 유대교인입니다. 우리는 집에서 코셔 전통(Kosher)을 따르고 모든 유대교의 절기와 축제도 지킵니다. 오늘 박사님과 말씀을 나누면서 공동체가 어떻게 하나님을 구현하고 나를 해석하는지에 대해서 많은 감동을 받았습니다. 오늘 토론을 통해서 참 많은 것을 다시 생각해 보게 되었습니다."

오늘날과 같은 포스트모던 시대에 하나님의 존재에 관한 합리적인 논쟁은 냉랭하고 생기가 없다. 하지만 예수 그리스도를 통한 하나님의 현존의 관점에서 자신과 세상을 이해하고 지역적인 일치와 우주적인 일치를 보여주는 살아 있는 참다운 사례를 구현하는 사람들의 공동체는 이 세상을 향하여 그들 가운데 내주하시는 구원자 예수 그리스도에 관하여 이 세상 사람들에게 많은 것을 말해 줄 것이다.

5. 결론

이번 장의 서론에서 나는 포스트모던 세상에 존재하는 복음주의 교회를 가리켜서 세상 속에서의 그리스도의 확장(an extension of Jesus) 그 자체로 이해할 수 있다는 말을 했다. 우리 스스로를 이런 관점으로 이해할 때 교회의 초자연적인 경험이 더욱 강하게 복원될 수 있을 뿐만 아니라 가시적인 교회와 불가시적인 교회 모두를 포함하는 전체 교회에 대한 연관성을 더욱 강하게 느낄 수 있다. 근대기 동안 우리 복음주의자들은 교회와 그리스도와의 연관성에 관하여 깊이 고민하지 못했고 2천 년 교회사 속에서 견지해 왔으며 현재 전 세계에 흩어진 교회들이 서로 공유하는 공통의 유산에 대해서도 무관심했다. 이제 이런 태도는 변해야 한다.

내가 강조하려는 논점은 오늘날 포스트모던 세계는 교회에 대한 고전적인 관점을 복원할 수 있는 유리한 문화적인 배경을 제공한다는 것이다. 모든 만물의 상호 연관성을 중시하는 현대 과학의 사조는 기독교 교회의 역사적 및 전지구적인 상호의존성에 관한 지성적인 토론의 장을 제공한다. 또 이성으로부터 신비로 옮겨간 철학 사조도 그리스도의 사역과 결부된 교회의 초자연적인 차원에 관한 토론의 장을 마련해 준다. 계속해서 개인주의로부터 공동체에 대한 관심으로 옮겨간 현대 문화의 변화 역시, 삼위일체를 통해서 표현된 영원한 하나님의 공동체의 반사체로서의 교회의 중요성을 공론의 장으로 이끌어낼 수 있는 우호적인 분위기를 형성하며, 소통이론과 언어의 이미지와 은유를 강조하는 현대 사조는 우리가 교회에 대한 성경의 이미지와 역사적인 표지들을 새롭게 복원할 수 있는 우호적인 여건을 형성해 준다. 또 소통은 직접적인 참여를 통해서 가장 활발히 일어난다는 관점은, 교회를 추상적인 논쟁이나 사상이 아니라 현존하는 실제로 직접 경험하고 그 의미를 이해할 수 있도록 안내한다. "형이상학적인 현존"(a metaphysical presence)으로서의 교회에 대한 이러한 접근은, 오늘날과 같은 포스트모던 세계에서 하나님의 실제를 변증하기 위한 가장 강력한 변증 전략이다.

[도표 G] 역사 속의 다양한 교회 패러다임

고대	중세	종교개혁	근대	포스트모던
성육신의 지속: 그리스도의 몸	제도적인 교회 가시적인 교회 성례전적인 교회	전령 모델: 참된 교회는 불가시적인 내면의 기독교 왕국	다양한 교단의 형성	성육신 모델로의 귀환
교회의 일치 신비	법률적인 교회		불가시적인 교회	가시적인 교회 교회는 지상에 임재하는 그리스도의 몸의 신비로운 현존

모든 만물의 상호연관성을 강조하는 포스트모던 사조는 세상 속에 그리고 세상을 향

한 그리스도의 지속적인 현존인 그리스도의 몸으로서의 교회에 대한 성경적인 관점의 회복을 위한 우호적인 장을 제공한다. 이러한 상황은 우리 복음주의자들에게는 그리스도에게로 인도하는 문인 "형이상학적인 현존"으로서의 교회를 강조하는 새로운 변증 전략을 제시한다. 따라서 오늘날 우리 복음주의자들은 교회의 일치를 더욱 강조하고 고전 기독교의 유산에 대한 상호 존중에 근거하여 신앙의 가족 안에서의 친교를 추구해야 한다.

[그림 1] 공동체들의 공동체로서의 교회

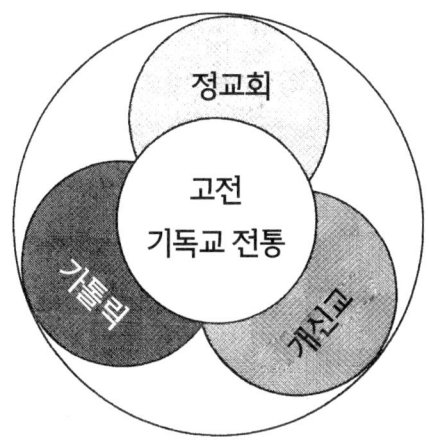

정교회와 가톨릭, 그리고 개신교가 함께 공유하는 것은, 초대 교회 이후 처음 5세기 동안 계승되었던 고전 기독교 전통(the classical Christian tradition)이다. 오늘날 기독교 교회의 일치는 문자적이거나 실제적인 일치는 아니지만, 고전 기독교 전통 속에서 우리 모두가 함께 공유하는 공통의 기반을 수용함으로써 진정한 교회의 일치를 위한 발걸음을 새롭게 내디딜 수 있다. 고전 기독교 전통은 고전 기독교 사상 안에서의 공통의 정체성을 강조하며 그 다음의 세부적인 차이는 각기 다양한 문화적인 형성(cultural formation)에서 비롯된 것임을 인정하는 영적인 일체감을 제공한다.

Ancient-Future Faith
Rethinking Evangelicalism for a Postmodern World

4부

고전/포스트모던 예배

> 떼어 나눈 빵조각이 언덕 위로 흩어졌다가 다시 모여 하나가 되듯이, 당신의 교회가 땅 끝에서부터 함께 모여 주님의 나라를 이루게 하소서. 예수 그리스도를 통하여 영광과 권세가 영원토록 주님께 있을지어다.
>
> — 디다케의 성만찬 기도문 중에서

몇 해 전 나는 일단의 복음주의 신학자들에게 초청을 받아 예배에 관하여 특강을 하게 되었다. 그런데 이 신학자들이 예배뿐만 아니라 초대 교회의 사상에 관하여 많은 관심을 가지고 있다는 것을 알고서 매우 기뻤다. 그들 중에 많은 사람들이 초기 교부들의 가치를 재발견하면서 예배에 관한 고대 기독교 전통이 오늘날 교회에 어떻게 적용될 수 있는지에 대하여 진지하게 고민하였다. 그날 내 강의의 요점이나 청중의 관심이 집중된 것은 예배는 인류 역사 속에서 실행된 하나님의 구원 사역의 리허설이라는 것이다. 하나님의 구원 활동은 죽음과 부활을 통한 그리스도의 사역과 악한 권세의 정복에서 최고조에 달했으며, 새 하늘과 새 땅에서의 하나님 나라의 최종적인 확립으로 귀결될 것이다. 이것이 바로 인류 역사의 의미가 담긴 하나님의 이야기이며, 이로부터 교회가 세워졌고 영성을 형성하며, 교회의 선교에 동력을 제공한다. 이것을 가리켜서 우리는 기독교적인 거대담론(the Christian metanarrative)이라고 부른다.

이러한 이스라엘과 교회의 거대담론은 결코 인간의 기발한 재주로 만들어낼 수 있는 것이 아니다. 이 이야기는 오직 인류 역사 속에서 세상의 구원을 완성하는 하나님의 현존의 계시로 가능할 뿐이다. 그래서 예배에서 우리는 역사 속에서의 하나님의 전능하신 행동을 선포하고 구현하며 세상의 창조자이자 구속자께 우리의 찬송과 기도와 감사를 올려드린다.

포스트모던 세계는 다음 두 가지 이유로 인하여 기독교 예배에 대한 고전적인 이해를 촉진시키는 비옥한 환경을 제공한다.

첫째, 포스트모던 시대의 사람들은 이성에 대한 믿음으로부터 돌아서서 우리가 살고 있는 이 세상의 신비로운 속성을 점차 인정하고 있다. 캐더린 픽스톡(Catherine Pickstock)에 의하면, 보편적이고 합리적인 인문주의(a universal rational humanism)를 향한 계몽주의의 희망은 이제 완전히 고갈되었고 패배했다. 그런데 불행히도 그 이후의 다양한 포스트모던 시대의 접근은 "완전히 허무주의적이다." 이런 상황에서 오늘날 우리에게는, 포스트모더니즘과 함께 자아에 대한 모든 지식과 경험의 불확정성을 인정하고 이러한 급격한 변화를 초월적인 원천에 대한 의존의 표시로 이해하는 "급진적인 [기독교] 정통주의"(a radical Christian orthodoxy)만이 남겨졌다고 한다.[1] 역사 속에의 하나님의 구원을 경축하는 역사적인 예배(historic worship)는 구원의 신비를 경험할 수 있는 장을 제공하며 그래서 어떤 사

---

1) Catherine Pickstock, *After Writing: On the Liturgical Consummation of Philosophy* (Oxford: Blackwell, 1998), xii.

람이 하나님의 초월적인 현존의 신비를 맛보며 그 속에서 안식을 누릴 수 있는 삶의 신비에 다가가는 문의 역할을 감당한다.

둘째, 포스트모던 시대에 구어로부터 상징으로의 소통의 핵심 축의 변화는 복음주의자들이 소통에 대한 고전 기독교 전통의 입장을 새롭게 복원할 여지를 제공하며 그런 변화를 예배에 창조적으로 적용할 가능성을 제공한다. 기독교 소통 영역의 중요한 지도자 중의 한 사람인 피에르 바벵(Pierre Babin)은 시청각 중심의 세계에서 이해는 "아름다움의 길"(the way of beauty)과 "상징적인 길"(the symbolic way)에 참여함으로써 생겨난다는 점을 지적했다. 새로운 소통 시대를 살아가는 사람들은 하나님의 현존에 관한 논리적인 증거보다는 미에 더욱 매력을 느낀다.[2] 예배에서 우리는 이 세상 속에서 일하시는 하나님의 신비와 관계를 맺는다. 그런 일을 실제로 경험하려면 우리는 이성적인 인쇄 지향적인 사회로부터 시청각 중심의 사회로의 급격한 문화적인 변화를 깊이 고려해야 한다. 한 번 더 강조하거니와 21세기에 복음주의적인 신앙과 실천의 회복을 위한 가장 위대한 약속을 성취할 수 있는 비결은 예배에 대한 고전 기독교의 관점을 이 시대에 적용시키는 것이다. 이를 위해서 먼저 우리가 해결해야 할 두 가지 문제가 있다.

첫째 문제는 포스트모던 시대는 모든 거대담론의 가치를 상대화시킨다는 점이다. 포스트모던 철학에 의하면, 전 세계의 모든 문화는 자기 나름의 종교에 근거한 자기 나름의 고유한 거대담론을 가지고 있다. 오늘날 전 세계의 여러 문화권 속에는 기독교의 거대담론뿐만 아니라 힌두교나 유교, 불교, 유대교, 이슬람교의 거대담론들이 산재해 있다. 각각의 내러티브 속에는 각기 나름의 고유한 여러 이야기들이 들어 있고 기억해야 할 역사가 있으며 실천으로 옮겨야 할 고유한 종교적인 교훈과 규칙들이 들

---

[2] Babin, *The New Era of Religious Communication*, 35.

어 있다. 그런데 포스트모던 시대의 사조에 의하면, 이 모든 내러티브는 차별이 없이 똑같은 가치를 지니고 있으며 그 어느 내러티브라도 다른 내러티브에 대하여 우월적인 보편성을 주장할 수 없다고 한다. 이런 상황에서 기독교인들은 다양한 내러티브의 존재를 인정하고 또 각 문화마다 고유한 종교적인 견해에 대한 소통의 필요성을 인정하더라도, 포스트모던 시대에 대한 복음주의의 문제는 모든 내러티브에 대하여 상대적인 가치만을 부여한다는 점이다. 고대 기독교는 모든 기독교 내러티브의 가치에 대하여 보편성을 주장하였고 복음주의자들도 동일한 확신 위에 서 있다. 그래서 기독교의 거대담론은 똑같은 가치를 지닌 수많은 거대담론들 중의 하나라는 사상(다원주의)은 복음주의자들로서는 용납하기 어렵다. 복음주의자들은 기독교적인 거대담론의 보편성을 기독교 신앙의 본질적인 측면으로 간주한다. 이런 점에서 복음주의자들은 포스트모던 시대의 상대주의에 과감히 맞설 필요가 있다.

예배와 관련하여 포스트모던 시대의 복음주의자들이 직면한 둘째 문제는 기독교적인 메시지에 대한 소통과 관련이 있다. 근대의 소통 이론은 독서와 논리적인 이성, 직선형의 사고, 그리고 이성에 기초한 이해를 중시하는 개념적인 소통을 강조했다. 그러다보니 복음주의 예배도 주로 구어적인 소통에 무게중심을 두는 근대 소통 이론을 따랐다. 그러나 포스트모던 소통이론은 실제 사건에 대한 적극적인 참여를 통한 상징적인 소통에 무게중심을 둔다. 이러한 강조점의 변화는 인쇄 지향적인 사회에서 시청각 중심의 사회로의 변화를 대변한다.

결론적으로 복음주의자들은 기독교적인 거대담론의 보편적인 차원을 앞으로도 확고하게 붙잡아야 할 것이지만, 현대의 상징적인 소통 방식을 적극적으로 고려해야 할 것이다.

제11장

역사 속의 다양한 예배 패러다임들[1]

 성서시대와 고대 기독교 시대에 예배는 신자들이 역사 속에서의 하나님의 구원 활동을 경험하는 가장 중요한 기회였다. 초기 기독교의 설교(사도행전)와 예전(동방교회와 서방교회 모두)은 천지창조부터 마지막 날까지를 아우르는 하나님의 구원 활동의 선포와 실행을 중심으로 진행되었다. 이러한 역사적이고 상징적인 낭송과 재현을 통해서 교회는 자기 정체성을 표현하였고 공동체적인 자기 이해의 기반을 마련하였으며 세상 속에서의 자신들의 독특한 자리를 확보하였다. 교회 역사의 처음 3세기 동안 기독교 예배는 가정에서나 카타콤에서 드려졌다. 그 예배의 주된 내용은 하나님의 구원에 관한 선포와 그리스도의 재림에 대한 기대가 주를 이뤘다. 그리고 성만찬 시간에 예수 그리스도의 대속 사역에 대한 찬양으로 예배가 절정에 도달하였다. 또한 신자들은 교회 안에서 서로 만나지 않기

---

[1] 특히 다음을 보라. Frank Senn, *Christian Liturgy: Catholic and Evangelical* (Minneapolis: Fortress, 1997); Robert Webber, ed., *Twenty Centuries of Christian Worhship* (Peabody, Mass.: Hendrickson, 1993); James F. White, *Documents of Christian Worship: Descriptive and Interpretive Sources* (Louisville, Ky.: Westminster/John Knox).

때문에 예배 역시 매우 비공식적이며 사적인 형태로 진행되었다.[2]

하지만 콘스탄틴 황제의 개종 이후 기독교 예배는 좀 더 공식적이고 대중적인 형식을 취했다. 콘스탄틴 황제는 여러 채의 커다란 바실리카 건물을 교회에 기증하였고 이런 건물의 공간이 예배로 활용되기 시작했다. 또 예배에 참석하는 회중의 규모도 점점 늘어남에 따라서 처음 3세기 동안의 개인적이고 친밀한 형태의 예배가 점점 극장과 같은 넓은 장소에서의 연출로 변화해야 할 필요성이 대두되었다. 계시록 4-5장에 묘사된 예배 장면을 고려할 때 초대 교회 당시 지상의 예배는 천상의 예배를 모방하려고 했다. 그 결과 입장(processions)이나 대규모 성가대, 좀 더 극적인 설교 전달 스타일, 정형화된 예전, 예복, 십자가의 표지, 무릎 꿇기, 그리고 그레고리안 성가와 같은 음악 형식 등등 상당한 규모의 화려한 연출과 예식들이 예배에 도입되었다. 예배 공간도 천상의 구조를 모방함으로써 예배 참가자들은 하늘의 천사들과 천사장들, 그리고 모든 성도들과 함께 천상의 예배에 동참하기를 기대했다. 이런 방식으로 당시 예배는 천상의 예배에 동참하려는 하나님의 백성들의 헌신을 유도하였다. 말하자면 예배는 세상 속에서의 하나님의 구원 활동에 대한 신비로운 참여였으며 하나님과 하나님의 구원 활동을 영원토록 찬양하는 하늘의 예배에 동참하는 것이었다.[3]

하지만 중세 시대에 이르러 기독교 예전은 상당한 변화를 겪게 된다. 그래서 성악가들과 성경 낭독자들, 그리고 예배에서 각기 중요한 역할을 맡았던 회중들로 구성된 고대 예배 패턴이 점차 사제 중심의 예배로 바뀌면서 회중은 단순한 구경꾼의 신세로 밀려나기 시작했다.

다양한 표식들과 제스처, 무릎꿇기, 빵을 쪼개기, 제단에 대한 입맞춤,

---

2) See Ralph Martin, *Early Christian Worship* (Grand Rapids: Eerdmans, XXX).
3) See Aidan Kavanagh, *On Liturgical Theology* (New York: Pueblo, 1984).

기도서에 대한 입맞춤 등의 복잡한 예식들이 예배 순서에 도입되었고, 각각의 순서들에 대하여 거룩한 알레고리의 의미들이 덧붙여졌다. 무엇보다도 예배의 중심이, 죽은 자들을 위한 그리스도의 무혈 희생제사의 반복(an unbloody resacrifice of Christ)으로서의 성만찬 미사(the Eucharistic Mass)에 집중되었다. 이런 상황에서 예배에 대한 개혁이 시급해졌다.[4]

종교개혁은 중세 시대 예배의 중심을 시각적인 형식[5]으로부터 설교를 중시하는 말씀 예전 중심의 예배로 개혁하였다. 이러한 변화는 인쇄술이 발명됨으로써 일반 대중의 지력이 증가하고 계몽주의가 도래하던 시대적인 분위기에 잘 맞아 떨어졌다. 시각적인 예전에서 선포된 말씀 중심의 예배로 변화함에 따라 하나님의 진리도 사람의 눈에 호소하기보다는 주로 귀에 호소하는 것으로 바뀌게 되었다. 그 진리는 더 이상 예전을 통해서 신비롭게 재현되는 것이 아니라 성경 속에 들어 있고 오직 성경만이 하나님의 진리로 받아들여졌다. 성경 말씀 속에 담긴 진리는 설교를 통해서 해설되고 또 사람들에게 이해될 수 있다는 것이다. 예배의 무게 중심이 말씀 중심으로 바뀜에 따라 개신교 예배의 구조도 하나님의 말씀으로서의 성경 본문의 낭독과 설교에 초점이 집중되었고, 교회 건축물도 성경 메시지에 대한 청취와 교육을 지원할 수 있도록 단순한 형태를 취하게 되었다.[6]

이러한 말씀 지향적인 예배 구조는 근대기의 기독교를 지배하였다. 17세기와 18세기에 기독교 예배는 신자들을 교육하기 위한 효과적인 수단

---

4) See D. M. Hope, *The Medieval Western Rites*, in *The Study of Liturgy*, ed. Cheslyn Jones, Geoffrey Wainwright, and Edward Yarnold (New York: Oxford University Press, 1978), 220-40.
5) See Eamon Duffy, *The Stripping of the Altars; Traditional Religion in England 1400-1580* (New Haven, Conn.: Yale University Press, 1992).
6) 종교개혁의 예전을 위해서는 다음을 보라. Webber, *Twenty Centuries of Christian Worship*, ch.5, 75-78, and ch. 9, 188-225.

으로 간주되었다. 설교는 보통 2시간 정도 걸렸고, 설교가 끝난 다음에도 설교 메시지를 당대의 도덕적이고 사회적이며 정치적인 적용 방안들에 관하여 토론하고 안내하는 별도의 시간이 할애되었다. 하지만 19세기에 감정과 직관을 중시하는 낭만주의가 등장하면서 이러한 지성 중심의 예배 형식에도 제동이 걸렸다. 그리고 그 이후 좀 더 주관적인 사상을 강조하는 부흥운동을 계기로 복음주의적인 예배 모델이 도입되었다. 이러한 예배 형식은 주로 죄인의 회심을 추구하였으며, 이전의 지성적인 설교 대신 감성적인 복음전도의 설교가 주류를 이루었고 성만찬 대신 회심에 대한 초청의 메시지가 강조되었다.[7]

이러한 두 가지 근대적인 (교훈적이며 부흥운동을 추구하는) 예배 형식은 그 이후 복음주의 교회 내에서 계속 대립각을 유지해오고 있다. 일부 교회는 강력한 말씀 중심의 예배 형식을 고집하면서 신자의 교화를 의도하기도 한다. 또 다른 복음주의권 교회의 예배는 죄인의 회심과 개종을 위한 복음전도의 목표를 추구하기도 한다. 구도자 중심의 예배는 신자들의 예배와 불신자들을 겨냥한 복음전도를 구분함으로써 교회 부흥의 돌파구를 모색하기도 한다. 토요일 밤과 주일 오전은 주로 구도자를 겨냥한 예배를 기획하는 반면에 주중의 예배는 하나님의 백성들을 말씀으로 교육하고 양육하는 목적을 추구한다.[8]

20세기에 은사운동 지향적이고 경배찬양을 중시하는 오순절 운동이 확산됨에 따라 기독교 예배의 본질보다는 예배 스타일을 더욱 강조하거나 일부 교회에서는 다소 오락적인 예배 스타일이 나타나기도 했다.

오늘날과 같은 포스트모던 시대 복음주의 예배는 과거의 예배 전통을

---

7) Doug Adams, *Meeting House to Camp Meeting: Toward a History of American Free Church Worship from 1620 to 1835* (Austin, Tex.: Modern Liturgy - Resource Publication, 1981).
8) Robert Webber, *Worship Old and New* (Grand Rapids: Zondervan, 1994), 109-19.

좀 더 창조적인 방식으로 재현해야 하는 새로운 도전과 기회에 직면했다.[9] 초대 교회 이래 기독교 예배는 예배의 사중 구조와 핵심 내용을 강조해왔으며, 종교개혁 이후 말씀 예전의 중요성이 부각되었으며, 자유교회의 역사(free church history)를 계기로 예배의 기독론적인 강조점이 새롭게 강화되었고 오늘날 젊은이들의 기독교 영성에 대한 관심을 계기로 예배에서의 성령의 역사와 친밀성의 중요성이 보태졌다. 이런 상황에서 성경에 근거하며 과거의 풍부한 유산을 이어받은 21세기 예배 갱신은 현 시대에 매우 중요한 문제로 부각되고 있다(도표 H 참고).

1. 계몽주의로 인한 문제점

계몽주의로 인하여 복음주의 예배에 다음 세 가지 중요한 문제점들이 초래됐다.

첫째, 예배 신학의 상실 문제이다. 예배와 관련된 복음주의적인 쟁점들은 이성을 강조하는 계몽주의와 감성을 강조하는 19세기 낭만주의 간의 대립에서 야기된 것 같다. 계몽주의 이후 인간의 이성을 강조함에 따라 기독교 예배의 형식도 이성 지향성을 띄게 되었다. 또 예배 공간도 마치 강의실을 닮아서 예배의 강조점이 회중의 이성을 겨냥한 설교에 집중되었다. 하지만 이러한 지성적인 예배는 영국에서 존 웨슬리와 찰스 웨슬리, 그리고 조지 휫필드의 영향 때문에 그리고 미국에서는 찰스 피니의 복음전도 사역으로 시작된 부흥운동에 의하여 심각한 도전에 직면하였다. 피니는 복음전도의 메시지를 통한 죄인의 회심을 겨냥한 새로운 수단

---
9) Robert Webber, *Blended Worship: Achieving Substance and Relevance* (Peabody, Mass.: Hendrickson, 1995).

(the new means)을 예배에 도입하였다. 새롭게 등장한 감성적이고 직관을 따르는 부흥운동 중심의 예배는 이전의 지성 중심의 예배와 충돌을 빚었다. 일단의 복음주의적인 집단은 기독교적인 지성을 형성하는 수단으로 예배를 이해하였다. 반면에 다른 복음주의자들은 예배를 통해서 죄인이 회심을 경험하고 마음의 변화를 경험할 수 있기를 바랬다. 이러한 예배 스타일의 대립은 오늘날 전통적인 예배와 현대적인 예배에 관한 예배학적인 논란으로 계속 이어졌다. 전통적인 예배는 지성 중심의 근대성에 뿌리 내리고 있는 반면에, 현대 예배는 현대의 대중문화에 굴복한 것 같다. 어느 쪽이든 논쟁의 핵심은 예배에 대한 성경신학적인 이해보다는 주로 예배의 외형적인 스타일에 집중되고 있다. 복음주의자들이 이전부터 성경을 중시해왔음을 고려할 때 이러한 현상은 매우 특이하다. 상당수의 복음주의자들이 예배에서 성경의 말씀보다는 시장 논리에 더 많은 지배를 받는 것 같기 때문이다. 결국 우리 복음주의자들의 예배 신학이 빈약하다는 평가는 반박하기 어려운 실정이다.

둘째, 계몽주의 이후 복음주의 교회에 예배의 순서에 대한 깊이 있는 이해와 논의가 매우 빈약하다는 문제가 있다. 일반적으로 복음주의자들은 예배의 자유와 즉흥성의 미명 아래 예배 순서의 가치와 중요성을 무시하는 경향이 강하다. 그러나 전통적인 복음주의 예배는 거의 죽어버린 상황이나 다름없고, 그나마 남은 예배 순서도 겉치레 같은 의례로 평가절하되고 있다. 심지어 찬송 다음에 설교가 이어지는 예배 순서를 채택하는 현대 예배마저도 불운한 지경에 처하고 말았다. 찬송을 위하여 악기가 연주되고 인도자가 찬양을 부르지만 너무나 시끄러운 소음이 (가장 최고의 악기인) 인간의 음성을 압도하면서 예배가 사람들의 여흥과 오락을 위한 일종의 프로그램이나 연출로 변질되는 실정이다. 이런 예배 형식은 맨 처음에는 많은 군중들을 유인할는지 모르지만 결코 지구력을 발휘하지는 못한다.

  셋째, 계몽주의로 말미암은 복음주의 예배는 상징적인 언어에 대한 거부감이라는 문제점이 있다. 계몽주의로부터 비롯된 논리적인 언어 지향적인 문화는 독서와 개념, 추상, 정확성, 지성, 명료함, 분석, 사상, 설명, 직선형의 사고와 같은 개념적인 언어에 기초하며, 근대기 이후 대부분의 복음주의 교회에서의 소통 형식도 주로 이성적인 논리에 기반을 두고 있다. 그러다보니 오늘날 우리는 단순하고 분명한 언어에 매우 익숙해 있다. 반면에 이미지와 상징, 그리고 심지어 모호한 이중적인 언어에 대해서는 다소 불편함을 느낀다. 그리고 추론적인 언어 습관을 유일한 형태의 소통 방식으로까지 고집하지는 않더라도 이를 매우 선호하는 편이다.

  우리 복음주의자들이 상징적인 언어보다는 논리적이고 이성적인 언어에 의한 소통을 선호하는 이유는 성경에 대한 우리의 관점과도 관계가 있다. 우리는 성경을 언어의 책으로, 말하자면 하나님의 계시가 기록된 책으로 간주한다. (성경의 상당 부분을 채우고 있는) 상징적인 소통 형식은 무시한 채 그저 성경의 가치를 기록된 언어의 차원에서만 받아들이는 경향은 결국 성경 말씀에 대한 올바른 이해와 수용을 저해할 수 있다. 우리가 성경적인 소통의 중요한 수단으로 단지 언어만을 중시하는 또 다른 이유는 인간을 주로 합리적인 피조물에 국한시켜 이해하는 데서 찾아볼 수 있다. 이 입장은 주로 인간의 이성을 강조한다. 인간의 이성은 합리적이기 때문에 성경을 연구하는 독자는 자신의 이성을 동원하여 성경 말씀을 연구할 수 있고 본문에서 정확한 의미를 끄집어 낼 수 있다는 것이다. 그러다보니 해석의 강조점은 주로 단어나 문장과 같은 논리적인 언어에 집중되고 소통에서도 인지적인 이해의 차원을 강조한다. 그렇다면 되짚어볼 질문은 예배에서는 어떻게 소통할 것인가, 또 구어적인 공동체에서는 상징을 어떻게 해석할 것인가 하는 것이다.

근대의 문화권에서 구어적이고 논리적인 소통을 중시하면서 시각적인 소통 형식을 배제한 결과 교회는 "보이는 말씀"(visual words)로서의 성례전의 가치를 상실하고 말았다.[10] 또 복음주의권에서는 하나님의 행위(divine action)를 통한 거룩한 현존(a sacred presence)의 개념도 대체적으로 간과되고 말았다. 기독교를 가능한 합리적인 종교로 만들고 가톨릭교회의 예전의 명확성을 더욱 강화하려는 열망 속에서 우리는 기독교 공동체를 창조하고 형성하는 상징의 위력을 잃어버리고 말았다. 우리 복음주의자들은 진리는 이미지나 상징, 또는 행위가 아니라 언어 속에 깃들어 있다고 생각하는 데 익숙하다. 그러다보니 상징적인 언어를 통해서 구현되는 세례와 성만찬의 신비를 간과하고 성례전을 하나님의 행위가 아니라 주로 인간의 행위의 관점에서 접근하게 되었다. 즉 세례는 회심한 사람이 단지 자신의 신앙을 공개적으로 선언하는 수단에 불과하다는 것이다. 또 주의 만찬도 나무에 달려 죽임 당하신 예수의 죽음을 논리적으로 상기시키는 계기에 불과하다는 것이다. 이렇게 물의 예식과 떡과 음료의 예식을 그저 이성적으로 이해 가능한 행위의 차원으로 평가절하고 말았다. 결국 성례전의 신비는 모두 사라지고 말았다.

바로 이러한 합리주의 정신은 시간과 절기에 대한 기독교적인 관점을 별로 중요하지 않은 것으로 천시하게 만들었다. 그래서 교회에서 세례를 받더라도 교회력에 의하지 않고 세속적인 달력과 날짜를 선택해서 세례를 받는다. 우리는 또 대림절과 주현절, 사순절, 그리고 오순절을 통한 하나님의 구원 행위에 관한 이야기는 깡그리 무시한 채 그저 국경일이나 어머니날과 같은 경축일은 엄수한다. (성탄절과 부활절은 대체로 경축하지만 그 절기에 대한 마땅한 신학적인 의미를 염두에 두면서 지키지는 못한다.)

오늘날 우리는 새로운 소통 시대를 살고 있다. 소통의 무게중심은 개

---

10) Robert Jensen, *Visible Words* (Philadelphia: Fortress, 1978).

념적인 언어에서 상징적인 언어로 바뀌었으며, 정보(information)도 더 이상 아무나 이성을 통해서 객관적으로 이해하고, 논리와 증거를 통해서 확증할 수 있는 것이 아니다. 포스트모던 시대에 지식은 좀 더 주관적이며 경험적이다. 지식은 무엇보다도 공동체 안에서의 참여를 통해서 그리고 공동체의 상징과 의미를 흡수하고 몰입하는 과정을 통해서 얻어진다. 지식 획득을 위한 경험의 중요성은, 하나님의 구원 활동에 대한 경축으로서의 예배에 대한 새로운 이해를 가져다 준다. 이제 기독교 거대담론의 좀 더 깊은 의미를 이해하고 이 이야기를 우리의 예배에서 복원할 방법을 모색하기 위하여 고전적인 기독교 전통에 대하여 좀 더 자세히 살펴볼 것이다.

Ancient-Future Faith
Rethinking Evangelicalism for a Postmodern World

제12장

예배의 신학과 예전 회복하기

나는 휘튼대학에서 예배학을 가르치고 있다. 학기 초반에 나는 학생들과 함께 유대교 예전을 실습한다. 그 이유는 이를 계기로 학생들이 기독교 예배가 유대교 예배 속에 뿌리 내리고 있으며 기독교 예배의 거대담론은 항상 이스라엘과 예수에 관한 이야기라는 사실을 깨닫기 원하기 때문이다.

유대교 예배의 특징은 예배를 통해서 재현되고 극화(또는 연출, dramatization)되는 거대담론에서 찾아볼 수 있다. 말씀을 강조하는 회당 예배는 유대인 예배 참가자들이 하나님의 말씀을 낭독하고 선포된 메시지를 듣는 가운데 하나님과의 만남을 경험할 기회를 제공했다. 그리고 주간 예배나 각종 절기들과 특히 유월절을 통한 출애굽 사건의 재현과 같은 다양한 유대교의 공동체 예배는 이스라엘 백성들이 애굽에서 나오면서 하나님과 맺었던 언약 관계를 반복적으로 재현했다. 그래서 유대교 예배는 하나님께서 역사 속에서 이스라엘을 구원하시고, 그들을 하나님의 선택된 백성으로 언약 관계를 맺으시고, 그들을 약속의 땅으로 인도하시려고 실행하신 구원의 사건들을 경축한다. (회당에서의) 말씀 낭독과 (유월절의) 극적인 재현을 통하여 출애굽 경험을 축제로 경축하는 것은 그 이후 기독교 예배의 의미를 이해하는 중요한 열쇠이다.[1] 예배에서 우리는 말씀 예전을 통하여 이스라엘과 예수에 관한 이야기를 말하고 성만찬을 통해서 그 이야기를 실행한다(enact). 구약시대 이스라엘처럼 오늘날 우리도 인류 구원을 위한 하나님의 전능하신 구원 행위를 재현하며 우리를 구원하신 하나님께 예배와 감사의 찬송을 드린다.

1. 예배 신학을 회복하기

앞서 나는 기독교 예배의 핵심은 예수 그리스도와 그분의 성육신, 죽음, 부활, 악의 정복, 그리고 하나님 나라의 영원한 확립을 위한 재림이라는 점을 강조했다. 이러한 기독교적인 거대담론은 기독교 예배의 내용과 의미의 핵심이다. 기독교로 개종한 유대인들은 예수의 오심을 자신들이 드리는 예배의 성취로 이해하였다. 그들은 오랫동안 믿어온 창조 신학과 죄, 애굽에서의 이스라엘의 구원, 그리고 하나님과 맺은 언약 관계의 모든 것들이 예수 그리스도 안에서 새로운 의미를 얻게 되었다는 사실을 발견했다. 그리스도는 구약을 폐지하지 않고 자신 안에서 구약 전체의 구원 역사를 다시 실행하심으로 이를 완성하셨다. 그래서 구원은 그리스도 안에서 성취된 사실이며, 인류 역사도 그 안에서 획기적인 전환점을 맞이하였다. 그래서 기독교의 예배는 옛 언약(구약성경)과 새 언약(신약성경) 모

---

1) Carmine Di Sale, *Jewish Prayer: The Origins of Christian Liturgy* (New York: Paulist, 1985); and Paul F. Bradshaw and Lawrence A. Hoffman, eds., *The Making of Jewish and Christian Worship* (Notre Dame, Ind.: University of Notre Dame Press, 1994).

두에 담긴 하나님과의 언약의 내용에 대한 근본적인 표현이 되었다. 새 언약을 예견한 옛 언약은 (회당 예배와 같은) 말씀 예전을 통해서 보존되었고, 옛 언약을 성취한 새 언약은 그리스도의 죽음과 부활에 대한 기억으로서의 성만찬 예전을 통해서 표현되었다. 결국 말씀과 성찬의 두 예전 모두 예수 그리스도와 그분의 창조와 성육신, 그리고 재창조의 사역을 경축한다.

이러한 기독교적인 거대담론은 창조로부터 재창조를 통한 최후 완성의 전체 역사의 중심에 그리스도를 정초시킨다. 우리 기독교인들이 창조를 해석하는 것은 바로 그리스도의 창을 통해서이다. 왜냐하면 타락한 세상이 예수 그리스도의 사역을 통해서 구원받았고 역사의 마지막 날에 최종적으로 완성될 것이기 때문이다. 그래서 기독교 예배에 내포된 천지창조의 자리는 이 세상의 존재 의미가 단순히 우리가 눈으로 보고 느끼고 만지고 맛보고 냄새 맡는 것 이상으로 심오하다는 점을 말해 준다. 하나님이 창조하신 이 우주의 내면성은 창조주 하나님을 향한 경배를 이끌어내기에 충분하다. (또 이런 이유로 하나님은 일주일 중에 하루를 구별하여 우리의 모든 시간과 활동에 대한 자신의 주권의 표시로 거룩하게 지킬 것을 명하셨다. 주일을 거룩히 지킴으로 우리는 우리 삶의 모든 영역들에 대한 하나님의 정당한 주권을 재확인할 수 있다.)

예수 그리스도의 구속사역은 인류뿐만 아니라 피조계 모든 영역을 짓누르는 악한 권세에 대한 승리이자, 마지막 날에 온 세상이 "썩어짐의 종노릇"에서 해방될 것이라는 약속이기 때문에, 피조물도 하나님을 향한 경배에 동참할 것이다. 그래서 기독교 예배는 온 우주 만물의 재창조를 위한 그리스도의 사역의 의미를 확증하기 위하여 빵과 음료처럼 분명히 눈으로 볼 수 있는 표시들과 상징물을 사용한다. 구원받은 사람들뿐만 아니라 물질 세계도 하나님의 구원과 미래 왕국을 지시할 수 있는 것이다.

앞서 살펴본 바와 같이 기독교 예배의 내용은 하나님이 이스라엘과 교회와 맺으신 언약 관계를 시연하는(試演, 또는 재현하거나 예행연습으로 반복하는, rehearsal) 것이다. 예를 들어, 구약시대에 시내 산에서 하나님은 이스라엘과 언약 관계를 맺으시고 이를 피로 확증하셨다. 이를 통해서 이스라엘 백성들은 "자기 기업의 백성으로 선택받은 하나님의 성민"이 되었다 (신 7:6). 여호와 하나님은 이스라엘의 하나님이 되셨고, 이스라엘은 하나님의 선택받은 백성이 된 것이다. 바로 이러한 상호 언약 관계에 근거하여 양쪽의 연합을 가리키는 눈에 보이는 표지들과 상징들로서 성전과 제사장직, 번제, 그리고 지정된 축제일과 절기들이 생겨났다. 그래서 이스라엘의 예배는 과거 출애굽 사건을 회고함과 동시에 앞으로 누릴 약속의 땅을 바라보았다.

신약성경에도 이전과 마찬가지로 그리스도의 피로 봉인된 새로운 언약이 등장하며 이 피로 말미암아 교회는 그리스도의 독특한 소유물이 되었다. "너희는 택하신 족속이요 왕 같은 제사장들이요 거룩한 나라요 그의 소유가 된 백성이니"(벧전 2:9). 그리스도와 자기 백성 간의 새로운 언약 관계는, 그리스도의 몸이자 성령 하나님의 현존과 능력이 내주하는 거룩한 기관으로서 이 땅에서 그리스도의 성육신과 현존을 계속 확장하는 교회를 가리킨다. 그리스도의 몸인 교회 안에는 함께 회집한 신자들과 하나님의 말씀, 성만찬, 목회 사역, 친교, 제자도, 기도, 그리고 신자들의 사랑과 같이 예배를 통하여 그리스도의 임재를 확인할 수 있는 유형의 표지들이 있다. 예배에 등장하는 이 모든 표현들은 과거의 그리스도 사건을 회고함과 동시에 장차 도래할 새 하늘과 새 땅을 소망한다.

결론적으로 고전 기독교 예배의 내용과 의미는, 사탄의 권세를 정복하고 장차 온 세상을 새롭게 완성할 그리스도의 사역에서 최고조에 달하는, 역사 속에서의 하나님의 구원 활동을 말하고 실행한다. 이 이야기가 바로 우리의 찬송과 노래이며 우리의 기도와 간증, 그리고 무엇보다도 성경 낭독과 설교, 그리고 성만찬의 핵심이다.[2]

한 가지 주의할 점이 있다. 오늘날 모든 내러티브의 상대성을 주장하는 포스트모던 시대의 사람들 입장에서는 기독교적인 거대담론을 향한 우리의 헌신이 쉽사리 용납되기 어렵다는 점이다. 하지만 기독교의 거대담론은 그와 동등하게 가치 있는 다른 수많은 거대담론들 중의 하나에 불과하다는 생각(다원주의)은 우리 복음주의자들로서도 용납할 수 없다. 복음주의자들은 기독교 거대담론의 우주적인 권위를 기독교적인 신앙의 본질적인 요소로 간주한다. 그리고 오늘날 이 시대에 기독교적인 내러티브를 확고하게 회복하는 것은 복음주의자들이 예배 신학을 올바로 회복하기 이전에 먼저 선행해야 할 중요한 조치이다. 캐더린 픽스톡(Catherine Pickstock)이 지적한 바와 같이, 이것이야말로 이 세상에 구원과 치유를 가져다주시는 하나님의 신비이며, 그 신비가 결국 모든 만물의 궁극적인 의미와 가치를 부여할 것이다.[3]

2. 예배 예전의 회복

신약시대 예배에 관한 최초의 기록은 사도행전 2장 42절에서 발견된다. 누가에 의하면, 초기 기독교 신자들은 "사도의 가르침을 받아 서로 교제

---

2) 예배 신학에 관해서는 다음을 참고하라. Aidan Kavanagh, *On Liturgical Theology* (New York: Pueblo, 1984); T. F. Torrance, *Worship, Community, and the Triune God* (Downers Grove, Ill.: InterVarsity, 1997); Gordon Lathrop, *Holy Things: An Ecumenical Liturgical Theology* (Philadelphia: Fortress, 1993); and Alexander Schmemann, *Introduction to Liturgical Theology* (Crestwood, N.Y.: St. Vladimir Orthodox Theological Seminary Press, 1966).

3) Ibid.

하고 떡을 떼며 오로지 기도하기를 힘썼다." 이 구절에서 우리는 초대 교회 당시 일반적으로 예배에 대한 두 가지 형식으로, 사도의 교훈 중심으로 함께 모이는 것과 떡을 떼는 성만찬이 정착되고 있음을 알 수 있다. 간단히 말하자면 예배의 시원적인 형태가 말씀과 성만찬을 중심으로 형성되었던 것이다.[4]

기독교 예배를 그리스도 사건에 대한 말하기와 실행하기로 이해할 때 즉각 이어지는 결론은 이런 관점이 예배의 예전(또는 순서, the order of worship)에도 중요한 영향을 주었다는 것이다. 실제 현장에서 터득한 방법은 그리스도의 삶과 죽음, 그리고 부활에 기초하여 이를 재현한 예배 순서는 그리스도의 사역에 관한 거대담론이 다시 선포되고 재현되는 결정적인 수단이다.

[그림 2] 계몽주의 소통과 후기 계몽주의 소통의 비교

---

[4] 말씀과 성만찬에 관한 고전적인 논의는 다음에서 발견된다. Gregory Dix, *The Shape of the Liturgy* (London: Dacre Press, 1945).

계몽주의 시대를 지배하였고 기독교 예배에도 영향을 준 소통 형식은 개념적인 언어를 통한 소통이었다. 하지만 후기 계몽주의 시대에 등장한 새로운 소통 형식은 상징 언어이다. Used with permission of Pierre Babin, *The New Era in Religious Communication* (Minneapolis: Fortress, 1991), 150-51.

역사 속에서의 하나님의 구원을 말하고 실행하는 기독교 예배 예전은 결코 수동적이지 않고 매우 활동적이다. 다행히 오늘날 초기 기독교 예배를 연구하려는 학생들을 위해서 당시 예배의 신학적인 구조를 보여주는 3세기와 4세기의 실제 예배 예전에 대한 기록들이 남아 있다.[5]

이러한 예배 예전을 통해서 우리 기독교인들은 하나님의 구원 이야기를 말하고 실행하며 기독교적인 거대담론을 직접 삶으로 구현한다. 그래서 기독교 예배는 그리스도 사건의 리허설(또는 시연)이며 이를 통해서 하나님과의 만남의 경험이 새롭게 확립되고 유지되며 계속 갱신된다.

기독교 예배에 대한 이상의 포괄적이면서도 개략적인 예전 순서는 주

---

5) R. C. D. Jasper and G. J. Cummings, eds., *Prayers of the Eucharist: Early and Reformed*, 2nd ed. (New York: Oxford University Press, 1980).

일 예배의 기본 틀을 제시하지만, 그렇다고 엄격하고도 획일적인 방식으로 강요될 수는 없다. 이 중에 어떤 예배 순서는 예전적인 방식으로 진행하거나 또는 즉흥적이거나 자유롭게 진행될 수도 있고, 예전적인 반복과 창조적인 예배 사이의 폭넓은 스펙트럼의 중간에서 적당한 형식을 선택할 수도 있다.[6]

과거 2천 년의 교회사에서 계승되어 온 기독교 예배의 기본 구조는 기독교 예배에 대한 단순한 서술(description)이 아니라 예전 순서를 위한 일종의 규범(prescription) 역할을 감당해 왔다. 그래서 포스트모던 시대에 적합한 예배 예전을 복원하려는 복음주의자들은, 이 시대에 기독교 거대담론의 신비를 온전히 소통하는데 효과적인 형식을 이상의 기본 구조 안에서 찾아낼 수 있을 것이다.

---

6) Robert Webber, *Planning Blended Worship : The Creative Mixture of the Old and New* (Nashville: Abingdon, 1998), 예배의 4중구조에 대해서는 다음을 보라. Justin Martyr, *The First Apology of Justin*, in Cyril Richardson, *Early Christian Fathers* (Philadelphia: Westminster, 1943), 66.

제13장

상징적인 소통 회복하기

　소통 전문가들에 의하면 우리는 다음 세 가지 방식으로 소통한다. 첫째로 일상생활에서는 주로 말하기와 듣기를 통해서 소통을 나눈다. 둘째로 과학이나 학문의 영역에서는 생각이나 사상을 소통하기 위하여 개념들(concepts)을 서로 주고받는다. 셋째로 종교의 영역에서는 상징(symbol)을 통해서 소통이 진행된다.[1] 기독교 예배에서도 우리는 일상의 언어를 사용하기도 하고 신앙의 언어를 주고받으며 상징적인 방식으로 소통을 나눈다. 그런데 우리 복음주의자들은 개념적인 언어에는 강하지만 상징적인 언어에는 약하다.

　피터 로쉬 드 코펜(Peter Roche de Coppens)에 의하면, "상징은 언어이고 초자연을 전달하는 수단이다. 또한 상징은 직관과 상상을 다루며, 사고나 감각, 또는 의지보다는 정서를 자극한다." 상징은 또한 발굴되어야 할 광산처럼 기능하며, 씨앗처럼 마음의 옥토에 뿌려지고 자라나서 꽃과 열매

---

[1] Peter Roche de Coppens, *The Nature and Use of Ritual* (Washington, D.C.: University Press of America, 1979), 137.

로 결실을 맺어야 한다. 간단히 말하자면 상징은 우리가 어떤 인격적 존재의 현존을 이끌어내서 일정한 의식 상태를 만들어 낼 수 있는 심리영적인 수단(psychospiritual means)이며, 이를 통해서 우리는 우리 바깥이나 우리 차원 너머에 있는 것의 이미지나 복제판을 다시 만들어낼 수 있다.[2]

포스트모던 시대에 상징주의(symbolism)의 역할은 중세 시대의 의식적인 상징주의를 다시 복원하는 것이 아니라 외경심과 숭엄의 감정과 같은 신비로운 상징주의를 깊이 이해하며 예배에서의 공간의 미와 상징적인 행위들을 효과적으로 적용하며, 음악의 소리와 예술적인 장면들을 복원하는 것이다. 이는 바로 이러한 상징적인 방식을 통해서 하나님의 현존과 진리가 우리에게 중재될 수 있기 때문이다. 이러한 상징적인 행위를 통해서 우리는 알려진 것(the known)과 알려지지 않은(the unknown) 미지의 세계를 연결하는 중재물의 안내를 받아 초월의 신비에 다가갈 수 있다.[3] 다음에는 기독교 예배에 동원되는 일곱가지 사례들로서 예배 공간과 예배 예전, 음악, 세례식, 성만찬, 교회력, 그리고 예술품을 통해서 이러한 원리들이 어떻게 적용되고 있는지에 대해서 간략히 살펴볼 것이다.

1. 예배 공간

우리 모두는 "매체가 곧 메시지다"라는 마샬 맥루한(Marshall McLuhan)의 유명한 격언을 잘 알고 있다. 이 명제는 예배 공간의 활용 속에서 구체적으로 적용될 수 있다. 어떤 예배 공간은 진부하게 느껴지거나 사무실이나 극장, 학교 체육관이나 은행 로비와 흡사하다. 반면에 대성당

---
2) Ibid., 137-42.
3) Pierre Babin, "The Symbolic Way," in ibid., 146-67.

(cathedral) 내부의 공간은 거룩한 감정을 끌어내면서 전혀 다른 곳에 와 있다는 느낌(또는 질적인 차이의 느낌, feeling of otherness)을 전달한다.[4]

1980년대 복음주의자들은 교회 안의 예배 공간을 좀 더 중화시켜서 구도자들이 좀 더 편안하게 느끼도록 만들려고 노력했다. 이러한 노력은 주로 1980년대에 나타났지만 포스트모던 시대에도 지속될만한 방법은 아니다. 구도자들과 탐구자들은 기독교 신앙을 있는 그대로 보여주는 기독교적인 공간에 서서히 스며들어야 한다. 우리가 더 깊이 알고 삶으로 구현하려고 애쓰는 신앙의 내러티브는 우리가 예배드리는 공간 속에서 상징적으로 표현된다. 우리는 일상적인 삶의 현장 주변에서 돌과 나무, 창문, 식탁, 그리고 의자와 같은 평범한 물건들을 취하여 이 속에 기독교적인 신비의 목소리를 담아낸다. 그 결과 평범한 공간이 알려진 것과 아직 알려지지 않은 것 사이를 중재하고 연결하는 시각적인 이미지가 된다.

하나님 보좌 주변의 천사들을 본떠서 그리스도의 말씀과 성만찬 주변에 모여든 회중석과 의자에 모여 앉은 회중은 이 세상에 내주하시는 하나님의 현존을 상징한다. 또 역사 속에서의 하나님의 활동적인 임재는 함께 모인 회중의 이미지를 통해서 상징적으로 표현되며 성만찬 식탁의 이미지는 그리스도의 죽음과 부활을 상징적으로 증언하며, 설교단은 그리스도 사건의 선포를 상징하고 세례반이나 세례탕은 교회가 세례를 통해서 그리스도와의 연합 속으로 들어가는 것을 상징적으로 웅변한다. 그래서 공간 예술을 통해서 소통하는 데 점차 많은 관심을 쏟고 있는 포스트모던 시대에는 평범해 보이는 물이나 설교단, 그리고 식탁과 같은 상징물을 통해서 역사 속에서의 하나님의 신비로운 구원과 이를 경축하는 하나님 백성들의 상호관계를 좀 더 적극적으로 표현할 필요가 있다. 예배 공간 속

---

4) Marcheta Mauck, *Shaping a House for the Church* (Chicago: Liturgy Training Publication, 1990).

의 이러한 상징물들은 역사 속에 드러난 하나님의 구원의 신비를 가시적인 차원으로 중재하는 가장 중요한 시각적인 이미지들이다.

2. 예배 예전

기독교 예배는 하나님과 우리의 상호 언약관계를 질서 정연하게 정돈한다. 기독교 예배를 구성하는 네 가지 연속적인 예전 순서는 우리가 일상적인 삶 속에서 손님을 집 안으로 맞이하는 단순한 행위에 비견될 수 있다. 손님이 집 앞에 도착하면 우리는 환영의 인사를 건네고 현관에서 서로 만나서 악수를 나누고 더 즐거운 담소를 나누기 위해서 거실로 이동하며 식사를 나누면서 함께 방문한 다른 이들과도 교제하기 위하여 식탁에 함께 모이고, 다시 현관으로 돌아가서 서로 작별의 인사를 나누고 헤어진다. 이러한 네 가지 연속적인 행동에 대해서는 특별한 주의가 필요한 것이 아니라 자연스럽게 진행된다. 이상의 행동들은 그저 자연스럽게 이뤄지며 때로는 매우 까다로운 의전 형식을 갖춰서 진행될 때도 있고 또 때로는 매우 사적인 방식으로나 또 양 극단의 중간에서 적당히 진행되는 것이 일반적이다. 그리고 우리 모두는 이러한 일련의 행동에 대한 세밀한 분석이나 설명이 없더라도 이를 통해서 상호 인간관계가 확립되고 더욱 깊어지며 변화한다는 것을 잘 안다.

기독교 예배의 사중구조의 유비가 의미하는 바는 분명하다. 이상의 네 가지 행위는 우리 하나님의 백성들이 예배를 통하여 하나님의 현존 속으로 들어가서 그의 선포된 말씀을 경청하고 응답하며, 성만찬 식탁에서의 하나님과의 친교, 그리고 서로 사랑하며 세상을 섬기러 나아가는 전체 과정을 상징적으로 보여준다. 그리고 이상의 네 가지 구체적인 행위는 하나님과 그 백성 간의 언약 관계의 신비의 차원으로 고양되고 상호관계를 나타내는 평범한 상징물들이 거룩한 차원으로 변화됨으로써 우리와 하나님 간의 거룩한 관계가 예배를 통하여 새롭게 정돈되고 갱신된다.[5]

3. 음악

포스트모던 시대는 소통에서 음악의 역할을 매우 중요시한다. 음악은 초월에 대한 경험을 이끌어내는 효력을 지닌 청각적인 자극제이다. 음악을 통해서 우리는 평범한 소리를 취하고 정돈시켜서 듣는 이들을 형언 불가능한 차원으로 끌어들일 수 있다. 이런 현상은 일상적인 소리의 패턴이 갑자기 이질적인 소리로 간섭을 받을 때 잘 일어난다. 예를 들어, 나는 오하이오 주의 콜럼버스에서 진행된 예배 웍샵을 마친 다음 날 이 원고를 작성 중인데, 이 웍샵에서 나는 잘 알려진 음악을 전혀 이질적인 음악과 서로 중첩시켜서 일종의 초월적인 경험을 이끌어낼 수 있는 원리를 소개하였다. 그런데 내가 말하려는 의미를 이해한 두 음악가가 자원하여 나서서 그러한 초월적인 경험을 맛보여줄 예배 음악을 시연해 보여 주었다. 먼저 우리는 "먼저 그 나라와 의를 구하라"(Seek Ye First)와 "알렐루야"(Alleluia) 찬송을 동시에 불렀다. 첫 번째 찬송의 곡과 가락은 평범한 찬송의 분위기를 제공했던 반면에 알렐루야 찬송은 그러한 평범한 흐름을 흐트러뜨리면서 낯선 분위기를 조성하면서 초월적인 이질감에 대한 경험을 만들어 냈다. 기독교 예배나 다른 유형의 소통에서 매우 효과적으로 사용되어 온 이러한 종류의 음악은 지난 수십 년 동안 전 세계의 예배 갱

---

5) 예배의 사중 구조의 상호관련성에 대한 좀 더 자세한 해설을 위해서는 다음을 보라. Webber, *Planning Blended Worship*.

신 현장에 새롭게 도입된 떼제 음악(Taize's music)에서도 발견된다.[6]

4. 세례식

포스트모던 시대의 복음주의자들은 세례식에 담긴 풍성한 상징주의의 가치를 새롭게 복원해야 한다. 대부분의 복음주의자들은 세례식이 기독교에서 매우 중요한 상징임을 인정한다. 하지만 그러한 세례식의 중요성은 당장 회심을 경험하고 세례를 받는 개종자에게만 해당되는 것으로 여긴다. 그러다보니 오래 전에 세례를 받은 신자들은 세례식에 내포된 심오한 상징주의를 올바로 이해하는 데 실패하고 말았다. 또 세례의 의미를 주로 인간적인 차원에서만 이해하다보니 세례식을 하나님의 은혜에 대한 전체 공동체의 경험으로 승화시키지 못하고 그저 개종 체험에만 국한시켜 이해하는 실정이다. 예를 들어, 몇 해 전에 나는 어떤 복음주의자들 모임에서 세례식의 신적인 차원에 관한 이해의 중요성에 관하여 강의한 적이 있었다. 그런데 강의를 듣던 어떤 참가자가 내 강의에 상당히 불쾌했던지 오늘날 세례는 전혀 불필요하다고 주장하기 시작했다. 이 사람이 출석하는 교회에서 전체 교인 중 최소한 3분의 일은 전혀 세례를 받지도 않았고 그나마 세례식도 새로 개종한 신자들을 위한 선택사항에 불과하다고 했다.

이러한 태도는 상징의 가치와 의미를 무시하는 것이다. 상징은 그 상징이 제시하는 현실 세계에 참여한다. 예를 들어, 물은 피조세계를 구성하는 평범한 요소에 불과하지만 그 차원에 머무르지 않고 비범한 초월의 세계를 중재한다. 천지 창조 때 하나님은 물로 육지를 나누셨다. 우리가 처

---

6) Babin, "The Symbolic Way," 58-62.

음 태어날 때도 우리는 물로 씻겨서 온전해졌다. 노아와 그 가족들은 죽음의 물속에서도 안전하게 살아났다. 유대인들도 하나님의 돌보심 속에서 홍해의 물을 안전하게 통과하였다. 이스라엘은 요단강의 물을 건너서 약속된 땅으로 들어갔다. 물과 관련된 이러한 모든 사건들은 물 가운데 역사하신 하나님의 신비로운 창조 행위와 구원 활동을 지시한다.

우리가 세례식의 물속으로 들어갈 때 우리는 예수 그리스도의 죽음과 부활과 결부된 하나님의 신비로운 결합 속으로 들어가며, 예수 그리스도와 신자의 운명을 실제로 일치하게 만드는 새로운 삶의 패턴 속으로 따라 들어가는 것이다. 그러므로 세례식은 그리스도와 신자의 연합일 뿐만 아니라 세례 받아 변화된 새로운 삶으로의 초청이기도 하다.[7] 세례식이 상징하는 이러한 초청은 우리의 영성에도 구체적인 형태를 부여하는데, 이 부분에 대해서는 다음 장에서 좀 더 자세히 살펴볼 것이다.

5. 성만찬

장로교 목회자로서 메이저급의 복음주의 신학교에서 교수사역을 감당하는 내 친구가 이런 말을 했다. "밥! 만일 우리가 교회 안에서 성만찬의 중요성과 가치를 올바로 회복하지 않으면, 머지않아 우리 아이들을 예전적인 교회(the liturgical churches)로 다 빼앗기고 말걸세." 오늘날 많은 사람들이 복음주의적으로 역동적이면서도 예전적인 예배를 드리는 교회에 몰리고 있다. 그 이유는 부분적으로는 이런 교회에서는 매주 성만찬을 집례하기 때문이다. 초대 교회 당시 성만찬의 핵심 의미는, 그리스도의 공생애와 십자가 상의 죽음, 부활, 그리고 그의 나라를 확립하기 위한 마지

---

7) Michael Green, *Baptism: Its Practice and Power* (Downers Grove, Ill.: InterVarsity, 1987).

막 날의 재림을 감사하고 경축하며 소망하는 것이었다. 그래서 상당수의 복음주의자들은 칼빈과 루터가 모두 회복하려고 애썼던 성만찬 예배에 대한 고전적인 가치와 경험으로 되돌아가고 있다.[8]

또 일부 복음주의자들은 성만찬 예배에서 그리스도의 역동적인 구원과 치유하시는 임재에 대한 믿음을 새롭게 강조하기도 한다. 성만찬 식탁에 현존하시는 그리스도의 임재에 관한 이해는 주후 150년에 순교자 저스틴(Justin Martyr) 의하여 처음 기록된 이후로 점점 다른 교회로 널리 확산되었다.

> 우리가 받은 것은 평범한 빵이나 평범한 음료가 아니라, 하나님의 말씀에 의하여 육신이 되신 우리 구주 예수 그리스도께서 우리의 구원을 위하여 살과 피를 취하신 것처럼, 이 떡과 포도주도 그분의 말씀의 교훈대로 기도에 의하여 축사하신 음식이 변형되어 우리를 위한 살과 피가 되는 것이며, 그 음식이 바로 육신이 되신 예수 그리스도의 살과 피이다.[9]

저스틴의 기록에서도 알 수 있듯이 성만찬에 대한 초대 교회의 강조점은, 평범한 빵과 음료를 거룩한 하나님의 행위를 중재하는 특별한 대리자(special agents)로 거룩하게 구별하는 기도의 능력을 통해서 예배 공동체 앞에 구현되는 그리스도의 성육신과 속죄에 뿌리 내린 하나님의 구원 활동에 집중된다. 평범해 보이는 빵과 음료는 신앙으로 받지만, 성만찬 예전에 참여하는 신자의 구원과 치유를 위한 그리스도의 변화시키고 양육하는 능력이 그 현장에 실제하는 것이다.

---

8) C. W. Dugmore, *The Influence of the Synagogue in the Divine Office* (London: Oxford University Press, 1944), 11-15.
9) Justin Martyr, *The First Apology of Justin*, 66.

성만찬 예배의 고귀한 가치와 기능을 이러한 역사적인 관점에서 수용한 사람들은 실제로 성만찬을 통해서 그리스도의 치유의 능력을 새롭게 발견하기도 한다.[10] 그들에 의하면 성만찬이 일부 사람들에게는 그저 공허해 보일 수 있는 생명 없는 물질의 차원을 뛰어 넘어 성만찬 식탁에 임재하는 그리스도의 은혜롭고 역동적인 현존으로 말미암은 놀라운 기쁨과 치유를 경험했다고 한다.

가끔 내 주변의 학생들이나 신자들 중에 과거의 고통스런 경험으로 고생하는 사람들이 나를 찾아와서 상담을 신청할 때가 있다. 그럴 때면 나는 항상 그들에게 이렇게 말한다. "나는 상담가도 아닐 뿐더러 당신의 문제를 해결할 마땅한 도구도 없습니다. 하지만 한 가지 정도는 제안할 수 있는데, 그것은 즉시로 성만찬 예배에 참석해 보는 것입니다. 가능한 빨리 주의 만찬에 참석해 보십시오. 왜냐하면 그곳이야말로 하나님께서 자기 백성에게 찾아오셔서 치유의 손길을 내밀어 주시는 곳이기 때문입니다." 이러한 권면을 제시한 이래로, 나중에 다시 나를 찾아온 사람들 중에 이 말이 틀렸다고 말한 사람은 단 한 사람도 없었다. 다시 찾아온 많은 사람들은 하나님께서 성만찬을 통해서 자신들의 삶 속에 찾아와 주시고 치유하는 임재로 자신들의 고통을 만져주셨노라고 고백했다.

6. 교회력

오늘날 기독교 예배가 세속화의 길을 걷고 있는 가장 뚜렷한 증거 중의 하나가 바로 교회력의 실종이다. 일반적으로 복음주의 교회가 일 년 동안

---

10) Mark A. Pearson, *Christian Healing* (Grand Rapids: Baker, 1995), 특히 9장 "치유의 수단으로서의 성례전"을 보라.

준수하는 달력은 어머니날이나 아버지날, 어린이날, 현충일, 독립기념일, 혹은 노동절과 같은 세속적인 절기이다. 심지어 어떤 교회에서는 보이 스카우트의 날이나 걸 스카우트의 날까지 챙기거나 전국적인 혹은 지역적인 축제를 그대로 따르는 경우도 있다. 이렇게 교회 안에 다양한 기념일이나 축제와 절기가 뒤죽박죽 뒤섞여 있는 현실은, 우리가 시간에 대한 기독교적인 관점을 얼마나 소홀히 여기고 있는지를 잘 보여준다.

어떤 사람들은 많은 교회들이 성탄절과 부활절을 지킨다는 점을 들어서 위의 비판을 용납하려 들지 않고 오히려 대부분의 개신교회가 교회력을 잘 지키는 편이라고 주장할 것이다. 이 역시 틀린 말은 아닐는지 모르지만, 대부분의 개신교회들은 이런 절기들을 아주 급히 서둘러 해치우거나 심지어 어떤 교회에서는 상업적이거나 판촉행사의 일환으로 절기를 지키는 경우도 있음을 고려할 때, 교회력을 준수하는 신학적인 의미가 상당히 약화된 것은 분명하다.

시간에 대한 기독교적인 관점을 심화시키기 위한 출발점은 단순히 성탄절이나 부활절이 아니라 매주의 성만찬(the weekly Eucharist)이다. 그레고리 딕스(Gregory Dix)가 주목한 바와 같이, 성만찬 예배를 통해서 우리는 "하나님 앞에서 인류 구원에 관한 역사적인 진행 과정을 반복하며 그 구원이 성취된 예수의 십자가 죽음과 부활의 역사적인 사건을 재현"한다.[11]

기독교적인 관점에서 볼 때 예수 그리스도의 삶과 죽음, 그리고 부활은 시간의 중심이다. 왜냐하면 우리는 그리스도의 창을 통해서 과거 역사의 출발점인 창조로부터 시작하여 타락과 하나님과 맺은 언약들, 그리고 구원을 위한 역사 속에서의 하나님의 행동을 돌이켜 회고하며, 그리스도의 성육신의 시점으로부터 다시 재림할 역사의 완성의 시점을 미리 소망하기 때문이다. 이런 이유로 기독교적인 견지에서 볼 때, 시간은 빵과 음료

---

11) Gregory Dix, *The Shape of the Liturgy* (London: Dacre, 1945), xii.

를 통해서 상징화된 예수 그리스도의 구속적인 임재를 통해서 올바로 이해될 수 있다.

오스카 쿨만(Oscar Cullmann)은 널리 알려진 『그리스도와 시간』(Christ and Time)이란 저서를 통해서 시간에 관한 기독교적인 관점을 다루었다. 그는 여기에서 기독교적인 종말론의 관점에서 시간을 의미 있게 이해할 수 있는 관점을 제시하였다. 그가 지적한 바와 같이 기독교인들은 역사가 마지막 종결을 향해서가 아니라 최후의 완성을 향하여 나아간다고 믿는다. 이런 의미에서 시간에 대한 기독교적인 견해는 히브리적인 관점과 유사하다. 구약시대 신자들은 메시아의 도래로 인한 시간의 완성을 소망했다. 예수의 성육신 사건은 구약시대의 구원 사건들을 무의미하게 만든 것이 아니라, 오히려 히브리인들이 지켜왔던 구약시대의 여러 거룩한 절기들의 지향점을 고려할 때, 결국 그리스도는 그 절기들의 의미를 최종적으로 완성하였다. 이와 동일한 방식으로 기독교인들도 역사의 마지막 시점은 이미 발생한 예수 그리스도의 삶과 죽음, 그리고 부활의 의미를 최종적으로 성취하고 완성할 것으로 믿는다.

이런 이유로 교회력은 시간에 대한 기독교적인 관점을 제시하는 그리스도의 구원 사건에 기초한다.[12] 교회력의 기본 뼈대는 예수 그리스도의 삶과 죽음, 부활, 그리고 재림 사건들을 따라 형성되어 있다. 그래서 시간에 대한 기독교적인 관점을 붙잡는 기독교인들은 시간에 대한 세속적인 관점에 극적인 돌파구를 마련하며 현재 교회에 의하여 경축되고 있는 그리스도의 생애의 여러 측면들을 이 세상에 의식적으로 널리 중재하고 확산시킬 수 있다. 시간의 참된 가치는 승리자 그리스도를 중심으로 흘러가는 시간 속에서 하나님의 모든 구원의 총괄갱신에 대한 예상 속에서 올바

---

12) Thomas J. Talley, *The Origins of Liturgical Year* (Collegeville, Minn.: Liturgical, 1986); and Adolf Adam, *The Liturgical Year* (Collegeville, Minn.: Liturgical, 1981).

로 경험될 수 있다(그림 3 참고).

7. 예술

어떤 신학교 교수가 학생들에게 이렇게 말했다. "이 세상에는 하나님이 거룩하게 지명하신 오직 한 가지 소통이 있는데, 그것은 바로 언어를 통한 소통이다." 잠시 후에 이 교수는 칠판에 원을 하나 그린 다음에 이렇게 말했다. "이 원은 하나님을 나타냅니다." 그러자 어떤 명민한 학생이 무언가 말의 모순이 느껴져서 이렇게 질문했다. "교수님은 방금 하나님께서 지명하신 오직 한 가지 소통 방식은 언어뿐이라고 말씀하셨는데, 교수님은 방금 칠판에서 상징을 사용하고 계십니다." 그러자 교수가 당황한 듯 헛기침을 한 다음 이렇게 말했다. "학생 말이 맞습니다. 저도 그런 말을 했습니다." 그리고는 칠판으로 다가가서는 동그란 원을 지운 다음에 이렇게 말했다. "죄송합니다. 다시는 이런 일이 없을 것입니다."

물론 모든 복음주의자들이 예술(품)을 통한 상징적인 소통 방식에 적대적인 것은 아니지만, 기독교 예배에서 예술품의 가치에 대해서는 매우 회의적이다. 예술에 대한 복음주의자들의 경계심과 두려움은 종교개혁으로 거슬러 올라간다. 아브라함 카이퍼(Abraham Kuyper)는 『칼빈주의에 관한 강좌』(Lectures on Calvinism)에서 종교와 예술의 결합은 매우 저급한 단계의 종교를 대변한다고 주장했다. 그가 보기에 구어적인 소통이 가장 최고의 소통 형식으로 간주되기 때문에, "칼빈주의는 예배에서 상징적인 요소들을 모두 제거하였고, 종교적인 정신을 장엄한 기념물에 담아 표현하려는 예술의 요청을 단호히 거부하였다"는 것이다.[13]

---

13) Abraham Kuyper, Lectures on Calvinism, (Grand Rapids: Eerdmans, 1931), 146-47.

하지만 감사하게도 오늘날 복음주의자들이 예배에서의 예술의 가치를 새롭게 발견하여 이를 예배에 효과적으로 활용하고 있다.[14] 연극이나 스토리텔링, 예전적인 율동, 현수막과 플래카드, 또는 예술적으로 고안된 책자들 이 모든 것들은 하나님의 말씀을 전달하는 텍스트를 지원하는 하인들이다. 말하자면 예술품이나 예술 행위는 기독교 예배의 텍스트를 측면에서 지원하고 보완하는 차원에서 도움을 줄 수 있다. 예를 들어, 예전적인 율동이나 춤은 세속적인 연출이나 공연과 달리 입장이나 성경 낭독, 또는 찬양과 함께 결합된 행위로 예배 순서를 더욱 풍성하게 지원해 줄 수 있다. 이런 방식을 통해서 춤도 하나님의 말씀과 그분의 임재를 전달할 수 있다. 그래서 예배 예술에 대한 복음주의자들의 새로운 관심과 헌신은 기독교 커뮤니케이션이 포스트모던 시대에 상당한 영향력을 행사할 수 있는 새로운 가능성을 보여준다.

8. 결론

4부의 서론에서 나는 일단의 복음주의 신학자들과 예배에 대한 그들의 깊은 관심에 대해서 언급했다. 오늘날 복음주의자들 가운데 예배에 대한 커다란 관심의 물결이 일어나고 있다. 그런데 안타까운 점은 적지 않은 수의 복음주의 목회자들과 예배 인도자들과 회중들이 시장 논리를 추구하는 대중문화에 지배된 예배에 이끌리고 있다.

이런 이유로 오늘날 포스트모던 시대에 역사 속에서의 하나님의 구원

---

14) Robert Webber, *Music and the Arts in Worship*, vol. 4, B of *The Complete Library of Christian Worship* (Peabody, Mass.: Hendrickson, 1995), 4권의 B 파트는 전부 예술에 관하여 다루고 있다.

활동의 현현으로서의 예배에 대한 성경적이고 역사적인 신학을 복원하는 일이 매우 시급하다. 또한 예배의 사중 구조를 회복하며 소통에서의 상징적인 언어의 중요성도 새롭게 강조되어야 한다.

예배는 먼저 위를 향하고 그 다음에 밖을 향한다. 우리의 예배가 만일 바깥 문화만 집중한다면 그 예배는 결코 하나님께 올려질 수 없다. 하지만 우리가 만일 하나님을 향한 예배의 내용과 구조, 그리고 스타일에서 위쪽에 집중한다면, 예배 신학은 우리의 마음에 올바른 정보를 제시할 것이고, 예배 순서는 하나님과의 관계를 더욱 심화시킬 것이며, 상징적인 소통은 하나님을 향한 전인격적인 찬양으로 기능할 것이다. 이런 종류의 예배야말로 포스트모던 시대에도 변함 없이 구도자들을 하나님이 현존하는 자리로 이끌어 들이며 신자들을 말씀으로 양육하기에 부족함이 없을 것이다.

[도표 H] 역사 속의 다양한 예배들

고대	중세	종교개혁	근대	포스트모던
하나님 중심	성직자 중심의 예배	예배 언어가 일반인의 언어로 번역됨에 따라 예배가 성직자에게서 신자들에게로 되돌아감	예배가 신자들의 지성적인 교육을 추구해야 하는지, 아니면 죄인들의 회심을 추구해야 하는지에 대한 갈등	하나님 중심의 예배로 회귀
신비	예배가 예수의 무혈희생 의식을 반복하는 미사로 바뀜	종교개혁은 말씀 중심의 예배를 발전시킴		구원의 역사 속에서 일하시는 하나님의 사역에 대한 강조
역사적인 재현				

종말론적 예상	라틴어	상징을 배척	상징을 배척	예배 내용에 대한 고전적인 관점의 회복 상징주의의 회복
말씀과 성만찬 상징 참여 상향적인 예배				

신비와 상징으로의 변화는 고전적인 예배를 포스트모던 시대에 복원할 수 있는 풍부한 토양을 제공함.

[그림 3]

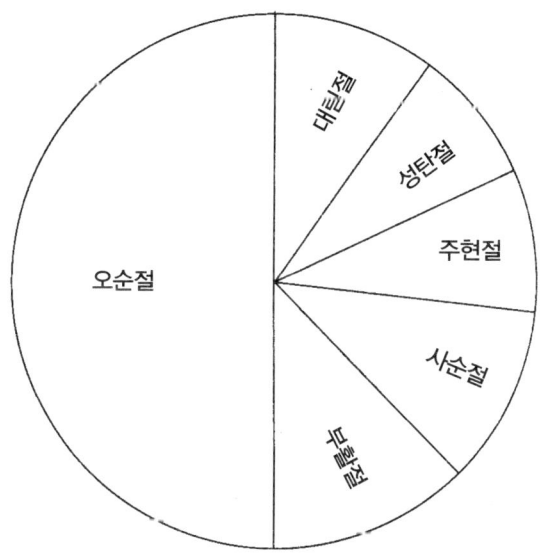

대림절로부터 시작하여 오순절까지 진행되는 교회력은 예수 그리스도의 생애와 사역을 그대로 따라간다. 오순절 이후의 절기는 초대 교회의 성장과 발전 과정을 반복한다. 교회력에 포함된 각종 절기와 축제일은 역사 속에서의 하나님의 구원하시는 사건의 신비를 상징적으로 나타낸다. 그래서 그런 의도를 가지고 예배드리는 신자들은 각자의 삶이 하나님의 구원 행위의 내용에 의하여 규정되고 빚어지는 것을 경험할 수 있을 것이다.

5부

고전/포스트모던 영성

> 기독교인들은 전혀 다른 세상에 속해 있다. 그들은 하늘 아담의 자손이며 새로운 백성이고, 하늘 성령의 자녀들이고, 위에 계신 성부 하나님처럼 영이시고 빛나는 아담이신 그리스도의 빛나는 형제들이다.
>
> - 마카리우스 (주후 350)

나는 종종 주변의 학생들로부터 진로 지도에 관한 상담부터 시작하여 신학적인 주제나 특히 영성에 대한 질문들을 자주 받는다.

지난 40년 동안 교수사역을 감당해오다보니 사람들이 이해하기 가장 힘들어 하는 주제가 바로 영성임을 알게 되었다. 이 점은 내 스스로나 학생들 그리고 내 강의를 들었던 다른 모든 사람들에게도 분명히 말할 수 있다. 대부분의 기독교인들은 진정한 영성이 무엇인지를 올바로 이해하려고 애쓰지만 이 주제는 여전히 불가해한 주제이다.

예를 들어, 예전에 신학교에서 가르칠 때였다. 서부 해변가 출신의 어떤 목회자가 학교 채플 시간에 영적인 삶의 현실이라는 주제에 관하여 특강을 진행할 계획이었다. 그 주제에 대한 특강 일정이 처음 소개되었을 때 나는 이 특강을 통해서 어떤 분명한 지침을 얻을 수 있을 것으로 기대했기 때문에 내 마음은 흥분으로 가득 찼다. 정말로 영성에 대한 분명한 가르침을 얻을 수 있기를 열망했다. 하지만 지금은 그 목회자가 무슨 말을 했는지 전혀 기억나지 않고 다만 그 강의는 내 기대를 전혀 충족시키지 못했다는 사실만 분명한 기억으로 남아 있다.

복음주의 계통의 교회에서 성장한 우리 대부분의 입장에서 볼 때, 영성은 주로 무엇은 하고 무엇은 하지 말라는 지침 목록의 관점에서 이해되어 왔다. 부정적인 관점에서 볼 때 영성은 음주와 흡연, 춤, 그리고 카드 놀이와 같은 세속적인 습관들을 멀리하는 금욕을 의미한다. 좀 더 긍정적인 관점에서 볼 때, 영성은 교회 출석이나 기도, 정기적인 성경 읽기, 그리고 간증이나 봉사의 관점에서 규정될 수 있다. 영성을 증진시키는 분명한 방법으로 이런 공식적인 기준들이 마련되어 있다. 하지만 내 생각에 이러한 기준이나 규범들은 실제 삶 속에서의 진정성을 도외시한 채로 영적인 율법주의(spiritual legalism)를 낳을 뿐이다.

나중에 신학교에 입학하여 교회사를 전공하게 되었을 때 나는 교회 역사의 여러 지도자들이 겪었던 고민과 갈등을 살펴보기 시작했으며 교회 내의 다양한 운동들의 관점에서 영성에 대한 통찰들을 이해하게 되었다. 나에게 있어서 영성은 항상 결론이 나지 않은 열린 주제로 남아 있지만, 기독교의 고전적인 전통은 영성의 진정한 의미가 무엇인지에 대한 풍성한 이해를 나에게 제공해 주었고 또 그 통찰이 포스트모던 시대에도 여전히 유효하다는 확신을 심어 주었다.

포스트모던 사회의 문화적인 배경은 이 시대에 새롭게 고전적인 기독교 영성을 회복할 풍부한 토양을 제공한다. 오늘날 이 시대는 1970년대의 세속적인 인본주의로부터 모든 삶 속에 스며든 뉴 에이지 영성(New Age spirituality)으로 변화하였다.

뉴 에이지 영성은 피조계 전체에 스며들어 있는 비인격적인 하나님에 관한 세속적인 사상에 기초한다. 그래서 뉴 에이지 영성은 피조된 질서 세계 안에서 모든 만물이 보이지 않는 끈으로 서로 연결됐다는 영적인 연관성에 대한 인식을 강조한다. 이러한 연결성은 물질과 영, 또는 하나님과 인간, 그리고 선과 악의 이원론을 붕괴시킨다. 모든 만물이 서로 연결된 하나의 일체(一體)라는 사상을 통해서 사람도 인간 실존의 이원성을 초월하여 절대자와의 영적인 합일의 관계 속으로 들어갈 수 있다는 것이다. 이러한 사상은 다양한 형태의 명상이나 기도, 그리고 환경과 생태계에 대한 쟁점들을 통해서 표현된다. 흥미롭게도 뉴 에이지 영성은 윤리적인 문제와도 깊은 관계가 있으며, 특히 도덕적인 표준의 문제와 밀접한 관련이 있다.[1] 복음주의자들은 당연히 뉴 에이지 운동의 전제를 배척하지만, 무신론적인 세속주의로부터 우주에 관한 신비적이면서도 무정형의 영적인 관점은 고대 기독교 영성을 이 시대 새롭게 복원할 수 있는 적절한 토양을 제공한다.

그래서 우리 복음주의자들은 이런 상황을 고려하여 영적인 세계를 추구하는 사람들과의 접촉점을 모색해야 한다. 예를 들어, 나는 최근에 이교신앙에서 뉴 에이지 철학으로 개종한 한 여인과 대화를 나눈 적이 있었다. 이 대화를 계기로 그 여인은 교회에 출석하게 되었고 그 교회에서 그녀는 올바른 기독교 영성을 익힐 수 있었다. 이런 사례는 오늘날 포스트모던 사회에 점점 더 보편화될 수 있다. 우리는 주변 사람들과 어울리는 가운데 그들의 영적인 갈급함을 적극 감지하여 그런 기대에 부응할만한 교회로 인도해서 기독교 신앙으로 양육될 수 있도록 노력해야 한다.

---

1) Douglas Groothuis, *Confronting the New Age* (Downers Grove, Ill.: InterVarsity, 1988).

Ancient-Future Faith
Rethinking Evangelicalism for a Postmodern World

제14장

역사 속의 다양한 영성 패러다임들

고대 교회의 영성은 하나님과 악한 세력 사이의 대립과 갈등과 깊은 관계가 있다. 고대의 기독교인들은 악마의 힘과 그 파괴적인 영향력을 강하게 의식하고 있었다. 그들이 이해하기에 영성은 자신의 죽음과 부활로 악의 권세를 정복하시고 자신의 왕국을 세우신 신인(神人, the God-man)이신 예수 그리스도 안에 뿌리내리는 것이었다. 새로 입교한 신자들은 세례를 받음으로 그리스도의 죽음과 연합하였는데, 이 말의 의미는 자신의 삶 속의 모든 죄와 악에 대하여 완전히 죽고 다시 살아남으로 그리스도와 연합되었다는 뜻이다. 또 그들은 자신의 새로운 삶을 그리스도에게 내어 맡겨서 성령의 능력 안에서 그분의 생애를 따라 살아가기로 서약했다. 그래서 고전적인 영성은 그리스도의 죽음과 부활의 패턴을 따라가는 삶을 의미한다.[1]

초대 교회 이후 중세 시대에 이르는 동안 영성에 대한 다양한 접근 방

---

1) Nicodemus of the Holy Mountain, revised by Theophan the Recluse, *Unseen Warfare* (Crestwood, N.Y.: St. Vladimir Orthodox Theological Seminary Press).

법들이 등장했다. 성경의 정경화 작업이 끝난 다음에는 영적인 성경 읽기 방식인 렉티오 디비나(lectio divina)가 등장했다.[2] 이 독서 방법에서 성경 독자는 본문의 매 구절과 단어를 가슴 깊이 새겨 읽고 자신에게 개인적으로 다가오는 의미를 깨달으려는 열망 속에서 그 본문을 깊이 묵상했다. 이 외에도 중세 시대에는 여러 수도원 집단들이 세워지면서 영성의 제도적인 차원이 부각되었다.[3] 수도원은 기존 교회의 세속성과 타락에 대하여 염려하며 경계하였기 때문에, 고독과 기도, 순결, 가난, 그리고 철저한 순종을 통해서 최대한 그리스도를 닮아가려고 애쓰는 공동체를 설립하였다. 수도원의 입장에서 볼 때 영성은 삶 전체를 바치는 소명이었다. 반면에 일반 대중에게 적용되는 영성은, 성자들을 위한 기도나 성지 순례, 중요한 절기와 축제 참가, 성만찬의 참여와 같은 몇몇 헌신적인 행위를 이행하는 문제였다. 평신도의 영성에서 중요한 비중을 차지하는 것은 참회였다.[4]

한편 종교개혁자들은 이러한 수도원 운동과 미신적인 평신도 영성에 반기를 들고, 객관적인 진리를 이해하는 차원의 영성을 강조하기 시작했다. 그렇다고 해서 종교개혁자들이 영성의 내면적인 경험마저도 부정한 것은 아니었다. 그들도 하나님의 진리로 인한 놀라운 기쁨과 감사를 경험하는 마음에 대해서도 언급했다. 예를 들어서 칼빈은 진리의 객관적인 차원을 강조하였고 성경적인 사고체계에 대한 확신과 성경적인 가르침에 대한 엄격한 헌신에 기초한 영성을 발전시켰다. 종교개혁의 신학적

---

2) Suasn Annette Muto, *A Practical Guide to Spiritual Reading*, rev. ed. (Peterson, Mass.: St. Bede's, 1944).
3) Herbert B. Workman, *The Evolution of the Monastic Ideal* (Boston: Beasson, 1913). 중요한 자료로는 다음을 보라. Timothy Fry, ed., *The Rule of St. Benedict in English* (Collegeville, Minn.: Liturgical, 1982).
4) Eamon Duffy, *The Stripping of the Altars: Traditional Religion in England 1400-1580* (New Haven, Conn.: Yale University Press, 1992).

인 체계는 하나님께서 어떻게 역사 속에서, 자연 세계에서 그리고 가족생활 속에서 일하시는지를 체계적으로 설명하였기 때문에 종교개혁의 영성도 자연히 일반 사람들에게 편하게 수용되었다. 이 세상 모든 사람들에게는 하나님으로부터 소명이 주어졌고 그 소명에 순종하는 삶이야말로 생활 속에서 구현되는 영성이었다.[5] 또한 재세례파(anabaptists)는 공동체 안에서의 제자도의 영성을 강조하였고,[6] 영국국교회 교도들은 성경과 신경, 성만찬, 그리고 감독제도를 중시하는 예전의 영성(the spirituality of the liturgy)을 강조하였다.[7]

17세기에 근대의 복음주의 영성은 주관주의로의 급격한 변화를 겪었다. 경건주의 운동과 부흥운동, 근본주의, 그리고 복음주의적인 기독교 운동의 등장으로 인하여 종교개혁자들의 객관적인 영성이 회심에 대한 내면적인 체험을 중시하는 주관적인 영성으로 이동한 것이다. (주관주의로서의 변화에서 제외되는 예외적인 경우는 스스로를 개혁파〈Reformed〉로 간주하는 미국장로교회〈the Presbyterian Church of America〉에서 찾아볼 수 있다.)주관적인 영성은 회심과 개종의 결과로 성경에 대한 애정과 주님의 대위임명령에 대한 순종, 그리고 세상에 대한 죽음의 단절을 강조하는 주님과의 동행을 강조하였다.[8] 한편 좀 더 진보적인 기독교인들은 진정한 영성은

---

5) John Calvin, *Institutes of The Christian Religion*, 1st Amer, ed. (Philadelphia: Presbyterian Board of Publication [PBP], 1813; New Haven, Conn.: Hezekiah Howe, 1816; Philadelphia: Nicklin & Fry, 1816; New York: S. Huestis & C.S. van Winkle, 1919); 5th Amer, ed. (PBP: 1844, 1909, 1930); 6th Amer. ed (PBP: 1911, 1921; Philadelphia: Presbyterian Board of Christian Education [PBCE], 1928, 1932); 7th Amer, ed. (PBCE, 1936, 1948); 8th Amer, ed. (Grand Rapids: Eerdmans, 1949); (London: S.C.M.: 1961); published as *Young-Hahn Gidokyo gangyo* (Seoul: Sungmoon Publication, 1993).
6) *The Scheitheim Confession of Faith*, in Robert Ferm, *Readings in the History of Christian Thought* (New York: Holt, Rinehart, & Winston, 1964), 528-35.
7) Stephen Sykes, *The Identification of Christianity* (Philadelphia: Fortress, 1984), 특히 11장을 보라, "예배, 헌신과 정체성"(Worship, Commitment and Identity).
8) Philipp Jacob Spener, *Pia Desideria*, (Philadelphia: Fortress, 1964); Ronald Knox, *Enthusiasm: A Chapter in the History of Religion with Special Reference to the Seventeenth*

가난한 자들을 돌보고 사회의 공평과 정의를 지지하는 모습으로 표현된다고 보았다.[9] 그런데 20세기 들어 지난 수십 년 동안 점차 진보적이거나 자유주의 기독교가 퇴거함에 따라 복음주의자들도 자신들의 영성의 일부분으로 궁핍한 자들과 사회적인 공의에 대하여 좀 더 적극적인 관심을 기울였다.[10] 또 일부 복음주의자들 중에는 중세 시대 지속되었던 내면적인 수련(the inner disciplines)의 영성을 다시 회복하려는 강력한 흐름이 나타나기도 한다.[11]

포스트모던 시대 영성의 특징은 역사 속에 등장했던 다양한 영성 패러다임을 긍정하는 데서 찾아볼 수 있다. 하지만 객관주의에서 주관주의로의 변화 때문에 내면적인 영적 수련에 대한 관심이 점차 고조되고 있다. 그리고 죄와 사망에 속한 모든 것에 대한 죽음과 성령 안에서 생명을 주는 모든 은사로의 부활을 확인하는 세례의 이미지도 점차 부각되고 있다. 이 시대에 개인적인 영성은 단지 마음 속 심장에서만 작용하는 것이 아니라 기독교 공동체의 공적인 윤리의 영역에서도 작용되어야 한다. 그 기독교 공동체의 윤리는 물론 이 세속 사회 속에서의 윤리의 실종의 문제에 적극 대항하여 새로운 대안을 제시해야 한다(도표 I 참고).

1. 계몽주의로 인한 영성의 문제점

근대 시기 복음주의 영성에 내포된 가장 심각한 두 가지 문제는 우리

---

and Eighteenth Centuries (New York: Oxford University Press, 1961).
9) Walter Rauschenbusch, *A Theology of the Social Gospel* (New York: Macmillan, 1917) New York, Abingdon, 1971, 1978, 1987; Louisville: Westminster/ John Knox, 1997).
10) Ronald J. Sider, ed., *The Chicago Declaration* (Carol Stream, Ill.: Creation House, 1974).
11) Richard Foster, *Celebration of Discipline: The Path to Spiritual Growth* (San Francisco: Harper & Row, 1978).

복음주의자들이 그동안 무시했던 영역과 강조했던 영역에서 발견된다. 그래서 우리는 역사적인 부정과 긍정의 입장에 속한 대신 고전 기독교의 전통을 왜곡시키려는 경향이 강하다.

1) 부정으로 인한 영적인 실패

첫째, 성령께서 교회사를 통해서 우리에게 전수해 준 자원을 무시할 때, 우리는 영적으로 실패할 수밖에 없다.[12] 종교개혁 이전 천오백 년 동안 기독교 교회는 다양하고도 엄청난 영적 자원을 발전시켰다. 그 중에는 수도원 운동이나 이그나티우스(Ignatius, 주후 110)와 이레니우스(Irenaeus, 주후 180), 터툴리안(Tertullian, 주후 200), 아타나시우스(Athanasius, 주후 325), 갑바도기아의 교부들(the Cappadocian Fathers, 주후 320), 그리고 사막 수도사인 폰투스의 에바그리우스(Evagrius of Pontus, 주후 345-399), 성 캐더린의 존(John of St. Catherine, 주후 600)과 같은 초대 교회 교부들의 영적인 기록들을 통해서 발전된 다양한 영성 학파는 말할 것도 없고, 이 외에도 기도 시간이나 경건 훈련, 개인적이고 공동체적인 수련, 공동체적인 가치, 그리고 자연과의 조화가 여러 영성 훈련에 도입되었다. 그런데 불행히도 종교개혁자들이 중세 교회의 마리아 숭배나 성자들에 대한 과도한 집착, 유물 숭배, 그리고 성체 예배의 문제를 교회 내에서 제거하려고 애쓰다가 그만 초대 교회 이래 영성에 대한 다른 여러 긍정적인 접근 방안들을 온전히 보존하는 데는 실패하고 말았다.[13]

둘째, 그리스도의 사역은 역사와 문화와 관계가 없다는 생각으로 행동

---

12) Cheslyn Jones, Geoffrey Wainwright, and Edward Yarnold, eds., *The Story of Spirituality* (Oxford: Oxford University Press, 1986).
13) Duffy, *The Stripping of the Altar*.

할 때에도, 우리는 영적으로 실패할 수밖에 없다.[14] 기독교가 세속 문화로부터 퇴거함과 동시에 세속 문화도 점차적으로 더욱 세속화되어가면서 기독교의 영성은 세상으로부터 단절되고 말았다. 하나님은 저 세상 위나 또는 저 세상 너머에 계실 뿐이다. 하나님과 세상의 관계는 세속적인 것과 완전히 대립되고 구별된 영성의 관점에서 대립적이고 배타적으로 이해될 뿐이다. 하나님은 교회 안에서나 성경 안에서 또는 기도 중에 발견될 수 있지만, 그분은 결코 세상 들판에서나 연구실에서 컴퓨터 회사에서나 월스트리트에서는 전혀 찾을 수 없는 분에 불과하다는 것이다. 이런 상황에서 영성은 결코 삶의 중심부를 차지할 수 없고 그저 삶과 일정한 거리를 유지하는 어떤 것으로 점점 밀려날 수밖에 없다. 또 영적인 삶도 일상적인 활동과의 연결고리를 잃어버리고 일상적인 사업이나 정치 영역에서 결정을 내릴 때 참고하는 가치기준과도 무관하고 그저 "하나님과 함께 하는 특별한 시간"처럼 공론에 불과할 뿐이다.

셋째, 예수 그리스도가 지성을 구원하지 않은 것처럼 행동할 때에도, 우리는 영적으로 실패할 수밖에 없다.[15] 과거 수백 년 동안 기독교는 지성의 영역에서 감성의 영역으로 점차 퇴거하였다. 근대적인 세계에서는 신본주의적인 세계관이 아니라 인문주의에 기반을 둔 과학과 이성, 철학과 심리학, 사회학과 문화인류학이, 심지어 기독교인들의 지성과 마음까지도 지배하였다. 그 결과 두 세계에 양다리를 걸친 그리스도인들이 양산되었다. 한쪽 발은 교회 안에서나 또는 종교적인 일을 하는 곳에 걸치고, 또 다른 발은 세상적인 사고와 일 속에 걸친 것이다. 그리고 깊이 있는 사고와 무관한 영성이 어떤 이들에게는 설명할 수도 없고 내용도 없는 마음의 문제로 변질되거나 또는 경험이나 감정과 결부되어 낭만적인 느낌에 불

---

14) Mark A. Noll, *The Scandal of the Evangelical Mind* (Grand Rapids: Eerdmans, 1996).
15) Harry Blamires, *The Christian Mind* (Ann Arbor: Vine Books, 1963, 1987).

과한 것으로 간주되고 말았다.

2) 긍정으로 인한 영적인 실패

오늘날 복음주의 영성의 두 번째 문제는 깊이 있는 성찰의 과정을 생략함으로 말미암아 비롯된다. 예를 들어, 기독교가 주변 사회의 하위문화의 표준에 맞게 순응해야 한다는 주장을 생각해 볼 수 있다. 이런 경우 성경이 가르치고 또 교회가 늘 확정해온 것을 계속 고수하는 대신 영성을 그저 율법주의(legalism)의 차원으로 격하시키는 것이다. 왜냐하면 기독교 영성의 독특성이 부각되기 보다는 그저 세속적인 관습으로 규정할 수 있는 것과 구별되는 차원으로만 영성을 이해하기 때문이다. 물론 이런 규칙들은 잘 훈련된 영적인 군사들을 양성할 수도 있지만, 사람들에게 좀 더 깊이 있는 영적 삶을 제공하는 데는 실패할 수밖에 없다.[16]

그 다음에 외부적인 규칙에 집중하다보면 신자가 모든 주변 만물과 좀 더 통전적인 관계를 맺을 수 있도록 도와주기 어렵다. 유연성이 결핍된 율법주의적인 영성은 신자로 하여금 특정한 하위문화에 속하지 않은 사람들에 대하여 두려워하게 만드는 경향이 있으며, 세상에 대한 부정적인 태도를 양산하며, 자신이 믿는 바에 대한 불확실성을 조장하는 경향이 있다. 또 영적인 책임감은, 어떤 사람이 무엇을 할 수 있는가의 관점에서 그리고 신자가 누구와 연대할 수 있는가의 관점에서, 쉽게 규정할 수 있는 몇 가지 규칙들이나 한계로 축소된다. 게다가 좀 더 비극적인 점은 이러한 영성은 스스로가 유별난 특권을 지닌 것처럼 주장하거나 다른 기독교 전통도 진정한 기독교라는 사실을 부정함으로써 그리스도의 몸을 나누려든다. 하지만 개인주의적이고 사적인 영성으로는, 세상 문화와 깊이 있

---

16) Daniel Stevick, *Beyond Fundamentalism* (Philadelphia: Westminster, 1963).

는 사고를 위한 기독교인들의 다차원적인 영적 책무를 올바로 감당할 수 없다.

그 다음으로 주목할 것은 하나님에 대한 과도한 친밀성을 강조하는 영성이다. 교회의 본질과 하나님과 신자와의 관계의 본질에 관한 총체적인 틀거리 안에서 잘 계발된다면 분명 좋은 자질을 발휘할 수 있는, 영적인 민감성과 공동체, 그리고 서로에 대한 사귐에 대한 최근의 강조점들은 때로는 그저 듣기 좋은 말로 끝나버리는 경우가 적지 않다. 이런 경우에 하나님은 더 이상 "이스라엘의 거룩한 자"도 아니고, 그분의 거룩함으로 인하여 두렵고 떨리는 경외감이 생기는 공의의 하나님도 아니며, 그저 내 친한 친구나 동료에 불과할 뿐이다. 만일 당신이 누군가에게 사랑을 쏟고 싶은 사람이 필요하다면 하나님이 거기에 딱 어울린다. 또 당신이 외롭고 낙심됐다면 하나님이 옆에 계시다는 식이다.

이런 개념도 일부분 진리는 분명 진리이다. 하나님이 바로 그곳에 계시다. 하지만 만일 하나님이 현대 음악 속에서나 시집, 또는 서적 속에서 지나치게 감성적인 차원에서 소개될 경우, 하나님에 대한 관점이 그만 신성 모독죄의 한계를 넘고 말 것이다. 이런 유형의 영성은 하나님에 관한 아주 작은 부분의 진리를 마치 하나님에 관한 모든 진리인 것처럼 호도하는 것이기 때문에 우상숭배나 다름없다. 또 이런 영성은 하나님의 고귀한 가치로 그저 내 기분만 좋게 만드는 데 집착한다. 이런 영성에는 하나님을 향한 우리의 관계 속에서 고양될 수 있는 그 어떤 거룩한 위엄도 없고 장엄함도 없다. 더 이상 하나님은 그 앞에 우리가 머리를 숙여 경배해야 할 왕도 아니다. 이런 종류의 하나님에 대한 과도한 친밀성의 결말은 하나님으로 인한 두렵고 떨리는 존경과 경배와 전혀 거리가 멀다.[17]

이런 유형의 영성의 또 다른 변종으로는 영성의 기준을 아름다운 빌딩

---

17) Marva Dawn, *Reaching Out without Dumbing Down* (Grand Rapids: Eerdmans, 1995).

과 엄청난 규모의 군중들, 고급 양복과 캐딜락 승용차, 그리고 교외의 고급 주택에서 찾는 경우이다. 이런 교회에서는 이렇게 외친다. "하나님은 여러분이 가난하거나 약하거나 슬퍼하기를 원하지 않으십니다. 그보다 하나님은 여러분이 부유하고 강하며 행복하기를 원하십니다." 이 경우 문제는 영성을 부와 권력, 아름다움, 대중성이나 인지도의 관점에서 측정하는 것이다. 기독교가 대중의 눈에 매력적인 종교로 비춰질 때 나타나는 비극적인 결과는 진정한 기독교의 가치를 확증하는 겸손한 섬김의 삶으로서의 기독교 영성의 특징이 기독교인처럼 보이도록 하는 서구적인 대중문화의 가치로 뒤바뀐다는 것이다.

결국 오늘날 우리가 영성의 정체에 대하여 혼란스러워하는 이유는 그리스도의 성육신에 담긴 함축적인 의미를 올바로 이해하는 데 실패했기 때문이다. 그리스도의 인간성을 지나치게 강조하면, 기독교 영성은 감성적이고 사적인 경험에만 집중될 수 있다. 반대로 그리스도의 신성을 지나치게 강조하면 기독교 영성은 초월성에만 국한될 수 있다. 그래서 미래의 희망은 저 세상에 대한 우리의 경험과 이 세상에 대한 우리의 경험 모두를 지지하는 성육신적인 영성을 회복하는 데서 확보될 수 있다.[18]

---

18) Kenneth Leech, *Experiencing God: Theology as Spirituality* (San Francisco: Harper & Row, 1985).

Ancient-Future Faith
Rethinking Evangelicalism for a Postmodern World

제15장

고전적인 영성

　성경과 교회역사 속에서 발견되는 다양한 기독교 영성에 대하여 연구하면, 영성에 대한 두 가지 표준이나 포괄적인 강조점이 나타난다. 한쪽은 마치 그리스도의 신성처럼 이 세상으로부터의 초월을 강조하며 내면적인 삶을 추구한다. 또 다른 쪽은 마치 그리스도의 인성처럼 이 세상에 대한 참여를 강조한다. 하지만 이 두 가지 입장은 서로 대립된 것이 아니다. 왜냐하면 성경이나 교회역사 속에서 영성에 대한 그 어떤 저자나 사상가들도 둘 중 하나만을 배타적으로 주장하지는 않기 때문이다. 그렇지만 뚜렷한 특징으로서 강조점의 차이가 발견된다. 이 점을 보여주는 사례로 사도 바울과 마태의 경우를 소개하는 것으로 충분할 것이다.

1. 사도 바울의 영성

바울의 핵심적인 강조점은 그리스도의 죽음과 부활에 집중된다.[1] 그리스도 사건을 통해서 무언가 새로운 사건이 발생했다는 것이다. 사도 바울은 이 새로운 사건을 옛 질서와 새 질서 사이의 분명한 대조의 언어로 묘사한다. 예를 들어, 그는 육과 영, 율법과 은총, 이 세대와 장차 오는 세대, 그리고 아담과 그리스도와 같은 대조법들을 사용한다. 예전에 우리는 아담에 속했으며 옛 사람에게와 옛 인성, 그리고 옛 질서에 참여했다. 하지만 이제 그리스도에 대한 믿음으로 인하여 우리는 그리스도 안에 있으며, 새로운 인성과 새 질서에 참여한다. 그리스도인들은 사도 바울의 몇몇 유명한 은유로 표현하자면, "그리스도와 함께 옷 입은 자들"이 되었으며, 성령을 따라 걷고, 그리스도께서 그 안에 내주하시며 그리스도의 몸 안에서 살고, 하나님의 가족으로 양자로 선택함을 받았다. 그 결과 그리스도 안의 새 사람은 예전의 낡은 옷을 벗어버리고 새 옷을 입었다.

사도 바울의 영성의 중심에는 바로 이러한 주제들이 자리하고 있다. 또 이런 주제들은 옛 주인으로부터 새 주인으로의 충성과 헌신의 전환을 암시하며, 이러한 새롭고도 완전한 정체성은 옛 주인에 대한 죽음의 단절과 새 주인을 향한 새로운 생명의 관점에서 설명될 수 있다.

> 이는 너희가 죽었고 너희 생명이 그리스도와 함께 하나님 안에 감취었음이니라…그러므로 땅에 있는 지체를 죽이라…이제는 너희가 이 모든 것을 벗어버리라…옛 사람과 그 행위를 벗어버리고 새 사람을 입었으니(골 3:3, 5, 8, 10).

---

1) C. P. M. Jones, "The New Testament," in *The Study of Spirituality*; see also John Stott, *The Message of the Sermon on the Mount* (Downers Grove, Ill.: InterVarsity, 1978).

이와 같이 사도 바울의 서신서에서는 그리스도로 말미암은 새로운 "내면의 삶"을 강조하는 것을 볼 수 있다. 그렇다고 사도 바울이 육신과 인간성, 또는 피조물을 배제한다는 의미는 아니다. 다만 바울은 자아의 부정으로서의 영성, 그리고 그리스도와의 신비한 연합으로서의 영성, 그리고 삶에 대한 금욕적인 접근으로서의 영성에 기울어져 있음이 분명하다. 사도 바울이 강조하는 것은 그리스도 사건으로 인하여 피조계를 지배하는 악의 권세가 정복되었다는 것이다.

> 우리의 씨름은 혈과 육에 대한 것이 아니요 정사와 권세와 이 어두움의 세상 주관자들과 하늘에 있는 악의 영들에게 대함이라(엡 6:12).

그리스도께서 악한 권세를 이기신 승리자이신 것처럼, 이 승리는 그분께 국한되지 않고 우리에게로 확장된다. 그래서 기독교 영성의 출발점은 악한 권세를 정복하신 그리스도와의 연합이다. 영성은 세상의 악한 권세들과의 영적인 전투에 참여하는 것이며 우리 안에 내주하시는 그리스도를 통하여 악의 권세들의 정복을 계속 선택하는 것이다.[2]

2. 마태의 영성

마태의 영성은 산상수훈에 잘 나타난다.[3] 여기에서는 옛 법을 완성하

---

2) Timothy Warner, *Spiritual Warfare: Victory over the Powers of Evil* (Wheaton, Ill.: Crossway, 1991); and Stott Moreau, *Essentials of Spiritual Warfare: Equipped to Win the Battle* (Wheaton, Ill.: Harold Shaw, 1997).
3) Jones, "The New Testament."

고 성취한 새로운 법이 선포되고 있다. 이 법은 구약의 법과 마찬가지로 심령의 겸손과 가난함을 요구하며, 은총에 대해서, 그리고 하나님의 성결을 실행하는 공의에 대한 열망을 요구한다. 하나님에 관한 올바른 지식과 그로 인한 참 평안을 가져다주는 것은, 바로 삶에 대한 이러한 정신과 이러한 행위, 그리고 이러한 접근이다.

이렇게 산상수훈에는 영성의 역동적인 차원이 명확히 제시되어 있는데, 산상수훈의 조항들은 순차적인 계명들로 나열되어 있으며, 단순한 외면적인 행위의 차원을 뛰어 넘어 용서하고 베푸는 적극적인 사랑을 강조한다. 유대인들이 평생 지켜야 할 세 가지 핵심적인 경건의 실천 조항은 구제와, 기도, 그리고 금식이다. 그런데 기독교인들은 이런 행위를 그저 남에게 보이려고 지키는 것이 아니라 마음에서 자발적으로 우러나와서 실천해야 한다. 그리고 하나님의 섭리하시고 돌보시는 은총에 대한 참다운 신앙은 단순히 신자의 내면에서 시작되는 하나님에 대한 믿음만을 강조하는 것이 아니라 그 내면적인 믿음이 삶의 모든 영역 속에서 실제적이고 눈에 보이는 행동으로 표현되어야 할 것까지를 강조한다. 그렇게 실천하지 않으면 그 믿음은 바위가 아니라 모래 위에 지은 사상누각과 같은 믿음에 불과하다. 따라서 우리는 둘 중 하나를 선택해야 한다. 한 쪽 길은 쉽고 다른 길은 힘들고 어렵다. 만일 우리 스스로 발전적인 방향으로 헌신하지 않으면 인생의 모든 부분들이 무너지고 말 것이다.

산상수훈에서 결코 간과할 수 없는 요소가 역동적인 영성, 즉 창조적인 사랑과 공의, 그리고 은총을 강조했던 구약의 선지자들에게서 찾아볼 수 있는 그런 유대적인 경건을 반영하는 역동적인 영성이다. 마태의 영성은 세상 속에서 역동적으로 일하는 영성이며, 모든 만물의 구원의 징표로서 도처에 드러나는 새로운 창조를 이끌어내는 역동적인 영성이다.[4]

---

4) Christoph Blumhardt, *Action in Waiting* (Farmington, Pa.: Plough, 1969; 2nd ed., 1979,

3. 초대 교회의 내적인 영성과 외적인 영성

우리는 초대 교회의 세례식 준비 과정으로부터 영성에 대한 내면적인 접근과 외면적인 접근 방식을 찾아볼 수 있다. 내면적인 영성의 관점에서 볼 때 기독교로 회심한 새로운 입교자는 금식하면서 세례를 받기 전에 먼저 악마와 그의 모든 악한 일을 단념하기로 서약한다. 반면에 외적인 영성에 대한 강조점은 선행에 관한 기준을 가지고 입교인을 다음과 같이 엄격히 시험하는 데서 찾아볼 수 있다. "그들(입교인들)은 세례자 예비문답 교육을 받는 동안에 선행을 보일만한 삶을 살았는가? 고아와 과부들을 섬기고 병자를 방문하며 모든 선한 일들을 성실히 이행하였는가?"[5] 이렇게 초대 교회는 대체적으로 수동적인 내면의 영성과 적극적인 외면의 영성 사이의 적절한 균형을 잘 유지하였다.

교회사에서 발견되는 내면적인 영성의 한 사례는 3세기에 시작된 알렉산드리아의 수도원 운동에서 발견된다. 이들 수도승들은 유대교로 거슬러 올라가는 신앙 공동체 내에서의 영적인 훈련과 관련된 중요한 전통을 이어받았다. 이들의 영성은 한 마디로 말하자면 사막의 영성(a desert spirituality)이었다. 이들은 이 세상에서 가장 황량하고 버려진 땅인 사막 땅에서의 철저한 고독 속으로, 그리고 하나님의 대적자인 사탄과의 강렬한 영적 전투 속으로 들어갔다. 모세와 예레미야, 세례 요한, 그리고 예수까지도 유혹과 투쟁하면서 하나님으로부터 연단을 받았던 장소가 바로 사막이었다. 그 사막은 수도승들이 세상에서 도망하는 도피처가 아니라 자발적인 선택으로 들어가는 곳이라는 점에서, 악에 대한 승리를 쟁취하

1998).
5) Hippolytus, *The Apostolic Tradition of Hippolytus: A Text for Students*, 2nd ed., G. J. Cuming (Brameote, England: Grove, 1987).

는 심장부나 다름 없었다.

『성 그레고리 팔라마스와 정교회 영성』(St. Gregory Palamas and Orthodox Spirituality)라는 책에서 존 메이엔도르프 (John Meyendorff)가 지적한 바와 같이, 사막은 "하나님을 대적하며 사탄에 굴복하는 죽은 땅으로서 메시아께서 궁극적으로 새 생명을 가져올 세상을 대변하는 원형적인 상징(the archetypal symbol)이다. 사막에서 세례 요한에 의하여 메시아의 첫 번째 도래하심이 선포되었던 것처럼, 기독교 수도사들도 사막에 들어가는 자신들의 행위는 악한 권세에 대한 공격과 메시아의 두 번째 도래를 선포하는 것이라고 생각했다."[6]

물론 사막의 수도승들에게서 다소 지나친 점들도 발견된다. 그들은 사막에서 너무나 오래 홀로 지내다보니 세상에서 "그리스도의 몸을 세우는 사역"에 직접 참여하는 데 실패하고 말았다. 또 그들은 교회의 선교에도 적극적인 관심을 기울이지 못했으며, 복음전도와 교육, 혹은 세속 문화에 대한 대안을 제시하고 그 기초를 닦는 일에도 적극적이지 못했다. 다만 그들은 교회를 위하여 열렬히 그리고 지속적으로 기도하는 일에 참여하였다. 그리고 스스로에게 강요하는 절대적인 고독과 격리에도 불구하고 당시 교회와 신자들은 상담과 영감을 구하려 이들을 찾아왔다.

교회사에서의 외면적인 영성의 사례는 콘스탄틴 황제에 의한 기독교 신앙의 공인 속에서 찾아볼 수 있다. 그 전에는 황제숭배 때문에 기독교인들은 종교의 사회적인 책임에서 배제되었지만, 기독교가 국교로 공인되면서 기독교인들은 공적인 책임을 적극적으로 감당하기 시작했다. 교회의 관심도 세상을 정복하고 인간 세상의 제도와 질서에 대한 참여를 강조하는 영성에 초점을 맞추기 시작했다. 어거스틴의『하나님의 도성』

---

6) John Meyendorff, St. Gregory Palamas and Orthodox Spirituality (Crestwood, N. Y.: St. Vladimir Orthodox Theological Seminary Press, 1974), 14.

(City of God)은 서로 나란히 공존하는 하나님의 도성과 인간의 도성이라는 두 종류의 도성(또는 나라)을 염두에 두고 있다. 이 책에서 두 도성 사이의 대립과 투쟁은 선과 악 사이의 투쟁의 관점에서 해석된다. 이러한 어거스틴의 관점은 세상 속의 교회의 사명을 세상을 개종시키고 지상에 하나님의 나라를 세우는 것으로 이해한다. 그래서 이러한 영성은 신자의 활동을 교회와 사회, 그리고 세상의 문화까지 확장된다. 삶의 모든 차원은 전부 창조주이신 하나님께 속한 것이며, 구속으로 말미암아 하나님의 소유물이다. 그래서 4세기의 교회는 삶의 전체 구조를 구속하고 사회적인 질서를 기독교화하며 창조주의 직인이 찍힌 문화를 창달해야 할 소명의식을 느꼈다.

하지만 이러한 유형의 영성에도 약점이 있다. 그 약점은 기독교를 세속 문화와 통합하며 복음을 세상의 물질적인 목표와 타협하도록 하며, 이 세상과 다른 초월적인 영적 가치에 관한 시야를 잃어버리고 교회의 세속화에 대하여 결연히 항거하지 못한다는 것이다. 그 결과 중세 시대 교회는 사제들에 의한 관료 체계로 변질되었고 교회가 소유한 토지와 재산의 관리에 대한 부담이 증가하고 결국 부패와 권력과 부귀에 대한 갈망에 쉽게 영향을 받는 집단으로 변질되고 말았다. 그래서 중세 교회는 선교적인 사명을 잃어버리고 전면적인 개혁이 필요한 상태에 빠지고 말았다.

개신교 종교개혁 운동은 세속화되어 타락한 교회에 항거하려는 몇몇 교회와 지도자들로부터 시작되었다. 특히 "베네딕트 수도원 규율"(the Rule of Benedict)에 감명을 받은 수도원 운동은 기도와 노동을 강조하였다. 여기에서 우리는 내면적인 영성과 외면적인 영성의 통합을 발견할 수 있다. 이들은 기도 시간과 말씀 묵상과 관상, 그리고 성경 연구에 몰두하면서도 농장에서의 노동과 교육, 그리고 설교와 자선 활동에도 참여하였다. 그래서 수도원운동은 이런 방식으로 타계적인 영성과 세속적인 영성 사이의 균형을 유지하려고 노력했으며, 교회의 개혁 뿐만 아니라 기독교교육의 전승과 문화, 그리고 자선 활동에서도 핵심적인 기반을 제공했다.[7]

세속적인 교회의 타락에 대항한 또 다른 종교개혁 운동으로서 신비주의(mysticism)도 등장했다. 신비주의 운동은 하나님과의 내면적인 관계를 증진시킬 것을 주장하는 부정의 전통(the tradition of negation)의 연장선상에 위치한다. 이 신비주의는 영혼의 어둔 밤을 지나서 초월적인 하나님과의 무아지경의 연합을 경험하는 단계로 들어가는 수단으로 죄와 자아를 부정할 것을 요구했다. 이 신비주의 운동은 특정한 몇몇 교회나 몇몇 작가들, 또는 단일한 운동으로 한정될 수 없을 정도로 방대하다.[8]

4. 교회사 속의 내적인 영성과 외적인 영성

흥미롭게도 교회사 속에서는 영성에 대한 서로 다른 사도 바울의 입장과 마태의 입장이 부정의 길(*via negativa*)과 긍정의 길(*via positiva*)로 나타났다.[9]

부정의 길은 항상 하나님에 관한 지식을 직접적인 경험의 형태로 체득하는 것을 강조했다. 역사적으로 볼 때 부정의 길은 긍정의 길보다 더 많은 관심을 받았다. 부분적인 이유는 이 방법은 하나님에 대한 경험을 묘사하는 데 성경적인 언어, 특히 사도 바울의 언어를 적극 동원했기 때문이다. 부정의 길은 하나님의 초월성과 타자성, 그리고 숨겨진 하나님의 비밀을 인간이 알아가는 방법을 모색하려고 노력했다. 이런 이유로 이 방

---

7) Ibid., The Rule of St. Benedict.
8) See Georgia Harkness, *Mysticism: Its Meaning and Message* (Nashville: Abingdon, 1973).
9) Robin Mass and Gabriel O'Donnel, *Spiritual Traditions for the Contemporary Church* (Nashville: Abingdon, 1990).

법은 항상 평범하고 따분한 일상적인 차원을 초월하는 초자연적인 경험의 필요성을 강조했다.

이와 달리 긍정의 길은 항상 간접적인 수단을 통한 하나님에 대한 깨달음과 체험을 강조했다. 역사적으로 볼 때 긍정의 길은 부정의 길에 비해서 그다지 대중적인 인기를 끌지 못했다. 그 부분적인 이유는 이 방법은 세속적이고 평범하고 일상적인 것들의 영적인 중요성에 더 많은 관심을 기울일 것을 주장했기 때문이다. 그리고 또 긍정의 길은 일상적인 삶의 구조 속에서의 실천을 요구했는데, 사실 이런 방법은 좀 더 수동적인 부정의 길보다 훨씬 힘들고 더 많은 요구가 뒤따르는 방법이기도 하다.

긍정의 길은 창조의 교리와 창조계의 기존 질서 속에서의 하나님의 내재성 뿐만 아니라 역사 속에서의 하나님의 지속적인 창조 활동을 강조한다. 이런 이유로 긍정의 길은 피조계 속에 남아 있는 하나님의 창조의 흔적으로서의 사물의 형식을 강조한다. 긍정의 길은 예술가와 시인의 길이기도 하고 사회적인, 도덕적인, 그리고 정치적인 활동가들의 길이기도 하다. 또한 이 입장은 인간성을 강조하며 삶과 역사, 그리고 미의 구조를 중시한다. 또 이 입장은 삶 속에 내재하는 하나님에 대한 긍정을 요구하며 역사의 마지막 순간에 모든 만물의회복을 기대한다.

그런데 기독교 교회는 영적인 삶에 대한 두 가지의 긍정의 길과 부정의 길 모두가 필요하다는 점을 항상 인정해 왔다. 간단히 말해서 초대 교회 영성을 연구해보면 영적인 표준은 하나님과 인간, 내면과 외면, 부정의 길과 긍정의 길, 신비와 실제 사이의 균형을 유지하는 것임을 깨달을 수 있다.[10] 하지만 이런 균형을 유지하기란 쉽지 않으며 어떤 한 집단은 때로는 극단에 치우친 다른 집단에 대한 균형의 교정책을 제시하기도 한다. 같은 맥락에서 초대 교회는 오늘날 우리가 균형 잡힌 영성을 올바로

---

10) Jones, "The New Testament,"

이해할 수 있도록 안내함과 동시에 이러한 균형을 유지하는 것이 매우 어렵다는 사실도 상기시켜 준다. 아마도 이 점이 영성에 관한 논쟁이 왜 혼란스러운지의 이유를 어느 정도 설명해 줄 것이다. 그래서 진정한 영성을 쟁취하려는 우리의 열망에 대해서 초대 교회는 어떤 방향을 제시해 줄 수 있는지에 대해서 계속 탐구해 볼 필요가 있다.

제16장

포스트모던 세계 속의 기독교 영성

포스트모던 시대에 적합한 기독교 영성에 관한 논의를 위하여 우리 모두가 고려해야 할 고전적인 전제 한 가지는, 그리스도의 신성과 인성이 결합된 성육신 사건처럼, 순전한 기독교적인 영성은 신성과 인성, 부정의 길과 긍정의 길, 그리고 내면적인 훈련과 외면적인 삶의 실천이 하나로 결합해야 한다는 것이다.

복음주의 영성의 현재 추세는 고전적인 내면적인 영성과 외면적인 수련을 회복하는 것이다. 리차드 포스터는 『영적 훈련과 성장』(*Celebration of Discipline*)에서 묵상과 기도, 금식, 연구, 그리고 단순성과 고독, 복종, 그리고 봉사와 같은 내적인 연단의 중요성에 관하여 서술한다. 그리고 이어서 죄 고백과 예배, 인도, 그리고 축제와 같은 공동체적인 훈련에 관한 내용으로 결론을 맺고 있다. 이 모든 훈련들은 다음과 같은 결론에서 함께 다뤄지고 있다.

우리는 이제 이 주제에 관한 논의의 마지막 단계에 도달했지만 이는 순례 여정의 출발점이기도 하다. 우리는 앞서 묵상이 어떻게 우리의 영적 민감성을 고조시켜서 우리를 기도로 인도하는지에 대해서 살펴보았다. 곧 우리는 기도에는 그와 함께 결부된 수단으로서 금식도 포함한다는 점을 깨달았다. 이러한 세 가지 훈련의 도움을 받으면 우리는 우리 자신과 우리가 살고 있는 이 세상을 올바로 분별할 수 있는 연구를 효과적으로 진행할 수 있다. 단순성을 통해서 우리는 다른 사람들과 신실한 삶을 살 수 있다. 또한 고독은, 우리가 다른 사람들과 함께 있을 때, 그들에게 얽매이지 않고 참으로 진정한 존재가 될 수 있도록 도와준다. 복종을 통해서 우리는 교묘한 조작이 없이 다른 사람과 함께 살 수 있으며, 섬김을 통해서 우리는 다른 사람을 축복한다. 고백은 우리를 자신으로부터 자유롭게 하며 우리를 예배로 이끈다. 예배는 우리에게 하나님의 안내의 문을 열어준다. 자유롭게 이행하는 이 모든 훈련들은 우리 삶에 축제의 영광송을 끌어낸다.[1]

그런데 이러한 영적인 훈련에 관해서는 여러 권의 책들이 저술되었기 때문에 여기에서는 따로 다시 다루지는 않겠다. 그 대신 포스트모던 시대와 소통 가능한 영성의 원천에 관하여 좀 더 설명하고자 한다.

1. 그리스도 중심의 영성

많은 사람들은 영성이란 영적인 것으로 간주되는 행동의 결과로 자기 속에 내재하는 어떤 것, 말하자면 행위의 문제로 생각하는 것 같다. 그러나 우리의 영성의 본질은 그리스도에게 달렸다. 그리스도 안에 계신 하나

---

[1] Richard Foster, *Celebration of Discipline*, rev. ed. (San Francisco: Harper & Row, 1988).

님이 인간이 되셨고 그 결과로 인간을 하나님과 관계를 맺은 존재로 끌어올리셨다. 영성은 인간 행위의 문제가 아니라 그리스도 안에서 새롭게 얻은 자유의 문제이다.[2] 그래서 포스트모던 시대의 복음주의 영성은 예수가 바로 우리의 영성이라는 선언으로부터 시작되어야 한다. 우리를 하나님께 용납될 수 있도록 만든 것은 바로 그분의 삶과 죽음, 그리고 부활 때문이다. 우리는 우리의 몸을 다하고 마음을 다하고 목숨을 다하는 것만으로는 하나님을 사랑할 수 없다. 그 일은 다만 예수만이 가능하시다. 또 우리는 스스로의 힘으로 이웃을 자신처럼 사랑할 수 없고 오직 예수만이 그러실 수 있고 예수만이 우리에게 그런 힘을 공급하실 수 있다. 우리를 성부 하나님께로 인도하시는 이는 바로 예수 그리스도이며, 그분 때문에 그리고 그분을 통해서, 그리고 그분 안에서 우리는 진정으로 영적이다. 그래서 영성은 예수 그리스도에 대한 간단하면서도 심대한 믿음에서 시작된다.

4세기의 위대한 신학자인 아타나시우스는 "하나님이 사람이 되심은 사람이 하나님되게 하려 하심이라"는 유명한 경구를 통해서 성육신 영성의 본질을 잘 묘사하였다(이 경구에서 그는 우리가 하나님의 본질적인 신성이 될 수 있다는 의미를 말하는 것이 아니라 하나님의 은혜를 통해서 우리가 하나님의 신성에 참여할 수 있으며〈벧후 1:4〉, 하나님이 소유하신 영광에 참여하여 그리스도와 함께 상속자가 될 수 있다는 의미이다).[3] 우리는 회심을 통해서 그리고 세례식에서 그리스도의 죽음과 부활과 하나가 됨으로써 그리스도와 함께 연합하였다. 그래서 기독교적인 영성의 패턴은 예수의 죽음과 부활이다. 또한 우리는 옛 사람에게 계속 죽을 수밖에 없으며 새 사람과 계속 연합될 수밖

---

2) Athanasius, *On the Incarnation* (Crestwood, N.Y.: St. Vladimir Orthodox Theological Seminary Press, 1993).
3) Athanasius, *On the Incarnation;* in *Nicene and Post-Nicene Fathers, second series* (Grand Rapids: Eerdmans, 1978), IV, 36-37.

에 없다(로마서 6장, 갈라디아서 5장과 골로새서 3장을 보라).

2. 교회적인 영성

교회는 지상에서의 그리스도의 계속되는 성육신의 확장이기 때문에 기독교 영성은 그리스도뿐만 아니라 교회와도 긴밀하게 연결된다. 그리스도는 필연적으로 그의 몸인 교회와 연결되기 때문에, 스탠리 하우어워스(Stanley Hauerwas)가 언급한 바와 같이 교회는 "성품의 공동체"(a community of character)이다.[4]

성품의 공동체는 우리 기독교인들의 영성이 형성되는 장소이다. "교회를 어머니로 가지지 않는 이는 하나님을 아버지로 모실 수 없다"는 키프리안의 유명한 경구가 교회 역사 속에서 중요한 진리로 확정될 수밖에 없는 이유도 여기에 있다.[5] 그리스도 안에 있는 우리의 삶이란, 그의 몸 안에서 신자들 서로 간에 상호 교류의 관계가 진행되는 과정이다.

그 신앙 공동체 안에서 발생하는 것은 일종의 문화적인 전파와 확산을 통한 전통의 계승이다. 소통 이론(communication theory)은 추론적인 전송과 문화적인 전송을 구분한다. 추론적인 소통(discursive communication)은 구텐베르크의 인쇄술 발명 이후에 등장했으며, 인쇄매체와 이성적인 논리, 그리고 방송과 대중매체와 밀접하게 관련되어 있다. 반면에 문화적인 소통은 구술 공동체의 소통이며, 성경 안에서나 문자의 비중이 낮은 부족들 가운데에서 진행되는 소통이다. 그리고 오늘날의 사회 제도 속에 스며

---

4) *On the Unity of the Church*, in Robert Ferm, *Readings in the History of Christian Thought* (New York: Holt, Rinehart, & Winston, 1964).

5) See Vigen Guronian, *Ethics after Christendom: Toward an Ecclesial Christian Ethic* (Grand Rapids: Eerdmans, 1994).

든 시각적이고 구어 중심의 가치를 통해서 이 시대 문화 속에서도 진행되는 소통이다.

그래서 이 시대 교회는 문화적인 전송(cultural transmission)의 역할을 직시할 필요가 있다. 교회는 일반 사회와 다른 각도에서 삶을 이해하며 예수의 가치관을 따라가며 기독교의 미래를 현실 속에서 추구하려고 노력한다. 교회는 바로 이런 일련의 과정을 통해서 기독교만의 고유한 가치를 확산하고 전송한다. 그리고 성실과 정직, 신실성, 섬김에 의하여 그 특징이 드러나는 순전한 인생들과 나누는 상호작용을 통해서 기독교의 고유한 영성을 계승한다. 그래서 기독교 영성은 흡수될 수 있을 뿐만 아니라 익힐 수도 있다.

3. 예전적인 영성: 세례, 말씀, 성만찬

예전은 이스라엘과 예수의 이야기를 끊임없이 재현하기 때문에 그 이야기 내용을 통해서 신앙 공동체의 형태를 빚어내고 만들어간다. 이렇게 예전을 통한 신앙 공동체 형성 과정은 찬양을 부르며 기도하고 신앙을 고백하는 전체 예전 속에서 이뤄지지만, 여기에서는 세례식과 말씀, 그리고 성만찬을 통해서 구현되는 영성에 대해서 집중적으로 살펴보고자 한다.[6]

첫째, 예수가 우리의 영성이기 때문에 영적인 삶을 보여주는 가장 최고

---

6) 예배와 영성에 관해서는 다음과 같은 여러 권의 저서들이 발간되었다. Philip H. P. Fatteicher, *Liturgical Spirituality* (Valley Forge, Pa.: Trinity Press International, 1997); Gabriel Braso, *Liturgy and Spirituality* (Collegeville, Minn.: Liturgical, 1971); Louis Bouyer, *Liturgical Piety* (Notre Dame, Ind.: University of Notre Dame Press, 1995); Don E. Saliers, *Worship and Spirituality* (Philadelphia: Westminster, 1984); Kevin W. Irwin, Liturgy, *Prayer and Spirituality* (New York: Paulist, 1984); Joyce Ann Zimmerman, *Liturgy as Living Faith: A Liturgical Spirituality* (Scranton, Pa.: University of Scranton, 1993).

의 이미지는 예수의 죽음과 부활에 연합하는 세례이다. 기독교 세례는 다음과 같은 영성의 패턴을 보여준다. 즉 세례를 통하여 죄에 속한 모든 것들에 대한 죽음과 생명을 주는 모든 것들에 대한 부활과 연합하며, 이러한 영적인 연합의 최고 이미지로서의 세례에 기독교 영성의 본질이 실려 있다.[7]

포스트모더니즘은 근대기를 지배했던 인간에 대한 지나친 낙관론으로부터 돌아섰다. 그리고 지상에 유토피아를 건설하겠다는 인류의 진보 과정에 관한 낙관적인 견해를 배척하는 포스트모던 사조는, 인간의 악한 성향에 대하여 좀 더 현실적인 입장을 취하는 편이다. 악의 권세와 선의 권세 사이의 갈등과 대립을 좀 더 민감하게 의식하는 이러한 시대적인 사조는 인간의 타락과 인간 개인의 선택과 다양한 사회 구조 속에 스며든 죄악의 영향에 대한 기독교적인 선포가 뿌리내릴 수 있는 비옥한 환경을 제공한다.

기독교 세례는 이러한 인간의 곤경을 분명히 지적하며, 인류의 문제에 대한 해결책은 오직 그분 밖에는 없다는 진리를 결코 포기하지 않는다. 그분의 이름이 바로 예수 그리스도이시다. 그는 우리 모두의 죄를 인하여 정죄를 당하셨다. 그의 죽음으로 그는 죄의 결과인 죽음을 정복하시고 다시 부활하심으로 새로운 인류를 창조하셨다. 그리고 우리 모두는 이 땅에 그분의 성육신을 지속시키는 그의 몸된 교회 공동체 안에 역사하시는 성령의 역사를 따라 새로운 삶으로 초대받았다.

둘째, 말씀의 영성(Word spirituality)은 공중 예배와 개인적인 삶 속에서 성경을 대하는 방식에서 비롯된다.[8] 성육신 영성의 두 측면은 성경에 대한 신비적인 해석과 합리적인 해석 사이의 대조적인 방식을 통해서 잘 나

---

7) See P. Fatteicher, "Baptism, Hallowing Life and Death," 226-45.
8) See, Irwin, "Proclamation of the Word of God", 99-126.

타난다. 먼저 성경은 인간의 이성으로 모두 다 이해할 수 없기 때문에 신비롭다. 반면에 성경은 이성의 영역에 해당되기 때문에 합리적이기도 하다. 그런데 과거 2천 년 기독교 내의 영적인 경험의 역사를 추적해보면 이러한 두 가지 대조적인 측면 중의 어느 한쪽이 종종 간과되거나 무시되곤 했었다. 이러한 실수는 오늘날에도 계속 이어지고 있다. 오늘날 경험 지향적인 입장은 신비적인 방법을 성경해석에 적용한다. 그 결과 "본문이 당신에게 직접 전하는 말씀"이 2천 년 교회 역사 속에서 형성된 합의에 의한 해석보다 우위를 차지하는 일들이 발생한다.

  성경 해석과정에서 때로는 좋은 취지가 담긴 개인적인 통찰이 하나님의 말씀으로서의 권위 있게 받아들여지는 경우도 있다. 그 이유는 그 말씀에 대한 "내 느낌이 좋기 때문"이라거나 또는 "내 기분을 좋게 하기 때문"이라는 것이다. 이러한 주관적인 성경해석은 교회 공동체의 지성적인 합의를 통해서 교정을 받아야 한다. 성경해석 과정에서 합당한 지성적인 합의를 배척하는 것은 그것이 가정에서 모인 성경공부반의 평신도에 의한 것이든 아니면 강단에서 설교자에 의한 것이든 관계없이 성육신에서 인성의 차원을 거부하는 것이나 다름없다.

  하지만 인간의 지성을 과도하게 강조하는 자들에 의하여 성경해석 과정에서 신비의 차원을 배척하는 것도 잘못이다.

  일단 성경해석을 통해서 기독교 진리가 파악되면 그 다음 단계는 우리가 그 진리대로 순종하고 실천할 때 비로소 지성적인 차원의 이해가 인격적인 차원으로 구현된다. 게다가 지성적인 차원의 이해라도 이성을 통해서 깨달아 안 것은 선부가 아니라는 점을 인정할 줄 아는 겸손이 필요하다. 사도 바울도 인간의 연약함과 이성의 한계를 잘 알았기에 이성의 차원에서 이해하는 것은 "거울로 보는 것 같이 희미하다"고 말할 수 있었다. 우리는 초월적인 진리를 세상의 연약하고 속된 그릇에 담고 있어서, 우리 인간 지성의 한계를 부인하는 것은, 알려진 계시의 신비로운 본질을 부인하는 것뿐만 아니라 인간됨의 의미를 부인하는 것이나 마찬가지다. 신비와 모호성을 허용하는 포스트모던 세계는 우리 인간의 지성이 결코 완벽하지 않다는 점을 쉽게 인정한다. 그래서 이 시대에 영성의 논리적인 확실성은 교회의 예배를 통해서 표현되는 그리스도와 신자와의 연합의 신비에 비해서 덜 중요하다.

셋째, 성만찬 영성은 치유와 영적 성장과 밀접한 관련을 맺고 있다. 하나님은 우리를 위하여 그리스도 사건 속에서 베푸셨던 은혜를 또 다시 성만찬을 통해서 우리에게 공급하신다. 성만찬에서 기억은 계몽주의의 영향을 받은 신학적 사유에서 그러하듯이 단순한 지성적인 회상이 아니라 우리 죄를 용서하시고 우리의 부서진 삶을 치유하기 위하여 하나님께서 우리에게 가져다 베푸시는 은총의 사건을 재현하는 아남네시스(anamnesis)이다. 그 자리에 마련된 빵과 포도주의 인간적이고 물질적인 요소들을 통해서 그리스도의 신비롭고도 이해 불가능한 현존이 일어난다. 하나님의 약속이 선포된 말씀에 담긴 것처럼 동일한 하나님의 약속이 빵과 포도주를 통해서 우리에게 소통된다. 그 자리에서 우리는 하나님의 약속을 받아들이며 예수를 우리 삶 속으로 영접하여 성만찬의 빵과 음료를 통해서 지속적으로 하나님의 형상대로 빚어져 간다.[9]

1) 개인적인 내면의 영성: 영적인 독서, 묵상, 수련

포스트모던 시대에 기독교인들의 개인적인 내면의 영성은 영적인 기독교 고전에 대한 독서를 통해서, 그리고 개인적인 경건의 시간과 묵상을

---

9) See P. Fatteicher, "The Holy Eucharist: Hallowing Sustenance," 174-204.

통해서, 그리고 영적인 수련을 통해서 회복될 수 있다.[10]

첫째, 포스트모던 시대의 기독교인들은 2천 년의 교회사 속에서 축적된 위대한 영적 보고(寶庫)의 가치를 회복해야 한다. 영적인 독서의 가장 중요한 자원은 물론 성경이다. 하지만 주의할 점은 성경을 사랑한다고 하면서 신비주의자들과 행동주의자들(activists)을 감히 피해서는 안된다. 교회사 속에서 등장한 여러 위대한 경건 서적들을 살펴보고 연구하는 일도 매우 중요하다. 점점 더 많은 사람들이 위대한 신비주의 사상들과 작품들에 관심을 기울이고 있다.

리차드 포스터(Richard Foster)는 어거스틴의 『고백록』(Confession)과 클레르보의 버나드(Bernard of Clairvaux)의 『겸손의 단계들』(The Steps of Humility), 익명의 작가가 저술한 『독일신학』(the Theologia Germanica)과 『무지의 구름』(the Cloud of Unknowing), 토마스 아 켐피스(Thomas a Kempis)의 『그리스도를 본받아』(The Imitation of Christ), 마이스터 엑하르트(Meister Eckhart)와 존 타울러(John Tauler)의 작품들, 아빌라의 성 테레사와 십자가의 성 요한(John of the Cross)과 같은 스페인 신비주의자들의 작품들, 조지 폭스(George Fox)와 윌리엄 로오(William Law)와 같은 개신교 신비주의자들의 작품들, 성 데오도시우스(Saint Theodosius)와 성 세르지오(Saint Sergius), 그리고 순례자의 길(The Way of a Pilgrim)과 같은 러시아 신비주의 작품들, 그리고 토마스 머튼(Thomas Merton)의 현대적인 저서들에 관심을 기울여볼 것을 부탁한다. 이 모든 작품들과 더 많은 저서들이 참고할 가치가 있다. 이러한 위대한 작품에 몰입하여 빠져드는 것은 과거 영성의 위대한 보화로 우리의 비전을 넓히는 것이다.[11]

---

10) See Dallace Willard, *The Spirit of the Disciplines: Understanding How God Changes Lives* (San Francisco: Harper San Francisco, 1988).

11) 역사 속의 다양한 영적인 전통들에 대한 안내를 위해서는 다음을 보라. Richard J. Foster, *Streams of Living Water: Celebrating the Great Traditions of Christian Faith* (San Francisco:

이보다는 덜 풍부할지라도 교회사에서 이와 똑같이 중요한 가치를 지닌 작품들에 관심을 기울일 필요가 있다. 그 중에는 어거스틴의 『하나님의 도성』(The City of God)이나 토마스 아퀴나스의 『신학대전』(Summa Theologiae)에서 교회와 사회에 관한 작품들, 라우쉔부쉬의 『사회복음』(the Social Gospel)과 좀 더 최근에 존 요더(John Yoder)의 『예수의 정치학』(The Politics of Jesus) 뿐만 아니라 스탠리 하우어워스(Stanley Hauerwas)의 작품들 중에서 특히 세상 속의 교회에 관한 저서들을 읽어볼 가치가 있다.[12]

여기에 전부 소개하지 않은 것들을 포함하여 이 모든 작품들과 저서들의 가치는 기독교 영성을 위해서 매우 중요하다. 그래서 이러한 작품들과 저서들을 무시하는 사람들은 결국 자신에게 손해가 될 것이고 이런 책들을 읽는 사람은 결국 자신의 영감과 영적인 성장을 위해서 큰 도움을 얻을 것이다.

둘째, 최근에 묵상(혹은 명상, meditation)에 관한 새로운 관심이 고조되고 있다.[13] 묵상은 마음속에서 아무런 생각이 없이 방황하는 것이 아니라 신앙의 목표인 예수 그리스도에게 관심을 고정시키고 집중하는 것이다. 그래서 묵상은 우리를 위한 그리스도와 그분의 사역에 대한 우리의 인식을 더욱 고취시킨다. 이러한 인식은 거꾸로 그리스도와의 동일시를 이끌어내며 그분에 대한 사랑과 아울러 그분을 더욱 섬기기를 원하는 열망을 고취시킨다. 예를 들어, 초대 교회는 하루에 세 차례 기도하던 유대교의 관례를 받아들였다. 유대교의 관례의 전형은 다니엘에게서 발견된다. 우리가 아는 바와 같이 그는 "하루 세 번씩 무릎을 꿇고 기도하며 그 하나님께

Harper San Francisco, 1998).
12) John Howard Yoder, *The Politics of Jesus* (Grand Rapids: Eerdmans, 1972); Stanley Hauerwas, *After Christendom* (Nashville: Abingdon, 1991).
13) See, Foster, *Streams of Living Water*, 특히 2장을 보라. "관상의 전통"(The Contemplative Tradition), 23-58; and Richard J. Foster and James Bryan Smith, eds., *Devotional Classics: Selected Readings for Individuals and Groups* (San Francisco: Harper San Francisco, 1993).

감사하였더라"(단 6:10).

히폴리투스의 『사도전승』(The Apostolic Tradition)은 초대 교회의 묵상이 동반된 기도의 관습에 관한 자세한 모습을 제시한다. 이 문서에는 초대 교회 기독교인들이 그리스도의 수난에 관한 일련의 과정들을 온종일 마음속으로 묵상하던 관습들이 실려 있다. 제3시에 기독교인들은 그리스도의 수난에 관하여 묵상했는데 이는 "그리스도께서 제3시에 나무에 달리셨기" 때문이다.[14] 히폴리투스는 구약시대 성소에 바쳐진 떡과 제3시에 바쳐지고 양처럼 도륙당한 그리스도와 비교하였다. 그런데 그리스도는 이전과 달리 산 떡이고 자기 목숨을 양떼를 위하여 내어주는 선한 목자이시다. 정오, 혹은 제6시에 기독교인들은 십자가 상의 그리스도의 마지막 순간을 묵상했다. 『사도전승』은 이 부분을 다음과 같이 설명한다.

> 제6시 때와 같이 기도한다. 이는 이때 그리스도께서 십자가에 못 박히셨고 그 날이 찢어져 나뉘고 어둠이 임했기 때문이다. 그리고 그 시간에 간절히 기도하며 믿지 않는 유대인들을 위하여 모든 만물을 캄캄하게 하신 그분의 음성을 본받아 간절히 기도하게 하라.[15]

제9시는 그리스도께서 죽음으로 들어가신 순간이다. 이때 우리 주님의 죽음으로 인하여 새로운 부활의 역사가 시작되었기 때문에 기독교인들은 "위대한 기도와 위대한 축복"을 기도해야 한다.

> 그 시간에 그리스도는 그의 옆구리에 찔림을 당하셨고 물과 피를 쏟으시고, 그날 남은 시간을 위하여 빛을 발하셨다. 그 다음 잠들기

---

14) Hippolytus, *The Apostolic Tradition*, 41.
15) Ibid.

시작하심으로 새로운 날을 준비하시며 부활의 본을 완성하셨다.[16]

매일의 기도를 단순히 형식적으로 반복하는 것은 아무런 의미가 없다는 점은 논란의 여지가 없다. 하지만 또 다른 한편으로 (비록 침묵기도만을 허용하는 상황일지라도) 하루 종일 정기적인 기도 습관을 유지하는 것은 지속적인 영적 성장을 위한 매우 중요한 방편이다. 매일의 시간을 예수의 죽음과 부활의 관점에서 이해하면서 시간에 관한 기독교적인 통찰을 제시하는 알렉산더 슈메만(Alexander Schmemann)은 이렇게 말한다.

> 그래서 그 하루를 통해서 모든 날과 모든 시간들이 기억과 예상의 시간으로 변화하였다…모든 날들과 모든 시간들은 이제 모든 자연적인 생명의 종료와 아울러 새 생명의 시작을 가리킨다.[17]

포스트모던 시대의 교회를 출석하는 많은 사람들이 시간의 흐름에 관한 의식을 시간에 궁극적인 의미를 부여하는 그리스도 사건과 결부시킬 방안을 모색 중이다. 매일기도에 관한 히폴리투스의 지침을 그대로 이행할 수 있는 사람은 그리 많지 않겠지만, 점점 더 많은 사람들이 교회력에 따라 기도생활을 실천함으로써 한 해의 시간관을 그리스도의 주권 아래 복종시키려고 노력 중이다.

마지막으로 이 시대에 영적인 감독자들(spiritual directors)의 역할이 새롭게 부각되고 있다.[18] 영적인 감독자들의 직분은 초대 교회 수도원에서 영

---

16) Ibid.
17) Ibid.
18) See Joseph J. Allen, *Inner Way : Toward a Rebirth of Eastern Christian Spiritual Direction* (Grand Rapids: Eerdmans, 1994): and Aelred Squire, *Asking the Fathers: A Lively Look at the Oldest and Longest Christian Tradition of Spiritual Living* (Westminster, Md.: Christian Classics, 1993).

적으로 현명하고 성숙한 사람으로부터의 안내와 지침이 필요한 수도승들 사이에서 점차 부각되었다. 이러한 원리는 신약시대 사도 바울과 디모데 사이에 존재했던 친밀한 영적인 관계 속에서도 분명히 드러난다. 또한 신학적으로 볼 때 이러한 사상은 교회는 그리스도의 몸이며 기독교인들은 서로에게 속한 일원이고 이러한 상호관계를 통해서 영적인 성장이 이뤄진다는 신약성경의 원리에 근거한 것이다.

영적인 감독의 직분은 실제 교회의 직분이라기보다는 몸된 교회의 한 가지 기능이다. 성숙한 기독교인은 한 사람 혹은 그 이상의 신자들에 대한 책임을 감당하기 마련이고 정기적인 권면을 통해서 그들을 그리스도 안에서 성숙된 단계로 인도한다. 영적인 감독의 중요한 목적은 젊은 그리스도인들이 하나님의 뜻을 발견하도록 돕는 것이다. 이 과정에서 감독자는 신자가 훈련된 기도의 습관이나 영적인 독서 관습을 계발하도록 돕거나 죄의 고백을 듣고 삶의 여러 영역에 관하여 성장하는 그리스도인들을 상담하고 조인히며 격려한다.[19]

4. 외면적인 영성

사회적이고 윤리적인 영성은 선과 악 사이의 근본적인 대립을 결코 피해갈 수 없다. 이 세상에는 두 가지 권세가 서로 대립하여 작용하고 있다. 그 권세는 사탄의 권세와 그리스도의 권세이다. 로잔 언약(the Lausanne Covenant)의 언어로 표현하자면, 영성은 "이 세상에서 교회를 전복시키고 복음화의 목적을 좌절시키는 정사와 악한 권세들과의 끊임없는 영적 싸

---

19) L. Gregory Jones, *Embodying Forgiveness: A Theological Analysis* (Grand Rapdis: Eerdmans, 1995).

움에 우리가 참여하고 있음"을 깨닫는 것이다.[20]

이런 이유 때문에 영성은 세상 사회 속에 존재하는 지역 교회의 사역을 통해서 구체화되어야 한다. 그래서 기독교 영성은 예를 들어, 사회 속에 공의를 확립하려는 노력으로 표현될 수도 있고, 굶주린 자에게 양식을 공급하고 벌거벗은 자들을 입히며 병든 자들을 치유하려는 구체적인 노력을 통해서 표현된다. 또 기독교 영성은 이 세상에 죄의 파괴적인 영향에 대하여 깊은 관심을 가지고 생태적인 균형을 회복하며 전쟁에 항거하며 탐욕과 싸우고 부를 올바로 분배하거나 갈등 중인 사람들 사이에 화평을 가져오려고 애쓴다. 참된 영성은 이런 노력을 통해서 직접 하나님 나라를 가져오는 것이 아니라, 다만 예수 그리스도에 대한 사랑과 순종을 가시적으로 구현하며 그의 피조계를 돌보고 다음과 같은 주님의 기도 속에서 그리스도의 재림을 손꼽아 기대하고 소망하는 것임을 인정하는 것이다. "나라이 임하옵시며 뜻이 하늘에서 이룬 것 같이 땅에서도 이루어지이다"

5. 결론

영성에 대한 고전적인 성육신의 관점은 이 세상에서 하나님의 백성답게 영적으로 거룩한 사람이 되기 위한 우리의 노력에 포함된 신적인 차원과 인간적인 차원 모두의 정당성을 인정한다. 영성에는 부정의 차원과 긍정의 차원이 있다. 부정의 차원을 통해서 우리는 자기 부인과 침묵을 통해서 하나님과의 만남 속으로 들어가야 할 필요성을 확인한다. 반대로 긍

---

20) J. D. Douglas, ed., *Let the Earth Hear His Voice* (Minneapolis: Worldwide, 1975), 7, article 6.

정의 차원에서 우리는 나에게 주어진 삶의 책임 속에서 역사의 진행 과정 속에서, 그리고 이 시대의 이슈 속에서 하나님과 만난다. 비록 어느 시점에서는 개인이든 교회든 둘 중 어느 한 쪽에 더 많은 비중을 둬야 하는 요청이 더욱 커질 때가 있겠지만 그러나 두 차원 중의 어느 한 쪽이 없는 영성은 불완전할 수밖에 없다.

그래서 우리는 과거 교회사의 특정한 시대나 장소에서 잠깐 부각되었던 영성을 따라갈 것이 아니라 하나의 지속적인 존재의 상태로서 또는 하나의 삶의 관습으로서 영적인 존재가 되는 방법을 익혀야 한다. 우리가 삶의 고요함과 북새통 속에서 하나님을 추구하는 것도 바로 이런 목적을 위함이며, 항상 그리고 어느 곳에서든 그리스도께서 우리에게 자신을 알리시며 또 우리를 통해서 자신을 세상에 알리시는 교회 안에서 그리고 교회를 통해서 하나님을 추구해야 한다. 포스트모던 세계의 사람들을 도전하며 동기를 부여하는 것도 바로 이런 종류의 영성이다. 그 영성은 신비롭고도 합리적이며 내면적인 동시에 외면적이고 교회적이면서 동시에 개인적이다. 그래서 이미 다양한 형태의 영성 속에 스며들어 이 시대 문화를 위한 효과적인 접촉점을 제공한다.

[도표 I] 역사 속의 다양한 영성의 패러다임

고대	중세	종교개혁	근대	포스트모던
세례의 영성	렉티오 디비나	말씀의 영성 (성령의 증언)	지식의 영성	신비와 초자연적인 세계관으로의 귀환
성만찬 영성 예전적인 영성 시간의 영성	수도원 운동 순례 축제와 절기들 성자숭배, 내면과 외부의 훈련	소명의 영성	개송의 영성 규칙준수의 영성 증언의 영성	세례와 에전 그리고 성만찬 영성으로의 귀환

Ancient-Future Faith
Rethinking Evangelicalism for a Postmodern World

6부

고전/포스트모던 선교

영혼이 몸속에 있듯이 그리스도인들은 이 세상 속에 퍼져 있다.
- 디오그네투스에게 보낸 서신(주후 200)

나는 생후 일곱 살까지를 부모님이 선교사로 활동하셨던 아프리카에서 지냈다. 지금도 나는 숲이 우거진 정글 속 공터에 자리하고 있던 선교기지를 생생히 기억한다. 우리가 살던 선교기지 주변은 빽빽하게 우거진 아프리카의 깊은 산림으로 둘러싸여 있었다.

어렸을 적에 내 상상력을 자극했던 것은 선교기지 주변의 빽빽한 정글이었지만, 세상 속의 교회가 감당해야 할 선교를 생각해보면 눈앞에 다가오는 것은 바로 정글 속 공터에 자리하고 있던 그 선교기지 건물이었다. 그래서 교회의 선교에 관한 내 생각 속에는 두 가지 건물, 즉 교회와 창고가 자리하고 있다.

먼저 보이는 것은 울창한 정글 속 빈터에 복음전도의 상징으로서 토담과 초가지붕으로 만들어진 교회의 모습이다. 아프리카인들도 멀리서 그

건물을 볼 수 있으며 그리스도께서 자기 백성들을 새로운 신앙 공동체로 불러 초청하고 계심을 알 수 있을 것이다. 그 다음에 주중에 그 교회 건물은 아프리카 학생들이 모여서 성경을 펼쳐놓고 읽고 쓰는 법을 배우는 학교 건물로 사용됐다. 이 교회 건물의 이중적인 용도를 생각해보면, 복음전도와 교육 사이의 효과적인 연대를 이해할 수 있다.

정글의 공터에 세워진 그 선교기지에 속한 또 다른 중요한 건물이 바로 창고이다. 어린 시절 나에게 있어 그 창고는 교회의 사회적인 활동의 상징과도 같았다. 그 창고 주변에는 닭과 염소, 돼지들이 뛰어다녔고, 창고 바깥으로는 채소와 사탕수수 밭이 펼쳐졌다. 당시 선교사들도 오늘날 우리들처럼 인간의 영혼뿐만 아니라 이 세상에서의 복지에 대해서 신경을 써야만 했다. 원주민 학생들에게 어떻게 씨앗을 뿌리고 농사를 지으며 여린 싹들을 돌보는지를 가르치는 일은 피조계를 구원하는 한 가지 사역이었다.

이렇게 복음전도와 교육, 그리고 사회봉사활동의 삼중의 선교사역은 이 세상 악에 대한 그리스도의 승리에 뿌리내리고 있다. 교회는 복음을 전하고 교육하며 사회적인 필요를 만족시킴으로써 세상 속에서의 그리스도의 구속 사역을 계속한다. 이런 이유로 포스트모던 세계에서 교회의 선교는 일반 사회의 기준과 모순될 수밖에 없다. 포스트모던 시대의 다원주의 교리는 모든 문화 속의 종교에 대한 고유한 정당성을 인정한다. 포스트모던 사조는, 모든 이들이 획일적으로 받아들여야 할 종교는 그 어디에도 없다고 주장한다. 찰스 젠크스(Charles Jencks)에 의하면, "다원주의는 포스트모더니티를 주도하는 핵심 사상이며, 대부분의 비평가들이 동의하여 이 시대의 기저를 이루는 한 가지 조건이기도 하다."[1] 하지만 기독교는 메시지의 보편성과 아울러 불신자들을 회심시켜서 기독교적인 신앙

---

1) Jencks, *The Postmodern Reader*, 11.

으로 인도하라는 선교적인 위임명령에서 그 특징이 잘 나타난다. 다원주의가 지배하는 포스트모던 세계에서 이러한 독특성의 스캔들은 잘 용납되기 쉽지 않다. 하지만 "내가 곧 길이요 진리요 생명"(요 14:6)이라는 예수의 말씀과 이 메시지를 온 세상에 전하여 알리라는 위임명령(행 1:8)은 결코 포기할 수 없다.

앞서 나는 이전과 달리 기독교 역사 속에 등장했던 다양한 선교의 패러다임에서부터 시작하지는 않았다. 복음전도와 교육, 그리고 세상 속의 교회의 위치는 각기 고유한 내력이 있기 때문에 나는 각 장의 서론에서 이 주제들에 관한 역사적인 패러다임을 각각 다룰 것이다.

Ancient-Future Faith
Rethinking Evangelicalism for a Postmodern World

제17장

과정으로서의 복음주의

복음전도(evangelism)야말로 복음주의 기독교의 보증수표나 다름없다. 이 세기에만도 기독교인들은 지구촌 곳곳을 돌아다니면서 수천만의 사람들에게 그리스도의 구원에 관한 메시지를 전파하였다. 최근에는 로마 가톨릭교회와 세계교회협의회(the World Council of Churches)도 복음전도의 긴급성을 이해하고서 그동안 복음주의 기독교인들의 열정을 고취시켜왔던 복음전도에 대한 더 많은 관심을 쏟고 있다.[1]

1. 교회사 속의 다양한 복음전도 패러다임들[2]

1세기 후반과 2세기 초반에는 수많은 순회 복음전도자들과 선지자들이

---

1) Kenneth Boyack, *Catholic Evangelization Today: A New Pentecost for the United States* (New York: Paulist, 1987).
2) 복음전도의 역사에 대해서는 다음을 보라. David J. Bosch, *Transforming Mission: Paradigm Shifts in Theology of Mission* (Maryknoll, N.Y.: Orbis, 1994).

로마 제국을 돌아다니면서 예수의 복음을 전파하였다. 그 결과 2세기가 끝나갈 무렵에는 로마 제국 내 거의 모든 도시에 교회가 세워졌고 복음전도 사역의 중심축도 혼자서 순회하는 복음전도자들로부터 지역 교회로 이동하였다. 2세기와 3세기 동안 기독교 교회는 세례식에서 최고 정점에 달하는, 정교한 형태의 복음전도 전략을 발전시켰다. 이러한 형태의 복음전도는 예배를 통해서 경축하는 세 가지 통과의례가 포함된 네 단계의 회심 사건으로 구성되었다. 이러한 유형의 복음전도는 당시 로마 세계에 널리 퍼졌고 결국 수많은 개종자들이 그리스도와 교회로 몰려들었다.[3]

중세 시대의 복음전도 패러다임은 좀 더 제도적인 교회에 어울리는 방향으로 변모하였다. 제도적인 형태의 복음전도는 콘스탄틴 대제의 통치기로 거슬러 올라가며 4세기 말엽 로마 제국의 기독교화(Christianization)와 밀접히 결부되어 있다. 이 시기 복음전도에 나타난 가장 주목할만한 변화는 세례식의 변화에서 발견된다.[4] 초대 교회에서 세례식은 세례를 받는 신자에게는 개인적이 구원 과정의 최고 정점에 해당됐다. 반면에 중세 시대 세례식은 회심의 첫 번째 행위로 뒤바뀌었다. 또 세례식을 통해서 원죄도 사해졌다. 그 다음에 성례전을 통해서 하나님의 은혜가 다양한 삶의 여정 속에 주입됐다. 당시에는 세례식은 입교인에게 결코 지울 수 없는 기독교적인 성품을 입교인에게 부여한다고 믿었다. 말하자면 세례예식을 통해서 한 사람이 진정한 신자가 된다는 것이다. 이런 이유로 중세 시대 교회는 복음전도의 한 가지 방편으로 칼의 힘까지도 사용했다. 당시 지상에서 구원의 참된 원천인 교회의 사법권에 근거하여 사람들을

---

3) Michael Dujarier, *The Rites of Christian Initiation* (New York: Sadlier, 1979); Michael Green, *Evangelism in the Early Church* (Grand Rapids: Eerdmans, 1970).
4) The Murphy Center for Liturgical Studies, *Made, Not Born: New Perspectives on Christian Initiation and the Catechumenate* (Notre Dame, Ind.: University of Notre Dame Press, 1976). 특히 3장, "기독교입교예식의 해체"(Dissolution of the Rite of Christian Initiation)을 참고하라.

구원으로 인도한다는 명목아래 개종을 위해서는 거룩한 전쟁도 불사했고 이단자들은 처벌을 피할 수 없었다.[5]

한편 수도원 운동을 통해서는 좀 더 개인적인 형태의 복음전도가 이뤄졌다. 중세 시대에는 도처에 수도원들이 세워졌으며, 신자들이 좀 더 순수한 개인적인 신앙을 발견하고 경험할 수 있는 장소로 부각되었다. 이런 이유로 많은 사람들이 수도원으로 몰려들었고, 이들은 여기에서 그리스도 안에서 개인적인 회심과 새로운 삶을 경험할 수 있었다. 중세 시대가 끝나갈 무렵에는 하나님의 진노를 달랠 수단으로 참회와 선행에 관한 교리들이 교회와 심지어 수도원 깊숙이 퍼져 있어서 복음전도에 관한 개혁이 시급한 실정이었다.

구원에 관한 종교개혁자들의 교리는 다양한 방식으로 중세 시대를 지배했던 확신들에 대한 비판과 반성을 제기하였다. 이들은 물리력을 동원하는 것은 거부하더라도 루터와 칼빈, 그리고 영국의 종교개혁자들은 여전히 교회의 중요한 역할은 사회의 악한 구조를 구속하는 것이며 그 속에 기독교화된 사회를 건설하는 것으로 이해하였다. 또 이들은 중세 시대의 사조에 대항하여 구원에서 선행의 중요성을 깎아내리고 신앙의 역할을 다시 강조하면서 구원론을 개혁하였다. 이들의 출발점은 항상 하나님이었다. 구원을 주도하는 쪽은 인간이 아니라 하나님이시라는 것이다. 하나님께서 십자가에서 우리의 죄에 대한 처벌을 친히 담당하신 예수 그리스도를 통하여 인류에게 구원을 베푸셨다. 예수 그리스도 안에서 하나님은 우리 스스로를 위해서 우리 힘으로는 결코 행할 수 없는 것을 우리를 위해서 베푸셨다. 그래서 구원이란 오직 그리스도만을 신뢰하는 것을 의미한다. 이 신뢰와 믿음이 한 사람을 이 세상에서 하나님의 인도 아래 딤

---

5) David J. Bosch, *Transforming Mission* (Maryknoll, N.Y.: Orbis, 1994). 7장 참고 "The Medieval Roman Catholic Paradigm."

대하게 살아갈 수 있도록 자유롭게 만든다. 복음전도의 본질을 결정하는 것은, 바로 이제 교회를 통해서 새롭게 선포되는 이 메시지이다.

하지만 재침례파 공동체는 종교개혁자들의 입장과 달리 참된 신자들로 이루어진 대안 공동체로서의 교회를 강조하였다. 이들은 한 개인의 회심이 아니라 이교적이거나 비기독교적인 문화로부터 기독교적인 문화로의 회심을 주장했다. 이들의 입장에서 볼 때 복음전도는 한 개인의 내면적인 회심의 문제가 아니라 주변 세계로부터 완전히 분리된 신앙 공동체 안에서 함께 살아가는 삶의 양식의 문제였다. 기독교는 비기독교적인 사회로부터 파격적으로 다르게 살아가는 대안적인 신앙 공동체라는 것이다.[6]

근대기의 복음전도는 경건주의 운동의 등장까지 거슬러 올라가며 종교개혁 이후의 객관적인 신앙관으로부터 좀 더 주관적인 신앙으로의 인식론적인 전환과도 밀접한 관련이 있다. 종교개혁자들에 의하면 구원은 그리스도의 의를 신자 개개인에게 전가함으로서 파생되며 이에 관한 메시지를 듣고 믿음으로 실천할 때 신자의 의로 귀결된다고 보았다. 그래서 성화는 신자의 삶 속에서 칭의의 실제를 그대로 구현하는 것이라고 보았다. 하지만 이러한 입장은 구원에 관하여 좀 더 주관적인 견해를 지닌 경건주의자들에 의하여 도전받았다.

경건주의자들은 구원의 체험을 교회의 부흥운동으로 변모시켰다. 한 사람은 그리스도에 대한 신앙을 통해서 새로 태어나게 된다. 이러한 회심 사건은 칭의에 관한 극적이면서도 획기적인 체험이다. 그 다음에 성화는 세상에 대하여 죽고 또 모든 유혹과 사악한 것들에 대하여 죽기로 결단하고 헌신하는 것이다. 이러한 확신은 근대의 부흥운동과 선교의 방향을 지시하였다. 대위임명령을 통해서 잘 표현되는 교회의 목표는 사람들을 그

---

6) Ibid., "The Missionary Paradigm of the Protestant Reformation," *Transforming Mission*, 8장.

리스도께로 회심시키는 것이다. 종교개혁 이후 계몽주의적인 개인주의가 득세하기 시작하면서 복음전도에도 일정한 영향을 주었고, 이전의 복음전도에서 교회와의 긴밀한 유대관계가 사라지고 오직 그리스도께로 회심하는 것만 강조되었다. 그래서 부지불식간에 근대의 복음전도로 말미암아 그리스도와 교회 사이의 간격이 벌어지기 시작했다. 근대의 복음전도에서 최악의 시나리오는 한 사람이 교회 내에서의 적극적인 활동이 없이도 기독교인이 될 수 있다는 것이다. 복음전도에 대한 이러한 접근은 결국 신앙에서 교회의 역할을 평가절하하는 개인적이고 나 중심의 복음을 강조하는 신앙의 사사화(the privatization of faith)를 초래하였다.[7]

하지만 포스트모던 시대에 복음전도는 계몽주의적인 개인주의로부터 -이번 장에서 잠시 후에 소개하겠지만-초대 교회에서 발견되는 좀 더 공동체적인 모델로 변모하고 있다. 그래서 복음전도는 악의 권세를 정복하고 승리를 거두신 그리스도를 향한 개인적인 개종뿐만 아니라 새로운 공동체 안으로의 개종도 포함한다. 이들이 바로 새로운 대안적인 신앙 공동체에 참여함으로서 자신들의 관점과 삶의 양식이 새롭게 형성되는 사람들이다. 회심의 강조점도 엄격하고도 극적인 사건에서 지속적인 과정, 즉 새로운 개종자가 세상 속에서 자신에게 적합한 장소를 발견하는 교회 안에서 지속적으로 양육을 받는 신앙으로 변모하였다.[8]

2. 계몽주의로 인한 문제점들

계몽주의의 영향을 받은 복음전도의 주요 문제점은 개인주의에서 비

---

7) Ibid., "Mission in the Wake of the Enlightenment," *Transforming Mission*, 9장.
8) Ibid., "The Emergence of a Post Modern Paradigm" *Transforming Mission*, 10장.

롯된다. 개인주의는 한 개인의 사적인 차원의 구원만을 과도하게 강조하면서 복음의 거시적인 차원을 소홀히 했다. 이와 관련하여 R. B. 카이퍼(Kuiper)는 이렇게 비판한다. "너무나도 자주 복음전도자의 인격과 웅변, 그리고 조직자로서의 능력과 회심에 관한 이야기, 그가 견뎌야만 했던 고난, 개종자의 숫자, 게다가 어떤 경우에는 그 전도자에 의하여 일어났다고 하는 치유의 이적만 조명을 받는다. 또 어떤 때는 복음전도로 개종한 사람들과 그들의 숫자, 가난과 질병, 그리고 부도덕에 의하여 모범 사례로 부각되는 그들의 안타까운 곤경의 상태나 구원의 복음에 대한 그들의 간절한 열망에 관심이 쏠리기도 한다. 심지어 아직 회개하지 않은 상태임에도 불구하고 자신의 고유한 자유의지로 구원하는 신앙을 발휘할 정도의 선한 상태였음을 강조하기도 한다."[9]

만족설의 속죄론에 근거한 근대의 복음전도는 주로 십자가 중심의 복음전도 전략을 취했다. 이 입장은 복음의 대리적인 차원을 강조하였고 사람들이 그리스도를 믿을 때 그들 내면에 발생하는 변화를 강조하였다. 물론 복음전도에서 이런 측면을 결코 무시해서는 안 되지만, 복음전도를 통해서 마땅히 선포되어야 할 복음에 관한 모든 것들을 온전히 선포하는 데는 실패하고 말았다. 개인주의 복음전도의 주된 약점은, 그리스도의 죽음으로부터 악한 권세에 대한 그리스도의 승리로의 이동에 실패했다는 점이다. 그 결과 복음전도가 그만 개인적이고 사사화된 기독교로 전락되고 말았고 그리스도께서 십자가 죽음과 부활로 사탄의 권세를 결박하였고 역사의 마지막 날에 모든 악을 멸망시킬 것이라는 우주적인 복음을 온전히 선포하는 데 실패하고 말았다. 모든 만물이 둘째 아담의 대속 사역으로 말미암아 총괄 갱신되었다는 원대한 복음의 의미가 그만 "내 생일"에 관한 기쁜 소식의 차원으로 축소된 것이다. 그리고 마지막을 향하여 진행

---

9) R. B. Kuiper, *God-Centered Evangelism* (Grand Rapids: Baker, 1961), 80.

하는 역사의 종말론적인 운명과 아울러 동반되는 하나님의 통치 아래 있는 신앙 공동체의 자리는 개인주의 복음의 메시지에서는 그 어디에서도 찾아볼 수 없다. 그래서 데이빗 보쉬(David Bosch)가 지적한 바와 같이 오늘날 우리에게는 "성육신과 공생애, 죽음, 부활, 그리고 파루시아(재림)를 포함하는 온전한 그리스도를 빠짐없이 선포하는 포괄적인 기독론적인 뼈대 안에서 작용하는 구원에 관한 해석이 필요하다. 이것이야말로 교회와 신학을 위해서 필수불가결하다."[10]

지나치게 개인주의화된 복음전도의 두 번째 문제점은 복음전도와 교회를 분리시킨다는 것이다. 계몽주의로 무장한 복음전도는 아주 극단적일 정도로 신앙 공동체와 관계없이 개인에 의한 영적 변화만을 강조한다. 당신이 드디어 구원받았습니다. 당신은 새사람이 되었고 이제 다시 새롭게 태어났습니다. 이렇게 구원에서 한 개인만을 강조한 결과 신자의 지속적인 영적 성장에서 교회가 감당해야 할 중요한 역할을 충분히 강조하지 못하게 되었다. 회심을 통해서 개종자는 이제 겨우 구원의 전체 과정을 막 시작할 따름이다. 이 과정에서 신자가 계속 격려를 받으면서 과정을 완성하도록 지원하는 공동체가 바로 교회이다.

개인주의 복음전도는 복음전도와 세례마저도 분리시킨다. 개인주의적인 복음전도 현장에서 대부분의 경우 새신자는 자기 마음에 드는 교회를 임의로 선택해서 그곳에서 세례를 받으라는 조언을 듣는다. 그 결과 계몽주의의 영향을 받은 대부분의 복음주의 교회에서도 세례는 그저 내가 얻은 내 구원에 대한 내 개인의 간증과 증언에 불과하다. 말하자면 세례에 개입하는 하나님의 거룩한 구원 행위는 종종 무시되는 것이다. 그러나 세례의 성경적인 의미는 예수 그리스도와의 연합을 통해서 우리는 삶 속에서 죄에 속한 모든 것들과 죽음으로 단절하며 성령의 능력으로 그리스도

---

10) Bosch, "The Medieval Roman Catholic Paradigm," 399.

의 형상을 닮아가도록 부름 받는 것이다. 그래서 세례식은 단 한 번에 세상의 모든 문제를 해결하는 행위가 아니다. 세례식은 우리가 그리스도의 몸 안으로 연합하여 지상에 있는 하나님의 공동체인 교회의 헌신과 책임을 통해서 이뤄지는 성결을 일평생 추구하기로 결단하고 그 시작을 알리는 예식이다.[11]

계몽주의의 영향으로 인하여 복음전도에서 교회가 분리됨으로 말미암아 복음전도에서 신자의 순종이 무시되고 대중적으로 따르기 쉽고 매력적인 변종 기독교가 등장하게 되었다. 또 기독교 신앙도 너무나도 자주 자신들에게 복을 가져다주는 종교였다고 중언하는 사람들의 입맛에 맞게 변질되었다. 즉 자신의 삶에 의미를 부여하고 결혼생활과 가정을 지켜주거나 또는 위대한 인생을 가능케 했다는 것이다.

또 다른 이들은 기독교 복음 때문에 이제 행복하고 여유롭고 모든 일상을 통제할 수 있으며 심지어 부자가 되었다고까지 주장한다. 나도 기독교의 긍정적인 측면을 무시할 의도는 없다. 분명 많은 사람들이 복음을 통해서 삶의 의미와 방향을 얻었을 것이다. 하지만 문제는 복음의 무게중심이 설령 기독교가 매력적이더라도 대중에게 무차별적으로 매력적으로 보이도록 만들어서도 안 되고 또 삶에 분명 의미와 방향을 제공하기는 하지만 모든 질병을 고치는 만병통치약처럼 인식돼서도 안된다는 것이다. 그보다는 복음전도 현장에서 제자도의 댓가나 모든 삶의 영역에 대한 하나님의 절대적인 주권과 순종으로 이어지는 신앙의 필요성, 그리고 세속적인 문화 대신에 예수의 왕국에 의하여 만들어지는 대안적인 문화에 대한 우리의 헌신을 충분히 요구해야 한다.[12]

---

11) Michael Green, *Baptism: Its Purpose and Power* (Downers Grove, Ill.: InterVarsity, 1987), 특히 4장 "세례: 그 의미와 실행"(Baptism: What Does It Mean and What Does It Do?")을 참고하라.
12) Dietrich Bonhoeffer, *The Cost of Discipleship* (New York: Macmillan, 1976).

근대의 복음전도가 철저한 순종을 충분히 강조하지 못하는 한 가지 이유는 복음전도자들의 과도한 복음전도의 목적 때문이다. 복음전도자들은 전도 현장에서 복음에 대한 분명한 반응과 결단을 이끌어내서 구도자들이 그리스도께 헌신하도록 애쓰기 마련이다. 이런 이유로 복음전도 집회가 때로는 청중의 감정에 집중할 때도 있다. 음악과 간증, 설교, 초청의 모든 순서가 잘 짜여서 사람들이 정교한 심리적인 안내를 통하여 회심에 이르도록 하는 것이다. (내 친구는 영혼구령을 위한 한 가지 효과적인 방법으로 중요한 결단의 순간에 구도자의 목을 뒤에서 손으로 지그시 누르라고 조언하는 지침서도 있다고 한다.)

복음전도 현장에서 구도자의 회심에 대한 심리적인 결단만을 과도하게 강조할 때, 때로는 구도자는 마치 기독교의 본질과 알맹이는 그저 감정적인 결단에 불과하다는 잘못된 인상을 가지고 교회를 떠날 수도 있다. 그 결과 기독교 메시지는 점점 개인주의화(individualization)하고 만다. 이렇게 감정적인 복음전도에 대한 바람직한 치유책으로서 케리그마(설교)와 디다케(교육)의 통합을 복원할 필요성이나 복음전도 이후 지역 교회에서 진행되는 후속 프로그램의 필요성이 점차 증가하고 있다.

복음전도 현장에서 복음전도와 순종이 분리된 또 다른 이유는 "문화적인 회심"(cultural conversion)에서 찾아볼 수 있다. 말하자면 어떤 사람이 이전의 삶의 양식을 중단하고 새로운 기독교적인 삶의 형태를 선택할 수 있다. 예를 들어서 어떤 사람이 그동안의 나쁜 습관을 버리고 더 이상 담배나 술, 춤, 도박 등등의 부덕한 관습과는 전혀 거리가 먼 정체성을 갖춘 집단의 일원으로 가입하라는 권면을 받을 수 있다. 문제는 새로운 개종자가 그리스도에 대한 순종을 새로운 문화에 대한 순응과 혼동할 수 있다는 것이다. 이 사람은 순종이란 나쁜 습관을 버리고 성경 읽기나 기도, 간증, 교회 출석, 또는 십일조와 같은 새로운 습관을 받아들이는 것이라는 조언을 들었을 것이다.

이러한 습관들이 나쁠 것은 없더라도 문화적인 회심을 강조하는 복음전도는 기독교적인 순종의 본질을 제대로 다루지 못하며, 몇 가지 규범들로 축소된 기독교는 좀 더 중요한 쟁점들을 모호하게 흐릴 뿐만 아니라 하나님께 온전히 헌신하려는 개종자가 성령의 능력 안에서 좀 더 심원한 성경적인 라이프스타일의 변화 대신 몇 가지의 문화적인 습관의 변화에 만족하게 만들 수 있다.

계몽주의의 영향을 받은 복음전도의 또 다른 문제는 변질된 기독교가 비서구사회에서 기능하는 방식에서 찾아볼 수 있다. 서구 기독교는 계몽주의적인 진보적인 가치관을 채택하였고 서구 문명이 기독교적인 가치관에 의하여 형성된 것으로 이해한다. 이런 이유로 타문화권의 사람들의 눈에는 교회의 복음전도가 기독교의 메시지를 전하는 것이 아니라 서구 계몽주의의 문화 속에 파묻힌 메시지를 전하는 것처럼 비춰질 수 있다. 그래서 만일 비서구권의 사람들이 서구 문명을 존중하거나 자기네 개인의 삶이나 가족 혹은 부족의 삶을 서구적인 생활양식에 맞추어 순응하려고 애쓰고 절약과 노동, 저축, 그리고 민주적인 정부 제도나 자본주의의 가치를 추구한다면, 서구적인 문화의 옷을 입은 복음전도는 나름대로 성공적일 것이다. 하지만 20세기 말엽에 서구 문명이 종말을 고하고 제3 세계 기독교가 등장하면서 전 세계적으로 서구적인 문화의 중요성이 점차 사라지고 있다. 그래서 포스트모던 시대에 복음전도는 전 세계의 다양한 문화적인 상황을 충분히 고려해야 한다(도표 J 참고).[13]

---

13) George Hunsberger and Craig Van Gelder, *Church: Between Gospel and Culture: The Emerging Mission in North America* (Grand Rapids: Eerdmans, 1996).

3. 고전/포스트모던 복음전도

1) 사도들의 설교의 여러 측면들

초대 교회의 복음전도는 이 땅의 모든 악에 대한 그리스도의 승리와 하나님 나라의 설립과 밀접한 관련을 맺고 있다(2장 참고). 사도들의 설교와 교육으로부터 복음전도와 관련하여 오늘날 우리가 명심해야 할 중요한 세 가지 교훈을 배울 수 있다.

첫째, 사도들은 단순한 사실을 있는 그대로 설교한 것이 아니라 사건에 대한 해석을 설교했다는 점이다. 그들이 전한 메시지는 예수께서 그들의 죄로 인하여 이 땅에서 우리처럼 사셨고 죽으시고 부활하셨다는 것이다. 그래서 구원은 어떤 한 왕에 관한 사실에 지성적인 차원에서 동의하는 것이 아니라 예수 앞에서 자신의 죄를 회개하고 구세주를 믿으며 순종하는 것이다. 이것이 바로 우리를 구원하는 복된 소식이다(고전 15:2).

둘째, 사도들의 설교에서 주목할 측면은 그리스도는 교회를 통하여 새로운 시대를 시작하는 개척자라는 것이다. 그리스도로 말미암은 새 시대의 독특성은 하나님께서 직접 인류의 역사 속으로 들어오셨다는 것이다(요 1:15). 하나님의 영광이 육신을 입고 이 세상에 나타났으며 사람들의 눈 앞에서 왕이신 하나님의 율법대로 순종하신 때가 바로 이 시대이다. 그분의 통치는 이 시대를 살아가는 모든 인생들에게 해당된다. 그래서 우리가 생각하고 말하고 행동하는 모든 것은 그분의 말씀에 따라 이뤄져야 한다. 우리가 먹고 잠자며 마시고 판단하고 사랑하는 모든 것은 왕이신 하나님의 법칙에 근거하여 이뤄져야 한다. 그분이 모든 삶의 주인이시기 때문이다. 새 시대의 시작은 속된 세상에 갑자기 무슨 사건이 하나 발생한 것도 아니고 또 삶과 함께 진행되는 어떤 영적인 요소의 개입도 아니다. 그보다 그리스도로 말미암은 새 시대의 시작은 이 세상 우주만물의 근본적인 변화를 가리키는 것이며 생각과 느낌, 그리고 삶의 전인격적인 영역에 모두 해당된다.

셋째, 사도들의 설교는 항상 새신자들을 세례의 자리로 인도하였고 교회로 가입시켰다. 세례식은 한 사람이 잘못된 인생 길에서 돌아서서 예수 그리스도를 구세주로 믿고 영접하기로 결단하고 회심하는 것을 나타내는 가시적인 기호이자 표시이다. 세례식은 결코 무의미한 상징이 아니라 회심에 반드시 동반되어야 할 행위이다. 그래서 사도들의 메시지는 죄를 회개하고 세례를 받으라는 것이었다. 기독교의 통전적인 관점에서 볼 때 칭의의 교리와 세례의 교리는 하나로 연결되어 있다. 마이클 그린(Michael Green)이 『초대 교회의 복음전도』(*Evangelism in the Early Church*)에서 지적한 바와 같이, 그리스도와의 연합을 가리키는 세례에 관한 위대한 장인 로마서 6장은 칭의에 관한 위대한 장인 로마서 5장 이후에 등장한다. 이 두 장은 서로 하나로 묶여 있으며 개종 다음에는 항상 세례가 뒤따랐던 초대 교회의 전형적인 패턴을 암시한다.[14]

신약 시대에 교회가 이해했던 세례의 풍성한 의미를 살펴보면 당시 세례가 이들에게 얼마나 중요했었는지를 충분히 짐작할 수 있다. 세례는 죄에 대한 회개와 포기를 암시하며, 그 형식은 복음의 중요한 사실들을 상징적으로 나타내 보여준다. 또 세례의 내용은 새로운 공동체로의 가입과 성령의 수납과 인침의 의미를 담고 있다. 세례식을 통해서 신자는 그리스도와 함께 세상에 대하여 죽고 그와 함께 새로운 생명으로 다시 태어나며 부활의 물로 모든 죄의 책임을 씻어내고 그리스도의 몸으로 연합하여 가입되며 예수께서도 세례받으실 때 그러하셨듯이 성령을 선물로 받는다. 이러한 여러 증거들을 미루어 살펴볼 때 회심과 세례는 단순히 감정적인

---

14) Green, *Baptism*, 152-53.

체험이 아니라 새로운 신앙 공동체의 근본 속으로 들어가서 자신의 십자가를 지고 그리스도를 따르기로 결단하고 순례를 시작하는 사건이다.

2) 초대 교회의 복음전도 방법

신앙생활의 맨 처음 순간부터 세례는 신자가 교회로 가입하는 것을 나타내는 가장 중요한 상징 행위이다. 4세기에는 세례식의 전체 과정은 보통 2-3년이 걸렸고, 영적 성장에 관한 네 가지 뚜렷한 기간과 세 단계의 통과의례로 이루어졌다. 첫째 단계는 탐구 단계(구도자 단계)이며, 둘째 단계는 교리문답의 단계(경청자 단계), 셋째는 정화와 계몽의 기간(무릎 꿇은 자의 단계), 넷째는 온전한 교회 생활에 가입하는 단계(신자의 단계)로 나뉘었다. 각각의 발전 단계는 신자를 다음 단계로 인도하는 통과의례와 함께 마쳐졌다. 이러한 통과 의례는 환영예식(the rite of welcome)과 소환예식(the rite of election), 그리고 입교예식(세례)으로 이루어졌다(도표 K 참고).

또한 초대 교회 복음전도는 다음 네 가지 사항을 고려했다. 첫째로 초대 교회의 복음전도는, 무기력한 패배가 아니라 승리자 그리스도(Christus Victor)의 관점에서 이해하는 그리스도의 죽음에 뿌리를 내리고 있었다. 둘째로 초대 교회 복음전도는 구원의 전체 과정에서 교회가 중요한 양육의 역할을 감당해야 한다는 점을 분명히 전제하고 있었다. 그래서 당시 교회는 새로운 개종자의 양육과 영성 형성이 이뤄지는 자궁이나 마찬가지였다. 셋째로 신자의 구원과 관련된 교회의 의례들은 신자 내면의 영적인 체험을 구성하는 외부의 수단으로 간주되었다. 넷째로 회심은 영적인 성장의 다양한 단계에서 일어나는 것으로 이해되었다. 즉 그리스도의 복음을 듣고 회심한 사람은 개종 과정의 정점에 해당하는 사건으로서 교회 공동체 안으로 가입하여 세례를 받아 영적인 성장 과정으로 인도를

받았다.[15]

3세기의 복음전도의 실상을 좀 더 자세히 설명하기 위하여 잠시 독자 여러분의 상상력을 자극할만한 질문을 던지고자 한다. 잠시 당신이 매우 헌신적인 기독교인을 이웃으로 두고 있는 3세기 로마 시민이라고 상상해 보자. 그 사람의 삶을 옆에서 계속 지켜보면서 당신도 그와 똑같이 기독교인이 되고 싶은 열망이 점점 커져갈 것이고 당신은 이런 열망을 그 이웃사람에게 털어 놓으면 그는 3세기의 방식으로 당신에게 복음을 전할 것이다(그에 관한 자세한 모습은 신약성경에 충분히 소개되고 있지만 여기에서 좀 더 자세히 설명하기에는 여건이 충분치 않다.) 그렇다면 이를 위해서 당신이 밟아야 할 과정은 무엇일까?

이 질문에 대한 해답은 히폴리투스가 기록한 『사도전승』에 자세히 서술되어 있다.[16] 대략 주후 215년에 작성된 이 작품은 처음 3세기 교회의 삶의 모습을 오늘날까지도 생생하게 전달한다. 이 작품은 예배를 통한 복음전도를 묘사하는 유일한 작품은 아니지만 가장 온전하면서도 간결하게 서술하고 있다.

첫째, 여러분은 구도자이고, 교회의 목회자나 지도자에 의하여 복음전도 이전의 심사(a pre-evangelism screening)라 불릴만한 심리과정(inquiry)을 거치게 될 것이다. 심리의 목적은 복음을 구도자에게 좀 더 분명하게 선포해서 그리스도에 대한 당신의 헌신이 진정으로 참된 것인지의 여부를 판단하려는 것이다.

둘째, 당신이 확고한 신앙의 헌신을 결단했다고 판단되면 그 다음에는 환영예식(the rite of welcome)을 통해서 당신을 교회생활 안으로 인도할 것

---

15) Arnold Van Gennep, *The Rites of Passage*, trans. Monika B. Vizedom and Gabriel L. Caffe (Chicago: University of Chicago Press, 1960), 189-90.
16) Robert Webber, *Liturgical Evangelism* (Harrisburg, Pa.: Morehouse, 1994).

이다. 이 간단한 예식의 핵심은 말과 상징적인 행동을 통해서 당신이 모든 삶의 영역에서 악마를 부인하고 그의 모든 일들을 중단하기로 서약하는 것이다. 먼저 구도자에게 "이제부터 모든 거짓된 예배를 포기합니까?"라고 묻는다. 거짓된 예배에는 많은 요소들이 포함되겠지만 우선적으로는 가이사를 주님으로 섬기는 것을 부인하는 것이다. 입교자가 "네! 그렇습니다"라고 대답하면, 그 구도자는 이제부터 그리스도인으로서 보이지 않는 문신인 십자가를 짊어지고 있다는 표시로 그 머리 위에 십자가 성호를 그었다.(당시 로마의 여러 식민지들은 각기 독특한 문양으로 식별할 수 있었다.) 이러한 예식과 다른 상징적인 순서가 끝나면 구도자는 회중 속으로 초대받아 그 회중 속으로 들어가서 신자들 중에 자기 자리를 정하여 앉았다. 그래서 구도자(seeker)가 이제는 하나님의 말씀을 듣고 배우는 경청자(hearer)가 된 것이다.

셋째, 당신은 이제 교리문답교육(catechumenate)으로 알려진 교육 과정으로 들어가며, 이 기간은 대략 3년 정도 계속된다. 이 기간 동안 당신은 하나님의 말씀을 듣는 경청자로서 신앙을 배우며 기독교적인 삶에 대하여 훈련을 받는다. 그 다음의 매우 강력한 상징적인 예식은 교육기간에서 정화와 계몽의 기간(세례식을 준비하는 시기)으로 넘어가는 통과의례(the passage rite)이다. 소환예식이라고도 부르는 이 통과의례에서 경청자는 교회 회중 앞에 나와서 "당신은 예수를 선택합니까?"라고 묻는 질문에 응답해야 한다. 이 질문에 단호한 자세로 응답하면 경청자는 설교단 앞에 펼쳐진 책 앞으로 다가가서 이 생명의 책에 자신의 이름을 기록한다. 그러면 경청자는 이제 무릎 꿇는 자(a kneeler)가 되어서 이후 6주 동안 개인의 성결에 매진하면서 세례식을 준비한다. 이 6주간의 준비 기간은 세례를 위한 강도 높은 영적 준비와 연단의 시기이다. 이 기간은 정화와 계몽(purification and enlightenment)이라고 부르는데, 이때가 세례를 준비하며 기도하고 금식하는 기간이기 때문이다.

　복음전도와 세례식의 긴밀한 연관성을 보여주는 상징의 셋째 고리는 세례식 그 자체에서 찾아볼 수 있다. 세례 예식은 부활절 이전 토요일 밤부터 진행되는 부활절 철야예배의 일부분이었다. 이때 기독교인들은 철야예배를 위해서 함께 모여 (부활을 미리 예시하는)불꽃 점화와, 창조로부터 시작하여 부활로 끝나는 성경 본문 낭독, 세례예식, 그리고 부활절 성만찬에 참여하였다.

　동쪽에서부터 해가 떠오르며 닭이 울기 시작하면 예수의 죽음과 부활로 연합하는 세례식의 상징도 함께 시작됐다. 먼저 감독이 성령께서 개종자의 삶 속에 찾아오시는 상징적인 표시로 그 개종자의 얼굴에 숨을 내쉰다. 그 다음 세례식을 위하여 준비된 물 위에 십자가의 성호를 긋고 하나님의 내주하시는 은총의 특별한 상징물로서 잠시 곁에 올려 놓는다. 그러면 입교자는 옛 사람을 완전히 벗어버리는 상징적인 행위로 입고 있던 옷을 모두 벗고 물 속으로 (초대 교회에서는 주로 물 웅덩이를 이용함) 걸어 들어가서 죄악에 대한 포기의 의식을 진행하였다. 이 예식을 진행하면서 목회자는 "악마와 그의 모든 일을 거부합니까?"라고 묻는다. 입교자가 강하게 그렇다고 대답하면 (어둠을 상징하는) 서쪽으로 돌아서서 악마의 얼굴에 침을 뱉었다. 그 다음에 감사의 기름을 받고서 각각 성부와 성자와 성령의 이름으로 세 차례 걸쳐서 물 속으로 몸을 잠겼다. 물 속에서의 침례가 끝나면 입교자는 밖으로 나와 무릎을 꿇고 성령 임재와 충만의 상징으로 몸에 기름을 발랐다. 이어서 입교자는 순례 여정에서 맨 처음으로 교회의 온전한 예배에 참석하여 신자들과 함께 기도하며 평화의 입맞춤을 함께 나누고 성만찬에 참여하였다(이로써 그 기독교인은 신자들의 공동체 일원이 된 것이다).

　누구나 알 수 있듯이 세례예식은 새롭게 회심한 기독교인을 예수의 이야기 속으로 상징적으로 연결시켰다. 세례식을 통한 그리스도의 이야기 속으로의 진입은 단순히 언어적인 소통만이 아니라 그 사건 속으로 몰입하여 참여하는 행위였다. 마지막으로 부활절 이후 신비교육(mystogogy)으로 알려진 기간 동안에는 방금 세례받은 입교인은 신자들의 영적인 삶에 참여할 수 있으며, 세례 이후의 교육을 통해서 세례와 주의 성만찬에 관한 더 깊은 이해를 돕는 교육들이 제공되었다.

4. 포스트모던 시대의 복음전도

포스트모던 시대에 복음전도의 내용과 방법은 이 시대와 매우 흡사한 초대 교회의 복음전도 전략을 창의적으로 활용할 필요가 있다. 크레이그 밴 겔더(Craig Van Gelder)는 이러한 이슈의 핵심을 다음과 같이 잘 요약했다. 그에 의하면, "북미권에서 새롭게 대두되는 선교에 대한 새로운 패러다임은 포스트모더니즘과 상대주의에 효과적으로 대응해야 한다. 그러려면 다음 두 가지 쟁점을 다뤄야 한다. 그것은 바로 신앙 공동체를 세우는 문제와 분열과 해체에 대한 논의의 문제이다."[17] 내가 확신하는 바는 포스트모던 세계는 기독교 메시지의 확산을 위한 비옥한 환경을 충분히 제공하지만, 그 메시지는 기독교적인 사상과 실천으로의 세심한 후속 조치가 없이 그저 실용적인 결정을 위한 환원주의(reductionism)로 축소되거나 변질되어서는 안 된다는 것이다. 만일 우리가 이 시대에 효과적으로 복음을 전도하려면, 우리는 먼저 신앙공동체를 세우는 일과 상한 심령을 위한 치유책을 제공하는 일을 올바로 감당해야 한다.

---

17) Craig Van Gelder, "Defining the Center – Finding the Boundaries," in Hunsberger and Van Gelder, *Church*, 32.

1) 복음전도의 내용

　복음주의자들이 신앙공동체를 세우고 상한 심령을 치유하기 위하여 분열과 해체의 문제를 다루려면 먼저 교회역사의 전통 안에서 일관되게 전승되어 온 복음전도의 내용을 되짚어 살펴보아야 한다.

　첫째, 그리스도의 죽음은 이 세상의 모든 악의 권세에 대한 승리라는 진리를 새롭게 강조할 필요가 있다. 포스트모더니즘이 의식하고 있는 초자연적인 세계에서는 악의 권세에 대한 새로운 인식의 가능성들이 열려 있다. 오늘날 사람들은 사회의 분열과 해체의 문제에 대해서 고민하며 사회 곳곳에서 뿐만 아니라 요즘은 부유한 도회지에서도 심심치 않게 벌어지는 끊임없는 폭력의 문제에 대해서 씨름하고 있다. 또 수많은 사람들이 깨어진 결혼생활의 문제로 매일 괴로워하며, 깨어진 인간관계와, 재정적인 어려움, 그리고 마음속에서 악과의 내면적인 갈등과 투쟁의 문제로 매일 고통 받고 있다. 이런 상황에서 승리자 그리스도(Christus Victor)는 교회에 출석하는 신자들과 교회에 출석하지 않는 불신자들을 하나로 묶는 연결고리를 제공한다. 승리자 그리스도는 하나님께서 우리가 우리 스스로의 힘으로는 결코 이길 수 없는 전쟁에서 우리 대신 승리를 쟁취하셨음을 보여준다. 이 메시지야말로 세상의 악한 권세 때문에 좌절하고 절망한 사람들을 서로 하나로 묶어줄 수 있는 연결고리이자 접촉점이다.

　둘째, 포스트모던 시대의 복음전도를 위해서는 그리스도와의 관계는 철저한 순종을 요구한다는 사실을 분명히 회복하여 다시금 새롭게 강조할 필요가 있다. 이러한 철저한 순종은, 신자가 세례를 통하여 그리스도와 완전한 연합과 일치를 요구받음으로써 시작된다. 하지만 오늘날 상당수의 교회에서 이러한 세례식의 본래 의미가 퇴색돼버렸고, 복음의 메시지도 그저 "당신에게 좋은 소식" 정도로 축소되거나 변질돼버렸다. 그리스도 안으로 세례를 받는다는 것은 그의 고난과 연합하며 그의 죽음 속으로 들어가고 또 그분과 함께 새로운 생명으로 다시 태어난다는 의미이다. 이러 과정을 통해서 세례 받은 기독교인은 이 땅의 모든 악을 정복하신 그리스도의 승리에 참여한다. 그래서 구원은 개인적인 차원에서 발생할 뿐만 아니라 하나님 나라를 증언하는 증인 공동체인 교회의 공동체적인 차원에서도 진행된다. 기독교 복음의 메시지는 하나님 나라에 대한 설교로부터 그리고 하나님께서 모든 만물을 통치하실 궁극적인 미래의 통치에 대한 설교로부터 시작한다. 하지만 하나님 나라는 이러한 종말론적인 희망 그 이상이며, 현재적인 실제이기도 하다. 그 메시지는 하나님께서 불러내시고 그리스도의 몸된 공동체로 세워가는 하나님의 백성들 가운데, 교회 속에서 발견된다.[18]

셋째, 포스트모던 시대의 복음전도는 지엽적인 주제만이 아니라 전인격적인 인간의 모든 실존 문제를 다뤄야 한다. "수직적인 차원을 망각한 기독교는 소금의 맛을 잃어버린 기독교나 다름없을 뿐만 아니라 세상에서도 소용이 없다. 하지만 인류의 공적인 삶에 대한 책임을 회피하려는 수단으로 수직적인 차원만 부각시켜 강조하는 기독교 역시 그리스도를 통하여 세상을 구원하시려는 하나님의 성육신의 생명을 부인하는 것이나 마찬가지다."[19] 이 진술문은 하나님 나라를 위한 복음전도의 핵심을 아주 간결하게 표현하고 있다. 인류의 수직적인 차원과 수평적인 차원의 모든 관계들이 예수 그리스도의 통치권 아래 놓여야만 한다.

결론적으로 포스트모던 시대의 복음전도는 하나님 나라를 있는 그대

---

18) Paul D. Hanson, *The People Called: The Growth of Community in the Bible* (San Fancisco: Harper & Row, 1986).
19) WCC의 사무총장이었던 윌리엄 비셀트 후프트(Willem Visserit Hooft)의 퇴임연설의 일부. Quoted by George Hoffman in "The Social Responsibilities fo Evangelization," in *Let the Earth Hear His Voice*, ed. J. D. Douglas (Minneapolis: Worldwide, 1975), 698.

로 선포해야 할 뿐만 아니라 그 나라를 성경적인 의미에 걸맞게 세우고 구현해야 한다. 복음전도는 또한 철저한 순종도 강조해야 한다. 진정한 순종은 이 세대 문화를 지배하는 거짓된 신들을 과감히 포기하고 부인하는 것이다. 우리는 너무나도 자주 이 세상의 거짓된 신들을 그저 개인적인 죄악으로 치부하는 데 그치고 만다. 물론 기독교인들은 부도덕과 부정, 욕정, 탐욕, 분노, 악의, 중상모략, 모욕적인 언사, 거짓말, 등등의 개인적인 죄악으로부터 돌아서도록 부름 받았다. 그런 악한 가치관을 따라 사는 것은 사탄의 지배를 따라 사는 것이나 다름없다. 하지만 이러한 죄악들이 단순히 우리 마음뿐만 아니라 이 세속 사회의 씨줄과 날줄 속에 지배적인 힘으로 작용하고 있음을 간과한다면, 우리는 죄의 본질과 파괴적인 속성에 대한 성경의 깊은 이해를 놓치는 것뿐만 아니라 인생의 모든 삶의 영역을 다스리는 그리스도의 통치로서의 하나님 나라마저도 놓치는 것이다.[20]

2) 복음전도의 방법

이 책을 저술하고 있는 요즈음에는 3세기 초대 교회의 복음전도 방법을 잘 알고 있는 개신교 교회는 그렇게 많지 않다. 그런데 이러한 형태의 복음전도 전략은 주로 가톨릭교회에서 RCIA(성인입교예식, Rites for the Christian Initiation of Adults)으로 알려진 선교 전략의 한 가지 형태로 새롭게 복원되고 있는 실정이다.[21] 이러한 3세기 교회의 복음전도 전략은 포

---

20) Darrell L. Gruder, ed., *Missional Church : A Vision for the Sending of the Church in North America* (Grand Rapids: Eerdmans, 1998).
21) *Christian Initiation Resources Reader*, vol. 1, *Precatechumenate*; vol. 2, *Catechumenate*; vol. 3, *Purification and Enlightenment*; vol. 4, *Mystagogia and Ministries* (New York: Sadlier, 1984).

스트모던 시대에 매우 효과적으로 적용될 수 있으며 불신자의 회심과 개종 과정에 좋은 통찰을 제공한다.

첫째, 3세기 복음전도 전략은 철저히 복음주의적이다. 왜냐하면 그 전략은 무엇보다 그리스도를 설교하며, 사람들을 교회로 인도하며, 철저한 순종을 요구하기 때문이다.

둘째, 3세기 복음전도는 아주 탁월할 정도로 지역 교회 중심의 복음전도 전략을 취한다. 이 전략은 텔레비전에서 보듯이 대규모 집회에서 사람들을 단체로 그리스도께로 인도하거나 신앙 공동체와 무관하게 개인적으로 그리스도를 영접하는 방식과 거리가 멀다. 그보다 이 방법은 주로 지역 교회를 중심으로 진행되며 한 사람 한 사람에 대하여 개별적이면서도 세심하게 돌보는 관계를 통해서 개종자를 그리스도께로 귀의하게 하고 신앙 성장의 다양한 단계로 인도한다. 그래서 지역 교회 안에 형성된 하나님의 백성 공동체가, 복음전도 사역을 감당하는 공동체만이 아니라 복음을 받아들이는 개종자를 모두 지원하는 중추적인 역할을 감당한다. 그래서 입교인은 하나님으로부터 혼자서 구원받는 개인의 구원으로 인도되는 것이 아니라 개종을 통하여 삶의 급격한 변화를 경험하는 과정에서 신앙 공동체로부터 심리적이고 사회적이며 도덕적인 지원을 전방위적으로 받게 된다. 이런 과정을 통해서 복음전도자와 복음수용자 사이의 상호 공생관계가 유지된다.

셋째, 초대 교회 복음전도는 결코 오늘날의 복음전도 방식을 대체하지 않는다. 오히려 이전의 전략은 회심한 새신자가 그리스도와 교회에 더 깊고도 지속적으로 헌신할 수 있도록 안내하는 효과적인 방안을 제공함으로써 오늘날의 방식에 훌륭한 보완책을 제시한다. 그래서 초대 교회로부터 복음제시와 입교 중간의 심사 단계(혹은 심리 단계, inquiry stage)에 적용할 수 있는 다양한 형태의 복음전도 전략을 확보할 수 있다. 복음전도는 사람들을 복음과 교회의 문 앞으로 인도하여 이후의 지속적인 영적 성장 과정이 진행될 수 있도록 안내하는 단계이다. 마지막으로 3세기 복음전도는 오늘날의 포스트모던 세계가 교회에게 기대하는 필요, 즉 개인적이고 시각적이며 발전적이며 공동체적이고 신비적이며 이 세상을 살아가는 한 개인의 전방위적인 삶과 관련된 모든 필요에 응답할 수 있다.

제18장

지혜로서의 교육

근래 대부분의 선교 모델은 복음전도와 교육은 서로 아무런 관계가 없는 교회의 기능에 불과하다는 생각에 근거하고 있다. 의문의 여지가 많은 이런 관점은 C. H. Dodd의 『사도들의 설교와 이후의 발전』(*The Apostolic Preaching and Its Development*)이라는 책에서 지지를 받고 있다. 다드의 논지는 "하나님께서 사람을 구원하는 데 기쁘게 사용하는 것은 디다케(didache)가 아니라 케리그마(kerygma)"라는 것이다.[1] 이렇게 교육에서 복음전도를 배재하고 또 복음전도에서 교육을 배재하는 현상은 오늘날의 복음전도가 천박성을 극복하지 못하는 근본적인 원인 중의 하나이다. 기독교의 메시지는 예수 그리스도에 관한 내용과 구원의 역사가 함께 결합되어야 한다.

기독교 메시지에서 핵심 내용인 예수 그리스도와 역사가 없이는, 그 메시지는 사회적이거나 또는 심리적인 만병통치약으로 전락하거나 심지어

---

1) 다음을 보라. Craig Van Gelder, *Confident Witness – Changing World* (Grand Rapids: Eerdmans, 1999).

사람들의 감정을 조작하여 청중을 그저 내용 없는 감정적 반응에 집착하게 만들 수 있다. 또 다른 한편으로 기독교 메시지 내용이 그리스도에 대한 헌신이나 삶의 변화에 대한 요청을 동반하지 않고 그저 사실적인 차원으로나 지성적인 차원에서 제시될 때, 기독교교육은 입교인의 바람직한 기독교적 성품을 만들어 갈 능력을 잃어버리고 말 것이다. 복음전도와 기독교교육은 결코 나뉠 수 없으며 함께 이뤄져야 한다. 그래서 설교에는 기독교적인 내용이 뒷받침되어야 하며 기독교교육에도 선포적인 차원이 배재돼서는 안 된다.

적지 않은 신학자들이 다드의 결론에 끊임없이 의문을 제기했지만, R. C. 월리(Worley)의 『초대 교회의 설교와 교육』(Preaching and Teaching in the Earliest Church)가 출간되면서 비로소 다드의 결론에 대한 세심한 비평 작업이 이뤄졌다. 마이클 그린(Michael Green)이 『초대 교회의 복음전도』(Evangelism in the Early Church)에서도 지적한 바와 같이, 월리에 의하면 유대교와 초기 기독교 양 진영에서는 복음전도자의 역할과 교사의 역할 사이에는 그렇게 분명한 차이가 존재하지 않았다고 한다.[2] 사도 바울이 에베소에서 "회당에 들어가 석 달 동안을 담대히 하나님 나라에 대하여 강론하며 권면하였다"(행 19:8)는 사례에서도 알 수 있듯이, 불신자들을 향한 당시 교회의 선교 사역에는 매우 철저한 지성적인 활동도 뒤따랐다. 따라서 기독교교육과 양육에서도 그러하듯이 당시 교회나 오늘날에 복음전도와 기독교교육 간에도 매우 밀접한 연관성이 존재한다.

---

2) C. H. Dodd, *The Apostolic Preaching and Its Development* (New York: Harper & Row, 1939), 8.

1. 역사 속의 다양한 교회 교육 패러다임[3]

초대 교회는 지식이 주로 구술 중심의 소통으로 전달되던 시대였다. 이러한 상황에서는 기독교적인 사상과 경험이 소통되는 데 예전이 매우 중요한 역할을 감당했다. 초기 기독교 예전을 잠깐 살펴보면 그들은 예배 시간에 (공동체를 향하여 낭독되었던) 성경에 대해서 뿐만 아니라 세례와 성만찬에 관한 신학적인 이미지를 자주 다뤘던 것을 알 수 있다. 또 새롭게 회심한 기독교인들도 먼저 회심한 신자들과 함께 설교 메시지에 귀를 기울였다. 그 다음에는 옆방으로 이동하여 세례 받은 신자들과 함께 계속 이어지는 예배에서 함께 기도와 성만찬에 참여하며 신앙의 지도를 받았다. 당시에는 문자를 읽을 수 있는 사람들은 전체 인구 중에 2% 미만이었기 때문에 신앙 교육은 주로 구술에 의한 설교와 설명 그리고 해설을 통해서 이뤄졌다.

중세 시대에도 이전처럼 문맹률이 높았다. 그래서 당시 교회는 효과적인 교회 교육을 위하여 이전처럼 예배에서 구술 형태의 소통 방식을 계속 유지함과 동시에 참여지향적인 소통 방식을 도입하였다. 그래서 기독교 신앙이 문화적인 전파(cultural transmission)를 통해서 소통될 수 있도록 하였다.

이런 과정을 통해서 신자들은 삶의 전방위적인 차원에서 기독교 신앙에 흠뻑 젖어들 수 있었다. 당시 교회는 문자적으로 도시와 마을의 중심부에 세워져 있어서 모든 일들이 교회를 중심으로 진행됐다. 그리고 철학과 음악, 예술, 그리고 문학도 모두 교회로부터 동력을 얻어서 발전하였다. 그래서 당시 사람들은 전방위적인 문화를 통하여 모국어를 익히는

---

[3] Green, *Evangelism in the Early Church*, 204.

것과 같은 방식으로 기독교 신앙 속으로 흡수되었다.[4] 기독교는 본질적으로 "참여의 종교"였다. 13세기에 이르러 유럽에서 기독교교육은 예배 예전과 밀접히 연결되어 있었고, 부모들은 교회의 예배와 교육을 통해서 자녀들에게 성모송(the angelic salutation)과, 주기도문, 신앙고백서, 그리고 십계명을 불어와 라틴어로 분명히 암송하도록 교육할 수 있었다.[5] 당시 사람들은 매 일요일마다 교구 교회에 출석하여 성무일도(매일 정해진 시간에 하나님을 찬미하는 교회의 공적〈公的〉이고 공통적인 기도문)와 십계명을 익혀야만 했으며, 참회자에게 주기도문(Pater Noster)과 신경, 그리고 성모송(아베 마리아, Ave Maria)에 대하여 질문하는 사제에게 자기 죄를 고백해야만 했다.[6]

전인격적인 참여를 통한 기독교 신앙의 습득 과정은 이뿐 아니라 늘상 존재하는 시각적인 자료들을 통해서도 이뤄졌다. 당시 교회 안에는 하나님과 예수 그리스도의 사역과 성자들의 생애에 관한 여러 이미지와 형상들로 가득 찼다. 그래서 당시 교회의 공간과 주변 환경은 마치 천국으로 나아가는 순례과정과 흡사했으며, 이를 통해서 기독교 신앙의 초월성과 교회가 나아가는 궁극적인 목적지를 신자들에게 생생하게 전달하였다.

이렇게 참여지향적인 소통방식은 계몽주의가 등장하고 인쇄술이 발명됨에 따라 급격하게 변화하였다.[7] 계몽주의로 인하여 일반 대중에게도 교육의 문이 활짝 열렸으며, 인쇄술 덕분에 상류층만 누려왔던 지식이 인쇄물을 통해서 쉽게 접근할 수 있게 되었다. 게다가 개신교 종교개혁과

---

4) 다음을 보라. Thoma H. Groome, *Christian Religious Education: Sharing Our Story and Vision* (San Francisco: Harper & Row, 1980); Babin, *The New Era in Religious Communication*, 특히 1장 "Religious Education from Gutenberg to the Electronic Age,"를 보라.
5) Babin, *The New Era in Religious Communication*, 21.
6) Ibid.
7) Ibid., 21-22.

교육에 대한 새로운 전략을 계기로 시청각적인 소통으로부터 인쇄언어를 통한 소통으로의 급격한 변화가 더욱 가속화되었다.

종교개혁을 계기로 인쇄로 기록된 신앙고백서가 널리 보급되었다. 1529년에 출간된 루터의 신앙고백서는 1569년까지 대략 10만부 이상이 팔려 나갔다. 16세기의 인구 규모를 감안할 때 이 숫자는 참으로 놀랄만한 업적을 보여준다. 인쇄된 신앙고백서를 통한 요리문답교육은 심지어 가톨릭교회에서조차도 새로운 신앙 교육 방식으로 정착되었다. 종교개혁 이후 지금까지 교리문답교육은 독서와 작문, 직선형 사고, 분석, 그리고 기억 활동에 주로 의존한다. 모든 교회마다 고유한 교리문답서를 만들어낸 까닭에 교회마다 자기가 속한 교단의 신앙 교리를 엄격하게 이해하고 교육하는 문제가 중요해졌다. 물론 교리문답서에도 모든 기독교 교회가 공통으로 믿고 따르는 바가 포함되어 있지만 각 교회가 속한 교단의 교리적인 특징도 별도로 부각되기 마련이다. 따라서 기독교교육의 중심축이 예전을 통해서 표현되는 신비주의적인 기독교 신앙 교육으로부터 신앙에 대한 지성적인 이해로 변화하게 되었다. 또 개신교의 예전의 중심축도 선포와 재현을 통해서 전수되는 신앙으로부터 교훈적이고 지성적인 설교로 바뀌었다. 그 이후 근대기 동안에는 계몽주의의 영향을 받은 교훈적인 교육 방식이 지배적이었지만, 근대기 이후에는 소통의 새로운 혁신으로 인하여 좀 더 참여지향적이고 시청각 중심의 교육이 대두되었다.[8]

포스트모던 시대에 교육의 무게중심은 정보의 전승에서 참여를 통한 지혜의 전승으로 바뀔 것이다. 그래서 이 시대의 바람직한 교회교육을 위해서는 명제적이고 지성적이며 합리적인 내용이 주류를 이루는 기독교

---

[8] 다음을 보라. Eamon Duffy, *The Stripping of the Altars: Traditional Religion in England 1400-1580* (New Haven, Conn.: Yale University Press, 1992).

진리는 회중이 직접 참여하는 가운데 구현된 실체로 직접 경험할 수 있어야 한다. 또 신앙도 기독교적인 신앙을 직접 삶으로 구현하는 사람들의 공동체 안으로 몰입하여 참여함으로써 소통되어야 한다. 이렇게 하나로 연합한 신앙 공동체는 서로 간의 깊은 헌신과 환대, 그리고 세례와 성만찬의 이미지들과, 성경, 그리고 교회력의 여러 축제와 절기들을 통해서 신앙을 소통해야 한다. 이러한 교회 내의 다양한 행사들과 사건들은 신자의 영적인 상상력을 증진시키며 삶의 순환주기에 의미를 제공하는 초월적인 준거체계를 제공해 줄 것이다. 그리고 여러 이야기들의 의미와 상징들, 시간의 순환 주기들, 시청각적인 신앙 경험들이 소그룹에서의 깊이 있는 토론과 적용의 중심을 차지할 것이고 지성적이면서도 정서적인 깨달음을 자극할 것이다.[9]

2. 현대 기독교교육의 문제점

복음주의 교사들은 오늘날 교회 교육이 다음 세 가지 특정한 문제점을 극복해야 한다는 점에 대체적으로 동의한다. 그것은 도덕주의에 대한 지나친 강조, 학습을 사실존중주의(factualism)로 축소하기, 사물에 대한 통전적인 조망의 실패이다.[10]

첫째, 도덕주의는 그리스도의 구속사역에 대한 깊이 있는 이해로부터 생겨나는 기독교적인 윤리에 대한 성경적인 이해를 무시하는 선행주의와 흡사하다. 도덕주의적인 교사는 성경 이야기 속에서나 또는 성경에 등

---

9) 다음을 보라. Babin, *The New Era in Religious Communication*.
10) Van Gelder, 특히 6장을 보라. "Missional Community: Cultivating Communities of the Holy Spirit."

장하는 영웅들의 삶 속에서 도덕적인 교훈을 찾아내기를 좋아한다. 이 경우의 결말은 항상 어떻게 우리도 선행을 지키고 책임을 감당할 것인지를 강조하는 내용으로 끝나곤 한다. 이런 교훈에 근거하여 교사들은 학생들도 착하고 도움을 베풀 줄 아는 사람이 되라고 가르친다.

이런 교수법의 문제점은 도덕주의가 제시하는 어떤 행동이 문제가 아니라 성경 본문이 실제로 말하고자 하는 바를 잘못 해석한다는 점이다. 도덕주의(moralism)는 하나님의 말씀의 구속적인 속성을 제대로 드러내지 못한다. 또 성경의 이야기들이 대부분 개별적인 사건으로 다뤄지고 하나님께서 역사 속에서 인류의 구원을 성취하신 과정을 제대로 부각시키지 못한다. 그 결과 그저 피상적인 선행주의로 얼룩진 왜곡된 기독교가 무의식중에 신자들에게 주입된다. 예를 들어, 만일에 아브라함의 이야기를 그저 순종에 관한 모범적인 사례로만 설명할 뿐, 세상을 향하여 하나님의 축복을 전달하는 민족이 부름 받아 생겨나는 하나님의 언약의 맥락 속에서 아브라함을 올바로 이해하지 못하면, 결국 우리는 이 이야기를 그저 하나의 도덕주의 사례로 변질시키는 셈이다. 진정한 도덕주의는 이런 저런 특정한 이야기 한 편에 기초한 것이 아니라, 이스라엘과 예수의 이야기에 기초하며 지상에 하나님의 백성으로 선택받은 신앙 공동체 안에서 새로운 사람으로 부름 받은 소명에 근거한다.

둘째, 현대 기독교교육에서 발견되는 사실존중주의도, 교육적인 내용에 대한 깊이 있는 이해는 무시하고 그저 해당 내용을 암송하는 것만을 강조한다는 점에서 도덕주의와 유사한 문제점이 나타난다. 물론 학생들이 성경외 역사와 각각의 시대마다 무슨 사건들이 벌어졌는지를 이해하는 것은 좋은 일이다. 그러나 그 학생들이 성경에 언급된 여러 사건들의 의미를 올바로 해석하지 못한다면 그 본문의 메시지는 놓치고 마는 셈이다. 성경에 등장하는 여러 왕들의 이름이나 중요한 사건들과 장소, 발생

연도를 암기하더라도 이를 통해서 역사 속에서의 하나님의 구속의 역사 진행 과정을 분명하게 파악할 수 없다면 그 자체만으로는 무의미하다. 셋과 아브라함, 모세, 다윗, 혹은 예레미야의 구속사적인 의미는 무엇인가? 하나님은 그리스도를 통하여 세상을 구원하시려고 역사 속에서 어떻게 일하시는가? 인간의 곤경과 관련하여 하나님의 구원 행위는 무엇을 의미하는가? 이 사실에 대하여 나는 어떻게 해야 하는가? 이러한 사실들에 대한 교육과 아울러 이런 질문들에 대한 해답을 얻을 수 없다면, 그런 지식은 영향력 있는 지혜로 연결되지 못하기 때문에 결국 그 근본의 차원에서 진정한 기독교인을 양육하는 데 실패할 수밖에 없다.

셋째, 성경의 여러 사건들과 이야기들이 서로 하나로 엮인 통전적이고 성경적인 체계를 전체적인 시각으로 이해하지 못하면 그저 파편으로 조각난 정보들만 얻을 뿐이고 이로서는 온전한 하나님의 계시를 제대로 이해하는데 실패할 수밖에 없다. 이런 이유 때문에 기독교 교사는 파편적인 지식이 아니라 성경 전체의 신앙을 가르치는 것이 매우 중요하다. 이러한 통전적인 교육을 통해서 학습자는 그리스도께서 삶의 전 영역에 대하여 요구하신 기독교적인 주장과 세계관을 올바로 이해하고 심화시키며 증진시킬 수 있다.

도덕주의와 사실존중주의, 그리고 통전적인 시야 확보의 실패와 같은 기본적인 문제들은 진정한 기독교적인 신앙에 대한 이해를 방해하며 이를 삶의 전 영역에서 올바로 구현하고 순종하는 데도 장애물로 작용한다. 또한 개인주의적인 기독교를 조장하며 기독교 신앙의 성장을 위한 적절한 토대를 제공하지도 못하며, 그리스도에 대한 헌신을 더욱 심화시키지도 못하고, 기독교 신앙이 어떻게 삶의 모든 영역과 서로 연결되는지도 잘 보여주지 못한다. 그래서 포스트모던 시대의 바람직한 기독교교육의 안내를 얻기 위하여 초대 교회에 대해서 살펴볼 것이다.

3. 초대 교회의 교육

이 책에서 나는 초대 교회의 공동체적인 속성을 계속 강조해오면서 포스트모던 시대에 효과적인 교회는 서로를 친절하게 환대하며 소속감이 느껴지는 공동체가 되어야 할 것을 반복적으로 제안했다. 오늘날 거대하고도 복잡한 지구촌 사회와 그 속에서 느끼는 고독과 소외감은 작지만 친밀한 소그룹 공동체를 통해서 극복되어야 한다. 초대 교회에서도 기독교교육과 양육은 바로 이러한 작고 서로가 가까운 공동체의 상황 속에서 이뤄졌으며, 특히 첫 3세기 동안 등장했던 작은 규모의 교회가 기독교교육의 중요한 역할을 감당했다.

이런 교회에서 당시 사람들은 앞서 살펴보았듯이 일곱 단계의 복음전도와 기독교적인 성품 형성 과정을 통해서 교회 생활 속으로 흡수되었다. 이 과정에서 당시 신자들은 구도자의 단계로부터 시작하여 경청자의 단계와 무릎 꿇는 자, 그리고 신자의 단계를 거쳐서 양육을 받았다. 그래서 포스트모던 시대에 적합한 기독교교육과 양육을 위한 실마리를 찾기 위하여 초대 교회에서 시행되었던 이러한 교육과 발전 과정의 사례들을 자세히 살펴보자[11](도표 K 참고).

1) 구도자

히폴리투스의 『사도전승』에 의하면 구도자에게 집중하는 복음전도 이전 단계의 교육은 2세기 말엽까지 주로 로마에서 시행되었다. 진리를 갈망하는 구도자가 교회로 인도를 받아 오면 회중 가운데 지도자는 그에게

---

11) 과정으로서의 교육에 관한 고전적인 저서로는 다음을 보라. Horace Bushnell, *Christian Nurture* (Cleveland: Pilgrim, 1994).

(제자도의 대가에 관한 교육처럼) 기독교적인 신앙과 관련된 요구사항들을 제시한다. 예를 들어, 만일 어떤 구도자가 우상숭배와 관련된 직업에 종사하거나 황제를 신으로 숭배하기로 서약했다면, 그 직업을 포기해야 한다. 또 점성술이나 부도덕과 같이 복음에 반하는 일들에 관여하고 있다면, 이런 일들을 당장 중지해야 한다. 회개의 의미는 내면적인 태도뿐만 아니라 외면의 행동의 차원에서도 분명히 드러나야 하기 때문이다. 기독교 신앙이 기대 이상의 순종을 요구한다는 것을 알게 되었을 때는 생각 이상의 사람들이 믿음을 배신하기도 했다. 하지만 일단 구도자가 예수를 따르기로 결심하면 그들은 환영 예식을 거쳐서 경청자의 단계로 옮겨간다.[12]

2) 경청자

경청자의 단계는 정교(正敎, orthodoxy)와 정행(正行, orthopraxis)과 관련하여 좀 더 공식적인 신앙 교육의 단계에 해당된다. 정교(orthodoxy)는 올바른 찬양(right praise)을 의미한다. 그래서 정교에 대한 연구는 주로 초대 교회의 예배에서 하나님을 향한 올바른 신앙고백과 찬양에 집중된다. 예를 들어, 다음과 같은 가르침들이 가장 기본적인 형태에 해당된다. "나는 예수를 주로 시인합니다"(롬 10:9). "주는 그리스도시요 살아계신 하나님의 아들이시니이다"(마 16:16). 또는 고린도전서 15장 3-5절에서는 좀 더 확장된 형태의 신앙고백이 등장한다. "그리스도께서 우리 죄를 위하여 죽으시고 장사 지낸바 되었다가 성경대로 사흘만에 다시 살아나사 게바에게 보이시고." 기독교에 입문하여 초기에 경청자들이 듣는 이러한 복음은 깊이 있는 교리로 발전되지는 않았지만 당시 초대 교회가 일상의 차원에

---

12) 일차자료로는 다음을 보라. Edward Yarnold, *The Awe Inspiring Rites of Initiation: Baptismal Homilies of the Fourth Century* (Middlegreen, Slough, England: St. Paul, 1971).

서 선포하고 증언하며 고백하던 가장 기본적인 복음의 메시지였다. 또한 이러한 메시지는 기독교에 입문하는 세례자들을 위한 세례와 분명 깊은 연관성을 가지고 있다. 로마서 6장에서 사도 바울은 세례의 형식 그 자체가 기독교 신앙의 내용을 분명히 말해주고 있음을 암시한다. 그리스도께서 죽으시고 무덤에 묻히시고 다시 죽은 자들 가운데에서 부활하셨듯이 예수 그리스도를 구세주로 고백하는 개종자들 역시 세례식에서의 죽음과 장사지냄, 그리고 부활을 가리키는 상징적인 행위를 통해서 예수와 한 몸으로 연합되었음을 깨닫는다. 그래서 그리스도를 신앙고백하는 것은 그분에 관한 복음의 진리를 자기 것으로 그대로 수용하는 것임을 분명히 알 수 있다. 개종자가 예수에 대한 신앙을 고백하지만 이 신앙고백은 우리를 위한 그분의 인격과 그가 행하신 일과 결코 분리될 수 없다.

개종자에 대한 초기의 훈육은 세례를 통한 그리스도와의 하나됨과 연합에 집중하지만, 그 이후 3년 동안의 교육은 성경에 근거한 기독교적인 사고 패턴에 관하여 확고한 토대를 제시하는 데 집중된다.

초대 교회가 시행했던 기독교교육의 실제 내용은 다양한 교리문답교육 강의를 통해서 오늘날까지 우리에게 전수되고 있다. 그 중에 가장 대표적인 사례는 예루살렘의 시릴(Cyril of Jerusalem)의 『교리문답강좌』(*The Catechetical Lectures*, d. 386)이다.

이 강좌의 1-3장에서 시릴은 세례식을 위한 정신 구조(frame of mind)에 대하여 언급한다. 여기에서 그는 죄와 악마, 회개, 죄의 감면, 그리고 세례의 의미에 대하여 설명한다. 이어서 4장에서는 열 개의 기독교 신경으로서 하나님과 그리스도, 동정녀 탄생, 그리스도의 십자가 죽음과 매장, 부활, 재림과 심판, 성령, 십자가, 그리고 인간의 속성과 종말에 관한 신앙을 진술한다. 이어서 신앙의 주제에 관하여 설명하고 신경에 관한 열세 가지 교훈을 제시한다. 여기에서는 개종자가 세례식 이전에 숙지해야 할 기독교 신앙의 내용을 아주 흥미로운 방식으로 소개하고 있다. 그래서 초대 교회에서는 복음전도와 기독교교육, 그리고 양육이 서로 밀접하고도 깊이 있게 짜여져 있었다고 결론을 내릴 수 있다.[13]

초대 교회 기독교교육의 둘째 측면은 올바른 방식으로 살아가는 정행(正行, orthopraxis)과 관련이 있다.

초대 교회의 정행은 유대교의 교육 방법을 그대로 따랐다. 예를 들어, 유대교의 교육은 종교적인 의무사항들을 교리문답형태로 요약한 레위기로부터 시작됐다. 이 요리문답서의 핵심은 19-20장으로서 소위 성결법(Holiness Code)에 집중되며, 이 중에서도 특히 다음 두 구절이 매우 중요하다. 그 첫째 구절은 레위기 19장 2절의 "너희는 거룩하라 나 여호와 너희 하나님이 거룩함이니라"이며, 둘째는 레위기 19장 34절의 "네 이웃을 네 몸과 같이 사랑하라"이다. 이 두 구절은 유대교 교리문답 교육의 핵심에 해당한다. 하나님을 향한 거룩과 이웃에 대한 사랑이라는 이 두 교육 주제는 성경 전편에 걸쳐서 빈번하게 등장하며 신약성경에서도 이와 동일하게 명확한 지침을 제시한다. 그래서 신약성경에 담긴 이 두 훈육 사상은 초대 교회 교리문답에서 실제로 사용된 자료였음을 충분히 암시한다(거룩하라 - 마 5:48; 살전 4:7; 벧전 1:16; 요일 3:3; 사랑하라 - 마 5:43; 살전 4:9; 벧전 1:22; 요일 3:10).

초대 교회에서 이른 시기에 사용됐던 요리문답 문서들 중의 대표적인 사례는, 디다케(Didache)로서 이 문서의 작성 연대는 가장 이른 시기로는 주후 50년부터 가장 늦은 시기로는 주후 130년까지 추정되며 짤막한 여섯 개의 장으로 구성됐다. 디다케 문서는 다음과 같은 내용으로 시작된다. "두 종류의 길이 있으니, 하나는 생명의 길이요 다른 하나는 사망의

---

13) Hippolytus, *The Apostolic Tradition*.

길이다. 두 길 사이에는 엄청난 간격이 있다."[14] 생명의 길(지혜)은 어떻게 살아야 할 것인지에 관하여 예수의 가르침들 중에서 특히 산상수훈에서 가져온 여러 훈계들로 이뤄졌다. 이어서 5장에서 소개되는 사망의 길은 신약의 서신서에서도 발견되는 것과 유사한 여러 악덕의 목록들이다. 그런데 두 종류의 길을 제시하는 방식에서의 흥미로운 점은 이것이 바로 철저하게 유대교적인 훈육 방식이라는 것이다. 이 두 길에 포함된 여러 항목들은 레위기 17-19장에서도 그대로 발견된다.[15]

"두 종류의 길"의 기원은 구약의 지혜문학에서 찾아볼 수 있다. 잠언 4장 18-19절은 의인의 길과 악인의 길에 대해서 언급한다. 그런데 길(way)이란 단어는 구약이나 유대교뿐만 아니라 신약성경에서 기독교와 관련해서도 사용되고 있다. 사도행전 19장 23절에서도 사도 바울은 에베소에서 "길"(또는 도〈道〉)에 관한 그의 가르침을 계기로 엄청난 소동을 초래했다. 도덕관념이 낮은 이교적인 환경에서 자라난 이방인 개종자들에게 기독교적인 도덕을 가르치기 위해서는 이러한 두 종류의 길을 강조하여 제시하는 일이 필요했을 것이다. 두 가지 길을 통한 기독교교육은 사도 바울의 서신에서도 종종 발견된다.

예를 들어, 갈라디아서 5장에서 사도 바울은 육을 따라 사는 사람들의 속성을 보여주는 죄악과 성령을 따라 행하는 삶의 열매로 나타나는 덕목을 나열한다. 골로새서 3장에서도 그리스도 안에서 거듭난 새사람이 벗어버려야 할 것들과 새롭게 입어야 할 것들을 나열한다. 또 로마서 6장에서도 바울은 회심한 신자들은 죄가 아니라 하나님께 복종해야 할 것을 대조적으로 촉구한다. 이렇게 생명의 길과 사망의 길의 대조법은 신약성경

---

14) *The Library of Christian Classics*, vol. 2. *Cyril of Jerusalem and Nemesius of Emessa* (Philadelphia: Westminster, 1960).

15) 예를 들어, 다음을 보라. *The Didache*, 1-6장, *The Library of Christian Classics*, vol. 1. *The Early Christian Fathers* (Philadelphia: Westminster, 1963), 171-74.

에서 특히 실천적인 언급 속에서 빈번하게 발견된다.[16]

이로 보건대 초대 교회 당시 세례를 받는 기독교인들은 생명의 길을 따라서 살고 있음을 보여주는 선한 성품을 교회 앞에 입증해야만 했다. 저스틴도 "말씀대로 살 수 있다고 약속한 사람들만이" 세례를 받았음을 강조한다.[17] 히폴리투스도 이렇게 적고 있다. "세례를 받으려는 사람이 선발되면 그들의 삶을 먼저 점검해보라. 교리문답생이었을 때 그들은 선한 삶을 살았는가? 과부들을 공궤했는가? 병자들을 방문했는가? 모든 종류의 선행을 실천했는가?" 계속해서 히폴리투스는 이렇게 말한다. "교리문답생은 3년 동안 말씀의 경청자로 지내도록 하라. 하지만 그가 만일 열정적이며 잘 인내한다면, 결정적으로 중요한 것은 오랜 시간이 아니라 그의 성품이다."[18] 이렇게 초대 교회에서의 기독교인들의 영적인 성장은 단순히 지식을 축적하는 것이 아니라 참 지혜를 추구하는 과정이었다.

3) 무릎 꿇은 자

초대 교회에서 영적 성장의 셋째 단계는 40일간의 사순절과 결부되어 진행됐다. 이 기간 동안 세례를 준비하는 입교인은 (일반적으로 그의 후견인 뿐만 아니라 때로는 온 교회도 함께) 집중적인 회개와 정결의 시간을 가졌다. 이 시기의 주제는 에베소서 6장 12절로 잘 압축될 수 있다. "우리의 씨름은 혈과 육에 대한 것이 아니요 정사와 권세와 이 어두움의 세상 주관자들과 하늘에 있는 악의 영들에게 대함이라." 말하자면 승리자 그리스도(Christus Victor)의 주제가 세례를 준비하는 입교인의 영적인 훈련을 위한

---

16) Philip Carrington, *The Primitive Christian Catechism* (Cambridge: University, 1940).
17) Justin, *Apology*, 61.
18) Hippolytus, *The Apostolic Tradition*, 20.

토대였다. 세례를 앞두고 정결의 기간을 갖는 무릎 꿇은 자(kneeler)는 성령의 능력으로 자기 내면에서 씻어버려야 할 불결한 부정이 있는지를 스스로 깊이 성찰하여 기독교인으로서의 영적 성숙을 향하여 나아가야만 했다. 이 기간의 의미를 나타내는 상징적인 행위는 손에 성유를 바르고 정결을 위하여 기도하는 것이다.

3년 동안 구도자의 단계와 경청자의 단계, 그리고 무릎 꿇은 자의 단계를 거치는 동안 회심한 개종자에게는, 당시의 이교적인 종교들의 가르침과 실천들, 특히 로마의 신화적인 가르침과 실천에 대항할 수 있는 강력한 기독교적인 정교의 기반이 주어졌다. 그리고 드디어 세례를 받는 날이 다가오면, 개종자는 그동안 교육받은 대로 그리스도에 대한 신앙을 고백했다. 히폴리투스에 의하면 세례식에서 개종자는 사탄과 그의 모든 행위를 부인하고 물속으로 들어가서 세례 받으면서 다음과 같이 계속해서 신앙을 고백하며 확증하였다.

"당신은 선능하신 성부 하나님을 믿습니까?" 그러면 세례 받는 사람은 "예, 나는 믿나이다"라고 대답한다.

그러면 사제는 세례자의 머리에 손을 얹고 세례를 한 번 베푼 다음에 다시 다음과 같이 묻는다.

"당신은 하나님의 아들 그리스도 예수께서 동정녀 마리아에게서 나시고 본디오 빌라도 아래 십자가에 못 박히시고 장사지냈다가 3일 만에 다시 죽은 자들 가운데 일어나시고 하늘에 오르사 성부 하나님 보좌 우편에 좌정하시며 산 자와 죽은 자들을 심판하러 다시 오실 것을 믿습니까?" 그러면 세례자는 "예, 나는 믿나이다"라고 대답한다.

그러면 사제는 또 다시 세례를 베풀고 이어서 다음과 같이 말한다.

"당신은 성령 하나님을 믿으며, 거룩한 교회와 육신의 부활을 믿습니까?" 세례 받는 이가 이어서 "나는 믿나이다"라고 대답하면, 마지막 세 번

째 세례를 베푼다.[19]

4) 신자

초대 교회 영적 성장의 마지막 단계는 세례 받은 입교인이 신앙 공동체의 삶과 온전히 연합하는 것이다. 세례식 이전에 세례후보자는 설교가 끝나면 이후의 성만찬 예배에는 참석하지 못하고 떠나야만 했다. 신자들이 계속해서 기도하며 평화의 인사를 나누고 성만찬에 참여할 때 이들은 다른 장소로 이동하여 기독교 신앙에 관한 예비문답 교육을 받아야만 했다. 하지만 세례식 이후에는 세례를 받은 사람은 교회 회중의 일원이 되어서 다른 신자들과 함께 기도와 평화의 인사, 그리고 성만찬에 계속 참여할 수 있었다. 새롭게 세례를 받은 신자들에게는 다시 한 번 더 하나님을 영화롭게 하는 삶에 관하여 교육을 받았으며 성만찬의 신비에 대해서도 안내를 받았다.[20]

결국 초대 교회의 교육과 양육은 세례를 통한 일치와 성품 훈련에 집중됐다. 또 세례식의 핵심 이미지는 기독교 신앙의 내용과 실제에 대해서 잘 보여주었다. 세례를 통해서 기독교인은 죄에 대하여 죽고 새로운 생명으로 다시 태어났다. 이렇게 옛 질서와 단절하고 새 질서와 새롭게 관계를 맺고 살아가는 것은 하나님의 영원한 진리 안에서 지혜를 따라 사는 것이었다.

---

19) Ibid., 21.
20) George E. Gingras, tr., *Egeria: Diary of a Pilgrimage* (New York: Newman, 1970).

4. 포스트모던 시대의 기독교교육과 양육

파커 팔머(Parker J. Palmer)는 포스트모던 시대의 교육과 양육에 대하여 가장 적합한 방법을 다음과 같이 간결하게 요약한다. 그는 말하기를 "교육이란 마치 오랜 세월 동안 흐르는 시냇물이 거친 바위를 깎아내듯이 감지하기 어려울 정도로 느린 인격 형성 과정이다."[21]

교회의 가장 최우선의 중요한 과제는 기독교적인 신앙과 실천을 실제로 살아내고 구현하는 생생한 모델 공동체를 세우는 것이다. 앞에서 미리 논의한 바와 같이 신앙 공동체 안에서 이러한 영적 성장이 가능한 몇 가지 원동력들이 있다. 그것은 승리자 그리스도로서의 복음에 대한 관점을 회복하는 것과, 역사 속에서의 하나님의 구원 활동에 대한 찬양으로서의 예배의 회복, 치유와 양육 사역의 일환으로서의 성만찬 회복, 교회의 삶을 교회력이라는 위대한 축제와 절기를 중심으로 배열하기와 같은 것들이다. 신앙의 소통을 촉진시키기 위한 이 모든 영적 원천들에서 중요한 것은 신자들 편에서의 적극적인 창조성과 쌍방향의 참여이다. 신앙 공동체의 기억 속에서 하나님이나 목회자들뿐만 아니라 평범한 사람들의 참여가 더욱 촉진될수록, 그들의 이해와 지혜의 진보와 발전 역시 더욱 촉진될 것이다.

교회를 살아 있는 공동체로 이해하며 예배 가운데 교회의 근본적인 의미들과 기억들을 반복적으로 진술하다보면, 그 다음 단계에서는 세례식의 이미지를 통해서도 지식과 지혜의 깊이가 더욱 깊어져갈 수 있다. 포스트모던 시대의 사람들은 이미지를 통해서 학습하기 때문이다. 세례식는 신자가 스스로를 그리스도와 동일시하는 이미지를 담고 있으며(지식

---

21) Parker J. Palmer, *To Know as We Are Known: Education as a Spiritual Journey* (San Francisco: Harper San Francisco, 1993).

적인 이해) 영적인 삶의 모범을 제시하기(영적인 지혜) 때문에, 세례식의 이미지를 통한 복음전도와 기독교교육에 대한 고전적인 접근 방법을 통해서도 포스트모던 시대 사람들의 마음과 상상력을 붙잡을 수 있다(도표 L 참고).

초대 교회 당시 세례식은 항상 부활절 주일날 시행되었는데 이러한 이미지는 신자가 죄에 대하여 죽고 새로운 생명으로 다시 부활하는 패턴을 주기적으로 강화한다. 그리고 부활 절기 동안 새로 세례를 받은 신자들은 교회 전체의 삶 속으로 완전히 통합되었다. 한 번 세례를 받은 다음에 이들은 그리스도께 지속적인 헌신을 다짐하는 의미로 부활절의 깨끗한 세례수에 전신을 담그지 않고 단지 얼굴과 손을 씻는 예식으로 이전의 세례 서약을 반복적으로 확인한다.[22]

오늘날 포스트모던 시대의 교회 안에서 이러한 형태의 복음전도와 신앙교육, 그리고 양육이 다시 회복될 필요가 있다. 한 번 생각해 보자. 교회는 성령강림주일에 (전체 교회 차원에서든 또는 복음전도를 위해서 특별히 부름을 받고 훈련된 신자들이든) 복음전도 공동체로서의 소명을 받는다. 그리고 성령강림절부터 대림절까지 (주로 5월이나 6월부터 12월 하순까지 대략 6개월 동안) 교회는 구도자들을 찾아서 접촉하는 일과 이들을 교회로 인도하여 말씀의 경청자로 헌신하도록 인도하는 일에 집중한다. 그리고 대림절 첫째 주일에는 이들에 대한 환영 예배로 경축한다. 그러면 대림절과 성탄절, 그리고 주현절 동안 교회는 이들 경청자들을 교육하고 훈련한다. 이 교육 과정은 그리스도의 메시지와 교회, 그리고 예배와 같은 기독교 신앙의 기초에 집중한다. 그 다음 사순절 첫째 주일에 경청자들은 소환예식(the rite of election)을 거쳐서 무릎 꿇는 자의 단계(kneeler stage)로 자라간다.

---

22) Dujarier, *The Rites of Christian Initiation* (New York: Sadlier, 1979), 6 장, "The Sacred Triduum."

이 단계에서 무릎 꿇는 자들에게는 세례 영성(baptismal spirituality)에 집중하면서 옛 것은 버리고 새 생명으로 새 옷을 입으라는 명령이 주어진다. 그 다음 부활절에는 이들 무릎 꿇는 자들에게 세례를 주어서 예수의 죽음과 부활에 하나 되는 단계로 인도받는다. 세례 예식 이후에는 이들에게 기독교 신앙의 신비에 관하여 그리고 특히 성만찬의 의미와 아울러 성만찬에 담긴 구제의 의미를 교육하는 시간들이 계속 이어진다.

일단 신자가 이러한 연중 교회력의 주기를 한 번 통과하면 그 다음 해에도 동일한 과정을 밟더라도 매번 더욱 깊은 단계로 나아갈 수 있다. 예를 들어, 어느 해에 구도자가 기독교 101 과정을 소개받았다면 그 다음 해에는 다시 기독교 102의 과정을 소개받을 수 있고, 또 그 다음 해 계속해서 더욱 깊은 단계로 나아갈 수 있다. 그래서 이러한 순례의 모델 속에서 모든 신자들은 거의 유사한 순례 여정을 밟더라도 사실상 그 지혜의 깊이는 전혀 다르기 마련이다. 이러한 신앙교육 방식은 공동체 안에서 개인의 좌표를 발견하려는 포스트모던 시대의 개인주의적인 교육 모델과 잘 어울린다. 하지만 이 신앙교육 모델이 지역 교회 안에서 효과적으로 활용되려면 신앙 공동체 내의 거의 모든 구성원들의 적극적인 동참과 깊은 차원의 헌신이 반드시 필요하다. 왜냐하면 이러한 형태의 신앙교육은 공동체로서의 교회 안에서 입체적으로 진행되는 공동의 교육(a corporate education)이기 때문이다. 그래서 신앙 공동체 내의 순례 여정은 신자 개개인이 (매년의 교회력을 통해서) 그리스도의 삶과 서로 결합할 뿐만 아니라 신자들 서로와도 함께 결합하는 과정이다.

포스트모던 시대의 세상에서 기독교교육과 양육에 대한 이러한 쌍방향 전략은 매우 역동적이고 통합적이며 상호 교류적인 방식으로 이뤄지는 것이 매우 중요하다. 이러한 상호교류적인 방식 안에서 정교(orthodoxy)와 정행(orthopraxis)이 하나로 조화롭게 결합됨으로써 기독교 신앙이 올바로 이해되고 실천될 수 있다. 게다가 교회에 대한 성경적인 교훈들이 우리에게 제시하는 바와 같이 지혜와 실천이 하나로 결합되는 것이야말로 교회를 하나의 거룩한 공동체로 올바로 이해할 수 있는 지름길이다. 그리스도 안에 거한다는 것은 교회 안에서 하나를 이룬다는 의미이다. 만일 교회 전체가 모든 지역 회중들 속에서 발견된다면, 기독교교육과 양육 역시 그러한 교회 전체의 삶으로부터 결코 분리될 수 없다. 그러한 교회 전체의 삶 속에서 모든 회중들이 함께 그리스도를 닮아가도록 헌신하는 것이다.

정교와 정행이 서로 분리될 수 없으며 단일한 실체의 양면을 구성한다는 진리에 대한 깨달음 덕분에, 영적 성장의 두 가지 측면이 오직 교회 안에서만 제대로 진행될 수 있음이 더욱 분명해졌다. 사도들이 물려준 기독교 신앙의 정교와 정행을 기독교 유산으로 그대로 물려받은 것이 바로 이 땅의 교회들이다. 그리고 그 교회들은 추상적인 신경들이 아니라 살아 생생한 모범으로 그 신앙을 다시 후대에 물려주도록 부름 받았다. 그래서 교회는 진리를 본보기로 구현하며, 진리를 실제 모습으로 육화시키며 "그리스도 예수를 주로 받아 그 안에서 행하는" 공동체이다. 교회가 서로 하나를 이루어 하나님을 알고 사랑하는 가운데 그 교회 구성원들도 서로를 알고 사랑한다. 이러한 맥락에 비추어 볼 때, 기독교교육은 단순히 도덕주의나 부분적인 통찰을 얻는 것이 아니라 하나님을 사랑하는 것을 배우며 그 사랑이 충만한 공동체 안에서 타인과 친교를 나누는 통전적인 경험이다. 이러한 유형의 공동체야말로 포스트모던 시대에 구도자들을 그 안으로 끌어들일 수 있다.[23]

---

23) Hunsberger and Van Gelder, *Church*, section 3, "Defining the Church."

제19장

세상 속의 교회

교회가 이 세상에서 감당해야 하는 선교의 세 번째 영역은 오늘날과 같은 포스트모던 세상에서의 교회의 역할에 관한 것이다. 이 역할은 예수께서 세상 속의 교회에게 위임하신 선교적인 과제로부터 제기되며, 그의 죽음과 부활 사건에 기초하고 있으며 종말에 완성될 만물의 회복과 밀접하게 관련된다. 그래서 우리가 고민해야 할 질문은 다음과 같다. 그리스도의 구속 사건의 시점과 역사의 완성 사이에 존재하는 이 세상에서 교회는 어떤 역할을 감당해야 하는가?

1. 역사의 패러다임 속의 교회와 세상

우리는 앞에서의 논의를 통해서 고대 시기에 교회의 자기 이해(self-understanding)는 철저히 성육신적이었음을 살펴보았다. 그리스도의 몸으로서의 교회는 세상 속에서 그리고 세상을 향한 예수의 끊임없는 현존 그 자체이다. 그리스도께서 세상의 구원을 위하여 고난을 당하시고 악의 권세를 정복하셨으며 모든 이들이 서로 사랑하도록 본보기를 보여주셨듯이 교회도 예수의 정치학(the politics of Jesus)을 발휘함으로써 세상 속에서 자신의 정체성을 표현해야 한다.[1] 예수의 정치학(Jesus' politics)이란 초대 교회는 세상의 정치적인 행보와의 연대를 거부하는 대항문화적인 운동(또는 반문화적인 운동, countercultural movement)을 전개했다는 의미이다. 초대 교회는 당대 주변의 거대한 권력집단이었던 로마의 왕권과 그들이 추종하는 신들에 대하여, 그리고 특히 황제는 신의 아들이라는 세속적인 신념에 일종의 위협을 가하는 정치적인 대항 운동집단으로 비춰졌다. 당시 기독교인들은 "시저가 주님이시다"는 주장에 동의하기를 거부하고, 그 대신 "예수님이 주님이시다"라고 주장했다. 이러한 중요한 신앙고백 속에서 그들은 그리스도의 도래를 고대하였고 이 세상의 권력을 허물고 그 위에 하나님 나라가 세워지기를 소망했다.

교회는 이 세상 속에서 전혀 다른 세상을 보여주는 일종의 표지라는 관점은 콘스탄틴 대제의 회심 이후 상당 부분 수정되었다.[2] 약속하신 그리스도의 재림이 아직도 일어나지 않고 또 콘스탄틴 대제가 다스리는 왕국 전체가 기독교를 받아들이자 아마도 하나님은 계획하신 천국을 이 땅에 눈에 보이는 왕국으로 세우시려는 의도가 아닌가 하는 종말론적인 관점의 변화가 일어났다. 이러한 사상은 당대를 천년왕국 시대로 이해하면서 교회가 곧 하나님 나라이며 하나님은 교회를 통해서 세상 속에서 자신의 통치를 행사하신다고 이해했던 어거스틴을 통해서 더욱 강화되었다. 어거스틴의 이러한 사상을 이어받아 중세 시대의 교회를 위한 지침서를 작

---

1) 존 하워드 요더(John Howard Yoder)는 그의 저명한 저서인 『예수의 정치학』(*The Politics of Jesus*)에서 산상수훈을 예수의 정치학의 관점에서 이해한다. *The Politics of Jesus* (Grand Rapids: Eerdmans, 1972).
2) Stanley Hauerwas, *After Christendom* (Nashville: Abingdon, 1991).

성한 인물이 바로 교황 그레고리우스 1세(Gregory the Great, 주후 600)이다. 이 시기에 이르러 하나님 나라의 표지인 교회로부터 하나님은 이 세상 속에서 교회라는 거룩한 기관을 통해서 세상을 통치하신다는 입장으로 교회의 자기 이해가 변화하였다. 그래서 교황은 세상을 다스리는 그리스도의 대리자의 지위에 올랐고 교회와 국가 양쪽에 대한 통치권을 주장하기 시작했다. 이후 13세기까지는 이러한 교회관이 어느 정도 설득력을 발휘하는 것처럼 보였지만, 결국 14세기, 15세기에 교회의 타락을 초래하였고 종교개혁이 반드시 필요한 상황이 조성되었다.[3]

마틴 루터는 하나님은 국가와 교회라는 이 세상의 두 영역의 질서를 세우셨다고 보았다. 그래서 그리스도인들은 두 세상에 동시에 속하여 살아야한다는 것이다. 교회 안에서 하나님은 성령을 통하여 통치하시며, 세상에서는 검(sword, 또는 군주)을 통하여 통치하신다. 가장 이상적인 상태는 국가의 질서가 교회에 의하여 교화를 받는 것이다. 종교개혁자 칼빈은 국가의 질서에 대한 교황의 역할 대신 성경의 역할을 강조하였다. 그래서 교회와 국가가 모두 성경의 권위 아래 굴복하지만 교회는 국가를 위하여 성경을 올바로 해석할 권리와 책임을 진다. 한편 종교개혁기에 재세례파들은 그 이전 중세 시대 가톨릭교회에 의하여 확립되었다가 다시 종교개혁자들에 의하여 대폭 수정된 교회와 국가 사이의 결합을 분리시켰다. 재세례파들은 주장하기를 교회는 세속 사회와 대립적인 위치에 있어서 교회가 세속 권력과 연대하거나 결탁하는 일은 결코 있을 수 없다는 것이다. 교회는 다만 예수의 정치학을 따라서 세속 사회와 긴장 관계를 유지해야 하며, 한 형제로 뭉친 교회는 세상의 문화에 역행하는 대항문화적인 공동체라는 것이다.

---

3) 세상 속의 교회의 역사에 대해서는 다음을 참고하라. Robert Webber, *The Church in the World* (Grand Rapids: Zondervan, 1994).

근대기에 이르러 유럽이나 북미주에서 교회는 점차 국가의 통제로부터 분리되었다. 하지만 복음주의 교회들은 입법 제도와 규제들을 통해서 세상 속에서의 자신들의 도덕적인 사명을 완수하는 하나님의 기관으로 자처하면서 일반 사회에 대한 사제나 군종목사(chaplain)로서의 역할을 감당하였다. 그래서 오늘날 미국에서 교회는 국가적인 예식들에 적극 개입하였고 독립기념일이나 현충일과 같은 기념행사에 관여하거나 또는 대통령 취임식과 같은 국가적으로 매우 중요한 순간에 공식적인 기도 순서를 맡는 다양한 방법을 통해서 시민들의 애국심에 적극 관여하고 있다. 이런 과정에서 교회는 예수의 정치학이 제시하는 반문화 공동체로서의 급진적인 속성은 잃어버리고 일반 사회의 윤리와 도덕을 감시하는 감시견으로서 또는 세속 사회에 대한 사제나 군종목사로서의 역할에 머물러 있다.[4]

2. 계몽주의로부터 파생된 문제들

세상 속의 교회와 관련된 심각한 문제는, 세상 속에서 교회의 역할이 정부의 정치 제도(political structure)를 통하여 이뤄진다고 생각하는 것이다. 그렇게 될 때 교회는 세상을 거스르는 예수와 그의 나라의 정치학을 실행하는 공동체보다는 세상의 정치적인 논리에 노예가 되어 결국 세상 문화를 변혁시키는 교회의 본래 역할을 잃어버리고 만다.[5]

이것이 바로 오늘날 미국 교회가 직면한 문제점 중의 하나다. 미국의

---
[4] 이 점은 도덕적 다수(Moral Majority)와 그 계승자들인 기독교 연합(the Christian Coalition)에게 해당된다.
[5] Robert Webber, *The Moral Majority: Right or Wrong* (Wheaton, Ill.: Crossway, 1980).

보수적인 기독교인들은 공화당과의 연대를 통해서 미국 땅에 기독교적인 도덕률을 확립해보려고 노력한다. 또 다른 한편에서 진보적인 기독교인들은 민주당을 지지하면서 자신들의 영향력을 정치계까지 확장하여 이 땅에 공의를 확립하고 가난의 문제를 해소해보고자 노력한다. 하지만 이 두 가지 입장 모두 교회의 독특성과 세상 속에서의 교회의 본래 사명은 모두 희석될 뿐이다. 교회가 세속적인 정치권력과의 연대를 통해서는 결코 세상 속에서의 본래 사명을 완수할 수 없다. 왜냐하면 교회는 세상의 정치권력과는 전혀 다른 종류의 정치적인 기구이기 때문이다. 교회는 한 마디로 하나님 나라의 정치학(the politics of the kingdom)이 되어야 하며, 각 사람들을 기독교적인 덕성과 기독교적인 세계관으로 무장시켜서 이 세상 속에서 세상과 전혀 다른 새로운 피조계를 구현하고 양육하는 정치학의 공동체가 되어야 한다.

근대의 계몽주의로부터 파생된 둘째 문제점은 교회가 온 세상 피조계의 구원을 포괄적으로 발전시키지 못했다는 점이다. 기독교 신앙의 옳고 그름을 좀 더 합리적으로 증명하려는 데 지나친 관심을 쏟다보니 예수 그리스도 안에서의 하나님의 구원을 전체 피조계의 온전한 회복으로 이해하는 성경적인 구원관에 대한 거대한 시야를 놓쳐버리고 말았다. 예를 들어, 천지창조의 기간을 문자적인 7일로 이해하는 "천지창조론자들"(creationists)은 현대 과학과의 무의미한 논쟁에 에너지를 쏟고 있다. 이들은 창세기에 대한 문자적이고 과학적인 해석을 고집하느라 본문의 신학적인 의미를 놓쳐버리고 결국 창조와 재창조 사이의 신학적인 통전성을 이해하는 데에도 실패한다. 또 인간의 죄악을 사유화(privatization)하는 것은 죄가 인간 개인뿐만 아니라 인류 사회와 문화의 모든 구조와 체계 속까지 스며들어 오염시켰음을 간과하게 만든다. 하나님의 구원을 개인적인 차원으로 축소시키다보면 마지막 날에 그리스도께서 모든 만물을 그 타락과 부패의 속박으로부터 해방시키실 우주적인 회복을 올바로 기대할 수 없다. 성육신 사건을 영적인 차원으로만 이해하는 것도 그리스도 사건으로 말미암아 이 인류 역사 속에 새로운 질서가 시작되었음을 바라보지 못하게 만든다. 교회에 대한 개인주의적인 견해는 옛 질서가 여전히 남아 있는 이 세상 속에서 교회는 새로운 피조계의 시작을 알리는 하나님의 대리인임을 이해하는 데 걸림돌이 될 수 있다.

오늘날의 교회가 창조와 재창조를 관통하는 거대한 성경적인 세계관을 올바로 이해하지 못함으로 말미암은 몇 가지 불행한 결과들이 있다.

첫째, 편협한 구원관은 소위 세속적인 삶의 영역과 거룩한 삶의 영역들 사이의 분열을 조장할 수 있다. 그래서 기도하고 성경을 읽으며 교회에 출석하는 것은 거룩하지만, 일하고 놀거나 휴식을 취하고 문화적인 활동에 참여하는 것은 속된 것으로 이해한다. 이러한 이분법에서 이 세상과 저 세상은 서로 대립하며, 초월영성(superspirituality)과 개인 윤리를 조장하며, 세상과의 갈등으로부터 쉽게 발을 빼고 물러나버리는 무책임한 기독교를 조장한다. 또 이러한 구원관은 마음을 다하여 하나님을 사랑할 것을 강조하면서도, 일반 사회의 질서나 공공의 영역에서 책임 있는 역할을 감당함으로써 하나님을 사랑하는 것은 세속적인 타협이라고 여긴다. 또 기독교의 경건은 그저 집에서나 교회에서 경건의 시간(quiet time)에 참여하거나 또는 마음속으로 자기 개인의 삶에 대한 사적인 결정을 내리는 데 도움을 얻는 매우 개인적인 행위에 불과할 뿐이다.

둘째, 오늘날 교회가 성경적인 세계관을 확보하는 데 실패함으로써 지상의 교회가 실제로 관여하고 있는 우주적인 전쟁으로부터 퇴각하게 될 것이다. 하지만 그리스도의 죽음과 부활이 우주적인 사건이며 온 피조계와의 관계 속에서 일어났기 때문에, 오순절의 성령강림 사건과 그리스도의 재림 중간에 교회는 현재 관여하고 있는 우주적인 전투 속에서도 부활로 말미암은 죄에 대한 그리스도의 우주적인 승리를 기억해야 하며, 그의 재림 사건을 통해서 악의 권세에 대한 우주적인 승리를 소망할 수 있어야 한다. 이 말의 의미는 비록 악이 이 세상 삶의 모든 영역 속에 스며들어 있지만 결국 교회가 붙잡아야 할 소망은 모든 피조물에 대한 그리스도의 영원한 승리와 통치이다. 그 날이 오기까지 교회의 임무는 교회의 삶 속에서 그 통치를 실현하는 것이다.

포스트모던 사조가 지배하는 오늘날 세상 속에 서 있는 교회는 그동안 서구 사회를 지배해왔던 기독교적인 가치관의 붕괴로 인하여 그나마 기독교적인 세계관을 증명할 가장 중요한 마지막 보루가 되었다.

그래서 찰스 콜슨(Charles Colson)은 우리 기독교인들이 오늘날 기독교적인 가치관의 붕괴에 관심을 가져야 할 뿐만 아니라 이러한 문화적인 변화로 인한 막중한 의미에 대해서도 깊은 관심을 가질 것을 촉구한다. 『어둠에 맞서서』(*Against the Night*)에서 찰스 콜슨은 이렇게 말한다. "오늘날 새로운 흑암 시대의 야만인들은 사교적이고 세련된 남자들과 여자들이다. 그들은 손에 창이 아니라 서류 가방을 들고 있다. 하지만 이들이 오늘날 문화에 끼친 파괴적인 영향력은 고대에 로마에 침입한 야만족만큼이나 파괴적이다. 우리는 그들을 우리의 가족으로 양육해 주었고 우리의 학교에서 그들을 교육시켰다. 그래서 그들의 생각은 매우 설득력 있고 폐해를 감지할 수 없을 정도로 은밀하여 결국 우리의 문명이 기초하고 있는 근간을 교묘히 허물고 있다."[6] 이렇게 오늘날 객관적인 진리가 점차 와해되고 있는 현실을 바라보면서 콜슨이나 다른 사상가들은 우리가 새로운 흑암 시대에 진입했다고 평가한다.[7]

---

6) Charles Colson, *Against the Night: Living in the New Dark Age* (Ann Arbor, Mich.: Servant/Vine, 1989, 1990).
7) Ibid. 콜슨의 저서의 부제를 참고하라. *Living in the New Dark Ages*.

우리는 세속화된 미국을 포스트모던 이전의 가치로 되돌려 놓는 것이 이 전쟁의 승리라 생각하지는 않는다. 그렇게 할 수도 없다. 다만 우리의 목표는 빛과 진리의 공동체이며 상대주의적인 사회에 대한 대안 공동체로서의 교회에 집중하는 것이다.

그런데 복음주의자들의 사회적 및 정치적인 노력은 다소 반문화적이다. 그러나 교회의 소명은 하나님을 위하여 미국을 청소하는 것이 아니라 이 세상 속에서 급진적이고 대항문화적인 공동체로 현존하는 것이다. 그래서 우리가 진지하게 물어야 할 질문은 "미국을 어떻게 할 것인가?"가 아니라 "교회를 어떻게 할 것인가?"이다.[8]

3. 교회사 속의 교회와 세상의 관계

초대 교회 교부들은 기독교인들의 신앙에 대해서 그리고 이들이 세상과 어떻게 관계를 맺어야 할 것인지에 대해서 많은 저술들을 남겼는데, 익명의 저자가 2세기에 저술한 것으로 추정되는 『디오그네투스에게 보내는 서신』(Epistle to Diognetus)보다 더 탁월하게 정리된 작품은 찾아보기 힘들다.

> 기독교인들은 자신이 속한 국가나 언어, 또는 관습에서 다른 인류와 결코 분리될 수 없다. 기독교인이더라도 자신들만의 도시에서 사는 것도 아니고, 그들만의 독특한 말씨를 가지는 것도 아니며, 그들만의 별난 생활양식을 따르는 것도 아니다…[그들은] 옷차림이나 음식, 그리고 다른 일상의 생활 방식에서 자기가 속한 나라의 관습을

---

8) Robert Webber and Rodney Clapp, *The People of the Truth* (Harrisburg, Pa.: Morehouse, 1993).

따른다…그들도 다른 사람들과 똑같이 결혼하며, 아이를 낳지만, 자기 자식들을 내버리지 않는다. 또 그들도 다른 이들과 함께 자기 먹을 빵을 나누지만 그러나 결혼한 침대를 나누지는 않는다. 그들은 육체 속에 거하는 것은 사실이지만 그렇다고 "육신대로" 살지는 않는다. 그들은 이 땅에서 분주히 일하지만, 그러나 그들의 시민권은 하늘에 있다…간단히 말하자면, 영혼이 몸속에 거하듯이 기독교인들은 세상 속에 있다.[9]

기독교인들이 이 세상에서 어떻게 살아야 할 것인지에 관한 초대 교회의 핵심적인 가르침은 다음 세 가지 긴장 속에 들어 있다. ① 교회는 세상으로부터 분리되어 있다. ② 그럼에도 불구하고 교회는 세상과 긴밀한 관계를 맺고 있다. 그리고 ③ 교회는 세상을 변화시키기 위해서 노력한다. 이러한 세 가지 주제는 오늘날과 같은 포스트모던 세상 속의 교회의 올바른 위치를 이해하는 데 많은 도움을 준다.

1) 교회는 세상으로부터 분리되어 있다

세상으로부터 분리된 교회에 대한 이해는, 기독교적인 삶의 타계성(otherworldliness)을 강조하는 성경 구절들에 근거한다. 이런 구절들이 제시하는 그리스도의 모델은 십자가에 달리신 주님이요, 십자가상의 무능력함 가운데 자신의 권세를 증명하신 고난받는 종이다. 이런 구절들에 깔린 정서는 이 땅에서 외국인과 나그네로 살아가는 순례자들의 정서이며, 그러하기에 더욱 믿음의 가정들에게 사랑을 베푸는 사람들의 정서이며, 산상수훈의 가르침대로 살아가는 것이 가능하고 또 그것이 마땅하다

---

[9] Epistle to Diognetus, 5 and 6 in Cyril Richardson, *Early Christian Fathers* (Philadelphia: Westminster, 1943).

고 믿는 신자들의 정서이다. 이들에게 수호성인이 있다면 그는 자신들이 "택하신 족속이요 왕 같은 제사장들이요 거룩한 나라요 그의 소유된 백성"임을 상기시켜 주는 사도 베드로이다(벧전 2:9-10).

이 모든 것 때문에 기독교인들은 이 땅에서 고난을 당하며 오해받기 십상이고 매도당하고 의를 인하여 박해받을 수밖에 없다. 하지만 이들 분리주의자들은 여기에 개의치 않는 이유는, 하나님이 지으시고 예비하신 도성을 바라보기 때문이다. 게다가 "이 땅의 모든 것들이 녹아 없어질 것을 생각하기 때문에, 이들은 그 날이 오기까지 이 땅에서 "선을 행하고 화평을 구하는"는 것을 중요하게 여기며 살아간다(벧전 3:11).

기독교인의 삶에 대하여 이러한 분리주의적인 모델을 채택한 최초의 기독교 사상가 중의 한 사람이 바로 3세기 북아프리카의 위대한 신학자였던 터툴리안(Tertullian)이다.[10] 당시 콘스탄틴 대제 이전 세상에는 이교적인 사상이 모든 삶의 영역을 지배했다. 이런 상황에서 터툴리안은 당시 기독교인들에게 이 세상의 삶을 전부 내버릴 것과 특히 도덕적인 교훈은 전혀 없는 로마 신들에 대한 숭배로부터 돌아설 것을 강력하게 주장하였다. 이러한 터툴리안의 사상으로부터 유래된 관점은 기독교는 이 세상과 대립하는 반체제이며 그 속에 반문화적인 운동의 씨앗을 품고 있다는 것이다. 또 기독교 공동체는 어디에서 발견되든 이 세상의 모든 악에 대항하는 반문화적인 공동체라는 것이다. 터툴리안은 당시 기독교인들을 향하여 "기독교인들은 넓은 길이 아니라 좁은 길을 따를 준비가 되어 있어야 한다"고 교훈하였다.[11] 찰스 콜슨도 다음과 같은 주장 속에서 터툴리안의 주장에 똑같이 동의하는 입장을 피력하였다. "교회는 공평과 정의, 그

---

10) 터툴리안의 다음 작품들을 참고하라. *The Ant-Nicene Fathers* (Grand Rapids: Eerdmans, 1972): *On the Apparel of Women, on the Veiling of Virgins, To His Wife, On Exhortation to Chastity, On Monogamy, On Modesty, On Fasting, and Defuga in Persecutione.*
11) Tertullian, *Defuga in Persecutione.*

리고 자비를 향한 하나님의 열정을 반영하는 공동체가 되어야 한다. 우리가 비로소 그와 같은 거룩한 공동체가 될 때 비로소 우리는 주변상황이 얼마나 절망적인지에 관계없이 불경스러운 이 세상에 거룩한 영향력을 행사할 수 있다."[12]

2) 교회는 세상과 긴밀한 관계를 맺고 있다

교회의 세상에 대한 동질감의 입장은 기독교 신앙의 세속적 차원을 강조하는 성경 전통에 근거한다. 이 입장에서 부각시키는 그리스도의 모델은 이 세상에서의 삶을 통해서 자신을 세상의 고난당하는 자들과 동일시하셨던 성육신하신 주님(the incarnate Lord)이다. 이 사상의 저변에는 "세리와 죄인들과 함께" 먹고 마셨던 예수님의 모습과 아울러, 의를 행하고자 할 때 동시에 악도 가까이 존재함을 깨달았던 사도 바울의 긴장감이 깔려 있다. 이러한 견해를 따르는 기독교인들의 관심사는 하나님의 은혜 안에서 "모든 것이 가능하다"고 주장했던 사도 바울이 깨달았던 풍성한 삶을 그대로 누리는 것이다. 또 이들의 소원은 "가이사에게 속한 것은 가이사에게 돌리"면서 세상 국가의 권세를 존중하며 왕과 권력자들을 위하여 기도하는 것이며, 노예와 종들에게는 자기 주인에게 복종하도록 권면하는 것이다.

『디오그네투스에게 보내는 서신』(Epistle to Diognetus)은 기독교인들은 세상의 정부를 전복하려고 시도하는 그러한 혁명적인 단체가 아님을 분명히 언급한다. 기독교인들은 오히려 이 세상에서 일반적인 업무에 종사하며, 가족을 양육하고 기독교적인 가치관을 포기할 필요가 없는 여러 사회 활동들에 참여하는 선하고 올바른 시민들이라는 것이다. 그래서 히폴리

---

12) Colson, *Against the Night*, 156.

투스는 기독교인들이 "열심을 다하여 선행을 베풀기를 노력하며 이를 통하여 하나님을 기쁘시게 하며, 의로운 삶을 살며 자신을 교회에 헌신하여 더 더욱 하나님을 섬기는 일에 진보를 이룰만한 일들을 감당할 것을" 권면한다.[13]

3) 교회는 세상을 변화시키기 위해서 노력한다.

세상 속에서의 교회를 변혁적인 현존(a transforming presence)으로 이해하는 교회관은 개인 신자의 삶뿐만 아니라 세상 문화의 삶까지도 변화시키는 복음의 능력을 강조하는 성경 구절들의 전통에 근거한다. 이러한 교회관에서 추구하는 그리스도의 모델은 온 우주만물 전체를 능력과 영광으로 통치하시는 부활하신 그리스도이다. 또 이러한 교회관의 저변에는 하나님께서는 그리스도 안에 거하셔서 "만물 곧 땅에 있는 것들이나 하늘에 있는 것들을 그로 말미암아 자기와 화목케 되기를 기뻐하신다"(골 1:20)는 확신이 깔려 있다. 또한 이들이 바라보는 전망은 "오직 공법을 물 같이 정의를 하수 같이 흘리기를" 소망했던 선지자들의 전망과 같다(암 5:24). 이들의 입장은 또한 이사야 선지자를 통해서 하나님이 다음과 같이 말씀하신 그대로이다. "하늘은 나의 보좌요 땅은 나의 발등상이니 너희가 나를 위하여 무슨 집을 지을꼬 나의 안식할 처소가 어디랴? 나의 손이 이 모든 것을 지어서 다 이루었느니라"(사 66:1-2). 그래서 이 세상 속의 교회의 책임은 말씀을 선포하여 세상을 변화시키는 것이며 "주님의 뜻이 하늘에서 이루어진 것 같이 이 땅에서도 이뤄지도록" 하는 것이다(마 6:10).

세상 속에서 교회의 역할을 변혁적인 모델의 입장에서 이해했던 최초

---

13) Hipploytus, *The Apostolic Tradition*, in Jasper and Cummings, *Eucharistic Prayers: Early & Reformed* (Collegeville: Liturgical, 1993), 23.

의 인물 가운데 한 사람이 바로 어거스틴이다. 그는 교회와 국가의 상호 관계에 대한 자신의 전망 속에서 세속적인 통치 아래에 있는 사람들의 도성과 거룩한 통치 아래 있는 하나님의 도성이 서로 나란히 공존하는 두 도성을 염두에 두었다.[14] 어거스틴은 그리스도를 세상 문화의 변혁자로 이해하였으며, 하나님의 도성으로서의 교회에 대해서, 또는 교회가 하나님의 도성 그 자체가 아닐지라도 최소한 다양한 방식으로라도 그 도성을 예시한다는 입장을 취했다. 그는 주장하기를 그리스도께서는 인류의 역사를 전환시키고 재조정하기 위하여 이 땅에 성육신하셨기 때문에, 그를 따르는 교회도 하나님의 영광을 위하여 이 세상을 전환시키고 재조정하며 변화시켜야 한다는 것이다. 『디오그네투스에게 보내는 서신』(*Epistle to Diognetus*)의 저자도 같은 견해를 이렇게 적고 있다. "영혼이 몸속에 거하듯이 기독교인들은 세상 속에 있다."

교회와 국가 간의 이상의 세 가지 대조적인 견해들은 포스트모던 사회 속의 교회가 어떤 역할을 감당해야 하는지에 대한 이해의 열쇠를 제공한다. 우리는 매일 일상의 삶 속에서 세상과 공감할 수도 있고, 대안 공동체를 창조할 수도 있으며, 영혼이 몸속에 머무르듯이 이 세상에서 변혁적인 현존으로 머무를 수도 있다.

4. 포스트모던 세상 속의 교회

포스트모던 세상 속의 교회는 악마의 권세가 이 세상에 미치는 영향력을 잘 인식해야 한다. 권세는 정치적, 사회적, 및 경제적인 구조들을 통해서 그 세력을 발휘한다는 것을 이해한다면, 교회는 이 세상을 지배하

---

14) See Augustine, *The City of God*.

는 권세들에 강력히 대항해야 하며, 물질주의 우상들과 관능주의, 탐욕, 전쟁, 증오, 억압, 그리고 불의는 더 이상 기독교인들에게 영향력을 행사할 수 없음을 분명히 알아야 한다. 또 포스트모던 세상 속의 교회는 기독교인들과 함께 새로운 공동체를 건설해야 하며 그렇게 세워진 새로운 존재로서 하나님 나라의 표준에 따라 살아야 할 것을 가르쳐야 한다. 교회는 이 세상을 지배하는 상대주의나 낙태, 인종차별, 포르노 음란물, 마약과 알코올을 받아들이지 않는 구별된 공동체이다. 또한 교회는 하나님 나라 윤리대로 살아감으로써 이 세상에 예수의 정치학(the politics of Jesus)을 증언하는 대안공동체로 부름 받았다. 간단히 말하자면, 교회는 대안 사회(alternative society)이다.

그럼에도 불구하고 교회는 이 세상 질서에 속해 있다는 현실을 인정해야 한다. 이 세상은 사탄의 세상이 아니라 오히려 하나님의 세상이며, 그래서 구원 활동이 일어나는 무대이다. 포스트모던 세상 속의 교회는 인간의 타락한 본성을 인정하지만, 그렇다고 죄악을 육체적인 본성이나 피조성(creatureliness)과 동일시하는 죄를 범하지는 말아야 한다. 그래서 포스트모던 세상을 살아가는 기독교인들은 초대 교회 신자들처럼 세상 문화의 수많은 기본적인 관습들을 거부하지 않는다. 이들도 이 세상에서 결혼하고 아이들을 양육하며 교육을 받고 산업 현장과 은행, 복지단체 등등의 사회 기관들 속에서 일한다. 이들 역시 다른 사람들과 마찬가지로 평범하게 삶을 추구하는 사람들이다.

하지만 포스트모던 세상 속의 교회는 세상을 변혁시키는 공동체로 부름 받았음을 망각하지 말아야 한다. 이 시대 교회는 옛 질서가 지배하는 이 세상 속에서 새로운 질서를 구현한다. 교회는 옛 사람들을 회심과 갱신의 자리로 인도해야 한다. 또 교회는 대항문화 공동체를 일굼으로써 신자들로 하여금 세상의 문화에 영향을 끼치도록 해야 한다. 이러한 증언을 통해서 교회는 이 세상에 좀 더 공평한 경제 질서와 좀 더 공의로운 법률 체계를 세워야 하며, 억압과 비인간화를 줄여가야 한다.[15]

교회가 세상에 대한 기독교적인 책임을 부여받았음을 믿는 신자들은 이 세상에서 빛과 소금이 되라는 자신들의 소명에 민감하다. 이들은 자신들의 삶을 통해서 그리고 모든 상황 속에서 적극적으로 표현하는 가치를 통해서 사적인 영역에서 뿐만 아니라 공적인 영역에서도 적극적으로 이 소명을 감당하기를 원한다. 이 세상의 교회는 그리스도처럼 구속 받은 세상과 스스로를 동일시하면서 이 세상에 대하여 선지자적인 메시지를 선포하며 제사장적인 모습으로 이 세상을 섬겨야 한다. 예수께서는 이 세상의 모든 질서와 사상들 그리고 제도들의 궁극적인 통치자이심을 이해할 때 교회는 이러한 역할을 더욱 적극적으로 감당할 수 있다. 그리고 이런 헌신 속에서 "예수님이 진정 우리의 주님이시다"는 신앙고백은, 실제로 그리스도께서 이 세상의 모든 악을 영원한 결박 아래 사로잡으실 그 날의 소망으로 우리를 인도한다. 그 날에 지상의 모든 칼과 검들은 평화로운 보습으로 변할 것이고, 사자와 어린 양이 평화로이 함께 누울 것이다.

결국 이 세상 속의 교회의 역할은 초대 교회가 그러했듯이 온전히 회복되는 우주 만물에 대한 궁극적인 전망을 그 마음속에 품고 살아가는 것이다. 그 결과로 승리자 그리스도(Christus Victor)에 의해서 뿐만 아니라 모든 만물이 새 하늘과 새 땅에서 새롭게 총괄적으로 갱신되리라는 전망에 의하여 촉진된 새로운 종류의 생명력이 나타날 것이다. 무엇보다도 이러한 생명력은 먼저 교회 안에서 이 세상에 새로운 희망을 가져다주는 새로운 종류의 공동체적인 인간성으로 표현될 것이다.

---

15) Timothy R. Phillips and Dennis L. Okholm, *Welcome to the Family* (Wheaton, Ill.: Victor/Bridge Point, 1996), 특히 12장, 13장, 14장 참고.

5. 결론

나는 이번 6부의 처음 부분을 내 부모가 아프리카에서 선교사로서 그리스도를 섬겼던 선교기지와 교회에 대한 추억으로부터 시작하였다. 그리고 교회와 선교기지의 두 건물은 이 세상 속에서 복음을 전하고, 교육하며, 세상에 영향을 미치는 교회의 선교적인 사명을 상징적으로 보여준다는 점을 지적하였다. 그런데 포스트모던 시대의 교회에는 이러한 세 가지 차원의 선교적인 임무 속에 다음의 것들도 추가로 포함될 필요가 있다. 그것은 복음전도 사역에 있어서 예전의 대규모 집회로부터 지역 교회 주도적인 전도활동으로 바뀌어 가고 있다는 것이다. 이러한 변화 속에서 신자들이 자기 친구들과 이웃들을 교회로 인도하면, 이들은 회심과 세례를 통해서 점차적으로 새로운 신자들로 자라갈 수 있다. 그래서 복음전도의 과정이 예배와 밀접히 연관성을 맺으며, 특히 교회 교육에서도 강조를 두는 것은 입체적이고 전방위적인 공동체 활동 속에서 영적인 지혜를 습득해 가도록 하는 것이다.

마지막으로 언급할 것은 포스트모던 세상 속의 교회는 이 세속 사회 속에서 선지자적이고 제사장적인 사역을 감당해야 한다는 것이다. 이 땅의 교회는 복음이 개인과 사회, 도덕, 그리고 국가적인 삶의 전 영역에 골고루 적용된다는 사실을 믿으며, 그 사회 속에서 대안문화 공동체를 세움으로써 세속 사회에 영적인 영향력을 행사해야 한다. 또한 기독교인들은 현실 세계에 대한 기독교적인 전망은, 하나님 나라의 정치학의 인도를 받아서 이 세상의 특정한 정당의 정치적인 의제로부터 거리를 유지하여 세속 사회 전체에 일종의 대안 공동체로서의 영향력을 행사하는 것이다.[16]

---

16) Stanley Hauerwas, *A Community of Character: Toward a Constructive Christian Social Ethic* (Notre Dame, Ind.: University of Notre Dame Press, 1986).

세상 속의 교회가 이러한 교회 본연의 본질을 추구한다면 설령 다양한 교파와 문화에 속해 있더라도 지상의 모든 교회들은 이러한 동일한 사명 아래 함께 연대할 수 있을 것이다. 이 지상의 모든 교회들이 오직 그리스도는 한 분뿐이며 교회도 하나이고 임무도 하나임을 공감한다면, 복음전도나 교육, 또는 사회참여와 같은 활동들을 놓고서 교회들 간의 경쟁도 상당부분 줄어들 것이다. 그래서 스탠리 하우어워스(Stanley Hauerwas)의 표현을 빌리자면, 우리의 관심사는 "이미 존재하는 교회뿐만 아니라 앞으로 올바로 존재해야 할 교회"에 집중되어야 한다.[17]

[도표 J] 역사 속의 다양한 복음전도 패러다임

고대	중세	종교개혁	근대	포스트모던
교회와 성인 세례를 통해서 그리스도와 연합하는 과정	유아 세례를 통한 복음전도와 교육	이신칭의	대규모 전도집회 회심과 중생에 대한 체험	세례와 공동체적인 환경 속에서 신자가 그리스도와 연합하는 복음전도로의 회귀

공동체를 중시하는 포스트모던 시대의 가치관은 복음전도를 위한 효과적인 접촉점을 제공한다. 하지만 복음주의자들이 현대의 개인주의로부터 결별하도록 하고 교회의 공동체적인 성품을 회복하며 회심한 새신자들이 교회와 그리스도에게로 연합되는 영적인 순례 과정을 발전시키기 위해서는 많은 노력들을 쏟아 부어야 한다.

---

17) Ibid., 6.

[도표 K] 초대 교회의 일곱 단계의 복음전도와 양육 과정

구도자	환영예식	경청자	소환예식	무릎 꿇는 자	세례식	신자
복음전도와 신앙의 각성 이전 시기	죄악으로부터의 결별에 관한 예비적인 의식	정교와 정행에 관한 기독교 신앙을 학습하는 단계	세상으로부터 교회로의 온전한 참여로 전환하는 경계선 예식	세례식을 위한 강력한 영적 준비의 기간	그리스도와의 연합을 상징하는 예식으로서의 세례식과 도유식을 통한 온전한 회심을 완성하는 예식	새로운 신자에 합당한 여러 책임들을 계속 익히고 성만찬의 신비에 계속 참여함

[도표 L] 역사 속의 다양한 교육 패러다임

고대와 중세	종교개혁과 근대	포스트모던
예배와 세례식, 성만찬, 교회력, 그리고 시각적인 사건들에 대한 다양한 입체적인 참여의 기회가 제공됨	인쇄를 통한 교육으로의 전환이 일어남 교리문답과 주일학교, 신앙에 관한 지성적이고 언어적인 소통의 도입	시청각적인 경험에 대한 새로운 강조로 인하여 "입체적인 참여"로 회귀함

[도표 M] 세상 속의 교회에 대한 역사 속의 다양한 패러다임들

고대	중세	종교개혁	근대	포스트모던
대조법 동일시 변혁	변혁 기독교 왕국의 등장	루터와 칼빈 기독교 왕국에 대한 사상이 지속되지만 더 이상 교황이나 영토 또는 보편적인 왕국이 아니라 말씀의 통치를 통한 하나님의 통치가 강조됨 재침례파는 세상에 대하여 대립적인 입장을 견지	교회는 세속 정부와의 충돌 속에서 세상을 향한 선교적인 사명을 감당함	악에 대한 대조 사회로서의 교회의 본질 회복 대항문화 공동체로 세상 속에 존재함으로써 세상 문화에 변혁적인 영향력을 행사함으로써 세상과 긴밀한 관계 설정

Ancient-Future Faith
Rethinking Evangelicalism for a Postmodern World

부록

고전/포스트모던 권위

> 사도들의 서신서들을 너희의 영원한 교사로 삼으라. 만병통치약을 받아들듯이 그 말씀 속으로 뛰어들어라. 그리고 그 말씀을 마음속에 깊이 간직하라.
>
> — 성 크리소스톰(주후 380)

> 우리는 항상 모든 곳에서 모든 사람들이 믿어온 그 신앙을 지킨다는 사실이 중요하다.
>
> — 레린스의 빈센트(주후 450)

나는 일리노이스의 휘튼에 살고 있다. 이곳은 많은 사람들이 우스개 소리로 "복음주의자들의 바티칸"이라고 부르는 곳이다. 크리스채너티 투데이나 틴데일하우스 출판사와 같은 여러 기독교 단체들뿐만 아니라, 수많은 교수진과 직원들을 거느리고 있는 휘튼대학과 다양한 대학 부속 건물들은 이 도시에 대한 기독교 신앙의 상당한 영향력을 잘 보여준다.

그래서 이곳에서는 아무 식당이나 들어가 앉아 있다 보면 옆 테이블에서 교회에 관하여 담소를 나누는 이야기를 자주 건네 듣게 되고, 또 쇼핑하다가 우연히 동료 기독교인들을 자주 만나거나, 차를 타고 몇 블럭을 지나더라도 교회 건물을 종종 마주치기 마련이다. 이 도시에서는 기독교인들이 의사나, 치과의사, 법률가, 예술가, 식료품 가게, 노동자들과 같이 사회 곳곳에서 활동하고 있다.

예를 들어, 내가 종종 방문하는 치과병원 의사는 기독교인이다. 최근에 나는 치과 치료를 받기 위하여 그 의사를 방문하였다. 내가 치과용 의자에 앉아서 치료를 받는 동안 그 의사는 드릴로 주의가 필요한 치아 하나를 제거하였다. 늘 그러하듯이 그는 내 치아를 살피면서 나에게 혼자말로 중얼거렸다. 사실 나도 그의 독백에 적극 참여하고 싶었지만 그것은 속마음뿐이었다. 입을 벌리고 치료를 받는 상황에서 내가 그의 독백에 응답할 수 있는 방법이라곤 불분명한 소리로 끙끙거리거나 고개를 끄덕이거나 또는 눈을 깜박거리는 것이 전부였다.

일반적으로 그 의사가 털어놓는 독백의 주제는 궁극적인 진리와 같은 무거운 주제는 아니다. 하지만 그날 내 치과의사는 신학이나 신학자들의 역할에 관한 자신의 의견을 나에게 털어 놓았다. 그 의견은 아마도 다른 많은 사람들도 충분히 공감할 만했다.

그 의사는 이렇게 말했다. "그런데요. 성경이나 신학을 가르치시는 선생님 같은 분들께 하고 싶은 말이 있습니다." 나는 귀를 쫑긋거리며 그가 무슨 말을 하려는지 궁금해졌다. "결국 진리에 대해서는 박사님이 저보다 더 많이 이해하시리라고는 생각하지 않습니다." 그는 이렇게 불쑥 말을 꺼냈다. 하지만 나는 그 말에 응답할 수 있는 형편이 아니어서, 그의 말이 계속 이어지는 동안 나는 속수무책인 상태로 침묵을 지킬 수밖에 없었다. "박사님 같은 분들은 헬라어와 히브리어를 공부하고 구약과 신약 성경의 배경에 대해서 연구를 하시고 모든 신학 분야들을 연구하십니다만, 결국 그분야에 대해서는 저도 선생님만큼이나 알고 있다고 말할 수 있지 않을까요? 제가 영어성경을 펼치면 하나님께서는 선생님께서 깨달은 진리를 저에게도 직접 말씀해 주시니까요."

불행히도 나는 그의 주장을 무려 두 시간이나 침묵 속에서도 들으면서 제대로 된 해답을 내놓지 못했다. 그래서 신학에 관한 그의 담론이 끝나고 내 치아 치료가 끝난 다음에 나는 정중하게 비용을 지불하고 그 병원을 나와야만 했다. 하지만 그가 나에게 들려준 말은 계속 내 귓가를 맴돌았다. 그리고는 내 마음은 한편으로는 그 주장이 참 우습다는 생각과 아울러 또 다른 한편으로 그에게 전해 줄 적당한 응답을 찾아서 이리 저리 고심했다. 그러다 한 가지 해답이 떠올랐다.

기회가 주어졌더라면 나는 이렇게 말했을 것이다. "글쎄요. 저도 선생님의 말씀에 동의합니다. 하나님은 우리 모두에게 진리를 계시하십니다. 그렇다면 이제 선생님께서 저 대신 이 치과용 의자에 앉으시고 저에게 그 치과 드릴을 건네주시지요. 저는 치과치료에 대한 교육을 받을 필요가 없습니다. 왜냐하면 하나님이 직접 제 손을 인도하시면서 제가 무엇을 어떻게 해야 할지 말씀해 주시니까요. 제가 선생님의 치아를 잘 치료할 수 있으리라 확신합니다. 제가 하나님을 잘 믿고 따른다면, 저도 선생님만큼이나 치과 진료를 잘 할 수 있습니다."

물론 이 유비는 그다지 타당하지 않다. 왜냐하면 모든 기독교인들이 아마추어 수준의 치과의사는 아니더라도, 어떤 의미에서 모든 기독교인들은 아마추어 수준의 신학자들이기 때문이다. 그럼에도 불구하고 요점은 분명하다. 나는 치과 진료에 관한 교육도 받지 않았고 또 그런 의학적인 기술도 습득하지 않았기 때문에 내가 감히 치과 진료를 맡을 수는 없다. 다시 말해서 나는 그분야에 전문가다운 권위가 없다.

권위란 인간의 사고와 행동의 모든 분야에 매우 중요한 기준이다. 우리는 치과 분야뿐만 아니라 일반적으로 의학 분야 전반에 그리고 과학과 공학, 외교 문제 등의 삶의 모든 영역에서 일정한 권위에 의존한다.

하지만 포스트모더니즘은 모두를 아우르는 단 하나의 권위가 존재한다는 생각에 강력한 반감을 가지고 있다. 찰스 젠크스(Charles Jencks)는 이 점을 다음과 같이 분명히 했다. "포스트모더니즘이란 단 하나의 세계관이 이제는 더 이상 통하지 않는다는 의미이며, 더 나아가서 전체성(totality)에 대한 선전포고이며 단 하나의 설명에 대한 저항을 의미하며, 차이에 대한 존중과 지역적이고 부분적이며 독특한 것들에 대한 찬사를 의미한다."[1] - 이 점을 고려하여 복음주의자들은 로마 가톨릭교회와 동방정교회, 그리고 다른 기독교 교파들에 대하여 좀 더 상대주의적인 접근 자세를 취할 필요가 있겠지만, 이교나 세상의 다른 종교들에 대한 일방적인 용납의 차원까지 진행될 수는 없다.

오늘날 포스트모던 세상에서 절대적인 권위의 문제는 매우 중요한 쟁점이기 때문에, 나는 이 책의 마지막 부분에서 초대 교회 내에서 권위에 관한 점진적인 논의들을 다루면서 마치고자 한다. 초대 교회 기독교인들은 오늘날 우리들처럼 매우 다원주의적인(pluralistic) 환경 속에서 살았다. 오늘날과 마찬가지로 그 때 당시에도 기독교만을 배타적인 종교로 주장하는 것은 결코 대중적인 지지를 받을 수 없었다. 당시 로마 사회에는 수많은 종교들이 공존하였고 다만 시저가 주님이라고 기꺼이 고백하는 한 각각의 종교가 용인되었다. 하지만 기독교의 신앙은 오직 예수님만을 구세주로 고백하였다. 오늘날 포스트모던 세계에서 모든 종교에 대한 아량은 신성불가침의 수준이다. 그래서 기독교는 여타의 다른 많은 종교들 중의 하나가 아니라 오직 유일한 보편적인 종교라는 주장이 오늘날 설득력을 발휘하려면 새로운 변증론(a new apologetic)이 필요하다. 초대 교회는

---

1) Charles Jencks, ed., *The Postmodern Reader* (New York: St. Martin's, 1992).

당시 지배적인 다원주의 세계 속에서 그 나름의 효과적인 변증론을 발전시켰기 때문에, 그들의 전략은 오늘날과 같은 포스트모던 세상에서 효과적으로 복음을 전하려는 복음주의자들의 변증론에 매우 유익한 길잡이 역할을 할 수 있다.

1. 역사 속의 다양한 권위의 패러다임들

초대 교회에서 가장 중요한 권위는 사도들에게 근거했다. 기독교 신앙의 최고 해석자들인 이들은 예수로부터 물려받은 신앙을 구술 설교와 교육을 통해서 기록된 복음서와 서신서들을 통해서, 그리고 자신들의 후계자인 감독의 지명과 안수를 통해서 초대 교회에게 물려주었다. 그래서 2세기 후반에 이르러 기독교 진리의 보존과 후대로의 전승을 위한 변증적인 전략의 일환으로 사도적인 전통과 계승 작업이 나타났다. 그와 동시에 "신앙의 규범"(the rule of faith)이 로마 제국에 속한 모든 도시들 가운데 퍼졌다. 이 표준은 기독교 신앙의 가장 핵심적인 내용의 요약으로 받아들여졌고, 사도적인 교훈의 전통에 속한 자들이 고백한 필수불가결한 진리의 기본 틀거리를 담고 있었다. 이 시기에 사도들의 서신들이 수집되었고 주후 457년 카르타고 공의회(the Council of Carthage)를 통해서 정경으로 확정되었다. 이러한 문서들은, (사도들이 직접 저술하였든 또는 사도들의 권위 아래 저술되었든) 사도적인 기원을 확보하고 있었고, 일치된 신앙(consensus fideum)으로 예배 중에 신자들에 의하여 널리 사용되었기 때문에, 교회 안에서 확증되어 오랫동안 받아들여져오고 있다.[2]

공의회를 통해서 정경의 목록들이 확정되자 교회는 그 문서들에 대

---

[2] Hans von Campenhausen, *Tradition and Life in the Church* (New York: Collins, 1968).

한 권위적인 해석들을 찾기 시작했다. 그 결과 세 가지 성경 해석 학파들이 등장했다. 첫째는 문자적인 해석을 취하는 안디옥 학파로 이들은 문법적이고 역사적이며 신학적인 해석 방법을 활용하였다. 둘째는 알레고리 해석을 취하는 알렉산드리아 학파로서 성경 구절들에 대한 문자적인 해석과 아울러 도덕적이고 영적인 의미도 함께 추구하였다. 마지막은 초대 교회 대부분의 교부들의 입장을 반영하는 모형론자들(또는 유형론자들, typologists)이다. 모형론자들은 구약성경에 나타나는 모형들과 그림자들이 신약성경에서 성취된다는 점을 강조하였다. 그 중에 특히 출애굽 사건 주변에 등장하는 모형들이 그리스도의 사건에 대한 전조를 가리키는 것으로 해석하였다. 그러다 주후 450에 레린스의 빈센트(Vincent of Lerins)는 자신의 해설서(Commonitory)에서 이러한 해석은 고대성(antiquity)과 보편성(universality), 그리고 일치된 합의(consensus)의 기준에 부합하기 때문에 타당한 해석이라고 주장하였다. 그리하여 신앙의 규범과 사도들의 문서들을 통해서 나타났으며, 고대성과 보편성, 그리고 일치된 합의의 기준에 부합한 해석을 통해서 확증된 사도적인 권위로서의 권위에 대한 고전적인 기준이 확립되었다.[3]

중세 시대 초기에도 기독교의 권위는 초대 교회처럼 사도적인 전통과 계승에 기초하였다. 기독교 진리의 권위적인 원천에 대한 당시 교회의 이해도 교회와 전통, 그리고 성경과 아울러 이러한 우선순위를 갖는 일련의 범주들에 대한 해석과 분리되지 않았다. 그래서 그들은 약간은 모호하면서도 역동적인 방식으로 기독교의 권위를 이해하였다. 즉 초대 교회 교부들의 저술들이나 그러한 사도적인 전통의 연장선상에 서 있는 교회의 공의회나 회의 결정 역시 성경을 해석하는 영감의 원리의 확장으로 받아들여졌다. 그래서 사도들은 교회 안에서 시원적인 권위를 갖는 반면

---

3) See Ephraim Radner, *The End of the Church* (Grand Rapids: Eerdmans, 1998), chapter 1.

에, 그러한 사도들의 교훈을 그대로 해설하거나 확장한 어거스틴의 저술들이나 또 다른 교부들의 문서들, 혹은 공의회의 결정이나 신경들도 일종의 사도적인 권위에 버금가는 지위를 누렸다. 당시 교회는 기독교 신앙에 대한 하나의 참된 해석자로 간주되었기 때문에, 시간이 흐르면서 교부들의 여러 문서들과 공의회의 결정들 역시 사도적인 전통의 연장선상에서 권위적인 가르침으로 채택되면서 점차 교회의 권위 역시 더욱 커져갔다. 결국 중세 교회는 기독교 진리에 대한 올바른 해석을 위하여 교도권(magisterium, 교황과 주교가 신앙과 도덕상의 문제에 대하여 신도들을 교도할 수 있는 권한을 가리키는 로마 가톨릭교회의 용어-역주)을 확립하였고 교황을 기독교 진리의 대변인의 자리에 앉혔다. 이러한 사상은 교황 보니페이스 8세(1303)에 이르러 절정에 도달하였다. 그는 교서를 통해서 누구나 구원받기를 원하면 교황의 권위 아래 복종해야 한다고 선언하였다. 그가 반포한 『하나의 거룩한 교회』(Unam Sanctam)라는 교서는 중세 시대 교회의 권위를 부각시키는 전환점이 되었고, 그 이후 2백 년 동안 교황의 권위에 대한 사상은 수많은 논쟁의 핵심 주제로 다뤄졌다. 그 과정에서 교황의 권위를 대신하여 공의회의 권위나 전통의 권위, 성경의 권위, 또는 성경과 전통 공통의 권위와 같은 다양한 대안들이 논의되고 채택되었다.[4]

14세기와 15세기에 진행된 이러한 논란들은 오직 성경(sola scriptura)의 교리를 채택한 종교개혁자들의 등장을 위한 배경을 마련하였다. 종교개혁자들은 교회의 권위 아래 갇힌 성경을 끌어내서 전통과 분리시키고 교황이나 공의회보다 앞세우면서 성경 자체만의 고유한 권위를 다시 확립하였다. 하지만 종교개혁자들은 (루터교와 개혁파교회, 그리고 성공회) 자신들이 개혁한 교회 안에서 또 다른 새로운 전통의 문을 열었고, 그 안에서 이들은 성경에 대한 권위적인 해석자들로 받아들여졌다. 종교개혁으로

---

4) George Tavard, *Holy Writ or Holy Church* (New York: Harper and Brothers, 1959).

시작된 각각의 개신교 교파들은 성경의 교훈에 관한 권위적인 합의의 울타리 안에서 그 전통을 보여주는 독특한 고백서들을 작성하였다. 그런 과정에서 신조주의(confessionalism)가 시작된 것이다. 예를 들어, 루터파 교회들은 옥스버그 신앙고백서(the Augsburg Confession of faith)를 작성하였고, 장로교회는 웨스트민스터 신앙고백서(the Westminster Confession)를, 성공회는 39개 조항의 신조(the Thirty-Nine Articles), 재침례파는 쉴라이다임 신앙고백서(the Schleitheim Confession of faith)를 작성하였다. 이러한 신앙고백서들은 각각의 개신교 교단 전통 안에서 기독교 신앙의 해석을 위한 권위적인 표준(the Authoritative Rule)으로 기능하였다. 그래서 각자 다양한 개신교 교파들은 다양한 고백서들의 저변에 깔린 일치에도 불구하고 여전히 존재하는 독특한 차이로 스스로를 규정지었다.[5]

절대 권위에 대한 근대기의 입장은 그 시대를 지배했던 합리주의와 개인주의를 반영한다. 근대 자유주의자들의 손에서 발흥된 합리주의는 절대권위의 근거로서 성경 대신 인간의 이성을 내세웠다. 그 결과 성경은 교회와 전통의 맥락 속에서 뒤로 물러나게 되었다. 즉 성경은 그 기원과 관련하여 비평적인 분석의 대상으로 전락하였고, 그 결과 하나님의 말씀으로서의 성경의 독특한 특징은 점차 사라지게 되었다. 물론 보수주의자들은 계속해서 성경의 권위를 주장하였지만, 예전과 달리 인간의 이성과 객관적인 증거에 입각한 변증론으로 성경의 사도적 기원과 진실성을 옹호하려고 하였다.[6]

중세 시대 이후 여러 교파에서 작성한 다양한 신앙고백서들과 신경들

---

5) 종교개혁의 역사에 관하여 연구해보라. 이 분야의 좋은 안내서는 다음을 보라. Clyde Manschreck, ed. *A History of Christianity: Readings in the History of the Church*, vol. 2. *The Church from the Reformation to the Present* (Grand Rapids: Baker, 1964), chapter 1 and 2.
6) Ibid., chapter 5 and 7.

의 가치에 관한 논쟁이 일어났다. 자유주의자들은 그러한 신경들과 신앙고백서들을 하나님을 경험한 신자들의 경건한 표현에 불과한 것으로 일축하였다(린드벡은 이를 가리켜서 종교에 대한 경험-표현주의 모델이라고 부른다). 반면에 보수주의자들은 물려받은 신경과 신앙고백서를 이들이 전달하는 실제와 문자적으로 정확하게 일치하는 것으로 간주하였다(린드벡은 이를 가리켜서 종교에 대한 명제주의, propositionalism 라고 부른다). 근대기가 끝나갈 무렵에 자유주의자들과 보수주의자들은 한결같이 합리주의자들의 방법론(the rationalist method)에 얽매여 있었기 때문에 출구가 보이지 않는 논쟁에 서로 휘말리고 말았다. 그래서 성경과 교리에 대한 자유주의자들의 신화적인 견해와 보수주의자들의 명제주의적인 입장은 서로 교착상태에 빠지고 말았다.[7]

하지만 포스트모던 세상에서 자유주의자들과 복음주의자들 사이의 교착 상태는 이들 모두가 성경에 대한 정경적인 독법을 위하여 합리주의를 과감히 포기한다면 금방 해소될 수 있다. 이러한 탈비평적인 독법(postcritical approach)은 성경을 하나님의 영감에 기초하며 교회의 공동체적인 권위로 인정을 받은 내러티브로 읽을 수 있도록 독자들을 안내해 준다. 그리고 자유주의자들과 복음주의자들이 린드벡이 제안한 종교의 문화-언어적인 모델(cultural linguistic model)에 근거하여 공통의 기반을 확보한다면 보편타당한 신경에 대한 논쟁도 사라질 것이다.

1) 계몽주의로 인한 권위의 문제

자유주의자들과 보수주의자들 모두에게 계몽주의로 인하여 야기된 가

---

[7] See George A. Lindbeck, *The Nature of Doctrine: Religion and Theology in a Post Liberal Age* (Philadelphia: Westminster, 1984).

장 심각한 문제는 이성에게 새롭게 부여된 권위에 관한 것이다. 계몽주의의 연장선상에서 부상된 합리주의(rationalism)는 다음 두 가지 영역에서 그 막강한 영향력을 발휘하였다. 첫째는 성경을 굴복시킨 이성의 권위이고, 둘째는 일반적으로 교회의 신경들과 신학마저 굴복시킨 이성의 권위이다.[8]

(1) 성경 위에 자리한 이성의 권위

교회 역사 내내 성경은 항상 계시되고 영감된 하나님의 말씀으로 존중받아 왔다. 그래서 성경의 진실성 여부에 대해서는 논란의 여지가 없이 당연한 것으로 간주되어 왔다. 하지만 신앙보다는 이성을 통해서 알려진 객관적인 진리를 강조하는 계몽주의는 성경을 대하는 독자의 태도에 하나의 분수령을 가져왔다. 근대성(modernity)은 신앙이 이해에 우선한다는 과거 오랫동안 당연하게 받아들여진 원리를 무너뜨렸고, 이해가 신앙보다 우선한다고 가르치기 시작했다. 그래서 이제 기독교인들은 성경 앞에서 이런 질문을 던지게 되었다. "성경이 진리임을 우리는 어떻게 알 수 있는가?" 이러한 질문은 성경 연구에 비평적인 방법론을 도입시켰는데, 이러한 비평적인 방법은 최초의 신앙 공동체 내에서의 성경의 기원에 관하여 합리적으로 납득할만한 연구를 중시한다.[9]

성경은 다양한 학파들의 저술 활동을 통해서 형성되었고, 모순으로 가득 찼으며, 대부분의 내용은 구전을 후대에 문서로 편집하여 기록하였고, 그래서 비록 그 내용이 초자연적인 세계를 묘사하더라도 매우 신화적이라는 자유주의자들의 주장은 하나님의 말씀으로서의 성경의 권위와 신

---

8) Clyde Manschreck, *A History of Christianity*, 2 vols. (Grand Rapids: Baker, 1990[earlier ed. 1962, 1981]).
9) See Harvie M. Conn, ed., *Inerrancy and Hermeneutic: A Tradition, a Challenge, a Debate* (Grand Rapids: Eerdmans, 1988).

뢰감에 치명상을 안겨주었다. 또 다른 한편으로 보수주의자들과 복음주의자들은 이러한 자유주의자들의 성경 비평에 대응하고자 노력했으나, 그러한 시도에도 불구하고 쟁점들에 설득력 있는 해답을 내놓지 못하고 그저 성경을 현실적인 경험의 차원에서 더욱 분리시켜 놓았을 뿐이다. 성경 본문으로부터 저자가 염두에 둔 본래 의도를 발견할 수 있다는 복음주의자들의 주장 때문에 일반 기독교 신자들은 올바른 성경 해석을 위한 길을 찾느라 그만 미로 속에 갇히고 말았고, 본문에서 저자의 진짜 의도를 발견하였다고 주장하는 성경해석 학자들의 연구 결과에 성경 본문의 권위를 의존하게 되었다.

그래서 평신도들은 성경의 의미를 올바로 해석하는 복음주의 계통의 학자들이 저술한 주석서들을 옆에 놓고 성경을 읽어야 하는 부담을 짊어지게 되었다. 그래서 성경은 성령 하나님에 대한 주관적인 경험과 전혀 관계없이 신중하게 연구해야 하는 객관적인 책으로 변모하게 되었다. 이렇게 인간의 이성에 의하여 그 참된 의미가 결정되는 객관적인 지식의 책으로서의 성경에 대한 권위 있는 해석의 문제는, 오늘날 포스트모던 세상에서 탈자유주의자들(postliberals)과 탈보수주의자들(postconservatives)이 함께 해결하려고 애쓰는 이슈이다.[10]

(2) 신경과 신앙고백서 위에 있는 이성의 권위

계몽주의로부터 야기된 둘째 문제는 신경과 신앙고백서들에 대한 자유주의자들과 보수주의자들의 태도이다. 근대기 이전까지만 해도 신경들은 기독교 신앙에 관한 권위 있는 표준으로 존중되었다. 이러한 신경들은 (사도신경처럼) 보편적인 차원에서 기독교 신앙 전반에 관하여, 또는 (니케

---

10) See Charles J. Schlise, *From Scripture to Theology* (Downers Grove, Ill.: InterVarsity, 1996).

아신경처럼) 삼위일체에 대해서, 그리고 (칼케돈신경처럼) 기독론에 관한 올바른 관점의 한계를 규정하였다. 고대성과 보편성, 그리고 일치된 합의에 의하여 확증된 이러한 신경들이 종교개혁 이후에 작성된 기독교 신앙고백서들 속에서도 그대로 포함되었다.[11]

하지만 자유주의자들은 신경들과 신앙고백서를 이성의 권위 아래 둔다. 이들은 초대 교회의 사도신경들과 신앙고백서들은 그 당시 헬라의 세계관을 반영하는 신앙에 관한 진술문에 불과하다고 하면서 신경들의 규범적인 권위를 인정하지 않는다. 또 이들은 신경들은 교회 안에서 결코 보편적인 권위를 주장할 수 없으며 단지 지나간 시대의 흥미로운 신학적인 성찰에 불과한 것으로 묵살한다. 한편 종교개혁의 전통을 따르는 복음주의자들은 자신들의 독특한 신앙고백서를 다른 개신교 교파들의 고백서보다 더 교리적인 진리를 분명하게 정리하여 천명한 보편적인 표준으로 간주한다. 그래서 이들이 서로 올바른 해석을 확보하고 있다고 주장하면서 칼빈주의자들과 루터파, 알미니안, 재침례파와 그 밖의 다른 개신교 교파들 사이에 권위 문제에 관한 논쟁이 계속되었다.

그 어떤 신경의 전통에도 기반을 두지 않은 복음주의자들은 성경문자주의(biblicism) 때문에 이러한 신경들은 묵살하는 경향이 있다. 이들은 오직 성경만이 모든 기독교적인 지식의 원천이며 그 밖의 나머지 교회의 신경들은 가치가 전혀 없거나 있더라도 최소한도에 불과하다고 주장한다.

바로 이러한 문제들이 오늘날과 같은 포스트모던 세상을 살아가는 탈자유주의 사상가들과 탈보수주의사상가들 모두에 의하여 깊이 있게 논의되어야 할 문제점들이다. 탈비평적인 시대(postcritical era)에 우리는 과연 어떻게 성경을 읽어야 하는가? 탈교단적인 시대(postdenominational era)

---

11) See Arthur C. Cochrance, ed., *Reformed Confessions of the Sixteenth Century* (Philadelphia: Westminster, 1966).

에 우리는 신경들과 신앙고백서들에 대하여 어떤 태도를 취해야 하는가? 이런 질문에 대하여 우리는 다음으로 진리의 권위적인 원천과 신앙의 권위 있는 표준, 성경의 권위, 그리고 권위 있는 해석에 대하여 자세히 논의함으로써 이러한 쟁점들을 더 깊이 탐구하고자 한다(도표 N 참고).

2. 진리의 권위적인 원천

초대 교회 신앙에 관하여 사람들이 가지고 있는 한 가지 의혹은 다음과 같은 질문을 통해서 잘 드러난다. 초대 교회로 되돌아가려는 사람들은 전통의 권위를 성경보다 더 존중하려는가? 이 질문에 정확히 응답하려면 전통에 관한 성경적인 견해를 자세히 이해할 필요가 있다.[12] 그리고 성경과 전통의 상관관계를 올바로 이해하려면 전통이란 단어의 원래 의미부터 먼저 이해할 필요가 있다. 신약성경에서는 파라도시스(paradosis)라는 헬라어 단어가 "전해주다"(hand over)는 의미로 자주 사용된다(예를 들어, 마 25:14; 눅 4:6; 행 15:26,40; 16:4; 고전 15:24; 엡 4:19; 5:2). 또한 이 단어는 사도 바울이 데살로니가교회를 향하여 자신이 말로나 편지로 전해 준 "유전"(traditions)을 굳게 지키라고 권면할 때도 사용되며(살후 2:15), 고린도교회에게 전하여 준 신앙의 핵심을 가리킬 때에도 사용된다(고전 11:2,23;15:3). 그리고 누가에 의하면, 처음부터 말씀의 목격자되고 일꾼된 자들이 자신에게 그리스도에 관한 정보를 전하여 주었다고 한다(눅 1:2). 그리고 유다에 의하면 신앙을 설명할 때 성도들에게 전달된 것으로도 묘사될 수 있다고 한다. 마지막으로 사도 바울도 디모데가 자기로부터 건네받았던 사도적인 가르침을 다른 사람들에게 건네주도록 교훈할 때에도 신앙이 수 세

---

12) See F. F. Bruce, *Tradition: Old and New* (Grand Rapids: Zondervan, 1970).

기를 걸쳐서 계속 전달된다는 개념들이 나타난다(딤후 2:2). 이렇게 사도들로부터 전해 받은 진리를 다시 후대에 전달한다는 관점은 초대 교회가 2세기에 영지주의와 대결하면서 더욱 부각되었다. 이러한 관점은 특히 초대 교회 교부들 가운데 사도적인 전통과 계승의 중요성에 관한 가장 이른 시기의 발전 형태를 보여준다. 예를 들어, 터툴리안(주후 200)의 다음과 같은 교훈이 대표적인 사례 중의 하나이다.

> 예수 그리스도께서 사도들로 하여금 설교하도록 파송하셨다면, 그리스도께서 지명하여 세우신 이들을 제외하고는 그 누구의 말도 용납해서는 안된다…이제 그들이 전한 설교의 본질, 다시 말해서, 그들에게 주어진 그리스도의 계시는, 그들에게 전해진 살아 있는 말씀(viva voce)과 그 이후 그들의 서신의 말씀을 통해서 사도들이 세운 교회들의 증언을 통해서만 오직 참된 말씀으로 입증될 수 있다. 이와 마찬가지로 신앙의 원천이자 기원인 사도적인 교회들과 일치하는 모든 신경들은 반드시 진리로 받아들여져야만 한다. 왜냐하면 그 진리는 의심의 여지가 없이 교회가 사도들로부터 전해 받은 것이며, 사도들은 그리스도로부터, 그리고 그리스도는 하나님으로부터 전달 받았기 때문이다…우리는 사도적인 교회들과 교제한다. 왜냐하면 서로 간에는 신경의 차이가 하나도 없기 때문이다. 이 교회가 바로 참 진리를 확증하는 증거이다.[13]

포스트모던 시대에 적합한 기독교 변증론을 펼치려면, 기독교적인 진리나 실천이 먼저 초대 기독교 공동체 안에서나 2세기 이후에 발전된 방식에 대한 현상학적인 설명(a phenomenological description)을 먼저 진행하는 것이 중요하다. 이러한 변증 작업의 목적은 후 세대를 향하여 계속 전

---

13) Tertullian, *De Praescriptione Haereticorum,* In *Ante-Nicene Fathers* as "The Prescription against Heretics" (Grand Rapids: Eerdmans, 1978), III, 243-65.

승되어 온 사도적인 신앙과 실천의 본래 모습을 향한 발전 과정을 온전히 재구성하는 것이기 때문이다. 포괄적인 의미에서 기독교적인 권위의 형성은 다음과 같이 정리될 수 있을 것이다.

① 기독교 신앙의 최종 권위는 예수 그리스도 안에서 자신을 알리신 하나님의 계시에 달렸다.
② 교회에게는 예수 그리스도를 다음 세대에게 계속 전승할 책임이 주어졌다.
③ 사도들은 예수 그리스도의 구속 사건을 해석하고 그분에 관한 진리를 정확하게 전달해야 하는 시급한 책무에 직면했다.
④ 예수 그리스도가 올바로 해석되는 배경은 기독교 교회의 예배였다. 초대 교회의 찬송과 신경들, 송영들, 찬가, 교리문답에 관한 문서들, 그리고 사도적인 해석 속에는 공인된 사도적인 전통이 실려 있었다.
⑤ 성경은 교회를 위하여 직성되었고 예배 중에 읽혀지도록 의도되었다. 이 속에는 그리스도에 대한 사도들의 권위적인 해석과 아울러 그리스도에 대한 권위적인 진술이 실려 있다. 그래서 성경은 전통이며, 예수 그리스도를 전달해 준다.
⑥ 신앙의 규범과 같은 신앙의 요약과 에큐메니칼 신경들은 사도적인 가르침과 실천에 대한 좀 더 정교한 성찰을 담고 있다. 초대 교회 교부들은 새로운 것을 창조하지 않았다. 그보다 그들은 사도적인 해석에 일치하는 신앙의 핵심을 집약하여 저술하였다. 아타나시우스는 그 과정을 이렇게 압축하여 진술한다. "이는 주께서 베푸시고 사도들이 선포하였으며, 교부들이 보존한 보편적인 교회가 믿어온 본래의 전통과 교훈과 신앙이다."[14]

---

14) Athanasius, *Ad Serap*; in *Nicene and Post-Nicene Fathers* (see above), IV, 564-66.

여기에서 확인할 수 있는 것은 교회의 전통이 발전되는 과정에서 동시에 권위의 발전 과정도 진행되었다는 점이다. 궁극적인 권위인 예수 그리스도는 먼저 사도들에 의하여 권위 있게 해석되었다. 성경 역시 권위를 갖는 이유는 성경은 예수 그리스도의 계시를 담아서 전해주기 때문이다. 신앙의 규범과 신경들 역시 권위를 주장할 수 있는 이유는 이러한 문서들이 사도적인 전통을 성실하게 준수하기 때문이다. 성령 하나님은 이러한 전승 과정을 감독하셨기 때문에 우리는 성경을 가리켜서 계시되고 영감된 하나님의 말씀이라고 확신할 수 있으며 보편 교회적인 신경들이 성경적인 신앙을 권위 있게 집약한 것으로 받아들일 수 있다.[15]

3. 권위 있는 신앙의 규범

기독교 교회의 신앙의 독특성은 맨 처음부터 그 특정한 내용을 통해서 드러났다. 그 독특한 내용은 진리라는 인식가능한 체계로 이뤄졌다. 그래서 신약성경 시대에 진리였던 것은 그대로 2세기에도 동일한 진리로 받아들여졌다. 2세기가 끝나갈 무렵의 기독교 교회의 전형적인 모습은 로마나 카르타고, 알렉산드리아, 예루살렘, 그리고 안디옥과 같은 주요 도시들 속에서 사도들의 교훈에 근거한 신앙의 규범에 집약된 가르침을 따라 감독의 지도 아래 가정 교회로 함께 모여 서로 유사한 예배를 드리는 신앙 공동체였다. 유세비우스의 『교회사』(*Ecclesiastical History*)에 그의 작품의 일부분이 실려 있는 교회사학자인 헤게시푸스(Hegesippus)는 예루살렘에서 로마로 여행을 하는 가운데, "율법과 선지자들과 주님이 말씀하

---

15) See Birger Gerhardsson, *Tradition and Transmission in the Early Church* (Grand Rapids: Eerdmans, 1998).

셨던 교리가 모든 도시에 모든 세대에 널리 퍼져 있음"을 발견하였다.[16]

헤게시푸스가 언급한 교리는 몇몇 학자들이 개인적으로 숙지하고 있는 독특한 개념들이 아니었다. 그가 말하는 것은 사도적인 설교 내용을 말하는 것이며, 주님과 사도들로부터 전해 받은 기독교적인 교훈의 핵심에 대해서, 그리고 신앙의 규범에 대한 것이었다.

2세기에 아주 명확한 체계로 정리된 기독교 신앙의 요약은, 단순한 신학적인 연구 결과물이 아니라 "성경적인 사상체계"라는 말로 잘 설명될 수 있다. 말하자면 성경적인 또는 역사적인 기독교의 핵심 사상이 당연한 명제문 형태로 정리된 것이고 이로부터 이후의 기독교적인 사고가 계속 발전하였다. 따라서 신앙의 규범(the rule of faith)은 계시의 요약이라고 말할 수 있으며, 사도들은 그런 방식으로 계시의 핵심을 정리하여 후 세대에게 물려 주었다. 이러한 성경적인 사상체계는 기독교 교회가 체계적인 신앙의 사고를 발전시킬 수 있는 경계선을 규정지었다. 그것이 바로 신앙의 규범(the regula fidei)이다.[17]

1) 신앙의 규범의 기원

기독교는 이미 신약성서시대부터 유대교 사상과 아울러 이집트와 페르시아에서 발전한 이교적인 신비 종교 사상으로부터 도전을 받기 시작했다. 하지만 기독교 신앙의 정수에 대한 좀 더 매서운 공격은 영지주의자들이 비밀한 전통을 따라서 좀 더 우월한 지식을 전수받았다고 주장하면서부터 시작되었다. 영지주의자들은 비록 종파마다 조금씩 다르겠지만

---

16) Eusebius, *Ecclesiastical History*, book III, XXII: in *Nicene and Post-Nicene Fathers*, second series, as "Chruch History," I, 149.
17) See Lindbeck, *The Nature of Doctrine*, 18.

기본적으로는 두 하나님의 실체로서, 선인들에 대한 책임을 지는 영지의 하나님(the Spirit God)과 악에 대한 책임을 지는 창조자 하나님(the Creator God, 때로는 구약 성경의 여호와와 동일시되기도 했다)의 존재를 주장하였다.

영지주의자들은 악을 책임지는 하나님은 창조주이기 때문에 이 세상의 물질도 악한 것으로 간주했다. 그래서 자연히 인간의 육체도 거룩한 영혼이 갇혀 있는 감옥처럼 여겨졌다. 구원이란 영혼이 육체로부터 탈출하여 궁극적으로 선하신 영지의 하나님과 연합하는 것이라고 믿었다. 이러한 구원을 달성하기 위하여 영지의 하나님은 절대자의 발산(또는 유출, emanation)으로서의 그리스도를 이 세상에 보내어 영혼이 육체로부터 탈출하도록 하는 영지(gnosis)를 가져다 주셨다는 것이다. 영지주의자들은 그리스도께서 몇몇 제자들에게만 은밀하게 건네줬다는 이 지식이야말로 구원을 위해서 반드시 깨달아야 하는 지식이라고 주장했다(도표 O 참고).[18]

물론 이러한 영지주의자들의 주장은 사도적인 교훈과 정반대로 배치되는 것이 분명하다. 그래서 초대 교회가 이러한 기독교적인 진리의 왜곡과 변질에 대처하기 위하여 그리고 영지주의자들의 공격에 권위적으로 응답하기 위하여 기독교 신앙의 핵심적인 진리를 집약하는 작업이 필요했다. 그래서 사도적인 기독교를 집약하는 신경들이 로마 제국 곳곳에서 다양한 형태로 그리고 독자적으로 등장하기 시작했다. "신앙의 규범들"(rules of faith)로 알려진 이러한 진술문들이나 신경들 가운데 주목할 점은 그 내용들이 거의 동일하다는 점이다. 다음은 대략 주후 200년 경에 터툴리안이 작성한 신앙의 규범이다.

오직 한 분 하나님만 계심을 우리는 믿습니다. 말씀이신 그분은 성부

---

18) 영지주의에 관한 연구를 위해서는 다음을 보라. P. Perkins, *The Gnostic Dialogue: The Early Church and the Crisis of Gnosticism* (New York: Paulist, 1980).

하나님으로부터 나셨고 그분으로 말미암아 모든 것이 창조되었음을 믿습니다. 그분은 성부 하나님으로 말미암아 동정녀에게서 탄생하셨고, 하나님이신 동시에 사람이시며, 또한 사람의 아들이시며 하나님의 아들이시며, 예수 그리스도라는 이름으로 불림을 우리는 믿습니다. 그분은 성경에 기록된 대로 고난을 당하시고 죽으셨으며, 무덤에 묻히셨음을 우리는 믿습니다. 그분은 또한 하늘의 자리를 다시 가지시기 위해 성부 하나님의 능력으로 부활하사, 성부의 우편에 앉아계심을 우리는 믿습니다. 그분은 장차 죽은 자와 산자를 심판하시려 다시 오실 것을 우리는 믿습니다. 그분은 자신의 약속을 따라 성부 하나님으로부터 보혜사 성령을 보내시고, 성부와 성자, 그리고 성령 하나님을 믿는 모든 자들의 신앙을 거룩하게 하시는 분이심을 믿나이다.[19]

영지주의자들의 왜곡된 가르침 때문에 부각된 쟁점은 간단히 다음과 같다. 구원을 위하여 받아들여야 할 기독교적인 가르침의 핵심은 무엇인가? 이러한 질문에 대하여 2세기 초대 교회는 사도들로부터 전해 들었고 체계적으로 정리된 신앙의 확증으로 응답하였다.

그러므로 초대 교회 당시 이러한 신앙의 규범들이 존재했었다는 사실은, 초대 교회가 믿고 붙잡았던 신앙과 교훈들의 핵심이 특정한 교회들만이 아니라 2세기 모든 교회들 가운데 보편적으로 받아들여졌음을 반영한다. 이레니우스와 터툴리안과 같은 신학자들은 공허한 사색 속에서 자신들만의 고유한 교리들을 만들어 내거나 영지주의자들의 관점에 반대되는 사상들을 고안해 낸 것이 아니다. 이레니우스는 자신이 정리한 교리는 혼자 창조한 것이 아니라, 널리 알려서 있고 받아들여졌으며 보편적인 교회들 가운데 함께 고백되고 있는 것이라고 말한다.

---

19) Tertullian, *Adversus Praxean,* in *Ante-Nicene Fathers,* as "Against Praxeas" (Grand Rapids: Eerdmans, 1978), III,597-627.

내가 이미 관찰한 대로 비록 온 세상에 퍼져 있더라도 오늘날 교회는 마치 한 집만을 소유한 것처럼 사도들의 신앙과 가르침을 그대로 이어받아 조심스럽게 보존하고 있다. 또한 교회는 마치 한 영혼과 한 마음을 가진 것처럼 (이 가르침에 관한) 교훈들을 그대로 믿고 또한 선포한다. 그리고 그것들을 그대로 가르치며 마치 한 입을 가지고 있는 것처럼 완전한 조화 속에서 그대로 후대에 전승한다. 그래서 비록 세상의 언어들이 서로 다르더라도 전승되고 있는 것은 하나요 동일한 것이다.[20]

요약하자면, 2세기 말엽에 교회는 교회가 믿고 가르친 것에 관한 권위적인 원천(an authoritative source)과 권위적인 요약(authoritative summary)을 갖게 되었다. 2세기 교회들이 믿었던 신앙에 대한 권위적인 원천은 다름 아닌 예수 그리스도의 사도들이었다. 사도들은 그리스도로부터 메시지를 받아서 교회에게 그대로 전달해 주었다. 사도들이 초대 교회에게 전달해 주었고 초대 교회가 건네받아서 붙잡고 또 계속 다음 세대에 전달해 주었던, 사도들의 구술 전통과 기록된 문서의 전통은 권위 있는 신앙의 규범이었다. 그리고 이 규범은 교회가 기독교 신앙을 해석하는 열쇠로 간주되었고 이후에 모두가 준수해야 할 사고의 기본 틀거리를 형성하였다. 그리고 이러한 신앙의 규범은 사도신경을 통해서 가장 보편적으로 정리되고 집약되었다.

2) 포스트모던 세상 속의 신앙의 규범

오늘날과 같은 포스트모던 기독교와 탈비평적인 기독교(postcritical

---

[20] Irenaeus, *Against Heresies*, ch. 4 in *Ante-Nicene Fathers* (Grand Rapids: Eerdmans, 1978), I. 320-22.

Christianity) 시대에 기독교 지도자들은 모든 교회들에게 공통으로 해당되는 신앙을 찾고 있다. 이런 상황에서 초대 교회가 정립했던 신앙의 규범(rule of faith)은 오늘날 포스트모던 시대의 교회를 위한 기독교 신앙의 기본 틀거리를 제공해 줄 수 있다. 말하자면 린드벡이 "기독교인들의 담화와 태도, 그리고 행동에 관하여 공통으로 권위 있는 규범들"이라고 표현한 것으로서의 역할을 할 수 있는 것이 바로 이러한 규범들이다.[21]

근대성이 지배하는 시대에 우리는 항상 신앙 공동체 바깥에서 어느 정도 검증 가능한 지리를 추구해왔다. 이러한 탐구를 가리켜서 린드벡은 "본문외향적인"(extratextual) 탐구라고 부른다. 말하자면 인간의 이성과 논리를 동원하면 기독교 신앙 체계가 역사적이고 과학적인 연구를 통해서 세상 사람들에게도 충분히 납득 가능한 진리로 증명될 수 있을 것으로 기대하는 것이다. 그런데 근대기 이후 자유주의자들과 보수주의자들 양 진영은 신앙에 관한 진술문들이 논리적인 설명을 통해서 현실 세계와 상응한 것으로 증명하고 싶어했다.[22]

그래서 자유주의자들은 기독교 교리들을 비신화화시키고 신앙에 관한 경건한 체험들의 표현에 불과한 것으로 격하시켰다. 또 다른 한편에서 보수주의자들은 증거가 가능한 변증론을 통해서 기독교 교리의 사실적인 차원을 증명하고자 노력했으며 신앙의 명제문들을 논리적으로 설명하는 데 치중하였다.

린드벡(Lindbeck)은 고대의 신앙의 규범(regula fidei)을 가리켜서 "본문내향적"(intratextual)이라는 용어로 설명한다.[23] 말하자면 기독교의 신앙의 규범은 그 자체의 고유한 이야기의 틀 속에서 이해될 수 있다는 것이다.

---

21) Lindbeck, *The Nature of Doctrine*, 18.
22) Ibid., 112-38.
23) Ibid.

기독교 신앙의 의미는 외부의 체계나 요소들에 의하여 결정되는 것이 아니라, 그 신앙이 소통하고자 하는 나름의 독특한 사상체계를 통해서 결정된다는 말이다. 여기에서 요점은 기독교는 기독교 바깥의 과학적인 방법을 통해서 증명될 수 없다는 것이다. 그래서 우리는 기독교 신앙 바깥의 어떤 합리적이고 과학적인 자료에 근거하지 않고 있는 그대로를 받아들이고 이를 진리로 믿으면서 기독교 신앙으로 나와야 한다. 기독교는 그 어떤 과학적이거나 역사적인, 또는 합리적인 전제와 관계 없이 그 자체에 대한 신뢰를 요구하며, 있는 그대로를 받아들이려는 적극적인 신앙을 요구한다. 일단 누구든 이 신앙의 물줄기 속으로 발을 내딛으면, 신앙 공동체는 그 사람에게 이성적인 사고의 규범을 소개한다.

이 신앙의 규범은 공동체가 기독교 신앙 체계에 관하여 사고하고 설명하는 규범이자 준거틀이다. 그러한 기본적인 준거틀로서 기독교 신앙의 중심에 서 있는 것은 바로 우리의 구원을 위하여 성육신하신 하나님이신 예수 그리스도이다. 이 확신은 신앙에 관한 모든 토론을 조정하며 기독교 공동체의 가장 우선적인 규범으로 기능한다. 이런 이유로 신앙의 규범은 인간의 지성적인 창작물이 아니라 기독교 진리를 그리스도로부터 전해 듣고 다시 교회에게 전해주었던 사도들에게 임한 성령 하나님의 인도 가운데 형성되었다. 신앙의 규범은 사도들의 서신이 수집되던 시기와 거의 동시에 작성되었기 때문에, 결국 성경이 정경으로 확정되던 시기보다 더 앞서 기록되었으며 이후 정경으로 확정된 성경을 해석하는 중요한 열쇠로 활용되었다. 그래서 신앙의 규범과 충돌되는 교리를 채택하는 사람은 누구나 결국 성경을 잘못 해석하는 셈이다.

4. 권위 있는 문서들

초대 교회는 사도들을 기독교 신앙에 대한 권위 있는 해석자로 존중하였기 때문에, 사도들의 구술된 교훈들과 기록된 문서들 역시 매우 권위 있는 자료들로 존중되었다. 기독교 신앙이 시작되던 초기부터 교부들은 항상 그리스도의 사도들이 어떤 교훈들을 가르쳤는지를 알아내고 싶어 했다. 예를 들어, 저스틴은 "하나님과 그분으로부터 흘러나온 교훈을 따를 것"에 대해서 강조하였다.[24] 또한 아타나시우스는 "주께서 말씀하시고 사도들이 선포하였으며 교부들이 보존한, 보편적인 교회들의 실제 최초의 전통과 교훈, 그리고 신앙에 관하여" 기록하였다.[25]

앞서 살펴보았듯이, 예수께서 가르치신 이러한 교훈은 사도들에게 위임되었고 사도들은 다시 이를 (특히 예배 중의) 구술 전통과 (예배로 회집한 회중 가운데 읽혀지도록 작성된) 서신서에 보존하였다. 이런 이유로 교부들의 저술 작품 속에는 사도들의 교훈을 인용하는 사례들이 수없이 발견될 수밖에 없다. 그리고 마치 사도들이 두 입(성경과 구술 전통)을 가지고 있기라도 하듯이, 사도들의 구술 전통은 성경과 결코 분리되지도 않았다. 그래서 구술 전통(oral tradition)과 문서 전통(the written tradition)은, 동일한 원천으로부터 유래되었고 결코 서로 모순된 것으로 여겨질 수 없었다. 구술 전통은 주로 "신앙의 규범"에 잘 요약된 예수에 대한 해석을 담고 있었다. 이 규범은 사도신경이나 니케아신경, 그리고 칼케돈신경과 같이 좀 더 개선된 초대교회의 신경들의 근저에 깔려 있다. 성경 해석은 해석자가 성경 속으로 가지고 오는 전제로부터 영향을 받을 수밖에 없기 때문에, 초대 교회 교부들은 하나님과 창조, 타락, 성육신, 그리고 재창조에 관하여 신

---

24) *Dialogue*, 80,3.
25) *Ad Serap* I, 28.

앙의 규범 안에 깔려 있는 기독교적인 진리의 개요가 사도적인 해석의 열쇠임을 주장하였다.

따라서 사도적인 권위에 대한 이해 속에는 예배와 신앙의 규범에 담긴 사도들의 구술 전통에 대한 권위와 아울러 그 예배와 신앙의 규범이 더욱 분명히 드러난 문서 전통에 대한 권위를 함께 포함한다. 그래서 구술 전통과 문서 전통이라는 권위의 원천을 서로 분리시키는 것은 불가능할 뿐만 아니라 잘못이다. 예배는 사도적인 전통을 예배 가운데 경축한다면, 성경은 권위 있는 사도들의 기록물이다. 오직 한 가지 진리인 예수 그리스도가 계시며 그 진리에 대한 참된 해석의 근원으로서 사도적인 권위가 있다. 교회의 역할은 이 사도적인 증언을 보존하고 후대에 전승하는 것이다. 이런 의미에서 성경과 전통, 그리고 권위는 세 가지 서로 분리된 주제가 아니라, 그리스도와 사도적인 해석의 권위에 기초한 기독교 신앙의 위대한 결합체라고 할 수 있다.[26]

1) 정경적인 권위의 시작

초대 교회가 말시온 이단과 투쟁하는 과정에서 권위적인 문서의 범주에 대한 좀 더 분명한 기준이 마련되었다.[27] 주후 140년 경에 로마로 들어온 말시온이 비록 영지주의의 영향을 받았지만, 그렇다고 그를 가리켜서 영지주의자(a gnostic)라고 부르는 것은 그다지 정확하지 않다. 그는 본래의 신령한 존재로부터 흘러나오는 것이라 여겨지는 이온(혹은 영겁, aeon)에 관한 기본적인 영지주의적인 신화를 받아들이지는 않았다. 하지

---

26) George Tavard, *Holy Writ on Holy Church* (London: Burns & Oates, 1959; Westport, Conn.: Greenwood, 1978), chapter 1.
27) W. Foerster, *Gnosis*, 2 vols. (Oxford: Clarendon, 1972-74).

만 그는 구약성경은 열등한 하나님의 작품이라는 영지주의적인 전제를 인정했다.

이레니우스에 의하면 말시온은 "율법과 선지자를 통해서 선포된 하나님은 우리 주 예수 그리스도의 하나님이 아님"을 핵심 교리로 삼은 영지주의자였던 크레도(Credo)의 가르침을 받아들였다고 한다.[28] 이런 이유로 말시온은 교회로부터 구약성경이나 유대적인 관습과의 연결고리를 끊어 버리기를 원했다. 말시온이 고민했던 쟁점은 간단히 말하자면 다음과 같다. 구약성경은 과연 기독교 전통 속에 포함되는가?

이 질문에 대한 올바른 해답은 이미 사도들에 의하여 확립된 전통으로부터 쉽게 도출될 수 있다. 사도들은 유대인들의 과거 역사를 그리스도의 오심의 관점에서 이해했다. 이 점은 구약성경에 대한 사도들의 입장에서 잘 드러난다. 사도들은 이스라엘 백성들의 예배와 구원 사건들 뿐만 아니라 율법과 선지서들을 모두 기독교 전통의 일부분으로 간주하였다. 왜냐하면 그들은 이들이 모두 예수 그리스도를 미리 증거한다고 믿었기 때문이다. 예를 들어, 사도 바울은 고린도전서 15장 3-4절에서 그리스도와 관련된 모든 사건들은 "성경에 약속한 그대로" 일어났다고 주장한다.

곧이어 히브리서에서도 잘 나타난 바와 같이 구약성경에 대한 모형론적인 해석이 구약성경을 해석하는 일종의 표준적인 방식으로 정착되었다. 이 점은 주후 135년 이집트의 알렉산드리아에서 작성된 『바나바의 서신』(Epistles of Barnabas)에서도 잘 나타난다. 이 서신서의 저자는 다음과 같이 적고 있다. "주님으로부터 은혜를 입은 선지자들이 그분의 오심을 예언하였다."[29] 주후 170년에 작성된 『유월절에 관한 설교』(the Homily on the

---

28) Irenaeus, *Against Heresies*, in *Ante-Nicene Fathers* (Grand Rapids: Eerdmans, 1978), I, 315ff.
29) *Epistle of Barnabas*, 5. 1.

Passover)에서 사르디스의 멜리토(Melito of Sardis)는 출애굽기 12장에 등장하는 유월절 어린 양이 참된 유월절 양인 그리스도를 모형론적으로 가리킨다고 설명하고 있다.[30] 『유대인 트리포와의 대화』(*Dialogue with Trypho the Jew*)에서 구약성경 모두가 예수 그리스도를 가리킨다고 주장하였다.[31] 사도들 역시 예수님으로부터 구약을 정경으로 간주하는 입장을 배웠기 때문에 그대로 초대 교회 역시 구약성경을 신약시대 교회의 정경으로 간주하였다.

하지만 구약성경을 정경으로 받아들이기를 거부하고 기독교인들에게는 지나치게 유대적인 것에 불만을 품었던 말시온은 그만의 정경을 재편집하기에 이르렀다. 그는 누가복음과 바울서신은 정경으로 인정하면서도 디모데전후서와 디도서와 아울러 구약성경과 관련이 있는 책은 모두 정경에서 제외시켰다. 이와 관련하여 이레니우스는 이렇게 말한다.

> 그는 사도 바울의 서신서들을 마구 절단질하여, 사도께서 세상을 창조하신 하나님이 바로 주 예수 그리스도의 아버지가 되심을 교훈한 모든 구절들을 제거해버렸고, 구약성경이 주님의 오심을 미리 교훈하였음을 우리에게 가르치기 위하여 사도들이 예언서의 기록들을 인용하고 있는 구절들 역시 제거해버렸다.[32]

말시온은, 은혜에 관한 사도 바울의 교리는 전적으로 구약성경과 상반된 입장에 서 있다고 굳게 믿었다. 그는 구약의 하나님을 공의롭고 진노하시며 명령하시는 하나님으로만 이해하였다. 구약성경이 가르치는 구

---

30) Gerald F. Hawthorne, ed., "A New English Translation of Melito's Paschal Homily," *Current Issues in Biblical and Patristic Interpretation* (Grand Rapids: Eerdmans, 1975), 147.
31) *Dialogue*, 80,3.
32) Irenaeus, *Against Heresies*, in *Ante-Nicene Fathers* (Grand Rapids: Eerdmans, 1978), I, 315ff.

원은 율법을 따르며 계명들을 지키고 선행을 실천하는 것뿐이라는 것이다. 반대로 신약의 하나님은 사랑이 풍성하시고 온유하시며 긍휼과 사죄의 은총을 베푸시며, 그리스도 안에서의 구원을 베푸시며 아무런 명령도 하지 않는 분으로 이해하였다.

결국 말시온이 보기에 구약과 기독교는 아무런 연관성을 찾을 수 없었다. 그가 보기에 구약은 그저 기독교와 다른 하나님, 다른 구원, 그리고 다른 생명의 길을 제시할 뿐이었다. 그래서 그는 확신하기를 만일 기독교가 계속해서 이렇게 저급한 종교의 교리들과 혼합된다면 결국 기독교의 독특성은 사라질 수밖에 없을 것이라고 생각했다.

구약을 배척하고 서신서들을 재편집하여 파괴한 말시온의 입장은 초대 교회에게 매우 심각한 문제를 초래하였다. 한 가지 사실은 사도들은 이미 구약성경을 예수 그리스도의 십자가 죽음과 부활의 관점에서 해석하는 선례를 만들어 놓았다. 그렇다면 그러한 선례는 과연 정당한 것일까? 이미 2세기 교회도 사도들의 서신서들을 권위 있는 문서로 받아들였다. 그렇다면 그 교회의 결정 역시 정당한 것일까?

이러한 논란을 계기로 초대 교회는 기독교적인 가르침에 대한 권위 있는 문서들을 분명히 확정지어야 하는 필요성을 강하게 의식하게 되었다. 그래서 2세기가 끝나기 전에 초대 교회는 구약성경과 사복음서, 그리고 사도 바울의 서신서들 전부 권위 있는 정경으로 받아들였다. (일부 공동서신과 계시록의 정경성은 한동안 논란거리가 되기도 했다.)[33]

오늘날 우리가 정경으로 인정하는 신약성경에 대한 최초의 정경 목록은 367년에 작성된 아타나시우스의 부활절 서신에 등장한다. 하지만 "공식적인 정경 결정은 최소한 그로부터 한 세기 반이 지나도록 완전히 종

---

33) F. F. Bruce, *The Canon of Scripture* (Downers Grove, Ill.: InterVarsity, 1988).

료되지는 않았다."[34] 정경성의 여부를 결정하는 과정에서 교회는 사도적인 규범을 권위의 근거로 삼았다. 그 예로 초대 교회의 문서들을 보면 사도들이 작성한 서신서들에 대한 이들의 태도나 입장이 잘 나타난다. 예를 들어, 주후 96년에 로마의 감독이었던 클레멘트는 이렇게 적고 있다.

> 사도들은 우리 주님 예수 그리스도로부터 받은 복음을 우리에게 설교하였고 예수 그리스도는 하나님으로부터 그 말씀을 받았다. 그러므로 그리스도는 하나님으로부터 보냄을 받았으며, 사도들은 그리스도로부터 보냄을 받았다.[35]

같은 맥락에서 이레니우스도 폴리갑이 "항상 그가 사도들로부터 받은 바, 교회가 물려받은 말씀, 곧 그 말씀만이 진리임을 가르쳤다"고 말한다.[36] 터너(H.E.W. Turner)는 『기독교 진리의 원형』(*The Pattern of Christian Truth*)에서 정경의 절대적인 권위에 대한 교부들의 인식을 잘 보여준다. 당시 교부들은, 한 때 아돌프 폰 하르낙(Adolf von Harnack)이 지적한 바와 같이, 추상적인 개념을 다루는 형이상학적인 신학자들이 아니라 성경적인 신학자들(biblical theologians)이었다. 그래서 저스틴 마터나 이레니우스, 터툴리안, 클레멘트, 오리겐, 아타나시우스, 바질, 제롬, 혹은 어거스틴의 저술 작품들을 읽어보면 교부들이 얼마나 성경 속에 깊이 몰입하였는지를 금방 알 수 있으며, 성 요한 크리소스톰의 다음과 같은 평가에 곧 동의하게 될 것이다.

---

34) Kelly, *Early Christian Doctrine*, 60.
35) *The First Letter of Clement to the Corinthians*, XLII, 1, 2: in *Ante-Nicene Fathers* (Grand Rapids: Eerdmans, 1978), I. 16: X. 241f.
36) Irenaeus, *Against Heresies*, in *Ante-Nicene Fathers* (Grand Rapids: Eerdmans, 1978), I, 315ff.

내가 간청하노니 결코 다른 사람들이 당신들을 가르치도록 내버려두지 마십시오. 당신들은 하나님께서 친히 주신 말씀(신탁, oracles)을 갖고 있습니다. 그 누구도 그 말씀이 가르친 것만큼 당신들을 가르칠 수 없습니다. 왜냐하면 사람은 쉽사리 헛된 영광과 시기심에 사로잡히기 때문입니다. 내가 여러분께 간청하노니 이생에서의 삶에만 주의를 기울이는 모든 사람들이여 귀 기울여 들으십시오. 그리고 여러분의 영혼에 약이 되는 책을 소중히 여기십시오. 다른 책을 구하지 못하겠거든 최소한 신약성경과 사도들의 서신서들과 사도행전과 복음서를 여러분의 변함 없는 교사로 받아들이십시오. 만약 슬픔이 당신을 덮친다면 의약상자를 열듯이 이 성경책 속에 잠기십시오. 그리고 그 고난이 상실이든 죽음이든, 혹은 관계를 맺은 사람들과의 사별이든, 그 말씀 속에서 위로를 찾으십시오. 막연히 그 책 속으로 들어가지 말고, 그 말씀을 온전히 여러분에게로 가져가서 깊이 명심하여 간직하십시오.[37]

2) 포스트모던 교회에서의 성경: 교회의 책

이 책 전반에 걸쳐서 나는 기독교 신앙의 융단(테피스트리, tapestry)은 예수 그리스도의 인격과 사역으로부터 시작된다는 점을 논증하려고 노력했다. 그리고 우리의 구원을 위해서 항상 예수 그리스도를 의지해야 한다는 점을 분명히 밝히려고 노력했다. 하나님의 말씀이신 예수 그리스도께서 악의 권세를 정복하고 이 만물을 총괄적으로 갱신하기 위하여 이 땅에 성육신하시고 죽으셨으며 부활하셨다. 이 진리가 바로 성경을 대하는 우리의 자세를 통제하는 신앙의 규범이다.

일부 교파 중에는 그리스도에 대한 신앙을 성경에 대한 신앙으로 대체

---

37) John Chrysostom, Colossians, Homily IX: in *Nicene and Post-Nicene Fathers* first series (Grand Rapids: Eerdmans, 1979), XIII, 300-303.

하는 것처럼 보이는 경우도 있다. 이 점을 지적하기 위해서 나는 종종 학생들에게 이렇게 말한 적이 있다. "여러분은 마치 성경이 우리의 구원을 위해서 성육신하였고 십자가에 못박혔다가 다시 부활한 것이라고 생각하는 것 같습니다." 그렇다고 성경을 비하하려는 것은 아니다. 다만 성경을 본래의 올바른 자리에 올려 놓고 싶을 뿐이다. 성경 그 자체가 우리의 믿음이나 신앙의 대상은 아니다. 구원을 위해서 우리가 믿는 것은 성경이 아니라 예수 그리스도다.

오늘날과 같은 포스트모던 시대에 복음주의자들에게서 발견되는 새로운 특징은 우리를 그리스도께로 인도하는 성경이 교회에게 속한 정경임을 점차 새롭게 인식하고 있다는 점이다. 시간상으로 볼 때 교회는 성경보다 선행하였다. 사도들의 기록물들은 모두 교회를 위하여 작성되었다. 따라서 성경은 교회의 전통이며 교회의 소유물이고 그런 까닭에 교회는 성경을 보호하고 보존하며 이를 올바로 해석하며 후대에게 온전히 물려줄 책임이 있다. 포스트모던 시대의 기독교를 위한 효과적인 변증 전략의 가능성은 바로 여기에 있다. 성경책 하나만 홀로 존재하는 것이 아니라, 세대를 걸쳐 교회 안에서 계속 전승되어 온 사도적인 해석의 결과물로서의 성경이 중요하다.[38]

포스트모던 시대의 복음주의자들이 직면한 심각한 과제 중의 하나는 기독교 진리의 절대성을 설득력 있게 주장할 방법을 찾는 것이다. 과거에 그러한 주장은 성경 자체의 권위를 통해서 이뤄졌다. 하지만 근대기에 등장한 성서비평학은 하나님의 말씀으로서의 성경의 권위를 무너뜨렸다. 그 이후 포스트모던 시대는 합리적인 논증보다는 전통에 대한 연속성의

---

[38] George Tavard, *Holy Writ on Holy Church* (London: Burns & Oates, 1959; Westport, Conn.: Greenwood, 1978), chapter 1.

문을 다시 두드리고 있다.[39] 따라서 이 시대에 성경의 권위는, 교회가 전승해온 성경의 역사적인 배경 속으로, 그리고 정경과 신앙의 규범으로 나타난 구술 전통과 기록 전통 모두 속에 담긴 사도적인 기원 속으로 들어갈 때 더 효과적으로 회복될 수 있을 것이다. 이러한 역사적인 기독교의 아카이브(기록 보관소, archives)인 교회의 수신 전통(the received tradition)은 결코 훼손되어서는 안 되며, 기독교 신앙의 일관성을 보존하기 위해서는 반드시 유지되어야 한다. 그리고 이러한 교회의 수신 전통이야말로 상대주의가 지배하는 포스트모던 시대 속에서 권위를 가지고 선포될 수 있는 언어와 이미지이다.[40]

이러한 탈비평적인 성경독법은, 근대의 자유주의자들이나 보수주의자들 모두가 택했던 비평적인 성경독법보다는 오히려 성경에 대한 선비평적인(precritical) 입장을 유지했던 시대에 훨씬 더 가까운 방법이라고 할 수 있다. 탈비평적인 독법은 교회를 통하여 성경을 모으시고 그 정경형성 과정을 공인한 분은 바로 하나님이시라는 입장에서 성경을 읽는다. 말하자면 성경 본문을 신학적인 관점에서 읽는 것이다. 또한 성경 본문의 궁극적인 의미는 역사적인 기원 속에서가 아니라 신학적인 의미 속에서 발견된다. 본문 앞에 있는 오늘의 해석자에게 중요한 것은, 이 성경책과 이 본문, 이 구절이 교회 역사 속에서 어떻게 활용되어 왔는가 하는 것을 알아내는 것이다. 이 본문에서 생명을 주는 요소는 어떤 것인가? 이 본문이 어떻게 하나님의 백성들을 불러 모았으며 한 세대로부터 다음 세대로 이어지는 그들의 삶을 변화시켰는가? 독자가 성경 본문 속으로 들어가는 것은, 본문의 원래 의미가 또 다른 역사적인 지평의 패러다임으로 전환되어 독자의 새로운 시대 속으로 적용되도록 하는 것이다.

---

39) Hans-Georg Gadamer, *Truth and Method* (New York: Crossroads, 1991).
40) Ibid.

가다머(Hans Georg Gadamer)의 "지평의 융합"(fusion of horizons)이라는 개념을 사용하여 설명한다면, 각 시대에 속한 독자들은 자신만의 고유한 전제와 문화적인 변형, 그리고 그 시대의 고민과 쟁점들을 해석 과정에서 본문 속으로 끌어들일 수 있음을 인정해야 한다. 그렇다면 하나님은 고난의 시기나 번영의 시대, 또는 영광의 시대처럼 각기 다른 역사적인 패러다임에 속한 교회를 향하여 어떻게 성경 본문을 통해서 말씀하시는가? 이것이 바로 우리가 자신을 성경 본문 아래 굴복시켜서 본문이 이 시대와 장소와 삶의 형편 속에 처한 우리에게 말씀하시도록 허용할 때 정작 우리가 알고 싶어 하는 질문이다. 이러한 성경 독법이 바로 폴 리꾀르(Paul Ricoeur)의 "정경적인 의도"(canonical intentionality)와 일치하는 것으로서, 이러한 독법에 관하여 찰스 스칼리즈(Charles Scalise)는 다음과 같이 설명한다. "이러한 독법은 하나님께서 그 말씀을 듣는 사람들의 삶 속에서 말씀하셨고 또 앞으로도 계속 말씀하시는 성경에 대한 신학적 권위를 가리킨다."[41]

이러한 사고방식을 잘 보여주는 사례 하나를 소개하고자 한다. 켄터베리의 대주교이자 전 세계적으로 잘 알려진 유명인사인 마이클 램지(Michael Ramsey)가 자니 카슨(Johnny Carson)의 "심야 토크쇼"(Late Night Show)에 출연한 적이 있었다. 마이클 램지가 등장하여 토크쇼의 다른 출연자 옆 좌석에 앉자마자 그 자리에 먼저 나와서 인터뷰를 진행했던 다른 출연자가 불쑥 그에게 질문을 던졌다. "제가 당신의 종교를 싫어한다는 사실을 잘 알고 계시지요?" 갑작스런 질문에 약간 당황한 얼굴로 그 대주교가 상대를 바라보면서 다시 물었다. "무슨 말씀이신지요?" "저는 당신네 종교의 배타성을 싫어합니다. 당신은 그리스도만이 하나님께 나가

---

41) Charles J. Scalise, *From Scripture to Theology* (Downers Grove, Ill: InterVarsity, 1996), 64.

는 유일한 길이라고 말하지요." 그 질문을 듣고 있던 나 역시 대주교가 어떻게 대답할지 궁금해졌다. 하지만 그 대주교는 몸짓으로나 말의 그 어떤 방어적인 모습이 없이 간단하고도 단호하게 대답했다. "글쎄요. 제가 선생님께 그렇게 말씀드린 적은 없습니다. 그런 주장을 하신 분은 바로 예수님입니다. 기독교인의 한 사람으로서 저는 교회가 오랫동안 물려받은 신앙의 기록물들(the documents of the faith)에 근거하여 처신할 따름입니다. 저는 예수님과 의견을 달리하거나 재해석할 마음은 없습니다. 그보다는 그분의 제자들이 그러하듯이 그분이 가르친 것들에 대하여 그대로 헌신할 따름입니다."[42]

포스트모던 사조가 지배하는 이 세상에서 그리스도의 권위를 선포할 수 있는 방법은 바로 이런 것이다. 우리는 기독교의 진리를 합리적으로 다시 설명하거나 논증하는 데 노력을 쏟기보다는 그 진리가 참으로 신뢰할만한 말씀이 되도록 하기 위하여 더욱 더 성령의 역사를 의지하는 방법을 배워야 한다.

이제 다음 단계에서는 우리가 과거로부터 물려받은 또 다른 문제를 살펴볼 것이다. 그 문제란 어느 특정한 집단이 사도적인 해석에 대한 가장 포괄적이고 권위 있는 해석을 확보하고 있다는 주장, 즉 오직 유일한 신학에 관한 주장의 정당성 문제이다.

---

[42] 기독교와 다원주의에 관한 논의를 위해서는 다음을 보라. S. Mark Heim, *Grounds for Understanding: Ecumenical Resources for Responses to Religious Pluralism* (Grand Rapids: Eerdmans, 1998), and Lesslie Newbigin, *The Gospel in a Pluralistic Society* (Grand Rapids: Eerdmans, 1989).

5. 권위 있는 해석에 대한 탐구

초대 교회 신자들은 신학(theology)이란 용어보다는 신앙(belief)이나 교리(doctrine), 그리고 고백(confession)과 같은 용어에 더 친숙했었다. 신학이란 용어는 헬라어 데올로기아(theologia)에서 유래하였으며 하나님에 대한 연구(study of God)를 의미한다. 하지만 이 용어는 11세기에 아벨라르(Abelard)가 이 용어를 기독교적인 가르침의 전체 체계에 적용하기 전까지는 전문적인 용어로 사용되지 않았다. 하지만 이 용어는 13세기에 토마스 아퀴나스가 계시된 진리에 관한 학문으로서의 신학에 관한 이론을 정립하면서부터 본격적으로 사용되기 시작했다. 그리하여 토마스 아퀴나스 이래로 신학이란 용어는 기독교 신앙과 교리, 그리고 신앙고백에 관한 분석과 적용, 및 표현과 관련하여 사용되어오고 있다.

오늘날 우리는 신학이란 용어를 포괄적으로나 혹은 배타적인 의미로 사용할 수 있다. 만일 모든 기독교 교회들이 보편적으로 받아들이는 신경들과 신앙고백에 대해서 설명할 때에는 교회의 보편적인 신학에 관하여 말할 수 있을 것이다. 반대로 칼빈의 신학이나 루터의 신학, 또는 알미니우스의 신학에 대해서나 특정한 지역의 목회자들이 지지하는 신학에 대해서 말할 때에는 좀 더 배타적인 차원의 신학을 의미한다. 그래서 우리가 권위 있는 신학 체계를 찾아내려고 노력할 때, 교회의 신앙과 신경 또는 신앙고백과 "개인적인 확신"을 서로 구분하는 것이 도움이 된다.

"교회의 신앙"이란 표현은 인격적인 신뢰(fiducia)나 하나님과의 관계(fides)와 같은 주관적인 반응의 확신(fiducia, confidence)의 의미로 사용되는 것이 아니라 오히려 기독교 신앙의 개요나 기독교 교리의 요체의 의미로 사용되며, 그 저변에는 이 세상을 바라보는 기독교적인 관점으로서 꼭 필요한 일부분이라는 확신이 깔려 있다. 달리 말하자면 교회의 신앙이란 표현에서는 먼저 명사로서의 신앙(faith)이 우선하는 것이지 신앙의 행위라는 동사가 아니다. 사도 바울은 이러한 교리 체계를 가리켜서 복음(gospel), "내게 들은 바 바른 말", 또는 "진리"(딤후 1:11-18)라고 언급한다. 이것은 예수께서 가르치셨고 사도들에 의하여 후대로 전승되었고 교회가 받아들인 진리이다. 사도행전에 소개된 설교들이나 고린도전서 15장 3-5절에 소개되는 사도 바울의 신앙고백에 관한 진술들, 그리고 빌립보서 2장 1-11절의 고백적인 찬양시의 경우처럼 신약성경에는 기독교 진리에 관한 개괄적인 요약들이 종종 등장하지만, 좀 더 온전하고도 포괄적인 진리 체계는 주후 600년까지의 고대 교회 시대 속에서 좀 더 구체적으로 발전된다. 그 이전의 신앙의 규범 역시 삼위일체나 예수의 신성과 인성의 양성교리를 담고 있지만, 이러한 신앙고백을 어떻게 좀 더 언어학적으로 온전히 표현될 수 있는지에 대해서는 좀 더 세부적으로 발전시키지 않았다.

그러나 초대 교회가 독특한 언어와 사고 체계를 갖춘 헬라 문명과 조우하자, 초대 교회의 신앙의 규범을 통해서 처음 표현된 내용과 일관성을 유지하면서도 그 이전과 전혀 다른 시대에 기독교 신앙을 새롭게 제시하는데 필요한 신앙고백의 언어를 재구성하기 위하여 에큐메니칼 공의회가 소집되었다. 그 결과 다양한 신경들이 작성되었고 그 중에 특히 325년에 초안이 작성되고 381년에 비준 공표된 니케아신경(the Nicence Creed)과 451년의 칼케돈신경(the Chalcedon Creed)은 이전에 사도들의 서신서들을 통해서 표현되고 초대 교회의 신앙의 규범에 요약된 기독교 진리를 그대로 권위 있게 "증언"하는 것으로[43] 모든 교회들이 만장일치로 인정하여 받아들였다.[44] 이렇게 교회사의 흐름 속에서 교회는 항상 이러한 신경들

---

43) Lindbeck, *The Nature of Doctrine*, 74.
44) Ibid., 32-41.

을 분석하고 검토하되, 단순히 추상적인 논리에 부합하려는 목적이 아니라 교회가 신경들을 공통의 신앙고백으로 받아들이고 해석한 입장에 합당한 방식으로 신경들을 다루었다.

그래서 3세기가 되면 교회의 추론적인 사고(theoretical thinking)의 과제가 교회의 존립과 번영을 위해서도 점점 더 중요해진다. 주후 300년부터 600년 사이에 교회는 다양한 교리적인 논쟁 속에서 이미 교회가 보편적으로 믿는 바를 체계적으로 설명하는 신경들을 작성하는 과제에 직면한다. 이러한 논란 속에서 제작된 신경들을 자세히 살펴보면 다음 세 가지 사항들이 관찰된다.

첫째, 교회는 사도적인 신앙과 일치하는 방향으로 신앙고백서를 작성했다는 사실이다. 예를 들어, 이레니우스의 규칙은 "한 분 하나님이신… 전능하신 아버지와 성부 하나님의 독생자이신 한 분 예수 그리스도와 성령 하나님"에 대한 신앙을 담고 있다. 이와 비슷하게 초대 교회의 신앙의 규범은 성자 예수 그리스도의 완전한 신성과 완전한 인성을 동시에 강조하여, "하나님의 아들이 육신으로 나셨음"을 고백한다. 그리고 "불경건하며 사악하고 무법하고 신성모독적인" 인간의 타락한 죄성을 지적하며, 예수 그리스도의 성육신과 죽음, 그리고 부활이 우리의 구원을 위한 것이라는 사실을 언급한다.[45] 여기에서 요점은 삼위일체에 관한 논쟁과 기독론, 그리고 구원론에 관한 논쟁들은 신앙의 규범에 관한 설명을 중심으로 전개되고 있다는 것이다. 이렇게 교회는 하나님으로부터 계시로 허락되었고 사도들을 통해서 전승되었으며 교회에 의하여 수락된 기독교 진리를 매 시대마다 새롭게 성찰하는 활동들에 지속적으로 관여해왔다.

둘째, 교회는 자신이 처한 문화적인 맥락과의 관계 속에서 기독교 신앙

---

45) Irenaeus, *Against Heresies*, book III, *Ante-Nicene Fathers* (Grand Rapids: Eerdmans, 1885, 1956, 1973, 1986), 4.

에 관하여 성찰해왔다는 점이다. 그래서 교리적인 논쟁들은 교회가 처한 문화적, 지리적 및 철학적인 배경 속에서 이해되어야 한다. 예를 들어, 삼위일체 논쟁이나 기독론 논쟁은 그 중심에 있어서 헬라 문화의 준거 체계 속에서 성경적인 진리를 소통하는 과정 속에서 일어났다. 또 니케아신경과 칼케돈신경의 탁월성은, 교부들이 한 분이시면서도 동시에 세 분이신 하나님의 신비와 완전한 하나님이시면서도 동시에 완전한 인간이신 예수의 신비를 인간의 언어로는 제대로 표현할 수 없다는 한계를 잘 인식하고 있었다는 점에서 발견된다.

교부들은 독생자를 성부 하나님으로부터 분리시키고 인성을 신성으로부터 분리시키려는 경향이 있는 헬라의 이원론적인 개념을 거부하고 그렇게 이원론적인 경향이 강한 문화 속에서도 교회의 통전적인 신앙을 강력하게 주장하였다. 덕분에 교회는 기독교 신앙을 처음 받아들이고 이해했던 문화와는 전혀 다른 문화적인 환경 속에서 같은 신앙을 소통하면서도 여전히 사도적인 기독교를 신실하게 지켜낼 수 있었다. 이러한 평가는 니케아신경과 칼케돈신경 전반에 해당되지만, 구원론에 대해서만큼은 모든 교회들이 합의하는 고백서를 작성하지는 못했다.

인간의 본성이나 죄와 은혜, 하나님의 선택과 인간의 자유의지, 그리고 그리스도의 죽음의 은총을 받아들이는 은혜의 방편과 밀접한 관련이 있는 구원론 논쟁은 교회들 간의 입장 차이로 인하여 각기 다양한 고백서들이 나타나게 되었다. 비록 모든 기독교 교회들이 모든 인간은 죄인이며 인간의 구원을 위한 유일한 길은 예수 그리스도의 죽음과 부활 뿐임을 믿는데 하나가 되더라도, 우리 인간의 죄악된 본성에 대해서나 그리스도의 죽음으로 인한 은총을 받아들이는 수단에 관한 자세한 입장이나 견해는 다양할 수밖에 없다. 구원론에 관한 질문과 해답의 다양성은 결국 교회의 다양성을 설명하는 충분한 이유가 된다. 그리고 이러한 차이를 자세히 살펴보면, 문화적으로나 철학적인 차이로 인한 교회의 다양한 형태에 미친 영향의 차이들을 이해할 수 있다. 달리 말하자면 교회는 유일한 희망이라고는 오직 예수 그리스도의 죽음과 부활뿐인 죄인된 인간에 관한 신앙의 유무 때문에 서로 나뉜 것이 아니라, 이 신앙을 좀 더 자세하게 어떻게 설명할 것인지에 대한 불일치 때문에 서로 나뉜 것이다.[46]

셋째, 교회들 간의 의견의 불일치는 교회로 하여금 사사로운 판단의 문제에 봉착하도록 만들었다. 우리는 그토록 다양한 설명들 중에서 진정으로 받아들여 따라야 할 입장이 어느 것인지를 어떻게 판단할 수 있는가? 만일 그토록 수많은 설명들과 수많은 신학사조와 공식적인 선언문들이 난립한다면, 교회는 그러한 수많은 입장들이 난립하는 상대주의의 바다에 홀로 떠 있는가? 아니면 그러한 다양한 해석들을 올바로 판단하고 가장 바람직한 입장을 선택할 어떤 기준이 존재하는가? 이 질문에 대한 해답은 레린스의 빈센트(Vincent of Lerins, d. 450)가 작성한 해설서에서 다음과 같이 찾아볼 수 있다.

> 보편 교회(the Catholic Church) 안에서는 항상 어느 곳에서나 모든 사람들이 믿어온 신앙을 확고히 세우기 위하여 모든 가능한 주의를 기울여야 한다. 왜냐하면 오직 그 진리만이 참되며 가장 정확한 의미로 그것만이 보편적이기(Catholic) 때문이다. 단어의 명칭 그 자체가 그렇게 선언하는 것처럼, 보편적인 신앙은 모든 것을 보편적으로 이해하는 것이다. 우리가 만일 보편성과 고전성과 일치성을 추구한다면 우리는 이러한 규칙을 관찰하게 될 것이다. 만일 우리가 온 땅에 퍼져 있는 모든 교회들이 고백하는 하나의 신앙이 참으로 진실된 신앙이라고 고백한다면 우리는 그러한 고백

---

[46] See Dennis L. Okholm and Timothy D. Phillips, eds, *More Than One Way? Four Views on Salvation in a Pluralistic World* (Grand Rapids: Zondervan, 1995).

속에서 보편성을 따르는 것이요, 만일 우리가 조상들과 교부들이 굳게 견지한 해석으로부터 분리되지 않는다면, 우리는 그러한 해석을 통해서 고전성을 따르는 것이요, 그러한 고전성 자체 안에서 우리가 일치된 정의와 모든 결정들을 붙잡거나, 또는 최소한 모든 사제들과 석학들의 결정을 붙잡는다면, 우리 역시 일치성을 추구하는 것이다.[47]

레린스의 빈센트는 교회에 관하여 매우 탁월한 견해를 갖고 있었다. 그에게 있어서 교회는 단지 믿는 사람들로 구성된 단순한 인간 조직체가 아니라, 성령과 연합하여 분리될 수 없는 그리스도의 몸이였다. 교회 안에 참으로 내주하시는 분이 성령 하나님이시기 때문에 그가 교회 가운데 일치(consensus)를 가져다 주신다는 것이다.

비록 빈센트의 이러한 견해가 하나의 공식적인 교리를 대표하는 것은 아니지만, 교회들 간의 신학적인 다양성을 이해할 수 있는 유용한 기반을 제공한다. 간단히 말하자면 5세기 교회들은 성경적인 사고 체계를 확증하는 데는 일치된 입장을 견지하면서도, 각기 다른 문화적 상황 속에서 발전되는 신학이 사도들의 전통과 일치하는지의 여부에 대해서 신중히 성찰하려고 노력했다.

이상의 간략한 요약을 통해서 우리는 기독교 신앙의 내용은 나중에 작성되는 신경들이나 신앙고백의 기초인 동시에 그보다 더 우선한다는 점을 알 수 있다. 사도들의 설교와 문서들의 근간을 형성하는 교회의 가르침의 내용은 지상의 모든 교회들에게 공통으로 적용되는 것이며, 개개의 신자들과 신학자들, 철학자들 혹은 다른 기독교 사상가들에게도 동일하게 해당된다. 달리 말하자면 모든 기독교인들이 사고하고 생활하는 가장

---

[47] *Commonitory*, II.

기본적인 사고의 틀거리이다.

  하지만 신경들과 신앙고백서들은 성경적인 진리의 틀이 훼손되지 않는 한도 내에서 기독교 진리를 다양한 문화적인 상황을 고려하거나 철학적인 형태에 담아서 전달된 것이다. 그래서 기독교인들은 보편성과 고전성, 그리고 일치성의 규범을 기독교적인 사상의 안내자로 삼아서 자신의 주관적인 성경 해석 방식을 점검하는 데 활용할 수 있다.

  신경들의 보편적인 속성을 잘 이해하면 종교개혁 이후에 작성된 여러 신앙고백서들의 성격을 평가하는 데 큰 도움이 된다. 먼저 신앙고백서들은 신경과 같은 보편성과 고대성, 그리고 일치성의 기준에 부합하지 않는다는 점을 먼저 인정할 필요가 있다. 신앙고백서들은 다소 지엽적이라서 특정한 문화와 특정한 시대에 특정한 지역에서 등장한 기독교 안에서 진행된 한 가지 사상적인 운동을 다룬다. 그래서 신앙고백서의 가치는 지상의 모든 보편적인 교회보다는 일정한 지역의 교회들만을 위한 것이다. 또 이런 신앙고백서들은 기독교인이 된다는 것이 무슨 의미인지에 대하여 포괄적인 의미로 설명하지도 않고, 다만 루터교인이나 장로교인, 성공회 교인, 재침례파 교인 또는 여러 교파 중의 특정한 집단에 속한다는 것이 어떤 의미인지를 밝히는 데 집중한다. 또 이런 문서들의 가치는 한 집단을 다른 집단으로부터 분리시키는 것이나 기독교인들을 서로 분리시키는 차별성을 설명하는 데 집중된다. 그래서 이러한 신앙고백서들의 권위는 신경에 비하여 이차적일 수밖에 없으며 지상의 모든 교회를 하나로 묶는 수준의 권위를 행사하지 못한다.

  이렇게 신앙의 규범과 보편적인 신경들, 그리고 특정한 교단의 신앙고백서들 간의 차이점을 잘 이해하면, 개인적인 신학적 견해라는 것이 어느 정도 잠정적일 수밖에 없는지를 이해할 수 있다. 우리는 때로 교회의 보편적인 진리보다 우리 자신의 개인적인 의견을 앞세울 수 있으며, 그럴 때는 교회 안에 역사하시는 성령의 증거로 그런 의견들을 점검해보아야 한다. 그래서 만일 보편성과 고전성, 그리고 일치성에 부합하지 않는 개인적인 의견이라면 그러한 개인적인 의견에 대해서는 상당한 겸손을 발휘해야 하며 하나의 개인적인 의견의 차원으로 평가되어야 한다. 우리 개인이 기독교 전체 교회와 그 사고체계를 심판하는 자리에 올라 설 수는 없다. 다만 우리는 교회의 가르침이라는 공동체적인 권위에 복종해야 한다. 이러한 입장에 대한 추천할만한 사례는『고대 기독교 성경주해서』(the Ancient Christian Commentary on Scripture, InterVarsity Press)에서 찾아볼 수 있다. 27권으로 구성된 이 주해서 시리즈는 "현대의 독자들에게 모든 성경구절들 뿐만 아니라 초대 교회 교부들의 핵심적인 저술 작품들을 혼자서 연구할 수 있는 기회를 제공한다." 따라서 이 시리즈 주해서는 "우리 믿음의 선조들이 어떻게 성경을 해석하며 이해하였고 기독교 신앙을 설명하였는지에 대하여 깊은 안목을 가지고 공감하는 마음으로 경청할 수 있도록 안내한다."[48]

1) 포스트모던 세상 속의 신학적 사고

포스트모던 사조가 지배하는 세상에서 신경들과 신앙고백서, 그리고 신앙에 관한 개인적인 견해를 다루는 가장 좋은 방법은 이들의 차이점을 서로 구분해 보는 것이다. 먼저 신앙의 규범의 권위와, 교회들이 보편적으로 받아들이는 보편적인 신경들의 권위가 가장 우선적인 반면에, 특정한 교파 교회들이 채택하여 받아들이는 교훈은 이차적이며, 개인의 의견은 말 그대로 하나의 의견에 불과하다.

기독교 교파의 다양성을 생각할 때 먼저 인정할 점은 모든 교파들은 하

---
48) Ibid.

나님의 말씀으로서의 성경의 권위와 사도적인 전통, 그리고 보편적인 신경들의 진실성을 처음부터 고백하였다. 하지만 이러한 교파들은 이러한 고백 속에서 보편 교회의 일치된 사고 체계의 한계를 뛰어넘어 보편 교회가 불일치의 자유를 허용하는 영역들에 대해서도 권위 있는 주장을 내세우기 시작하였다. 예를 들어, 마틴 루터는 자신의 전체 신학 체계를 이신칭의를 중심으로 발전시켰다. 또 칼빈은 하나님의 절대 주권을 중심으로, 메노 시몬스(Menno Simons)는 제자도라는 주제를 중심으로 자기네만의 고유한 신학 체계를 발전시켰다. 오늘날의 상대주의적인 포스트모던 시대에 우리는 그 어떤 교단도 모든 이들에게 획일적으로 적용가능한 표괄적인 신학체계를 세울 수 없다는 점을 잘 알고 있다.

포스트모던 사조가 지배하는 시대에 기독교 신학은 진리에 대한 모든 해석은 그 해석이 등장한 문화적인 맥락 속에서 이해되어야 할 것을 주장한다. 예를 들어, 루터와 칼빈의 신앙고백서들은 이들이 비판적으로 바라보았던 중세후기의 기독교에 대한 해석적인 맥락 속에서 가장 잘 이해될 수 있다. 이러한 역사적인 맥락 속에서 종교개혁자들은 기존 로마 교회의 질서에 대항하면서 하나님의 말씀의 권위를 강력하게 주장하였고 그로 인하여 교회와 목회자, 그리고 성례에 대한 견해가 다소 약화되는 결과가 초래되었다. 쟈로슬로프 펠리칸(Jaroslov Pelikan)이 지적한 바와 같이 종교개혁자들의 행위는 "비극적인 필요성"(tragic necessity)에 기인한 것이지만, 그 시대와 장소를 고려한다면 참으로 필요한 수정작업이었다. 그럼에도 불구하고 그들의 개혁운동은 교회의 분열과 분리를 초래하였고, 그분열 양상은 오늘날까지 치유되지 않고 계속 증폭되어오고 있다.

복음주의자들이 신경과 신앙고백서와 신앙에 관한 개인적인 견해들 간의 차이점을 고려할 때 참고할만한 몇 가지 중요한 지침들이 있다.

첫째, 우리의 신학적인 사고는 기독교의 핵심 진리를 절대로 위반하거나 침해해서는 안 된다. 기독교 안에서 역사적인 신앙은 성립 불가능하고 다만 신앙의 언어만이 존속 가능하다는 근대의 자유주의적인 신학 체계는 기독교의 진리와 연속성을 취하는 것으로 간주될 수 없다. 왜냐하면 이러한 사고는 기독교의 역사적인 근원인 사도적인 증언을 부인하기 때문이다. 하지만 기독교 신앙에 관한 역사적인 내용을 정직하게 수용하는 경우에, 교회는 현대적인 사고 체계의 맥락 안에서 그 신앙의 근원을 조사하고 분석하여 수용 여부를 밝혀야 하는 책임이 있다. 그리고 이러한 신학적인 성찰은 항상 성경의 권위적인 판단과 교회 역사의 증언 아래에서 이뤄져야 한다.

둘째, 신학적인 사유와 성찰의 자유는 소위 성경의 사적인 판단의 교리에 관한 논란을 야기한다. 교회 역사 속에서 여러 종파들이 성경을 부주의하게 주관적인 입장에서 잘못 해석해 왔다. 그래서 신약성경 내에서도 회심한 자들은 자신을 주장하지 않고 반드시 그리스도와 사도들의 가르침에 복종한 것을 말씀한다. 이런 이유로 기독교인들은 자신의 개인적인 견해를 성경 말씀과 그 말씀에 대한 교회의 해석의 역사에 비추어 점검해야 한다. 오늘날 복음주의 교회 내에 주관적이거나 잘못된 사상적인 풍조들이 난무하는 까닭에, 특히 소그룹 성경연구 모임이나 말씀을 함께 나누는 모임에서는 스스로 깨달았다는 통찰에 대하여 "교회는 뭐라고 말했는가?"라고 질문함으로써 사적인 견해를 교회의 일치된 해석에 비추어 검증해 보는 것이 매우 중요하다. 선한 의도를 가진 신자들이 모인 곳에서 함께 받아들여진 주관적이고 개인적인 통찰보다는 이러한 검증 과정을 거친 진리가 훨씬 더 분명하고도 안전하다.

셋째, 우리 모두가 자신이 속한 교파의 개인적인 신학 체계를 일종의 잠정적인 수준의 견해로 수용하는 편이 훨씬 낫다. 물론 예수 그리스도의 복음이나 기독교 신앙의 핵심을 담은 신경에 대해서는 잠정적인 것이 아니라 아주 분명한 태도를 고수해야 한다. 하나님으로부터 계시되고 역사 속에서 전승된 기독교 진리는 바뀔 수 없다. 그 절대 진리에 대한 우리의 헌신과 고집과 선포는 그것만이 오직 유일한 진리라는 분명한 확신 속에서 이뤄져야 한다. 그러나 그 진리를 칼빈주의나 알미니안주의나 세대주의처럼 일정한 신학적인 틀 속에 담아서 재구성할 때에는 다소 유연한 태도로 표현되어야 한다.

그래서 이를 표현할 때에는 "내 생각에는 그렇습니다"라거나 "제가 해석하는 본문의 의미는 이렇게 제안하고 싶습니다"나 또는 "우리 교회는 소위 이러한 해석 입장을 따릅니다"라고 말하는 법을 배울 필요가 있다. 그래서 나름의 신학적인 틀을 세울 때 우리는 배타적인 태도를 버리고 포용적인 태도를 취해야 한다. 이런 태도야말로 포스트모던 시대에 복음을 섬기는 데 더욱 효과적이다. 왜냐하면 이런 태도는 보편 교회가 계속 가르쳤던 것을 그대로 강조하는 동시에 교회 역사 속에서 변함없이 전승되어 온 진리를 실수 없이 더욱 분명하게 만들어주기 때문이다. 또한 이런 포용적인 태도는 비본질을 본질로 만드는 실수를 피하도록 해 주며, 우리와 동일한 역사적 신앙을 함께 공유면서도 그 신앙을 다른 맥락 속에서 우리와 다른 준거 체계로 정리한 다른 기독교인들을 용납할 줄 아는 겸손하고 은혜로운 기독교인다운 태도를 형성하기 때문이다.

넷째, 기독교 진리에 대한 사고는 교회의 지속적인 과제이다. 기독교 진리에 관하여 성찰하고 이를 인간의 언어 형태로 자세히 설명하는 것은 성육신 사건과 함께 교회 안에 일관되게 유지되고 있다. 하지만 단순히 성경 본문을 문자적으로 주장하는 성경문자주의(biblicism)는 기독교 진리가 소통되고 알려지는 인간이라는 그릇과 수단을 무시하는 것이다. 역사 속에서 교회의 중요한 임무는 역사와 문화의 맥락 속에서 기독교 진리를 명료하고도 설득력 있게 해설하는 것이다. 그러한 임무를 완수하려면 그

것이 철학적이든 심리학적이거나 문화인류학적이거나, 경제학이나 어떤 것이든 인간의 논리적이고 비평적인 사고의 방법을 동원해야 한다. 그래서 복음주의자들은 포스트모던 시대에 복음의 진리를 잃어버리지 않으면서도 이 진리를 연약한 인간 속에서 효과적으로 소통하는 방법을 터득해야 한다.

2) 연약한 인간을 통한 진리의 소통

교회가 포스트모던 시대에 신학적인 임무를 완수하려고 할 때, 기독교 진리를 이 시대의 문화에 맞추어 타협하지 않으면서도 어떻게 효과적으로 이 시대 인간의 옷에 맞게 진리를 소통시킬 것인지에 관한 필연적인 문제에 직면하게 된다.

우리는 자신이 속한 문화의 안경을 통해서 기독교 신앙을 해석하기 때문에, 기독교 신앙 속에 우리만의 고유한 문화적인 사고의 범주를 덧씌우거나 그러한 범주를 통하여 기독교 신앙을 해설하거나 그러한 독특한 문화의 형태에 맞게 기독교를 표현하려는 경향이 있다. 그래서 기독교 신앙은 삶에 관한 특정한 방식이나 관점과 필연적으로 함께 결합될 수밖에 없다. 이러한 현상은 심지어 교회가 주변 문화에 대항하여 성경을 읽고 해석하여 적용하려는 과정에서도 일어난다. 이런 경우에, 교회가 동의하든 동의하지 않든 관계없이 문화가 그러한 문화적인 범주마저 지정한다. 그래서 교회의 공식적인 견해로서의 정교(orthodoxy)가 절대적인 신앙으로 받아들여질 뿐만 아니라 그 신앙이 표현되는 문화적인 방법이나 삶에 관한 견해들과 함께 결합된 신앙을 따르게 된다. 그래서 우리가 사물을 신학적으로 바라보는 격자가 마치 신앙 그 자체와 동일한 신앙의 문제로 격상된다.

헬무트 틸리케(Helmut Thielicke)는 『복음주의 신앙』(The Evangelical Faith)에서 실행의 신학(a theology of actualization)과 순응의 신학(a theology of accommodation)을 서로 구분함으로써 이 문제를 다룬다.[49] 실행의 신학은 "항상 진리에 대한 새로운 해석으로 이뤄졌으며…그 진리는 항상 온전한 원래의 상태로 남아 있다." 말하자면 실행의 신학에서 청중은 자기만의 독특하고도 고유한 상황 속에서 진리 아래로 나오도록 소환을 받는다.[50] 반면에 순응의 신학은 이와 다른 접근방식을 취한다. 이 신학은 반대로 진리를 내 아래로 끌어내리고 내가 그 진리의 주체가 되게 한다. 그래서 순응의 신학은 "내가 인생을 지배하는 하나의 수단이 되게" 할 정도로 다분히 실용주의적인 신학이다.[51]

틸리케는 순응의 신학을 가리켜서, "나는 생각한다 고로 나는 존재한다"는 명제 속에서 절대진리로 나아가는 출발점으로 개인 자아를 내세웠던 17세기의 철학자인 데카르트의 입장을 따라서 데카르트의 방법이라고 부른다. 틸리케에 의하면, 데카르트 신학의 표현 방법은 광의적인 의미로 볼 때 합리주의(rationalism)와 경험주의(experientialism)의 두 가지가 있다. 이 두 가지 철학적인 전제에서 중요한 것은 내 자신을 인정하는 것이다. 우리는 이 말을 다음과 같이 달리 설명해볼 수 있다. "기독교 신앙은 삶에 관한 매우 합리적인 사고 체계이다. 당신이 이를 받아들이고 그 체계대로 살아갈 때 당신은 참으로 행복한 삶을 살 수 있다. 당신은 삶을 아주 당차게 꾸려갈 수 있으며 아주 당당하게 맞설 수 있다"거나, 또는 "당신에게 필요한 것은 예수 그리스도에 대한 경험이다. 그분이 당신의 삶 속으로 들어오셔서 당신의 인생을 주장하시도록 허용한다면, 당신

---

49) Helmut Thielicke, *Evangelical Faith* (Grand Rapids: Eerdmans, 1974).
50) Ibid., 38.
51) Ibid.

은 더 나은 인생을 경험할 것이다. 원하는 모든 것들이 당신에게 허락될 것이고 인생은 참으로 아름다워질 것이다." 여기에서의 강조점은 신앙을 받아들인 그 사람과 그 사람이 실행하는 것에 달렸으며, 그 사람의 인생이 얼마나 더 좋아질 것이고, 그 사람이 얼마나 더 효과적으로 자기 인생을 통제할 수 있을까에 달렸다.

하지만 실행의 신학은 순응의 신학과 전혀 다른 방식으로 인간의 상실한 상황에 집중한다. 이 신학에서 인간은 "진리 아래" 위치하기 때문에, 신학의 강조점이 "당신에게 좋은" 기독교가 아니다. 그 대신 이 신학에서 강조되는 진리는 인간이 하나님 아래 굴복해야 한다는 것을 강조한다.

실행의 신학에서는 이러한 대담한 선언을 통해서 사람을 진리 앞으로, 다시 말해서 인간이 처한 비참한 상황에 관한 진리 앞으로, 그리고 그러한 상황과의 연루와 관여에 관한 진리 앞으로, 그리고 예수 그리스도께서 그러한 비참한 상황 속으로 찾아오셔서 그의 죽음과 부활로 이를 정복하셨다는 진리 앞으로 이끌어 들인다. 그러한 접근 방식이야말로 사도들이 전했던 케리그마 설교로 되돌아가는 것이다.

실행의 신학은 복음의 소통에 관한 역사적인 접근 방식에 해당된다. 여기에서의 강조점은, 피조물의 한계에 굴복하거나 현대의 철학적인 사고 체계에 의존하는 일종의 합리적인 설명이 아니라 절대 진리인 성경 메시지를 그대로 선포하는 것이다. 또한 실행의 신학은 절대 진리는 항상 인간의 설명이나 이해의 수준보다 더 심오하고 더 복잡하며 더 신비롭다고 말한다.

이것이야말로 신경들을 확정짓던 초대 교회의 중요한 과제였다. 어떻게 성경적인 개념들을 정리하여 이를 헬라인들의 사고 체계나 플라톤 철학이나 신플라톤 철학 체계에 맞게 설명할 것인가? 예를 들어, 삼위일체 논쟁은 호모우시온(homoousion)과 휘포스타시스(hypostasis)와 같은 헬라어 단어를 사용하여 하나님의 유일성과 다양성을 설명하려고 노력했다. 기독론 논쟁 역시 헬라어와 헬라 철학의 사고방식을 사용하여 일치된 합의를 만들어 나갔다.

하지만 신경의 형성 과정에서 주목할 점은 그 신조들이 만들어진 방법론이나 최종의 신학적인 형태가 그 자체로 절대 진리의 지위를 주장하지는 않았다는 점이다. 그 대신 니케아신경과 칼케돈 정의는 인간이 이해할 수 있는 형태로 고정될 수 있는 가능성이 전혀 없음에도 불구하고 성경 속에 포함되어 있고 신앙의 규범 속에 집약된 진리를 분명히 지시했다. 달리 말하자면, 신경들은 부정의 신학(a negative theology)을 기록하였다. 즉 예수는 아리우스가 가르친 것처럼 피조물이 결코 아니라든가, 아폴리나리우스가 주장한 대로 예수의 인성이 신성 속으로 흡수되어 사라진 것이 결코 아니라거나, 또 네스토리우스가 가르친 것처럼 예수의 신성은 단순히 그의 인성에 대한 단순한 부속물에 불과한 것이 결코 아니라는 식이다.

특히 칼케돈 정의는 기독론에 관한 최종의 완벽한 정의를 제시하려는 목적보다는 그리스도의 인격 안에서 신성과 인성의 연합에 관한 논리적인 사유의 한계를 설정하려는 시도로 이해해야 한다. 이 점은 칼케돈 정의 중에서 다음과 같은 핵심적인 진술 속에서 분명히 나타난다. "한 분이시요 동일하신 그리스도, 아들, 주님, 독생자는 두 성품으로 인식되지만 서로 혼합되지 않고 변화하지 않으며, 분리되지 않고 분할됨이 없으시다."[52] 이런 구절에서 강조되는 것은, 우리가 그리스도의 신성과 인성의 연합에 관하여 최소한 어떤 방식으로는 생각하지 말아야 할 것인가 하는 것이다.

이 신경들은 누군가가 자기 원하는 대로 예수 그리스도를 정의하도록

---

52) *The Chalcedon Creed*.

방치하지 않고, 오히려 성부와 성자의 일치와 아울러 예수 그리스도의 인격 안에 있는 그분의 완전한 신성과 완전한 인성의 연합에 관한 신비를 성경의 교훈 그대로 확인해주고 있다. 또한 신경은 독창적인 신학 체계를 널리 퍼트리려는 목적보다는 그리스도의 궁극적인 신비를 그 시대의 사고 방식에 맞게 확증하였다. 또 그 신경들은 성경의 진리를 그 시대 사고에 맞추어 변질시키지 않고서도 성경적인 언어와 사고 형태와는 전혀 다른 언어와 사고 체계를 이용하여 성경적인 진리의 뼈대를 선포하였다.

진리를 전달하는 통로로서의 문화의 형태에 관한 문제는 기독교 역사 속에서 항상 쟁점이 되어왔다. 초대 교회에서는 대부분의 신학 작업이 플라톤 철학의 틀을 통해서 이뤄졌다. 아퀴나스는 기독교 신앙을 아리스토텔레스의 철학 체계를 통하여 표현하였다. 또한 종교개혁 사상은 유명론(nominalism)의 사상적인 체계를 투과하여 표출되었고, 근대의 신학 사조들은 합리주의의 여과장치를 통하여 전개되었다. 오늘날 우리는 포스트모던 사조에 직면해 있다. 이 시대에는 우리의 사고방식이 권위적인 형태로 전개될 때 우리 스스로 문제를 자초할 수 있다. 이 점 때문에 포스트모던 시대에 복음주의자들의 시급한 과제는 신앙 그 자체를 바꾸는 것이 아니라 역사적인 기독교 신앙을 오늘날의 새로운 문화적인 상황에 맞게 제시해야 할 필요성을 잘 인식하는 것이다.

초대 교회의 신학의 목적은, 하나의 논리 체계로 모든 것들을 설명하려는 것은 아니었다. 그러한 체계 자체에 목적을 두기보다는 성경적인 진리를 그 시대의 사람들에게 효과적으로 소통하는 하나의 수단으로 신경들과 신학적인 체계들을 발전시키는 것이었다. 그 신학 체계를 발전시키는 과정에서 신앙의 규범과 신경들은 하나님과 예수 그리스도와 구원에 관한 진리와 심지어 인생에 관한 진리 그 자체는 인간의 이성으로 전부 다 이해할 수 없다는 사실을 염두에 두었고, 그러한 진리의 신비에 대한 건전하고도 심지어 유쾌한 경배의 자세를 유지하였다. 그래서 오늘날 포스트모던 시대에 우리도 초대 교회의 실행의 신학(an actualization theology)대로 사유하는 방법을 배울 수 있다면, 우리와 동의하지 않는 사람들에 대해서 좀 더 관용을 베풀 수 있으며 기독교 신앙의 신비로운 측면에 대해서 더욱 열린 태도를 취할 수 있으며, 신학적인 연구를 진행할 때의 복잡성을 더 잘 이해할 수 있을 것이다.

또한 실행 신학은 이 시대의 문화적인 준거체계 안에서 자유롭게 신학 작업을 진행할 수 있는 여유를 가져다 줄 수 있다. 이 시대에 복음주의 신학 작업을 진행하는 목표는 영원히 바뀌지 않고 고정된 설명문을 획득하는 것이 아니라, 포스트모던 시대가 교회를 향하여 던지는 궁극적인 질문에 응답할 성경적인 성찰을 이끌어내는 것이다.

그래서 기독교 교회는 항상 예수 그리스도의 진리 안에 머물러야 하듯이 오늘날의 조직 신학 역시 교회 역사 속에서 일관되게 유지되어 온 역사 신학과 긴밀한 관계를 유지해야 한다. 이렇게 우리의 신학적인 사고가 좀 더 성경적인 입장에 신실할수록 우리는 진리의 왜곡에 대한 실수와 우리의 생각만을 강요하는 실수, 즉 어떤 체계에 사로잡힌 노예라면 그 누구도 자유로울 수 없는 그런 실수로부터 진정 자유로울 수 있다. 무엇보다도 이렇게 끝이 열려 있는 신학이야말로, 예수 그리스도와 성경이 우리의 마지막 준거 체계로 고정되게 하며 오늘날의 포스트모던 문화에 적실한 최선의 메시지로 울려 퍼지도록 함으로써, 우리가 실제로 진리 안에서 예수 그리스도와 실제적이고 인격적인 관계를 자유롭게 맺게 해 줄 것이다.

6. 결론

이번 장의 초두에서 나는 내가 치료를 받는 치과의사가 자신도 성경을 전문적으로 해석하고 신학을 연구하는 신학자들만큼이나 기독교 진리를 잘 안다고 말했던 이야기로부터 시작하였다. 물론 그의 말이 아주 틀린 것은 아니다. 하지만 그 치과의사나 또 그처럼 생각하는 다른 기독교인들이 명심할 점은 예수 그리스도의 진리가 사도들에게 전승되고 성경에 기록되었으며 신경과 신앙고백서들을 통해서 집약되었고 교회사를 통해서 계속 전승되어 왔기 때문에 오늘날 우리 기독교인들이 그 진리를 알 수 있게 되었다는 사실이다.

우리 기독교인들이 공통으로 믿고 따르는 진리는 교회의 파라도시스(paradosis, 전승하다) 활동을 통해서 전해 받은 것이다. 하지만 교회의 지속적인 활동이자 그 성격이 매우 성찰적인 신학의 임무는 주로 교회를 출석하는 치과의사가 아니라 신학자들에 의하여 이뤄진다. 그리고 신학자들의 연구 결과는 다시 회중석에 앉아 있는 사람들에게로 전달된다. 그 결과로 흔히 말하는 것처럼 서로 간에 차이가 없어지는 것이다. 하지만 신학자들의 중요한 역할은 신자들의 모임 안에서 진행되는 성경 해석의 타당성을 점검하는 것이다. 이는 신학이 신학자 개인의 활동이 아니라 교회의 활동이며 교회에 속한 것이라는 의미이다. 그래서 기독교인의 신앙생활이 이뤄지는 곳이라면 어디에서든 신학은 그 신앙이 과연 진리와 관계를 맺고 있는지를 점검한다.

그래서 오늘날과 같은 포스트모던 시대에 복음주의자들은 기독교 교회가 항상 어디에서든 모든 사람들이 믿어왔던 진리를 더욱 굳게 붙잡고 공통의 신앙 전통에 대해서는 더 높은 권위를 부여하되 자기들만의 특정한 신학에 대해서는 그 비중을 줄일 필요가 있다.

이를 통해서 우리가 기대할 수 있는 것은 다음과 같다. 포스트모던 시대에 복음주의자들의 강조점은 신앙과 삶에 관한 기본적인 쟁점들에 관한 성경적인 교훈에 집중되는 것이다. 성경이 교훈하는 메시지는 무엇인가? 예수를 따른다는 것은 과연 무슨 의미인가? 교회가 믿어온 공통의 신학은 무엇인가? 이런 질문을 고민하다보면 교파 간의 차이점에 대한 관심은 줄어들 것이다. 기독교인들이 이러한 공통의 정체성에 관심을 집중한다면 오늘날과 같은 포스트모던 시대에 교파 간의 장벽은 점점 줄어들 것이다. 그리고 교회의 공통의 신경들을 중심으로 기독교인다운 새로운 정체성이 점차 군건히 형성될 것이다.

"우리"를 "그들"로부터 분리시키는 진리 체계로서의 신학은 포스트모던 시대에 그다지 설득력이 없다. 좀 더 바람직한 신학 체계라면 성경과 기독교 신학에 대한 연구가 역사적이고 사회학적인 관점의 연구와 병행되어야 할 것이다. 여기에서의 관건은 특정한 신학 체계의 저변에 깔려 있는 문화적인 요소들에 집중된다. 이러한 개방적인 태도야말로 공통의 전통 배후에 숨어 있어서 교회를, 그리스도와 교회, 예배, 영성, 그리고 세상 속에서의 복음전도의 융단을 하나로 엮어내는 권위를 강조하는 특정한 사상체계의 속박으로부터 복음주의자들을 자유롭게 해 줄 것이다.

그리하여 성경과 신앙의 규범, 신경들, 그리고 전통에 대한 신학적인 성찰들 모두가 초대 교회에서 기능했던 그대로 오늘날에도 계속할 수 있을 것이다. 이러한 역할 속에서 교회는 계속해서 진리의 증언자로 남아 있을 것이며 성경에 대한 권위 있는 해석의 중심으로서, 그리고 어느 곳에서 있거나 모든 기독교인들을 하나로 연합시키는 공통의 신학으로서의 권위 있는 집약으로서 그리고 보편적인 신경으로서의 신앙의 규범의 수호자로서의 역할을 계속할 것이다. 이러한 종류의 기독교야말로 포스트모던 시대에 좀 더 확신을 가지고 진리를 선포할 수 있다.

[도표 N] 역사 속의 다양한 권위의 패러다임들

고대	중세	종교개혁	근대	포스트모던
성경, 사도적인 권위, 신앙의 규범 성경적인 진리를 해석하고 보존하며 전승하는 교회의 역할	교회의 교도권에 의하여 통제되는 성경과 전통	오직 성경	성경에 대한 이성의 우위가 자유주의적인 비평학과 보수주의적인 성경 변증론을 가져옴	모든 권위에 대한 상대주의는 계시된 하나님의 말씀으로서의 성경, 사도적인 권위, 신앙의 규범, 그리고 권위 있는 요약으로서의 에큐메니칼 신경들에 대한 고대의 견해로의 회귀를 제시함 이러한 모든 진리들의 기록물들은 교회가 사도들로부터 전해 받아 보존해오는 소유물임

권위에 대한 포스트모던 시대의 도전에 대응하는 효과적인 방법은, 오직 성경만의 입장으로 회귀함으로써나 성경에 대한 근대의 복음주의자들의 순진한 반격이 아니라 기독교 신앙의 권위에 관한 초대 교회의 기원으로 되돌아가는 것이다. 역사 속에서 교회는 항상 기독교 진리를 해석하고 보존하며 보호하며 전승해왔다.

[도표 O] 영지주의 사상과 기독교 사상의 비교

교리	영지주의	기독교
하나님 권위	이원론(두 신)	한 분: 성부, 성자, 성령 사도들과 그의 제자들로부터 전승된 전통
창조	비전(秘傳) 악한 신이 물질을 창조함 그래서 물질은 악함	선지자들을 통하여 역사하시는 성령, 전능하신 성부 하나님이 하늘과 땅을 창조함
예수 그리스도	가현(仮現), 육체는 물질이고 물질은 악하기 때문에 예수는 육체를 입을 수 없음(가현설로 알려진 이설), 예수는 다만 위대한 교사에 불과함	하나님의 아들이 성육신하심. 동정녀에게서 태어나시고 고난을 받으시고 부활하시고 승천하사 만물을 다시 회복하기 위하여 재림하실 것임
종말론	신령한 것으로 흡수됨, 육체의 부활은 없음	만물의 회복을 위하여 모든 육체가 부활, 심판
구원	지식	그리스도 안에 참여함

맺는말

　대학의 교수들은 종종 자신의 연구 분야와 전혀 다른 분야의 학문을 서로 통합하기 위하여 동료 교수들의 강의를 청강하곤 한다. 최근에 물리학을 교수하는 동료 교수가 고전 기독교 사상을 다루는 나의 대학원 강의를 수강하였다. 강의가 진행되는 동안 그 동료 교수는 과학자들이 통합 이론(a unifying principle)을 발견하고자 노력한다는 사실에 계속 관심을 가졌다. 그는 강의 도중 우주 만물을 각기 독자적으로 존재하는 대로 이해하려는 뉴턴주의의 기계식 세계관에 대해서 소개하였다. 계속해서 그는 이러한 낡은 과학의 견해가 어떻게 삶과 연구의 모든 영역에 전방위적으로 영향을 주었는지에 대해서 비판하였다. 이러한 가치관 속에서는 서로 연결되어 있는 요소는 하나도 없다. 삶의 모든 요소들이 마치 한 줄로 길게 늘어선 알파벳 기호처럼 서로 무관하게 존재할 뿐이다.

　그 동료 교수는 현대 물리학이 이러한 오래된 우주관을 뒤로하고 이제 모든 만물을 하나로 연결시키는 통합 이론을 찾아내기 위해서 연구 중이라고 설명했다. 오늘날 과학자들은 만물을 지배하는 네 가지 기본적인 힘인 전자기력, 중력, 강력, 그리고 약력을 하나로 묶어내는 연결고리를 찾고 있다. 현대 과학자들은 이러한 만물의 네 가지 힘을 하나로 묶는 초끈

(또는 초현, superstrings)의 관점에서 연구를 진행 중이다. 이러한 초끈들은 만물의 네 가지 힘의 통합을 설명해주면서 삶을 단일한 체계로 결합하는 극소의 작고 휘어진 일차원의 끈들을 가리킨다.

모든 만물을 하나로 묶어내는 통합 이론에 대한 현대 과학자들의 탐구에 관한 이야기를 들으면서 그리스도는 그 안에서 모든 만물을 하나로 통합한다는 사도 바울의 확신이 떠올랐다. 골로새서에서 사도 바울은 그리스도께서 하늘과 땅에서 보이는 것들과 보이지 않는 것들과 모든 만물의 창조주이시며(골 1:16), "만물이 그 안에 함께 섰으며"(1:17), "아버지께서는 모든 충만으로 예수 안에 거하게 하시고…만물 곧 땅에 있는 것들이나 하늘에 있는 것들을 그로 말미암아 자기와 화목케 되기를 기뻐하심이라"고 선포한다(1:19-20). 말하자면 이 세상 모든 만물의 통합 이론은 바로 예수 그리스도이시다.

그렇다고 내가 이렇게 전 포괄적인 선언의 의미를 온전히 이해할 수 있는 것은 아니다. 하지만 내가 분명히 확신하는 것이 하나 있다. 사도 바울의 교훈에 담긴 의미를 좀 더 포괄적인 방식으로 이해하려고 노력했던 초대 교회 교부들은 내가 예전에 피상적으로 알았던 수준과는 전혀 다른 차원의 삶과 신앙에 관한 이해의 세계로 나를 안내해 주었다는 것이다.

나는 이제 더 이상 만물을 별개로 이해하려는 원자론자(atomist)가 아니다. 신앙의 세계는 홀로 세워져 있지도 않고 따로 떨어져 독립적으로 존재하지도 않는다. 초대 교회 교부들은 모든 만물이 상호관계를 맺고 있다는 역동적인 세계관으로 나를 인도해 주었다. 한 때는 신앙 세계가 마치 서로 독립적으로 길게 줄지어 서 있는 알파벳처럼 보였지만, 이제는 모든 요소들이 서로 연결된 장엄한 융단처럼 보인다.

이 책에서 나는 이러한 현상—즉 내가 과학적인 방법으로나 통계적인 방법을 동원하여 증명하려고 시도한 것이 아니라 있는 그대로 관찰한 몇 가지 관찰 결과들을 제시해보고자 노력했다. 예를 들어, 나는 만물에 관한 정적인 관점으로부터 좀 더 역동적인 관점으로의 변화가 이 시대 사람들이 미처 알아채지 못하는 방식으로 영향을 주었다는 점을 지적했다. 종교의 영역에서도 신앙의 세계를 마치 길게 정적으로 늘어선 알파벳과 같은 근대의 정적인 관점이 지배적인 때가 있었다. 하지만 오늘날과 같은 포스트모던 시대의 교회는 한 때 기독교인들을 서로 분열시켰던 예전의 낡은 논쟁을 버리고 좀 더 역동적이고 통합된 신앙 체계를 구축하고자 노력 중이다. 그래서 오늘날 포스트모던 교회는 일치와 영성, 예배, 그리고 다른 사람들과의 연대를 추구한다.

또 이 책에서 내가 강조하려던 것은 이 시대 복음주의자들은 초대 교회의 신앙과 깊은 친화성을 가진 기독교를 발전시켜야 한다는 점이다. 이 시대에 좀 더 통전적이고 역동적인 인생관을 향한 문화적인 변동으로부터 영향을 받은 수많은 기독교인들은 자신들의 경험에 좀 더 부합하는 신앙을 찾아다니고 있다. 그러다보니 이전의 다분히 이성적이고 서로 분열된 기독교 교회들에 대한 불만과 거부감이 점차 고조되고 있는 실정이다. 이런 상황에서 우리 앞에 놓인 과제는 과거 기독교 전통을 복원하는 것이다. 과거 기독교의 모방이 아니라 마치 아름다운 융단처럼 모든 만물을 예수 그리스도라는 중심선과 서로 연결시키는 것이다. 초대 교회 안에 깃들어 있는 이러한 성경적인 신앙의 융단을 새롭게 경험함으로 인하여 내 신앙은 더욱 새로워지고 풍요로워질 수 있었다. 그리고 나는 초대 기독교 전통에 담긴 풍부한 통찰을 통해서 예수 그리스도에 대한 헌신을 더욱 새롭게 경험한 다른 많은 사람들과도 수없는 대화를 나누어보기도 했다. 그래서 나는 이 시대 교회가 포스트모던 세상을 향하여 복음의 메시지를 강력하게 선포할 원동력이 담긴 신앙을 고대 기독교 전통으로부터 찾아낼 수 있을 것으로 확신한다.

Ancient-Future Faith
Rethinking Evangelicalism for a Postmodern World

참고 문헌

Part 1

Postmodernism

Berquist, William. *The Post Modern Organization: Mastering the Art of Irreversible Change.* San Francisco: Jossey Bass, 1993.
Cahoone, Lawrence, ed. *From Modernism to Postmodernism.* Oxford: Blackwell, 1995.
Clayton, Philip D. *God and Contemporary Science.* Grand Rapids: Eerdmans, 1998.
Connor, Steven. *Post Modernist Culture: An Introduction to Theories of the Contemporary.* Oxford: Blackwell, 1996.
Eco, Umberto. *Semiotics and the Philosophy of Language.* Bloomington: Indiana University Press, 1984.
―――. *Philosophical Hermeneutics.* Translated by David Line. Berkely: University of California Press, 1976.
Gadamer, Hans-Georg. *Truth and Method.* Edited by Garrett Barden and John Cumming. New York: Seabury, 1975.
Gregerson, Niels Henrick, and J. Wentzel Van Huyssteen. *Rethinking Theology of Science: Six Models for the Current Dialogue.* Grand Rapids: Eerdmans, 1998.
Jencks, Charles. *The Postmodern Reader.* New York: St. Martin's, 1992.
Ward, Graham. *The Postmodern God: A Theological Reader.* Oxford: Blackwell, 1997.
Zuckert, Catherine H. *Postmodern Platos: Nietzsche, Heidegger, Gadamer, Strauss, Derrida.* Chicago: University of Chicago Press, 1996.

General Responses to Postmodernism

Allen, Diogenes. *Christian Belief in a Postmodern World: The Full Wealth of Conviction.* Oxford: Blackwell, 1997.
Anderson, Walter Truett. *Reality Isn't What It Used to Be.* San Francisco: Harper, 1990.
―――. *The Truth about Truth: De-Confusing and Re-Constructing the Postmodern World.* New York: Putman's Sons, 1995.
Beaudoin, Tom. *Virtual Faith: The Irreverent Spiritual Quest of Generation X.* San Francisco: Jossey-Bass, 1998.
Bellah, Robert, Richard Maken, William Sullivan, Ann Swidler, and Steve Tipton. *Habits of the Heart: Individualism and Commitment in American Life.* Berkeley: University of California Press, 1985.
Burnham, Frederic B., ed. *Postmodern Theology: Christian Faith in a Pluralist World.* San Francisco: Harper, 1989.
Carter, Stephen L. *The Culture of Disbelief: How American Law and Politics Trivialize Religious Devotion.* New York: Basic Books, 1993.

Eagleton, Terry. *The Illusions of Postmodernism.* Oxford: Blackwell, 1996.
Grant, C. David. *Thinking through Our Faith: Theology for Twenty-First-Century Christians.* Nashville: Abingdon, 1988.
Griffin, David Ray, William A. Beardslee, and Joe Holland. *Varieties of Postmodern Theology.* Albany: State University of New York Press, 1989.
Hampshire, Stuart, ed. *The Age of Reason: Basic Writings of Bacon, Pascal, Hobbes, Galileo, Descartes, Spinoza, Leibniz.* New York: A Mentor Book, 1956.
Harvey, David. *The Condition of Postmodernity: An Enquiry into the Origins of Cultural Change.* Oxford: Blackwell, 1989.
Hassen, Ihab. *The Postmodern Turn: Essays in Postmodern Theology and Culture.* Athens: Ohio University Press, 1987.
Lakeland, Paul. *Postmodernity: Christian Identity in a Fragmented Age.* Minneapolis: Fortress, 1997.
Lernert, Charles, ed. *Social Theory: The Multicultural and Classical Readings.* Oxford: Westview, 1993.
Lindbeck, George A. *The Nature of Doctrine: Religion and Theology in a Post Liberal Age.* Philadelphia: Westminster, 1984.
Tickle, Phyllis A. *God-Talk in America.* New York: Crossroad, 1998.
Young, Pamela Dickey. *Christ in a Post-Christian World.* Minneapolis: Fortress, 1995.

Evangelical Responses to Postmodernism

Beckwith, Francis J., and Greg Koukl. *Relativism: Feet Firmly Planted in Mid Air.* Grand Rapids: Baker, 1996.
Clapp, Rodney. *Families at the Crossroads: Beyond Traditional and Modern Options.* Downers Grove, Ill.: InterVarsity, 1993.
Clouse, Robert G., Robert N. Hosack, and Richard V. Pierard. *The New Millennial Manual: A Once and Future Guide.* Grand Rapids: Baker, 1999.
Dockery, David S., ed. *The Challenge of Postmodernism: An Evangelical Engagement.* Wheaton: Victor/BridgePoint, 1995.
Dorrien, Gary. *The Remaking of Evangelical Theology.* Louisville: Westminster John Knox, 1998.
Erickson, Millard J. *The Evangelical Left: Encountering Postconservative Evangelical Theology.* Grand Rapids: Baker, 1997.
―――. *Postmodernizing the Faith: Evangelical Responses to the Challenge of Postmodernism.* Grand Rapids: Baker, 1998.
Grenz, Stanley. *A Primer on Postmodernism.* Grand Rapids: Eerdmans, 1996.
Hahn, Todd, and David Verhaagen. *Genxers after God: Helping a Generation Pursue Jesus.* Grand Rapids: Baker, 1997.
Henderson, David W. *Culture Shift: Communicating God's Truth to Our Changing World.* Grand Rapids: Baker, 1997.
Knight, Henry H., III. *The Future for Truth: Evangelical Theology in a Postmodern World.* Nashville: Abingdon, 1997.
Lundin, Roger. *The Culture of Interpretation: The Christian Faith and the Postmodern World.* Grand Rapids: Eerdmans, 1993.
McGrath, Alister. *A Passion for Truth: The Intellectual Coherence of Evangelism.* Downers Grove, Ill.: InterVarsity, 1996.
Middleton, J. Richard, and Brian J. Walsh. *Truth Is Stranger Than It Used to Be: Biblical Faith in a Postmodern World.* Downers Grove, Ill.: InterVarsity, 1995.
Murphy, Nancey. *Beyond Liberalism and Fundamentalism.* Valley Forge, Pa.: Trinity Press International, 1996.

참고 문헌 373

Oden, Thomas C. *After Modernity . . . What? Agenda for Theology.* Grand Rapids: Zondervan, 1990.
Phillips, Timothy R., and Dennis L. Okholm. *Christian Apologetics in the Postmodern World.* Downers Grove, Ill.: InterVarsity, 1995.
Phillips, Timothy, and Dennis Okholm, eds. *The Nature of Confession: Evangelicals and Post Liberals in Conversation.* Downers Grove, Ill.: InterVarsity, 1996.
Sweet, Leonard. *Faith Quakers.* Nashville: Abingdon, 1994.
Thiselton, Anthony C. *Interpreting God and the Post Modern Self.* Grand Rapids: Eerdmans, 1995.
Tomlinson, Dave. *The Post-Evangelical.* London: S.P.C.K., 1995.
Veith, Gene Edward, Jr. *Postmodern Times.* Wheaton: Crossway, 1994.
Wells, David. *Losing Our Virtue: Why the Church Must Recover Its Moral Vision.* Grand Rapids: Eerdmans, 1998.

Classical Christianity

Arnold, Eberhard. *The Early Christians in Their Own Words.* Farmington, Pa.: Plough, 1997.
Athanasius. *On The Incarnation.* Crestwood, N.J.: St. Vladimir's Orthodox Theological Seminary.
Bettenson, Henry. *The Early Church Fathers.* Oxford: Oxford University Press, 1956.
———. *The Later Christian Fathers.* London: Oxford University Press, 1970.
Chadwick, Henry. *Alexandrian Christianity.* Philadelphia: Westminster, 1964.
———. *Early Christian Thought and the Classical Tradition.* Oxford: Clarendon, 1966.
Cochrane, Charles Norris. *Christianity and Classical Culture.* New York: Oxford University Press, 1964.
Cullmann, Oscar. *The Early Church: Studies in Early Christian History and Theology.* Philadelphia: Westminster, 1956.
Ellis, Earle E. *The Old Testament in Early Christianity.* Tübingen, Germany: J. C. B. Mohr/Paul Siebeck, 1991.
Eusebius' Ecclesiastical History. Grand Rapids: Baker, 1962.
The Faith of the Early Church Fathers. Vol. 5. Minneapolis: Liturgical, 1978.
Ferguson, Everett. *Early Christians Speak: Faith and Life in the First Three Centures.* Abilene, Tex.: Acu, 1981.
———. *Encyclopedia of Early Christianity.* New York: Garland, 1990.
Greenslade, S. L. *Early Latin Theology.* Philadelphia: Westminster, 1996.
Hazlett, Ian, ed. *Early Christianity Origins and Evolution to A.D. 600.* Nashville: Abingdon, 1991.
Kee, Howard Clark, et al. *Christianity: A Social and Cultural History.* New York: Macmillan, 1991.
Kelly, J. N. D. *Early Christian Creeds.* New York: David McKay, 1976.
———. *Early Christian Doctrine.* New York: Harper, 1958.
Kelly, Joseph F. *The Concise Dictionary of Early Christianity.* Collegeville, Minn.: Liturgical, 1992.
Lightfoot, J. B., J. R. Harmer, and Michael W. Holmes, eds. *The Apostolic Fathers.* 2nd ed. Grand Rapids: Baker, 1997.
Murphy, Francis X. *The Christian Way of Life: Message of the Fathers of the Church.* Wilmington, Del.: Michael Glazier, 1986.
Nassif, Bradley. *New Perspectives on Historical Theology: Essays in Memory of John Meyendorff.* Grand Rapids: Eerdmans, 1996.

Norris, R. A. *God and World in Early Christian Theology*. New York: Seabury, 1965.
Pelikan, Jaraslov. *The Emergence of the Catholic Tradition*. Chicago: University of Chicago Press, 1971.
———. *The Spirit of Eastern Christendom (600–1700)*. Chicago: University of Chicago Press, 1974.
Prestige, G. L. *Fathers and Heretics*. London: S.P.C.K., 1968.
Quastnen, Johannes. *Patrology*. Vols. 1–3. Westminster, Md.: Christian Classics, 1986.
Ramsey, Boniface. *Beginning to Read the Fathers*. New York: Paulist, 1985.
Studer, Basil. *Trinity and Incarnation: The Faith of the Early Church*. Collegeville, Minn.: Liturgical, 1993.
Wiles, Maurice, and Mark Santer. *Documents in Early Christian Thought*. New York: Cambridge University Press, 1975.
Williams, Robert R. *A Guide to the Teachings of the Early Church Fathers*. Grand Rapids: Eerdmans, 1960.
Wolterstorff, Nicholas. *Divine Discourse*. Cambridge: Cambridge University Press, 1995.

Part 2

Primary Sources

Irenaeus, *Against Heresies*, and Tertullian, *Against Praexeus*. In *The Ante-Nicene Fathers*. Vols. 1, 3, 4. Grand Rapids: Eerdmans, 1973.
Jasper, R. C. D., and G. J. Cummings, eds. *Prayers of the Eucharist: Early and Reformed*. 2nd ed. New York: Oxford University Press, 1980 (contains the liturgies of the early church).
von Balthasar, Hans Urs. *The Scandal of the Incarnation: Irenaeus Against the Heresies*. San Francisco: Ignatius, 1981 (contains a study of Irenaeus's work).

Secondary Studies of **Christus Victor**

Aulen, Gustav. *Christus Victor*. New York: Macmillan, 1969.
Berkhof, Hendrikus. *Christ and the Powers*. Scottsdale, Pa.: Herald, 1977.
Boyd, Gregory. *God at War*. Downers Grove, Ill.: InterVarsity, 1997.
Florovskii, Georgii. *Creation and Redemption*. Belmont, Mass.: Nordland, 1976.
Frei, Hans W. *The Identity of Jesus Christ*. Eugene, Ore.: WIPF and Stock, 1998.
Fries, Paul R., and Tiran Nersoyan, eds. *Christ in East and West*. Atlanta: Mercer, 1987.
Grenz, Stanley J. *Revisioning Evangelical Theology*. Downers Grove, Ill.: InterVarsity, 1993.
Gunton, C. E. *Christ and Creation*. Grand Rapids: Eerdmans, 1992.
Kelly, J. N. D. *Early Christian Creeds*. New York: David McKay, 1976.
Lane, Dermot A. *Christ at the Centre*. Mahwah, N.J.: Paulist, 1991.
Marthaler, Berard. *The Creed: The Apostolic Faith in Contemporary Theology*. Mystic, Conn.: Twenty Third Publication, 1993.
Norris, Richard A., Jr. *The Christological Controversy*. Philadelphia: Fortress, 1980.
Peters, Ted. *Sin: Radical Evil in Soul and Society*. Grand Rapids: Eerdmans, 1994.
Rusch, William G. *The Trinitarian Controversy*. Philadelphia: Fortress, 1980.
Schönborn, Christoph. *The Mystery of the Incarnation*. San Francisco: Ignatius, 1992.
Wainwright, Geoffrey. *For Our Salvation: Two Approaches to the Work of Christ*. Grand Rapids: Eerdmans, 1997.
Wink, Walter. *Engaging the Powers*. Philadelphia: Fortress, 1992.

---. *Naming the Powers: The Language of Power in the New Testament*. Philadelphia: Fortress, 1984.

---. *Unmasking the Powers: The Invisible Forces That Determine Human Existence*. Philadelphia: Fortress, 1986.

Ware, Kallistos. *The Orthodox Way*. Crestwood, N.Y.: St. Vladimir's Orthodox Theological Seminary Press, 1980.

von Balthasar, Hans Urs. *Mysterium Paschale*. Grand Rapids: Eerdmans, 1990.

Centrality of Christ to the Christian Faith

Athanasius. *On the Incarnation*. Crestwood, N.Y.: St. Vladimir's Orthodox Theological Seminary, 1993.

Interpretation of Nicene and Chalcedon Thought

Studer, Basil. *Trinity and Incarnation: The Faith of the Early Church*. Collegeville, Minn.: Liturgical, 1993.

Part 3

Primary Sources of Ignatius and Cyprian

Dogmatic Constitution on the Church in the Documents of Vatican II, available in numerous publications.

Richardson, Cyril. *Early Christian Fathers*. Philadelphia: Westminster, 1963.

Cyprian of Carthage. *On the Unity of the Catholic Church*. St. Louis: Herder, 1924.

Cyprian of Carthage, The Lapsed. *The Unity of the Church*. Translated by Maurice Bevenot, S.J. Westminster, Md.: Newman, 1957; London: Longmans, Green and Co., 1957.

Secondary Sources

Azevendo, Marcelo del. *Basic Ecclesial Communities in Brazil: The Challenge of a New Way of Being Church*. Translated by John Drury. Washington, D.C.: Georgetown University Press, 1987.

Banks, Robert. *Paul's Idea of Community: The Early House Churches in Their Historical Setting*. Grand Rapids: Eerdmans, 1980.

Bonhoeffer, Dietrich. *Life Together*. San Francisco: Harper, 1954.

Braaten, Carl E. *Mother Church: Ecclesiology and Ecumenism*. Minneapolis: Fortress, 1998.

Carmody, Denise Lardner, and John Tully Carmody. *Bonded in Christ Love: Being a Member of the Church, An Introduction to Ecclesiology*. Oxford: Blackwell, 1996.

Clapp, Rodney. *A Peculiar People: The Church as Culture in a Post-Christian Society*. Downers Grove, Ill.: InterVarsity, 1996.

Dulles, Avery. *Models of the Church*. New York: Image Books, 1978.

Fournier, Keith, with William D. Watkins. *House United? Evangelicals and Catholics Together*. Colorado Springs: NavPress, 1994.

Gorman, Julie. *Community That Is Christian: A Handbook on Small Groups*. Wheaton, Ill.: Victor Books, 1993.

Hanson, Paul D. *The People Called: The Growth and Community in the Bible*. San Francisco: Harper & Row, 1987.

Hauerwas, Stanley. *A Community of Character: Toward a Constructive Christian Social Ethic*. Notre Dame, Ind.: University of Notre Dame Press, 1981.

Himes, Michael J. *Ongoing Incarnation: Johann Adam Möhler and the Beginnings of Modern Ecclesiology*. New York: Crossroad, 1997.

Hinchtiff, Peter. *Cyprian of Carthage and The Unity of the Christian Church*. London: Geoffrey Capman, 1974.

Hodgson, Peter C. *Revisioning the Church: Ecclesial Freedom in the New Paradigm*. Philadelphia: Fortress, 1988.

Küng, Hans. *Structures of the Church*. New York: Nelson, 1964.

Meyendorff, John. *Catholicity and the Church*. Crestwood, N.Y.: St. Vladimir's Orthodox Theological Seminary Press, 1983.

Ogden, Greg. *The New Reformation: Returning the Ministry to the People of God*. Grand Rapids: Zondervan, 1990.

Radner, Ephraim. *The End of the Church: A Pneumatology of Christian Division in the West*. Grand Rapids: Eerdmans, 1999 (sets forth an "ecclesiology of division").

Sullivan, Francis A. *The Church We Believe In: One, Holy, Catholic and Apostolic*. New York: Paulist, 1988.

Tavard, George H. *The Church, Community of Salvation: An Ecumenical Ecclesiology*. Collegeville, Minn.: Liturgical, 1992.

Volf, Miroslav. *After Our Likeness: The Church as the Image of the Trinity*. Grand Rapids: Eerdmans, 1988.

Wuthnow, Robert. *Sharing the Journey: Support Groups and Americas New Quest for Community*. New York: Macmillan, 1994.

Part 4

Adam, Adolf. *The Liturgical Year: Its History and Its Meaning after the Reform of the Liturgy*. New York: Pueblo, 1981.

Adams, Doug. *Meeting House to Camp Meeting: Toward a History of American Free Church Worship from 1620 to 1835*. Austin: The Sharing Company, 1981.

Bouyer, Louis. *Eucharist: Theology and Spirituality of the Eucharistic Prayer*. Notre Dame, Ind.: University of Notre Dame Press, 1968.

———. *Rite and Man: Natural Sacredness and Christian Liturgy*. Notre Dame, Ind.: University of Notre Dame Press, 1967.

Brueggemann, Walter. *Israel's Praise: Doxology Against Idolatry and Ideology*. Philadelphia: Fortress, 1988.

Dawn, Marva J. *Reaching Out without Dumbing Down: A Theological Worship for the Turn of the Century Culture*. Grand Rapids: Eerdmans, 1995.

———. *A Royal Waste of Time: The Splendor of Worshiping God and Being Church for the World*. Grand Rapids: Eerdmans, 1999.

Duffy, Eamon. *The Stripping of the Altars: Traditional Religion in England 1400–1500*. New Haven, Conn.: Yale University Press, 1992.

Dupré, Louis. *Religious Mystery and Rational Reflection*. Grand Rapids: Eerdmans, 1998.

Hill, Andrew. *Enter His Courts with Praise: Old Testament Worship for a New Testament Church*. Grand Rapids: Baker, 1996.

Hustad, Donald P. *Jubilate II: Church Music in Worship and Renewal*. Carol Stream, Ill.: Hope, 1993.

Jasper, R. C. D., and G. J. Cummings. *Prayers of the Eucharist: Early and Reformed*. New York: Oxford University Press, 1980.

Jones, Cheslyn, Geoffrey Wainwright, and Edward Yarnold, eds. *The Study of Liturgy*. New York: Oxford University Press, 1978.

Kavanagh, Aidan. *On Liturgical Theology*. New York: Pueblo, 1984.

La Verdiere, Eugene. *The Breaking of the Bread: The Development of the Eucharist according to Acts.* Chicago: Liturgical Training Publications, 1998.
Mascall, E. L. *Theology and Images.* London: A. R. Mowbray, 1963.
Morgenthaler, Sally. *Worship Evangelism.* Grand Rapids: Zondervan, 1995.
Nevin, John W. *The Mystical Presence and Other Writings on the Eucharist.* Edited by Bard Thompson and George Bricker. Philadelphia: United Church Press, 1966.
Nichols, Aiden. *The Art of God Incarnate: Theology and Symbol from Genesis to the Twentieth Century.* New York: Paulist, 1980.
O'Conner, James T. *The Hidden Manna: A Theology of the Eucharist.* San Francisco: Ignatius, 1988.
Otto, Rudolf. *The Idea of the Holy.* New York: Oxford University Press, 1950.
Old, Hughes Oliphant. *The Reading and Preaching of the Scriptures.* Vol. 2, *The Patristic Age.* Grand Rapids: Eerdmans, 1998.
Peterson, David. *Engaging with God: A Biblical Theology of Worship.* Grand Rapids: Eerdmans, 1992.
Prestor, Geoffrey. *Hallowing the Time: Meditations on the Cycle of the Christian Liturgy.* New York: Paulist, 1980.
Root, Michael, and Risto Saarinen. *Baptism and the Unity of the Church.* Grand Rapids; Eerdmans, 1999.
Rordorf, Willy, et al. *The Eucharist of the Early Christians.* New York: Pueblo, 1978.
Schmemann, Alexander. *The Eucharist.* Crestwood, N.Y.: St. Vladimir's Orthodox Theological Seminary Press, 1987.
Scott, Steve. *Like a House on Fire: Renewal of the Arts in a Postmodern Culture.* Chicago: Cornerstone, 1997.
Senn, Frank. *Christian Liturgy: Catholic and Evangelical.* Minneapolis: Fortress, 1997.
Shaughnessy, James D. *The Roots of Ritual.* Grand Rapids: Eerdmans, 1973.
Sykes, Stephen. *The Identity of Christianity: Theologians and the Essence of Christianity from Schleiermacher to Barth.* Philadelphia: Fortress, 1976.
Talley, Thomas J. *The Origins of the Liturgical Year.* New York: Pueblo, 1986.
Thurian, Max, and Geoffrey Wainwright, eds. *Baptism and Eucharist: Ecumenical Convergence in Celebration.* Grand Rapids: Eerdmans, 1983.
Trubetskoi, Eugene N. *Icons: Theology in Color.* Crestwood, N.Y.: St. Vladimir's Orthodox Theological Seminary Press, 1973.
Underhill, Evelyn. *Worship.* New York: Crossroad, 1989.
Webber, Robert. *Blended Worship: Achieving Substance and Relevance in Worship.* Peabody, Mass.: Hendrickson, 1996.
———. *Planning Blended Worship: The Creative Mixture of the Old and New.* Nashville: Abingdon, 1998.
———. *Worship Old and New.* 2nd ed. Grand Rapids: Zondervan, 1994.
White, James F. *A Brief History of Christian Worship.* Nashville: Abingdon, 1993.
———. *Documents of Christian Worship: Descriptive and Interpretive Sources.* Louisville: Westminster/John Knox, 1992.
———. *Protestant Worship: Traditions in Transition.* Louisville: Westminster/John Knox, 1989.
Willimon, William H. *The Service of God: How Worship and Ethics Are Related.* Nashville: Abingdon, 1983.

Introduction to Worship

Webber, Robert. *Worship Old and New.* Grand Rapids: Zondervan, 1994.
White, James F. *An Introduction to Christian Worship.* Nashville: Abingdon, 1980.

Jewish Roots of Christian Worship

DiSante, Carmine. *Jewish Prayer: The Origins of Christian Liturgy*. New York: Paulist, 1985.
Fisher, Eugene J. *The Jewish Roots of Christian Liturgy*. New York: Paulist, 1990.
Hill, Andrew. *Enter His Courts with Praise: Old Testament Worship for the New Testament Church*. Grand Rapids: Baker, 1997.

Theology of Worship

Dawn, Marva J., *Reaching Out without the Dumbing Down: A Theological Worship for the Turn of the Century Culture*. Grand Rapids: Eerdmans, 1995.
Kavanagh, Aiden. *Liturgical Theology*. New York: Pueblo, 1964.
Torrance, T. F. *Worship, Community, and the Triune God of Grace*. Downers Grove: InterVarsity, 1996; Carlisle, U.K.: Parternoster, 1996.

History of Worship

The Complete Library of Christian. Vol. 2, *Twenty Centuries of Christian Worship*. Peabody, Mass.: Hendrickson, 1993.
Folwy, Edward. *From Age to Age*. Chicago: Liturgy Training Publication, 1991.
Senn, Frank C. *Christian Liturgy: Catholic and Evangelical*. Minneapolis: Fortress, 1997.
White, James F. *Documents of Christian Worship*. Louisville: Westminster/John Knox, 1992.

Space

Bouyer, Louis. *Liturgy and Architecture*. Notre Dame, Ind.: University of Notre Dame Press, 1967.

Eucharist

O'Conner, James T. *The Hidden Manna: A Theology of the Eucharist*. San Francisco: Ignatius, 1988.
Rordaore, Willy, et al. *The Eucharist of the Early Christians*. Collegeville, Minn.: Liturgical, 1978.

Music in Worship

Hustad, Donald P. *Jubilate II: Church Music in Worship and Renewal*. Carol Stream, Ill.: Hope, 1993.

Part 5

Spirituality

Allen, Joseph S. *Inner Way: Toward a Rebirth of Eastern Christian Spiritual Direction*. Grand Rapids: Eerdmans, 1994.
Balentine, Samuel E. *Prayer in the Hebrew Bible: The Drama of Divine-Human Dialogue*. Minneapolis: Fortress, 1993.
Bauman, Zygmlit. *Post Modern Ethics*. Oxford: Blackwell, 1993.
Blumhardt, Christopher. *Action in Waiting*. Farmington, Pa.: Plough, 1998.
Bouyer, Louis. *Liturgical Piety*. Notre Dame, Ind.: University of Notre Dame Press, 1955.
Braso, Gabriel M. *Liturgy and Spirituality*. Collegeville, Minn.: Liturgical, 1971.
Clark, David K., and Robert V. Rakestraw, eds. *Readings in Christian Ethics*. Vol. 2, *Issues and Applications*. Grand Rapids: Baker, 1997.

―――. *Readings in Christian Ethics.* Vol. 1, *Theory and Method.* Grand Rapids: Baker, 1997.
Colliander, Tito. *Way of the Ascetics: The Ancient Tradition of Discipline and Inner Growth.* Crestwood, N.Y.: St. Vladimir's Orthodox Theological Seminary Press, 1994.
Farley, B. W. *In Praise of Virtue: An Exploration of the Biblical Virtues in a Christian Context.* Grand Rapids: Eerdmans, 1995.
Fee, Gordon D. *God's Empowering Presence: The Holy Spirit in the Letter of Paul.* Peabody, Mass.: Hendrickson, 1994.
Fénelon, Francois. *Talking with God.* Brewster, Mass.: Paraclete, 1997.
Foster, Richard J. *Celebration of Discipline.* San Francisco: Harper San Francisco, 1978.
―――. *Finding the Heart's True Home.* San Francisco: Harper San Francisco, 1992.
―――. *Streams of Living Waters: Celebrating the Great Traditions of Christian Faith.* San Francisco: Harper San Francisco, 1998.
Foster, Richard J., and James Bryan Smith. *Devotional Classics: Selected Readings for Individuals and Groups.* San Francisco: Harper San Francisco, 1993.
Fowl, Stephen E., and L. Gregory Jones. *Reading in Communion: Scripture and Ethics in Christian Life.* Grand Rapids: Eerdmans, 1991.
French, R. M., trans. *The Pilgrim Continues His Journey.* New York: Seabury, 1965.
―――. *The Way of a Pilgrim.* New York: Seabury, 1965.
Gangel, Kenneth O., and James C. Wilhoit, eds. *The Christian Educator's Handbook on Spiritual Formation.* Wheaton, Ill.: Victor Books, 1994.
Guroian, Vigen. *Ethics after Christendom.* Grand Rapids: Eerdmans, 1994.
Harkness, Georgia. *Mysticism: Its Meaning and Message.* Nashville: Abingdon, 1973.
Hauerwas, Stanley. *A Community of Christian Character.* Notre Dame, Ind.: University of Notre Dame Press, 1983.
―――. *The Peaceable Kingdom.* Notre Dame, Ind.: University of Notre Dame Press, 1983.
―――. *Remembering and Reforming: Toward a Constructive Christian Moral Philosophy.* Notre Dame, Ind.: University of Notre Dame Press, 1985.
Hourlier, Dom Jacques. *Reflection on the Spirituality of Gregorian Chant.* Orleans, Mass.: Paraclete, 1995.
Irwin, Kevin W. *Liturgy, Prayer and Spirituality.* New York: Paulist, 1984.
Jones, Cheslyn, and Geoffrey Wainfight, eds. *The Story of Spirituality.* Oxford: Oxford University Press, 1986.
Jones, L. Gregory. *Embodying Forgiveness.* Grand Rapids: Eerdmans, 1995.
Kelsey, Morton T. *Healing and Christianity: In Ancient Thought and Modern Times.* San Francisco: Harper & Row, 1973.
Leech, Kenneth. *Experiencing God: Theology as Spirituality.* San Francisco: Harper & Row, 1985.
Lossky, Vladimir. *The Mystical Theology of the Eastern Church.* London: James Clarke, 1973.
―――. *The Vision of God.* Leighton Buzzard, Bedfordshire, U.K.: The Faith Press, 1973; also London: Faith Press, 1964.
Maas, Robin, and Gabriel O'Donnell, O.P. *Spiritual Traditions for the Contemporary Church.* Nashville: Abingdon, 1990.
MacIntyre, Alisdair. *After Virtue.* Notre Dame, Ind.: University of Notre Dame Press, 1984.
Maloney, George A. *Prayer of the Heart.* Notre Dame, Ind.: Ave Maria, 1983.
McGinn, Bernard. *The Presence of God: A History of Western Mysticism.* 4 vols. New York: Crossroad/Herder, 1994.

Meyendorff, John. *St. Gregory Palamas and Orthodox Spirituality.* Crestwood, N.Y.: St. Vladimir's Orthodox Theological Seminary Press, 1974.
Moreau, Scott. *Essentials of Spiritual Warfare.* Wheaton, Ill.: Harold Shaw, 1997.
Muto, Susan Annette. *A Practical Guide to Spiritual Reading.* Petersham, Mass.: St. Bedes, 1994.
Nelson, S. T. Thayer. *Spirituality and Pastoral Care.* Philadelphia: Fortress, 1985.
Nemeck, Francis Kelly, and Marie Theresa Coombs. *Contemplation.* Collegeville, Minn.: Liturgical, 1982.
Nicodemus of the Holy Mountain. *Unseen Warfare,* rev. by Theophan the Recluse. Crestwood, N.Y.: St. Vladimir's Orthodox Theological Seminary Press, 1995.
O'Donavan, O. *Resurrection and the Moral Order: An Outline for Evangelical Ethics.* Grand Rapids: Eerdmans, 1994.
Packer, J. I., and Loren Wilkinson, eds. *Alive to God: Studies in Spirituality.* Downers Grove, Ill.: InterVarsity, 1992.
Pearson, Mark. *Christian Healing.* Grand Rapids: Baker, 1995.
Pennington, M. Basil. *Lectio Divine: Renewing the Ancient Practice of Praying the Scripture.* New York: Crossroads, 1998.
Pfatteicher, Philip H. *Liturgical Spirituality.* Valley Forge, Pa.: Trinity Press International, 1997.
Ratzinger, Joseph Cardinal. *A New Song for the Lord: Faith in Christ and Liturgy Today.* New York: Crossroads, 1997.
Schreiter, Robert J. *In Water and in the Blood: A Spirituality of Solidarity and Hope.* New York: Crossroads, 1988.
Sliers, Don E. *Worship and Spirituality.* Philadelphia: Westminster, 1984.
Squire, Aelred. *Asking the Fathers: A Lively Look at the Oldest and Longest Christian Tradition of Spiritual Living.* Westminster, Md.: Christian Classics, 1993.
Underhill, Evelyn. *The Spiritual Life.* Wilton, Conn.: Morehouse Barlow, 1955.
Wells, David. *Losing Our Virtue: Why the Church Must Recover Its Moral Vision.* Grand Rapids: Eerdmans, 1998.
Willard, Dallas. *The Spirit of the Disciplines: Understanding How God Changes Lives.* San Francisco: Harper San Francisco, 1988.

Part 6

Mission of Evangelism

Bosch, David J. *Believing in the Future: Toward a Missiology of Western Culture.* Valley Forge, Pa.: Trinity Press International, 1995.
―――. *Transforming Mission: Paradigm Shifts in Theology of Mission.* Maryknoll, N.Y.: Orbis, 1994.
Christian Initiation Resource Reader. Vol. 1, *Precatechumenate;* Vol. 2, *Catechumenate;* Vol. 3, *Purification and Enlightenment;* Vol. 4, *Mystagogis and Ministries.* New York: William Sadier, 1994.
Field, Anne. *From Darkness to Light.* Ben Lomond, Calif.: Conciliar, 1997.
Guder, Darrell. *Missional Church: A Vision for the Sending of the Church in North America.* Grand Rapids: Eerdmans, 1998.
Guroian, Vigen. *Ethics after Christendom: Toward an Ecclesial Christian Ethic.* Grand Rapids: Eerdmans, 1994.
Hunsberger, George R., and Craig Van Gelder. *The Church between Gospel and Culture.* Grand Rapids: Eerdmans, 1996.

참고 문헌   381

Keifert, Patrick R. *Welcoming the Stranger: A Public Theology of Worship and Evangelism.* Minneapolis: Fortress, 1992.
The Murphy Center for Liturgical Research. *Made Not Born: New Perspectives on Christian Initiation and the Catechumenate.* Notre Dame, Ind.: University of Notre Dame Press, 1976.
Schmemann, Alexander. *Of Water and the Spirit.* Crestwood, N.Y.: St. Vladimir's Orthodox Theological Seminary Press, 1974.
Webber, Robert. *Liturgical Evangelism.* Harrisburg, Pa.: Morehouse, 1994.

Mission of Education

Bushnell, Horace. *Christian Nurture.* Cleveland: Pilgrim, 1994.
Dupré, Louis. *Religious Mystery and Rational Reflection.* Grand Rapids: Eerdmans, 1997.
Estes, Daniel J. *Hear, My Son: Teaching and Learning in Proverbs 1–9.* Grand Rapids: Eerdmans, 1998.
Green, Michael. *Evangelism in the Early Church.* Grand Rapids: Eerdmans, 1975.
Groome, Thomas H. *Christian Religious Education: Sharing Our Story and Our Vision.* San Francisco: Harper San Francisco, 1980.
Matsagouras, Elias. *The Early Church Fathers as Educators.* Minneapolis: Light and Life, 1977.
Palmer, Parker J. *To Know as We Are Known: Education as a Spiritual Journey.* San Francisco: Harper San Francisco, 1993.
Van Der Ven, Johannes A. *Formation of the Moral Self.* Grand Rapids: Eerdmans, 1997.
Westerhoff, John H., III, and William H. Willimon. *Liturgy and Learning through the Life Cycle.* Akron, Ohio: OSL Publications, 1994.

Mission to the World

Bosch, David J. *Transforming Mission: Paradigm Shifts in Theology of Mission.* Maryknoll, N.Y.: Orbis, 1994.
Hauerwas, Stanley. *After Christendom? How the Church Is to Behave If Freedom, Justice and a Christian Nation Are Bad Ideas.* Nashville: Abingdon, 1951.
Hauerwas, Stanley, and William H. Willimon. *Resident Aliens.* Nashville: Abingdon, 1989.
Kraus, C. Norman. *The Community of the Spirit: How the Church Is in the World.* Scottdale, Pa.: Herald, 1993.
Lingenfelter, Sherwood. *Transforming Culture: A Challenge for Christian Mission.* Grand Rapids: Baker, 1997.
Lingenfelter, Sherwood G., and Marvin K. Mayers. *Ministering Cross-Culturally: An Incarnational Model for Personal Relationships.* Grand Rapids: Baker, 1995.
Phillips, Timothy R., and Dennis L. Okholm. *Welcome to the Family: An Introduction to Evangelical Christianity.* Wheaton, Ill.: Victor/BridgePoint, 1996.
Van Engen, Charles. *Mission on the Way: Issues in Modern Theology.* Grand Rapids: Baker, 1997.
Yoder, John Howard. *The Politics of Jesus.* Grand Rapids: Eerdmans, 1972.

Evangelism

Christian Initiation Resources Reader. 4 vols. New York: Sadlier, 1984.
Green, Michael. *Evangelism in the Early Church.* Grand Rapids: Eerdmans, 1970.
Hippolytus, The Treatise on *The "Apostolic Tradition."* 2nd ed. London: SPCK, 1968.
Webber, Robert. *Liturgical Evangelism.* Harrisburg, Pa.: Morehouse, 1992.

Education and Nurture

Babin, Pierre, and Mercedes Iannone. *The New Era in Religious Communication.* Minneapolis: Fortress, 1991.
Duffy, Eamon. *The Stripping of the Altars.* New Haven, Conn.: Yale University Press, 1992.
Groame, Thomas H. *Christian Religious Education.* San Francisco: Harper & Row, 1980.
Matsagouras, Elias. *The Early Church Fathers as Educators.* Minneapolis: Light and Life, 1977.
Palmer, Parker J. *To Know as We Are Known: Education as a Spiritual Journey.* San Francisco: Harper & Row, 1993.

The Church in the World

Guder, Darrell L. *Missional Church.* Grand Rapids: Eerdmans, 1998.
Hauerwas, Stanley. *A Community of Character.* Notre Dame, Ind.: University of Notre Dame Press, 1981.
Yoder, John Howard. *The Politics of Jesus.* Grand Rapids: Eerdmans, 1972.

Part 7

Authority

Adam, A. K. M. *What Is Post Modern Criticism?* Minneapolis: Fortress, 1995.
Allen, Diogenes. *Philosophy for Understanding Theology.* Atlanta: John Knox, 1985.
Augustine. *On Christian Doctrine.* Translated by D. W. Robertson Jr. New York: Liberal Arts, 1958.
Beegle, D. *Scripture, Tradition, and Infallibility.* Grand Rapids: Eerdmans, 1963, 1973; 2nd ed., Ann Arbor: Pettengill, 1979.
Braaten, Carl E., and Robert W. Jenson, eds. *Reclaiming the Bible for the Church.* Grand Rapids: Eerdmans, 1995.
Bruce, F. F. *Tradition Old and New.* Grand Rapids: Zondervan, 1970.
Brueggemann, Walter. *Texts under Negotiation: The Bible and Postmodern Imagination.* Minneapolis: Fortress, 1993.
The Challenge of Religious Pluralism: An Evangelical Analysis and Response. Wheaton College, Wheaton Theological Conference, 1992.
Childs, Brevard S. *Introduction to the Old Testament as Scripture.* Philadelphia: Fortress, 1979.
———. *The New Testament as Canon: An Introduction.* Philadelphia: Fortress, 1985.
Davis, Leo Donald. *The First Seven Ecumenical Councils (325–787) Their History and Theology.* Collegeville, Minn.: Liturgical, 1983.
Demson, David E. *Hans Frie and Karl Barth: Different Ways of Reading Scripture.* Grand Rapids: Eerdmans, 1997.
Dulles, Avery. *Models of Revelation.* New York: Doubleday, 1985.
Eco, Umberto. *Interpretation and Overinterpretation.* Cambridge: Cambridge University Press, 1992.
Fackre, Gabriel. *The Christian Story.* Grand Rapids: Eerdmans, 1988.
———. *Ecumenical Faith in Evangelical Perspective.* Grand Rapids: Eerdmans, 1993.
Farrar, Frederic W. *History of Interpretation.* Grand Rapids: Baker, 1961.
Fowl, Stephen E. *The Theological Interpretation of Scripture.* Oxford: Blackwell, 1997.
Frei, Hans W. *The Eclipse of Biblical Narrative: A Study in Eighteenth and Nineteenth Century Hermeneutics.* New Haven, Conn.: Yale University Press, 1974.

———. *Types of Christian Theology*. New Haven, Conn.: Yale University Press, 1992.
Gerhardsson, Binger. *Tradition and Transmission in Early Christianity*. Grand Rapids: Eerdmans, 1998.
Grenz, Stanley J. *Created for Community*. Wheaton, Ill.: Victor/BridgePoint, 1996.
———. *Theology for the Community of God*. Nashville: Broadman, 1994.
Groupe des Dombes, For the Conversion of the Churches. Geneva: WCC Publications, 1993.
Heim, S. Mark. *Grounds for Understanding: Ecumenical Resources for Responses to Religious Pluralism*. Grand Rapids: Eerdmans, 1998.
———. *Salvations: Truth and Difference in Religions*. New York: Orbis, 1995.
Hick, John, and Paul F. Knitter, eds. *The Myth of Christian Uniqueness: Toward a Pluralistic Theology of Religions*. New York: Orbis, 1987.
Hunsberger, George R. *Lesslie Newbigin's Theology of Cultural Plurality*. Grand Rapids: Eerdmans, 1998.
Ingraffia, Brian D. *Postmodern Theory and Biblical Theology*. Cambridge: Cambridge University Press, 1995.
Lodahl, Michael. *The Story of God: Wesleyan Theology and Biblical Narrative*. Kansas City: Beacon Hill, 1994.
Longenecker, Richard N. *Biblical Exegesis in the Apostolic Period*. Grand Rapids: Eerdmans, 1987.
Marsden, George. *Reforming Fundamentalism: Fuller Seminary and the New Evangelicalism*. Grand Rapids: Eerdmans, 1987.
McKim, Donald K. *Theological Turning Points: Major Issues in Christian Thought*. Atlanta: John Knox, 1988.
McKnight, Edgar. *Postmodern Use of the Bible: The Emergence of Reader-Oriented Criticism*. (Nashville: Abingdon, 1988).
Meeks, Wayne A., ed. *Early Biblical Interpretation*. Philadelphia: Westminster, 1986.
Netland, Harold A. *Dissonant Voices: Religious Pluralism and the Question of Truth*. Grand Rapids: Eerdmans, 1991.
Newbigin, Lesslie. *Truth and Authority in Modernity*. Valley Forge, Pa.: Trinity Press International, 1996.
Okholm, Dennis L., and Timothy R. Phillips, eds. *Four Views on Salvation in a Pluralistic World*. Grand Rapids: Zondervan, 1997.
Pinnock, Clark H. *Scripture Principle*. San Francisco: Harper & Row, 1984.
Pinnock, Clark H., and Robert C. Brow. *Unbounded Love: A Good News Theology for the Twenty-First Century*. Downers Grove, Ill.: InterVarsity, 1994.
von Campenhausen, Hans. *Tradition and the Life of the Church*. Philadelphia: Fortress, 1968.
William, C[arl] Peachen. *Narratives of a Vulnerable God: Christ, Theology and Scripture*. Louisville: Westminster/John Knox, 1994.

Faith

Newbigin, Lesslie. *Foolishness to the Greeks: The Gospel and Western Culture*. Grand Rapids: Eerdmans, 1986.
———. *The Gospel in a Pluralistic Society*. Grand Rapids: Eerdmans, 1989.
———. *Proper Confidence: Faith, Doubt and Certainty in Christian Discipleship*. Grand Rapids: Eerdmans, 1995.
Origen. *Origen on First Principles*. Translated by G. W. Butterworth. London: S.P.C.K., 1936.

Pinnock, Clark H. *A Wideness in God's Mercy: The Finality of Jesus Christ in a World of Religions.* Grand Rapids: Zondervan, 1992.

Pinnock, Clark H., et al. *The Openness of God: A Biblical Challenge to the Traditional Understanding of God.* Downers Grove, Ill.: InterVarsity, 1994.

Ricoeur, Paul. *The Conflict of Interpretation: Essays in Hermeneutics.* Evanston, Ill.: Northwestern University Press, 1974.

Radner, Ephraim. *The End of the Church.* Grand Rapids: Eerdmans, 1998.

Sanders, James A. *Canon and Community: A Guide to Canonical Criticism.* Philadelphia: Fortress, 1984.

Scalise, Charles J. *From Scripture into Theology: A Canonical Journey into Hermeneutics.* Downers Grove, Ill.: InterVarsity, 1996.

Schroeder, H. J. *Canons and Decrees of the Council of Trent.* St. Louis: B. Herder, 1960.

Smith, Wilfred Cantwell. *Towards a World Theology: Faith and the Comparative History of Religion.* New York: Maryknoll, 1981.

Strauropoules, Archimandrite Christophorus. *Partakers of the Divine Nature.* Minneapolis: Light and Life, 1976.

Tavard, George H. *Holy Writ or Holy Church.* New York: Harper & Brothers, 1959.

Thiel, John E. *Nonfoundationalism.* Minneapolis: Augsburg, 1994.

Thiemann, Ronald F. *Revelation and Theology: The Gospel as Narrated Promise.* Notre Dame Ind.: University of Notre Dame Press, 1985.

Thiselton, Anthony C. *Interpreting God and the Postmodern Self: On Meaning, Manipulation and Promise.* Grand Rapids: Eerdmans, 1955.

―――. *New Horizons in Hermeneutics.* Grand Rapids: Zondervan, 1992.

Tracy, David. *Plurality and Ambiguity: Hermeneutics Religion, Hope.* San Francisco: Harper San Francisco, 1987, 1994.

―――. *The Analogical Imagination: Christian Theology and the Culture of Pluralism.* New York: Crossroads, 1995.

Ward, Timothy. *The Orthodox Church.* England: Penguin Books, 1964.

Wilson, Marvin R. *Our Father Abraham: Jewish Roots of the Christian Faith.* Grand Rapids: Eerdmans, 1989.

von Campenhausen, H. *The Formation of the Christian Bible.* (London: Black, 1972; Mifflintown, Pa.: Sigler, 1972, 1997; Philadelphia: Fortress, 1977)

C. S. Lewis said, "The true literary person is not the one that reads many books, it is the one who reads those books again and again." In this spirit I wish to suggest ten books that are worth reading again and again.

Postmodern Thought

Gadamer, Hans-Georg. *Truth and Method.* New York: Crossroad, 1991.

Jencks, Charles. *The Postmodern Reader.* New York: St. Martin's, 1992.

Paradigms in History

Allen, Diogenes. *Philosophy for Understanding Theology.* Atlanta: John Knox, 1985.

Christ

Aulen, Gustav. *Christus Victor.* New York: Macmillan, 1969.

Florovskii, Georgii. *Creation and Redemption.* Belmont, Mass.: Nordland, 1976.

Church

Dulles, Avery. *Models of the Church*. New York: Image Books, 1978.

Worship

Senn, Frank. *Christian Liturgy: Evangelical and Catholic*. Minneapolis: Fortress, 1997.

Spirituality

Jones, Cheslyn, Geoffrey Wainwright, and Edward Yarnold. *The Study of Spirituality*. New York: Oxford University Press, 1986.

Mission

Bosch, David J. *Transforming Mission: Paradigm Shifts in Theology of Mission*. New York: Orbis, 1994.

Theology

Lindbeck, George. *The Nature of Doctrine: Religion and Theology in a Post Liberal Age*. Philadelphia: Westminster, 1984.

Read, mark, learn, and inwardly devour these books and you will attain an integrated knowledge of the primary material you need to consider for an effective ministry that is rooted in Scripture, embraces history, and is deeply committed to contemporary relevance.

Ancient-Future Faith
Rethinking Evangelicalism for a Postmodern World

색인

ㄱ

가시적인 교회 134, 135, 143, 153, 156, 165
갑바도기아의 교부들 119, 215
개인주의 31, 135, 137, 138, 145, 146
개인주의화 257, 259
개혁파 가톨릭교회 47
거대담론 34, 35, 43, 70, 170, 171, 172, 181, 183, 184, 187, 188, 190
겸손의 단계들 239
경건주의 28, 64, 213, 254

경청자 단계 263
경험주의 358
경험 표현주의 관점 33
계몽주의 214
계몽주의 소통 188
계몽주의의 성경의 중심성 81
계몽주의적인 개인주의 255
『고대 기독교 성경주해서』 353
고대 로마신조 53
공동체 137
공동체들의 공동체로서의 교회 167
공생 41
공화당 297

과학혁명 37, 70, 80
교단 134, 137, 138, 166, 277, 352
교도권 319, 365
교리문답교육 265, 277, 283
교회 72
교회력 54, 60, 104, 199
『교회사』 328
교회와 국가 295, 305
교회와 세상 129, 293, 300
교회의 거룩성 156
교회의 변혁 모델 304
교회의 보편성 121, 157
교회의 사도성 161
교회의 신앙 121, 328, 346, 347
『교회의 일치에 관하여』 143, 154
교회의 하나됨 155, 163
구도자 단계 263
구도자 중심의 예배 176
구원론 논쟁 349
구조주의 34, 35, 43
권위 62, 65, 315, 316
권위 있는 신앙의 규범 328, 332

권위 있는 해석 83, 323, 325, 345, 346, 364
그레고리 딕스 200
그레고리우스 1세 295
『그리스도를 본받아』 239
『그리스도와 시간』 201
그리스도의 몸으로서의 교회 146, 167, 293
그리스도의 부활 93
그리스도의 중심성 76, 113, 114
그리스도 중심의 영성 232
근대 70
근본주의 17, 18, 28, 42, 213
긍정의 길 228, 229, 231
기도 241
『기독교 진리의 원형』 340
기독론 논쟁 349, 360

ㄴ

낭만주의 176, 177
네스토리우스 360
니케아신경 49, 53, 57, 117, 118, 121, 124, 153, 160,

335, 347, 349, 360

ㄷ

다니엘 벨 127
다드 273, 274
다양성 29
다원주의 42, 67, 69, 113
대림절 180, 205, 290
대항문화적인 공동체 295, 300
데이비드 레이 그리핀 74
데이빗 보쉬 257
도덕주의 278, 279, 280, 292
독립교회 운동 134, 137
『독일신학』 239
동방정교회 28, 29, 50, 55, 56, 316
둘째 아담 76, 256
둘째 아담이신 그리스도 78, 83, 110, 147
디다케 154, 169, 259, 273, 284
디오그네투스에게 보낸 서신 247
떼제 음악(Taize's music) 196

ㄹ

라우센부쉬 240
랜슬럿 앤드류스 49
레린스의 빈센트 313, 318, 350
렉티오 디비나 212, 245
로마 328
로마 가톨릭교회 12, 28, 29, 49, 56, 162, 251, 316
로마의 칼리스투스 156
르네 데카르트 26, 33, 36, 358
리차드 포스터 231, 239
리처드 로티 40, 42

ㅁ

마니교 52, 118
마이스터 엑하르트 239
마이클 그린 262, 274
마이클 램지 344
마크 테일러 23
마태의 영성 223, 224
마틴 루터 162, 295, 354
마틴 하이데거 41

말시온 336, 337, 338, 339
메노 시몬스 354
명제주의 124, 321
모형론적인 해석 337
무릎 꿇는 자의 단계 290
무릎 꿇은 자의 단계 263, 287
『무지의 구름』 239
묵상 238, 240, 241
문자적인 해석 318
문화-언어적인 모델 321
문화적인 소통 234
문화적인 회심 259, 260
미셸 푸코 40
민주당 297

ㅂ

『바나바의 서신』 337
바질 340
베네딕트 수도원 규율 227
변증론 129, 316, 317, 320, 326, 333, 365
보니페이스 8세 319
보상설 79

보편성 318, 324, 350, 351, 352
복된 소식 112, 261
복음전도 60, 61, 100, 308
『복음주의 가톨릭교회』 48
『복음주의 신앙』 358
『복음주의와 가톨릭의 연대』 49
복종 90, 96, 98, 115, 133, 145, 232, 242, 285, 303, 319, 353, 355
봉건제도 78
부정의 길 228, 229, 231
부활절 180, 200, 266, 267, 290, 291, 339
부흥운동 28, 138, 176, 177, 178, 213, 254
불가시적인 교회 134, 165, 166
브루스 벤슨 40
비신화화 32, 333

ㅅ

『사도들의 설교와 이후의 발전』 273
사도 바울 107

사도신경 49, 53, 54, 160, 323, 324, 332, 335
사도적인 계승 160, 161
사도적인 전통 53, 159, 160, 161, 317, 318, 319, 326, 327, 328, 336, 354
사르디스의 멜리토 104, 338
사순절 180, 286, 290
사실존중주의 278, 279, 280
사탄 110, 186, 225, 226, 243, 256, 270
『사회복음』 240
사회적인 참여 61
산상수훈 223, 224, 285, 301
삼위일체 논쟁 349, 359
39개 조항의 신조 320
상대주의 123, 172, 267, 300, 306, 316, 343, 350, 354, 365
상징주의 192, 196, 205
새로운 수단 177
새로운 피조물로서의 신앙 공동체 143
새 창조 108

서구 문명 21, 40, 260
『서기법에 관하여』 42선교 72
설교의 중요성 96
성결법 284
성경의 권위 59, 295, 319
성경해석 237, 323
성 데오도시우스 239
성령 기독론 120
성만찬 180, 184, 187, 188, 197, 198, 199
성서문학학회 163
성 세르지오 239
성육신 106, 107, 109, 110, 303
성인입교예식 270
성 캐더린 215
성품의 공동체 234
성화 254
세계교회협의회 251
세례식 196, 197, 225, 233, 235, 252, 263, 265, 266, 283, 287, 289, 290
세속화 199, 216, 227, 300
소통 349, 357
수도원 운동 212, 215, 225, 227,

245, 253
순교자 저스틴 198
순례자의 길 239
순응의 신학 358, 359
쉴라이다임 신앙고백서 320
스탠리 하우어워스 234, 240, 309
승리자 그리스도 60, 62, 78, 87, 89, 103, 104, 105, 106, 107, 109
시카고 선언 49
신경 319, 320, 321, 322, 323, 324, 325, 326, 328, 330
신비주의 228
신앙의 교제 140, 145
신앙의 규범 317, 318, 327, 328, 329, 330, 331, 332
신앙의 규범의 기원 329
신자의 단계 263, 281
신조주의 320
신플라톤주의 118
『신학대전』 240
실용주의 135, 358
실행의 신학 358, 359, 362

십자가의 성 요한 239

ㅇ

아놀드 토인비 66
아돌프 폰 하르낙 340
아리스토텔레스 25
아리스토텔레스의 철학 52, 361
아리우스 116, 117, 118, 360
아벨라르 79
아브라함 카이퍼 202
아빌라의 성 테레사 239
아타나시우스 117, 118, 215, 233, 327, 335, 339, 340
아폴리나리우스 119, 360
안디옥 146, 328
안디옥 학파 120, 318
안셀름 78, 124
알레고리 해석 318
알렉산더 슈메만 242
알렉산드리아 225, 328, 337
알렉산드리아 학파 120, 318
앙리 드 뤼박 132
R. B. 카이퍼 256

R. C. 월리 274
애버리 덜레스 134
양자이론 38
어거스틴 226, 227, 239, 240, 294, 305
『어둠에 맞서서』 299
『언어와 현상』 42
「에즈베리신학저널」 50
역사 속의 다양한 교회 패러다임 131, 132, 166
역사 속의 다양한 그리스도 패러다임 77
연합으로서의 교회 135
영성 72
영적인 지혜 290, 308
『영적 훈련과 성장』 231
영지주의 52, 99, 107, 118, 131, 326, 329, 330, 331, 366
영혼구령 259
예루살렘 328
예루살렘의 성 시릴 158
예루살렘의 시릴 283
예배 72
예배 순서 175, 178, 188, 190, 203, 204
예배 신학 177, 178, 184, 187, 204
예배 음악 195
예수의 정치학 62, 294, 295, 296, 306
『예수의 정치학』 240, 294
예술 202, 203
오리겐 132, 340
오순절 100, 162, 176, 180, 205, 298
오스카 쿨만 201
오직 성경 175, 319, 324, 365
옥스버그 신앙고백서 320
『왜 하나님은 인간이 되시었는가』 78
요한 크리소스톰 340
웨스트민스터 신앙고백서 320
『위대한 전통을 회복하기: 복음주의자와 가톨릭교회, 그리고 동방정교회 간의 대화』 50
윌리엄 로오 239
윌리엄 퍼킨스 47
유대교 예배 183

『유대인 트리포와의 대화』 338
유명론 25, 361
『유월절에 관한 설교』 337
유세비우스 64, 328
유혹 90, 91, 94, 225, 254
이그나티우스 64, 142, 146, 157, 215
이레니우스 73, 107, 108, 109, 110, 215, 331, 337, 340, 348
이성 320, 322, 323
이스라엘과 교회의 비교 141
이원론 38, 39, 70, 209, 349, 366
일치 153, 154
『입교인을 위한 강좌』 158

ㅈ

자유주의 32, 35
자크 데리다 23, 40, 42
장로 정치 모델 134
장 프랑수아 리오타르 40
재림 93, 95, 98

재침례파 254, 311, 320, 324, 352
쟈로슬로프 펠리칸 354
전령 모델 166
전체론 38, 39, 45, 69
전통 317
절충주의 67
정교(orthodoxy) 282, 291
정행(orthopraxis) 282, 284, 291
제2차 바티칸 공의회 28, 141
제롬 340
제임스 구스탑슨 23
제임스 컷싱어 50
조지 린드벡 23, 56, 121
조지 폭스 239
조지 휫필드 177
존 메이엔도르프 226
존 밀뱅크 23
존 웨슬리 50, 177
『존재와 시간』 41
존 타울러 239
존 하워드 요더 294
종교개혁 124, 295, 310
종교개혁자들 253, 254, 295,

319, 354
죄악의 사유화 297
주체/객체 간의 구분 70
지평의 융합 58, 344
지혜문학 285
『진리와 방법』 43
진보에 관한 사상 86

267, 270
『초대 교회의 복음전도』 262, 274
『초대 교회의 설교와 교육』 274
총괄갱신 101, 103, 106, 107, 108, 109, 126, 201
추론적인 소통 234

ㅊ

찰스 스칼리즈 344
찰스 웨슬리 177
찰스 젠크스 67, 69, 75, 248, 316
찰스 콜슨 49, 299, 302
찰스 피니 177
창조 109
창조, 새로 108
천지창조론자들 297
『철학과 자연의 거울』 42
철학 혁명 40
첫째 아담 83, 147
초대 교회의 교육 281, 288
초대 교회의 복음전도 261, 263,

ㅋ

카르타고 154
카르타고 공의회 317
카타르파 131
칼빈 64, 143, 198, 212, 295, 346, 354
칼빈주의 202, 356
『칼빈주의에 관한 강좌』 202
칼케돈신경 121, 124, 160, 324, 335, 347, 349
칼케돈 회의 53
캐더린 픽스톡 170, 187
케이트 포니어 48
콘스탄틴 대제 252, 294, 302
크레도 337

크레이그 밴 겔더 267
클레르보의 버나드 239
클레멘트 154, 340
키프리안 125, 143, 154, 234

ㅌ

타락 91, 92, 93
터너 340
터툴리안 64, 107, 215, 302, 330, 331, 340
토대주의 34
토마스 머튼 239
토마스 아 켐피스 239
토마스 아퀴나스 240, 346
토마스 오덴 49
토마스 쿤 21

ㅍ

파라처치 운동 134, 137
파커 팔머 289
패러다임적 사고 21, 27

포스트모더니즘 10, 37, 40, 67, 68, 74, 86, 123, 170, 268, 316
폰투스의 에바그리우스 215
폴 레익랜드 23, 52, 123
폴리갑 340
폴 리꾀르 344
폴 미니어 140
프리드리히 니체 23
플라톤 25, 120
플라톤 철학 24, 52, 359, 361
피에르 바벵 171
피터 로쉬 드 코펭 191
필립 야콥 슈페너 64

ㅎ

하나님의 나라 97, 227
하나님의 도성 305
『하나님의 도성』 240
하나님의 백성으로서의 교회 141, 142, 148
하나님의 신비 96, 112, 171
『하나의 거룩한 교회』 319

한스 게오르그 가다머 43, 56
한스 큉 161
한스 프라이 23
합리주의 31, 55, 59, 137, 180,
　　　 320, 321, 322, 358, 361
해설서 318, 350
해체주의 67
헤게시푸스 328, 329
헬무트 틸리케 358
회심 138, 176, 177, 178, 252,
　　　253, 254, 255, 257, 262
회중 모델 134
후기 계몽주의 소통 188, 189
히폴리투스 104, 241, 242, 264,
　　　281, 286, 287

Ancient-Future Faith
Rethinking Evangelicalism for a Postmodern World

복음주의 회복
Ancient-Future Faith
:Rethinking Evangelicalism for a Postmodern World

2012년 9월 30일 초판 발행

편집인 | 로버트 E. 웨버
옮긴이 | 이승진
펴낸곳 | 사) 기독교문서선교회
등록 | 제16~25호(1980. 1. 18)
주소 | 서울시 서초구 방배동 983-2
전화 | 02) 586-8761~3(본사) 031) 923-8762~3(영업부)
팩스 | 02) 523-0131(본사) 031) 923-8761(영업부)
홈페이지 | www.clcbook.com
이메일 | clckor@gmail.com
온라인 | 기업은행 073-000308-04-020, 국민은행 043-01-0379-646
   예금주: 사)기독교문서선교회

ISBN 978-89-341-1229-7 (93230)

* 낙장·파본은 교환해 드립니다.